Dies sind Geschichten, die von Träumen und vom Leben erzählen, von Kindheit und Alter, von Seelenabgründen und Selbstfindung, von Veränderung und von immer neuen Versuchen, Utopien zu verwirklichen. Mit 26 Jahren begann Luise Rinser zu schreiben, und ihre ersten Erzählungen, so stellte sie später fest, »bezeichnen den Beginn meiner bewussten schriftstellerischen Arbeit«. Kurze Geschichten haben ihr Leben und Schaffen immer begleitet; sie zeigen die ganze Spanne ihrer künstlerischen Entwicklung.

Der poetischen Traumwelt der früh entstandenen Kindheitserzählung *Die Lilie* (1938) stehen die drei desillusionierend geschilderten Frauenschicksale *Anna, Elisabeth* und *Daniela* (1944/1945) gegenüber. Hart und realistisch sind *Die rote Katze, Ein alter Mann stirbt* und *Die kleine Frau Marbel* (1945–1948). Die bewegende Geschichte von *Jan Lobel aus Warschau* (1948), die in der verworrenen ersten Nachkriegszeit spielt, ist ein Meisterwerk. Die kurzen Stücke *David* und *Ein Bündel weißer Narzissen* folgten erst 1955 und 1956. Die acht folgenden Geschichten – Zwiegespräche, heftige Anreden an ein fiktives Gegenüber –, die Luise Rinser zwischen 1964 und 1984 schrieb, hat sie nach der Chronologie ihres Geschehens geordnet. Sie handeln vom tragischen Schicksal eines Judenjungen während der Nazijahre, vom Generationenkonflikt um 1968, von der Suche nach Sinn, Orientierung und Halt, von intensiven Erfahrungen und Begegnungen irgendwo zwischen Traum und Wirklichkeit.

Luise Rinser, 1911 in Pitzling in Oberbayern geboren, war eine der meistgelesenen und bedeutendsten deutschen Autorinnen nicht nur der Nachkriegszeit. Ihr erstes Buch, *Die gläsernen Ringe*, erschien 1941 bei S. Fischer. 1946 folgte *Gefängnistagebuch*, 1948 die Erzählung *Jan Lobel aus Warschau.* Danach die beiden Nina-Romane *Mitte des Lebens* und *Abenteuer der Tugend.* Waches und aktives Interesse an menschlichen Schicksalen wie an politischen Ereignissen prägen vor allem ihre Tagebuchaufzeichnungen. 1981 erschien der erste Band der Autobiographie, *Den Wolf umarmen.* Spätere Romane: *Der schwarze Esel* (1974), *Mirjam* (1983), *Silberschuld* (1987), *Abaelards Liebe* (1991). Der zweite Band ihrer Autobiographie, *Saturn auf der Sonne*, erschien 1994. Luise Rinser erhielt zahlreiche Preise. Sie ist 2002 in München gestorben.

Unsere Adresse im Internet: www.fischerverlage.de

Luise Rinser

Sämtliche Erzählungen

Fischer Taschenbuch Verlag

Die Erzählungen erschienen im S. Fischer Verlag
in zwei Sammlungen: *Ein Bündel weißer Narzissen* (1956)
und *Geschichten aus der Löwengrube* (1986)

MIX
Papier aus verantwortungsvollen Quellen
FSC® C083411
www.fsc.org

Veröffentlicht im Fischer Taschenbuch Verlag,
einem Unternehmen der S. Fischer Verlag GmbH,
Frankfurt am Main, April 2011

Lizenzausgabe mit freundlicher Genehmigung
der S. Fischer Verlag GmbH, Frankfurt am Main

Umschlaggestaltung: Gundula Hißmann und
Andreas Heilmann, Hamburg
Umschlagabbildung: Claude Monet, *Iris*
© Private Collection / Peter Willi / Bridgeman Berlin
Satz: pagina GmbH, Tübingen
Druck und Bindung: CPI – Clausen & Bosse, Leck
Printed in Germany
ISBN 978-3-596-51152-5

Inhalt

Die Lilie

Weihnachten, Nikolaustag und Ostern, das sind die Festzeiten der Kinder. Ich war ein Kind und liebte den Duft und Schimmer des Christbaums, die warme Dunkelheit des ausschwingenden Jahres, das Suchen der bunten Eier im frühlingsfeuchten Garten. Das Fest aber, das mir über allen stand, fiel in den Frühsommer und war ein Fest der Kirche: Fronleichnam. Es brachte keine Geschenke und war nicht eigens für die Kinder da; es hielt sich in einem reineren Abstand. Ich hatte in der Religionsstunde gelernt, daß es für Gott war, um ihn im »Sakramente des Altares« zu ehren. Das »Sakrament«, das war das funkelnde, zart verschleierte Goldgehäuse, das der Priester trug. Darin, so hatte man mir gesagt, war Gott. Ich glaubte es inbrünstig, wenn ich daran dachte. Es schien mir keineswegs verwunderlich, daß Gott sich in einem so kleinen Brote verbarg. Auch in den Märchen geschahen derlei Verwandlungen: ein Frosch ist plötzlich König, ein Totenknöchelchen ist eine Flöte. Auch die so harmlos aussehenden Dinge, Pflanzen, Tiere und Menschen, die täglich mich umgaben, besaßen die verwirrende Fähigkeit zu täuschen: ein kleines rötliches Holzstäbchen, das man vertrauensvoll in die Hand nimmt, beginnt eilig wegzulaufen und ist ein Käfer; ein Mensch, der einem in der Dunkelheit begegnet, erstarrt zu einem Weidenstrunk. Keine Form war ein für allemal festgelegt, jedes Ding besaß vielerlei Gestalt, nichts war sicher, endgültig, einfach. Ich gewöhnte mich leicht daran, dieser gefährlichen Wandelwelt mit einer entzückten Vorsicht mich zu nähern, ja ich lernte bald selbst zaubern, nach Belieben meine Gestalt wechseln: im Wasser war ich ein Fisch, im Wald ein laubblättriges Wesen. Wenn solcher Spuk geschehen konnte, dann war es auch möglich, daß Gott sich in Brot verwandelte. Es fiel mir leicht, an diesem Tage fromm zu sein. Das Fest begann mit dem ersten Axthieb, der zwei Tage vor Fronleichnam aus den Flußauen schallte: junge Birken wurden geschlagen und an Wegrändern und Hauswänden aufgepflanzt. Am Vorabend des Festes wurden an vier Plätzen des Orts Bretter und hölzerne Sockel zu Altären im Freien gefügt. Der Klosterhof war lebendig wie nie sonst im Jahr: die Nonnen hämmerten an ihrem Altar, der vor dem Hauptportal aufgestellt wurde; sie kehrten die Wege, mähten das Gras an den Wegrändern und schnitten die Hecken. Weltlich geschäftig, doch wie unter einer gläsernen Glocke von Stille arbeiteten sie.

Kinder liefen im Dorf umher, sonderbar und lächerlich verändert durch waagrecht und steif vom Kopf abstehende oder zu kleinen harten Nestern und Wikkeln aufgedrehte Zöpfchen, die metallisch glänzten. Man hatte sie mit Butter oder Bier beschmiert, damit sie straff wurden. Am Festmorgen wurden sie gelöst und mühsam ausgekämmt. Dann fielen sie in strengen, strähnigen Locken nieder. Diese feierliche Haartracht verlieh den Kindergesichtern für einige Stunden den starren Ernst ägyptischer Plastiken. Meine Haare waren von Natur kraus und gelockt, darüber aber war ich nicht froh, denn die Qual des Zöpfchenflechtens, der die andern Kinder unterworfen waren, erschien mir nötig, war ein Opfer, gehörte zum Kult.

Zu zweien zogen am Vortag die Mädchen aus, um in großen Körben Salbei und Wucherblumen, Klee und entblätterte Pfingstrosen zu sammeln, die während der Prozession auf den Weg gestreut wurden. Da ich keine Einheimische war, gehörte ich nicht zur Dorfgemeinschaft und wurde nicht mit Blumenpflücken beauftragt. Ich stand am Fenster und sah die Dorfmädchen in den blühenden Wiesen untertauchen. Auch dieses Zusehen war schön und war eine Form tätiger Anteilnahme.

Am Fronleichnamsmorgen weckte mich das vielstimmige Geläut vom Turm der Klosterkirche. Niemand wußte, daß ich an diesem Tage von vier Uhr an am offenen Fenster saß, in ein Tuch gehüllt, frierend und selig. Mit nichts vergleichbar war die Schönheit dieser Morgenfrühe. Die Nonnen waren wach und schon im Hof. Sie breiteten rote Tücher und Teppiche aus und streuten frisch gemähtes Gras auf die Wege. Einige standen im Blumengarten und schnitten Pfingstrosen, Kaiserkronen und Iris, taufeucht, manche erst am Vorabend erblüht. Im Gebüsch standen die jungen Novizen. Sie griffen in das nasse, duftende Blütengewirr des Jasmin und brachen Zweig um Zweig. In der Ferne krähten Hähne, als seien es nicht sie, die man kennt, die gierigen Anführer der Hühnerhöfe, sondern fremde Vögel, die früher als die andern den Tag verspüren und besingen.

Nie konnte ich, so sehr ich mich darum bemühte, die Stufen des Tagwerdens erkennen – ein wenig lichtes Grau am Himmel, ein paar Vogelrufe, und schon war es Morgen, schon streifte Sonnenschein die Giebel. Der Zauber der kalten, gläsernen Frühe war dahin.

Die Nonnen eilten in die Kirche, und ich konnte hören, wie sie den Morgenchoral sangen. Mochte nun der Tag werden wie er wollte – ich hatte ihn in seiner schönsten Stunde belauscht.

Im Innersten meines Herzens, beinahe vergessen, hockte ein Rest von Mißtrauen gegen das Fest, seitdem es mich einmal sehr unglücklich gemacht hatte.

Ich war sieben Jahre alt. Ich weiß das ganz genau, denn ich durfte zum erstenmal in den Reihen der Schulkinder an der Spitze der Prozession gehen, nicht mehr wie bisher an der Hand der Mutter zwischen den dunklen, murmelnd und leiernd betenden Frauen am Ende des Zuges, dort, wo schon keine rechte Ordnung und Feierlichkeit mehr war, wo Kinder, die kleiner waren als ich, laut und unverständig plapperten, wo bald dieses, bald ein anderes greinte und müde war, auf den Arm genommen oder hinter einen Busch geführt werden wollte und Mütter einander verständnisvoll und nachsichtig zunickten. Schon als ich sechs Jahre alt gewesen war, hatte ich die Zumutung, hier bei Knirpsen mit nassen Hosen untergebracht zu sein, als tief entwürdigend empfunden. Einzig mit der Zusage, es sei das letztemal, hatte man mich zum Mitgehen überreden können. Während der Prozession tröstete mich ein Strauß Alpenveilchen, den ich trug und den ich unverwandt ansah und beroch, über das Unzulängliche meiner Umgebung hinweg.

Genau ein Jahr später aber waren Blumen bei der Prozession Anlaß zu großer Kümmernis.

Am Vorabend des Festes ging ich mit meiner Mutter in den Garten, um den Strauß, den ich tragen sollte, zusammenzustellen. Wir gingen sehr wählerisch dabei zu Werke, denn meine Mutter meinte, für den lieben Gott sei das Schönste noch kaum gut genug. Mit dieser geistlichen Absicht verband sich ihr eine recht weltliche: den schönsten Strauß von allen sollte ihr Kind tragen. – Vergißmeinnicht erschienen ihr zu gering im Wert; Maiglöckchen waren schon verblüht und hingen pergamenten gelb an ihren Stengeln; Goldlack roch zwar verlockend, aber war dies Jahr ein wenig zu sehr ins Kraut geschossen, und die Blüten standen spärlich; Pfingstrosen blätterten zu leicht ab; lange standen wir vor dem Schwertlilienbeet; die großen, dunkelviolett gefleckten Blüten gefielen uns sehr, und schon hatte meine Mutter die Schere an einen der hohen Stengel gesetzt, da zögerte sie und fand, Schwertlilien seien eigentlich Sumpfpflanzen, bedürften vieler Feuchtigkeit und welkten allzu rasch, wenn sie geschnitten und in heißen Händen getragen würden. Ich hatte mich schon, leicht ungeduldig, kurz zu großen veredelten Margueriten entschieden, die zwar nicht kostbar, aber dafür kräftig und unempfindlich waren, als meine Mutter, die suchend den Garten durchwandelt hatte, eine halberblühte Lilie fand. »Willst du sie?« fragte meine Mutter; ich rief rasch entschlossen ja und schaute zu, wie die Schere das grüne saftige Fleisch zwischen ihre blinkenden kalten Messer nahm. Aber noch ehe der Stengel durchschnitten war, schrie ich: »Nein, nicht!« Doch schon sah ich ihn sinken und fallen. »Was hast du?« fragte meine Mutter erstaunt. – »Nichts«, sagte ich leise und wußte nicht, warum ich auf einmal traurig war. Wir gingen ins Haus. Die Lilie wurde in einen hohen gläsernen Wasserkrug gestellt und in den Jagdsaal getragen, denn dort war es sehr kühl.

Tief in der Nacht erwachte ich. Ich hatte geträumt, doch war mir der Traum entglitten und hatte nichts zurückgelassen als eine unbestimmte Schmerzempfindung, die wie eine dunkle Welle mein Herz umspülte. Es war ein Gefühl von großer Trauer, dem ich hilflos preisgegeben war, da ich seine Ursache nicht kannte. Ich spürte, daß ich im Traum geweint hatte und im Wachen weiterweinte. Ich besann mich, ob ich etwas Böses getan hatte am Tage: hatte ich etwas zerbrochen oder verloren und es nicht gestanden? Nichts war mir bewußt. Wäre ich etwa fünf Jahre älter gewesen, so hätte ich aus einer Reihe ähnlicher Erfahrungen heraus diese scheinbar grundlose Trauer zu deuten vermocht als Vorahnung eines schlimmen Tages, der seinen Schatten in meinen Traum vorauswarf, mich zu warnen, als einen bitteren Vorgeschmack künftiger Tränen. Allmählich fühlte ich, wie mein Schmerz sich verdichtete und bestimmter wurde, und als ich eine letzte heftige Anstrengung meiner Erinnerungskraft gemacht hatte, stand das Bild meiner Lilie vor mir. Ich stieg aus dem Bett, schlüpfte in meine Schuhe, legte ein Tuch um und schlich durch das Zimmer, das neben dem meiner Mutter lag. Der Boden knarrte zwar, und die

Tür schnappte mit einem Knacken ins Schloß, doch hatte niemand es gehört.

Ich stand an dem einen Ende des hundert Meter langen gepflasterten Ganges, der längs der bewohnten Zimmer und Säle lief und an dessen anderem Ende der Eingang zum Jagdsaal lag. Der Gang war nicht vom Mond, der in der östlichen Himmelshälfte stand, erhellt. Seine Fensterflucht lag nach Westen, doch gab das jenseits des Klosterhofes liegende, kräftig beglänzte weiße Gebäude einen dämmerigen Schein, in dem ich die alten Landkarten und Stiche an den Wänden unterscheiden konnte. In den tiefen Fensternischen aber lag ein unbestimmtes Dunkel, das vielleicht gefährlich war. Die alten Pflastersteine, die nur lose in ihre Unterlage eingefügt waren, verschoben sich und klickten leise unter meinen Tritten. Endlich stand ich vor dem Jagdsaal. Ich öffnete die Tür und fand mich mitten in einem wunderbaren Lichtsee. Die Saalfenster standen offen; breite sanfte Flüsse von Mondschein strömten herein. Draußen lag der Garten. Baumwipfel schwammen wie Inseln, wie Rücken dunkler Tiere still im Licht. Auf einem großen Blumenständer, der wie eine breite achtstufige Treppe war, die nirgendwohin führte, standen Topfpflanzen. Meine Lilie war nicht bei ihnen. Da sah ich sie in einer Fensternische auf dem Boden stehen, von Licht überstürzt. Sie schien aus dem Glas zu wachsen; Glas und Lilie waren aus demselben Stoff, aus flüssigem, in der Nachtkühle gefrorenem Licht. Die Blüte war leicht geneigt von ihrer Schwere. Ich sah, daß sie kaum merkbar schwankte. War es der Nachtwind, der sie berührte? Ich trat näher. Ein süßer, schwerer Duft entströmte dem leuchtenden Kelch. Wieder sah ich ihn erzittern. Das Beben rann über Stengel und Blätter. Ich sah die Blüte heftiger schwanken, beinahe leidenschaftlich geschüttelt. Da löste sich etwas Dunkles schattenhaft aus dem Blüteninnern, verweilte einen Augenblick schwebend über dem untersten Blütenblatt, streifte zärtlich, wie mir schien, an ihm entlang, verließ still den Kelch, breitete dunkle Flügel aus und entschwand in den Park. Ich stand atemlos, Zeuge eines Geheimnisses. Welches fremde Wesen hatte die weiße Blume heimgesucht? Ich wußte nichts von Nachtfaltern, die Lilien lieben. Klopfenden Herzens trat ich ganz nahe. Auf dem Blütenblatt, das der geflügelte Gast eben verlassen hatte, schimmerten helle Tropfen. Waren es Tränen? Neugier und Scheu hielten eine Weile sich in mir die Waage, ehe ich meine Finger in den Kelch legte, um das Feuchte zu befühlen. Es klebte ein wenig, es fühlte sich an wie Öl, es duftete. Es schien mir kostbar. Ich dachte, man könne vielleicht noch mehr davon aus dem weißen Kelche gießen. Ich hob die Blüte ein wenig hoch; meine Hände erschraken, denn sie fühlte sich ungewohnt an: wächsern, kalt und leblos. Trotzdem hielt ich sie; nun stand sie so, daß das Licht des Mondes durch den Kelchgrund brach und, vermischt mit einem Widerschein vom Grün der Pflanze, sich aus der weitgeöffneten Blüte ausgoß, als besäße die Lilie eine eigene starke Leuchtkraft. Bald aber ließ ich sie wieder sinken, denn ich fühlte, daß sie mir nicht zugetan war.

Doch bannte sie meinen Blick. Ich wurde nicht fertig damit, sie anzusehen. Ich kniete mich vor die Blume und schaute in ihren geneigten Kelch. Mir schien, er sei tief und man könne durch ihn hindurchsehen wie durch ein Fernrohr, das man aber nicht gegen den Himmel richtete, sondern gegen ein tiefes dunkles Wasser.

Plötzlich kam sie mir vor wie eine Trompete. Es lag etwas Heftiges, ja Gewaltsames darin, wie die Blüte aus dem Stengel drang. Sie tat es so ungestüm, daß sie von ihm noch Grünes mitriß, das nun an ihr hing und erst an den Blattspitzen sich ins reine strahlende Weiß verlor. Ich erwartete, daß diese Trompete einen durchdringenden metallenen Ton ausstoße.

Dann aber erschien sie mir wieder ganz sanft, als gleite sie still aus dem Stengel. Ich dachte, ob man etwa sie noch länger und länger ausziehen könne, ob im Stengel verborgen noch mehr Blühendes stekke; aber ich wagte keine Berührung mehr.

Mit einemmal nahm gerade dieses Gleiten, das so sanft und harmlos schien, etwas Unheimliches an.

Die Blüte erschien mir wie der Kopf einer weißen Schlange, deren Leib schillernd in der grünen Stengelröhre lang ausgestreckt liege, bereit, aufzuschnellen und zu töten. Dieser Eindruck des Unheimlichen, Gefährlichen, Feindlichen wurde sehr mächtig in mir; ich dachte: die Lilie ist giftig. Gegen alles, was giftig ist, war mir ein zwiespältiges Gefühl angeboren. Ich fürchtete Schlange, Tollkirsche, Schierling und Orchidee, und doch konnte ich die Begierde, sie zu berühren und alle Gefahr auf mich zu nehmen, kaum bezwingen.

Der Mond wanderte seinen Weg am Himmel. Streifen um Streifen Helle ertrank im Schatten. Auch die Lilie erlosch. Nun konnte ich mich von ihr lösen. Unhörbar, lose Pflastersteine vermeidend, schlich ich in mein Zimmer und versank in einen tiefen Schlaf.

Als ich am Morgen ins Eßzimmer trat, stand die Lilie schon auf dem Tisch. Ich erschrak freudig, dann aber befiel mich Ernüchterung, denn mir war, als hätte die Blume nichts zu bewahren vermocht in ihrem leeren, belanglosen Gesicht von den geheimen Verwandlungen der Nacht. Ich nahm sie, ohne zu erschrecken, in meine Hand; sie war kühl und glatt, eine Pflanze, sonst nichts. Ich ging mit ihr zur Kirche.

Da aber begann mein Leiden. Ich schritt durch die Reihen der Kinderbänke, um in der ersten meinen Platz zu finden. Da sah ich, daß kein Kind außer mir Blumen trug. Die Mädchen stießen sich mit den Ellbogen an und kicherten. Meine Nachbarin flüsterte hämisch: »Du mußt immer was andres haben als wir.« Ich sah hilflos um mich. Ein größeres Mädchen riet wohlwollend: »Wirf's weg, wirf's unter die Bank!« Ich schaute starr nach vorne, auf meine unglückselige Lilie. Ich konnte nicht übersehen, daß sie schön war. Ein trotziges Gefühl überkam mich, das fast Liebe zu meiner Lilie war. Doch war die Versuchung, sie wegzuwerfen, mächtig lokkend. Einen Augenblick war ich fest entschlossen, sie einfach fallen zu lassen. Schon lockerte sich der Griff meiner Hände. Da erschien mir das Bild meiner Mutter, wie sie, erfreut darüber, das Schönste für mich gefunden zu haben, die Lilie abschnitt. Eine Empfindung dankbarer Liebe flog durch mich und schien mich endgültig an meine Blume zu binden. Aber stärker und stärker spürte ich die verachtenden Blicke der Mädchen; eine Welle stummen Spottes brandete gegen mich. Würfe ich die Lilie unter die Bank, so wäre ich erlöst. Die Messe, die der Großonkel feierte, hatte begonnen und nahm ihren Fortgang; die Orgel brauste, Weihrauch und Birken verströmten eindringlichen Wohlgeruch. Verzweifelt suchte ich nach einem Gebet. Aber mein Herz war verödet. Endlich erschien mir ein Ausweg aus meiner Qual. Ich dachte: Wenn der Großonkel nun auf die rechte Seite des Altares geht, werfe ich sie weg; geht er auf die linke, so behalte ich sie. Aber er blieb in der Mitte, und ich bemerkte, daß er schon das letzte Gebet verrichtete. Damit wurde der Entschluß von neuem auf mich allein gelegt. Allerdings wurde er zunächst verzögert, denn die Kinder verließen die Kirche, um sich zur Prozession aufzustellen. Ich fand keine Zeit mehr, nachzudenken. Schon bewegten wir uns langsam unter wehenden Fahnen durch den Klosterhof, verließen das Dorf und zogen auf einer schmalen Straße zwischen hoch blühenden Wiesen über die Hügel. Nun aber fielen meine Blicke von neuem auf die Lilie.

Bei jedem Schritt, den ich machte, nickte sie, schnell oder langsam, in lächerlicher Abhängigkeit von mir. Da riß ich das unterste Blatt vom Stengel und ließ es aus meinen Händen gleiten. Es fiel in den Straßenstaub. Ich trat nicht darauf. Jetzt aber war die Entscheidung gefallen. Ich sah und hörte nicht mehr; ich wünschte nicht mehr, nur die Lilie beseitigt zu haben, sondern ich brannte darauf, sie zu zerstören, nach und nach. Ich riß ein Blatt nach dem andern ab, erst mit Neugierde und Spannung, dann besessen, grausam, wollüstig, bis ich den nackten Stengel hielt. Er war nun wirklich wie eine Schlange: glatt und schlüpfrig. Er hatte böse klaffende Bruchstellen. Ich knickte, um zu versuchen, ob ich es könnte, ein Stück des Stengels ab. Lächerlich traurig hing nun die Blüte herab. Sie selbst aber war herrlich unversehrt. Ich hob sie in die Höhe, abschiednehmend. Die Kinder beteten: »Gegrüßt seist du, Maria.« Wie die Blüte duftete! Jemand stieß mich an: »Bet doch mit!« Ich versuchte es, aber ich hörte und verstand meine Worte bald nicht mehr. Mein Blick war, wie in der Nacht, gebannt von meiner Lilie. Mir schien, es schaue ein fremdes Wesen mich an aus der Tiefe des leuchtenden Kelchs. Wie die Staubfäden züngelten aus dem wassergrünen Schlund! Ich kniff ein Staubgefäß ab. Ein wenig goldner Staub fiel heraus. Dann riß ich auch die übrigen ab. Nackte grüne Fäden hingen aus dem Kelch. Ich griff tiefer. Es war geheimnisvoll böse, dies zu tun; es war ein Raub, ein schamloser Einbruch. Der Stempel brach, streifte im Fallen meine Hand, Öl tropfte aus der verletzten Narbe. Ein Blütenblatt fiel, der Kelch lag offen. Mit jedem Blatte löste sich auch ein Staubfaden. Ich behielt alles Abgelöste in meiner Hand. Noch hingen zwei Blütenblätter am Stengel, schön und traurig wie weiße Falter, denen eine rauhe Hand den feinen Farbschmelz abgestreift hat. Die Adern traten nackt und hart vor, die Blütenränder waren braun, welk, zerknittert. Der Fruchtknoten starrte mich an. Ich ritzte ihn mit dem Fingernagel. Kleine grüne Samen lagen darin, feucht, ölig. Lilienöl, dachte ich. Das Wort hatte einen fremden, kostbaren Klang. Einige Augenblicke lang schien es mir, als wiege die Bekanntschaft mit diesem wunderbaren Worte »Lilienöl« alle Marter der vorhergegangenen Stunden auf.

Meine Hände führten nun ihr Werk zu Ende; Blütenblätter und Staubfäden lagen in meiner Hand, ich drückte sie zusammen; der Stengel knirschte; Tropfen eines grünlichen Saftes rannen über meine Finger. Dieser Saft duftete nicht mehr, wie es die Blüte getan hatte; er roch widerlich, giftig. Ich preßte meine Hände stärker aufeinander. Ich fühlte, wie nach und nach jeder Widerstand der Pflanze schwand, bis ich nur mehr Fetzen von etwas ehemals Lebendigem hielt.

Plötzlich rührte sich das Totgeglaubte in meinen Händen. Ich öffnete sie erschrocken. Das Zerknüllte richtete sich auf zu einem letzten anklagenden Widerstand. Mit abgewandten Augen zerdrückte ich es noch einmal und stärker. Noch aber hielt ich es, noch war es da.

An einer Wegbiegung ließ ich es fallen. Nun waren meine Hände leer. Mäler von dem grünlichen Safte waren verblieben.

Ich kam zu mir. Lust, Qual und Bosheit fielen von mir ab. Ich war ernüchtert und begriff nicht mehr, was ich getan hatte. Ich bemerkte, daß meine Lippen die Worte des Gebetes mitsprachen, und ich sah, daß die Spitze der Prozession eben in den Klosterhof einbog. Das Fest war zu Ende. Ich ging nach Hause.

Anna

Wenn Anna in spätern Jahren wieder nach M. kam, als ihre Eltern längst nicht mehr lebten, ging sie jedesmal den Weg, der einst ihr täglicher Schulweg gewesen war: die aus der Innenstadt kommende Straße führt über den Fluß und verzweigt sich in schmale Gassen, von denen eine, die über einen kleinen baumbestandenen Platz läuft, gerade auf die hohe ziegelrote Hofmauer trifft, hinter der das alte graue Gebäude des Gymnasiums liegt, das an eine gotische Abtei und zugleich an ein Staatsgefängnis erinnert. Der Anblick der alten Schule weckte in Anna eine Empfindung, die jener gleicht, mit der man am klaren Morgen eines Nachttraums sich erinnert, der trüb, beklemmend und voll spukhafter Wirren, aber auch wunderlich süß gewesen war und der, da er in der Tageshelle zerging, in uns eine selige Erleichterung wie nach einer überstandenen Gefahr zurückläßt. Diese Empfindung, die etwa eine große Schauspielerin dazu bewegen könnte, einmal wieder auf jener kleinen Schmierenbühne zu spielen, an der sie arm, gedemütigt und voller Glut begonnen hatte, verlockte Anna, die nun glücklich war, immer wieder zum Aufsuchen der alten Wege.

Eines Nachmittags im Spätherbst, als sie wieder vor der alten Schule stand, sah sie an einem der spitzbogigen, vergitterten Fenster das Gesicht eines Mädchens. Es blickte unverwandt mit dem Ausdruck verlorener Schwermut in die Zweige der fast entlaubten Kastanienbäume, von denen Blatt um Blatt sich knisternd löste. Der Anblick des einsamen, traurigen Mädchens, der trübe Tag und der Modergeruch des kupferfarbenen, feuchten Laubes riefen in Anna die Erinnerung an einen Nachmittag im Spätherbst wach, da sie selbst, achtzehnjährig, an jenem Bogenfenster stand, hinter dem der kleine Musiksaal lag, in dem sie an einem ausgespielten Flügel Etüden üben sollte. Sie erinnerte sich plötzlich heftig und deutlich der Stimmung, in der sie sich damals befand, und gleich Bildern eines Films, der auch Stimmen, Gerüche, Farben und Gefühle wiederzugeben vermöchte, rollte das ganze Erlebnis, das aus jener Stimmung entsprang, durch Annas Gedächtnis.

Sie entsann sich, daß jener Tag so grau war, daß das jenseits des Flusses liegende Museumsgebäude mit seinem ockergelben Verputz (das so aussah, als sei es von innen her durchsonnt) der einzige helle Farbfleck in dem Bilde war. Sie sog sich fest an ihm in der unbestimmten Hoffnung, aus ihm Trost zu schöpfen. Aber es schien, als sei ihr an diesem Tage nicht einmal der Anblick eines fernen Schönen gestattet: Nebel stiegen aus dem Wasser und verdeckten das gelbe Haus. Als sei damit auch aus ihrem Leben der letzte Glanz und Schimmer gewichen, versank Anna nun in eine uferlose Traurigkeit, die zugleich Pein und Genuß war, jenes dunkle Gefühl der Wachstumsschmerzen, das wir nicht verstehen, solange wir jung sind und wenn wir es empfinden.

Auf dem Fenstersims lagen würfelig zugeschnitzte Holzklötzchen. Sie dienten dazu, zwischen Fenster und Rahmen gelegt zu werden, um das Zufallen der schweren, alten Fensterflügel zu verhindern, wenn sie an feuchten Tagen, der Instrumente wegen, nur auf Spaltbreite geöffnet werden durften. Von einem Würfel, man mag ihn drehen wie man will, kann man nie alle sechs Seiten zugleich sehen; immer die Hälfte bleibt verdeckt. Annas Bewußtsein bemächtigte sich unversehens dieser einfachen Erkenntnis, und da Anna dazu neigte, aus allen Erscheinungen Stoff für ihre oft wunderlich spekulativen Gedankengänge zu ziehen, so nahm sie den kleinen braungemaserten Würfel zum Anlaß, verzweifelt zu bedenken, daß ein Mensch immer nur die Hälfte eines Gegenstandes, die Hälfte einer Erscheinung wahrnehmen und begreifen könne und daß er also nie dahin gelange, irgendein Ganzes zusammen zu schauen, nicht im Kleinen und nicht im Großen. Daß es Augenblicke gibt, in denen die Dinge durchsichtig werden wie Kristalle und ihr Inneres und das Ganze ihres Seins aufzeigen, bedachte Anna, obwohl sie es schon erlebt hatte, in dieser Stunde nicht. Und weil sie zu jung war, um zu verstehen, daß auch die Kante eines Würfels schon, wenn die Stunde günstig ist, eine Offenbarung der Schönheit und des Sinnes der Welt zu sein vermag, und da sie auch ungeduldig war und mehr wissen wollte, als ihrer Jugend zukam, so schien ihr, als lohne es sich überhaupt nicht, ein Leben auf sich zu nehmen, das nichts als Beschränkung verlangt. Als hätte nicht sie selbst es gedacht, sondern ein unerbittlich strenger Lehrer das Wort von der Beschränkung als Forderung vor sie gestellt, bäumte sie sich maßlos dagegen auf. Beschränkung, Tugend, Frieden, diese Worte hatten für sie den beengenden Geruch des muffigen Salons und der naiven stockfleckigen Erbauungsbücher der alten Tante Karoline. »Nie werde ich ein karges, kleines Leben ertragen können«, dachte Anna. Freiheit wollte sie und Glut und Leben. Fieber, Wirbel und Sünde würde sie auf sich nehmen, um zu erfahren, was Liebe und was Leidenschaft war. Eindrücke, die sie je empfangen hatte, durcheilten blitzschnell ihren Geist: Musik zum Tode Don Giovannis, der Anblick eines brennenden Baumes, Bilder von Marées, Glut und Duft der Nelkenfelder in einem Park, die Anfangszeilen eines Gedichtes von François Villon »Ich sterbe dürstend an der vollen Quelle, ich, heiß wie Glut«, Liebespaare in dunkeln Kähnen auf einem See – eine Sekunde lang vermischte sich all dies zu einem betäubenden Klange, zu einem herzsprengenden Gefühl, das ihr Schmerzen bereitete und heiße Tränen in die Augen trieb.

In diesem Augenblick begann die Stundenglocke zu schellen. Türen flogen auf, Gelaufe und Gelächter erfüllten Gänge und Treppenhäuser. Anna blickte ernüchtert durch die dunkeln Gitterstäbe des Bogenfensters auf den Hof. Sie sah, wie die Schülerinnen in Gruppen durch das Tor eilten, über den baumbestandenen Platz hin sich zerstreuten und schließlich in den Straßen, die zur Innenstadt führten, sich verloren. Als hätte der Wind einen leuchtenden Haufen bunter Blätter aufgewirbelt und davongefegt, lag der Platz vor dem Schulgebäude danach verdüstert und verödet da. Anna sah, daß unter dem Torbogen lange eine dunkle Gestalt offensichtlich wartend stand, und sie erinnerte sich fast mühsam und widerwillig, daß es ihre Freundin Christine war. Langsam ordnete Anna die Notenhefte, schloß den Flügel und verließ den Musiksaal. Einige Unterklassen hatten noch Stunde. Im Vorübergehen hörte Anna, wie die Quinta im Chor ein französisches Gedicht aufsagte:

> L'automne, l'automne! Les haies
> Et les arbres sont défeuillés.

A peine quelques rouges baies
Tremblent aux buissons ...

Während sie die Haupttreppe hinabstieg, quälte sie sich, das verlorene Reimwort zu finden, indem sie die beiden letzten Verszeilen so oft hersagte, bis das fehlende Wort von selbst sich einfügen würde. Doch erst, als sie über den Hof ging, indes so wie heute die welken kupferfarbenen Blätter niedersanken, fand sie es: buissons dépouillés.

»Was sagst du?« fragte Christine.

»Sagte ich etwas? Ach so, ein Vers ist mir eingefallen, den wir einst lernen mußten: l'automne, l'automne – erinnerst du dich, Christine?« Die Freundin faßte sie bei der Hand: »Du hast wieder einen deiner traurigen Tage, Anna. Komm, wir wollen ins Kino gehen, ich habe Geld.«

»Ach, ich danke dir. Aber sieh, ich möchte nicht. Ich weiß nicht, was ich möchte. Ich ärgere mich über mich. Ich ärgere mich, weil mein Leben nicht leichter und nicht schwerer ist. Wenn du mir einen Gefallen tun willst, dann gehe zu meinen Eltern und sage, ich hätte noch etwas zu tun, etwas zu besorgen, irgendwohin zu gehen – sag irgend etwas, es ist mir gleich, ich kann nicht heimgehen jetzt.« »Gib mir deine Mappe, ich nehme sie mit. Und wenn du an meiner Wohnung vorüberkommst beim Nachhausegehen, dann wirf ein Steinchen herauf, dann weiß ich – nun ja, sonst ängstige ich mich, du weißt ja, wie komisch ich bin.«

Die Gute, sie stand, ihr nachblickend, noch unter dem Tor, als Anna auf der Brücke sich umwandte und ihr zuwinkte. Nun ging Anna raschen Schritts durch die Anlagen, die das linke Flußufer säumten. Sie genoß das Wehen der herben, kühlen Luft und wurde fast fröhlich dabei. Sie straffte ihren Gang und hielt sich gerader; sie steckte die Hände in die Manteltaschen und blickte an den Vorübergehenden vorbei in das blätterlose Dorngesträuch am Wasserrand. Ein Liebespaar, Arm in Arm und lachend, begegnete ihr. Anna sah den beiden nach, und ihre Munterkeit verflog wie Rauch. Es hatte keinen Wert, sich gerade zu halten und zu lächeln, wenn man so allein war. Langsamer und plötzlich müde ging sie weiter. Ein Mann in einem Pelz begegnete ihr. Er blickte flüchtig auf sie und ging vorbei. Der Duft seiner Zigarette umwehte Annas Gesicht. Ein Arbeiter im blauen Kittel kam, lachte sie an und ging vorbei. Ein junger, dunkler Mensch in einem gelbkarierten Mantel sah ungeniert in Annas Gesicht, pfiff leise durch die Zähne, und Anna konnte hören, daß er stehenblieb, um ihr vielleicht nachzusehen. Sie erkannte plötzlich, daß sie wünschte, er oder ein andrer, irgendeiner, möchte sie ansprechen. Noch nie in ihrem Leben hatte sie einen solchen Gedanken gehabt. Sie schämte sich. Sie dachte: »Da gehe ich wie eine von ›denen auf der Straße‹.« Und doch war es süß, mit einem Mal zu spüren, daß man kein Kind mehr war, daß einem in den Augen ein wärmeres, dunkleres Feuer brannte, daß man Netze spinnen und werfen konnte. Sie hielt sich wieder grade und lächelte, als sie in die Innenstadt einbog.

Es dämmerte bereits. Das unaufhörlich wechselnde Aufzucken und Erlöschen der grellfarbigen, in dunkeln Fenstern und in der Nässe des Pflasters sich vielfach spiegelnden Lichtreklame, der Lärm der Fahrzeuge, der Schimmer, der aus den Schaufenstern brach, das immerwährende Fluten der Menschen (man schwamm selbst fast willenlos in diesem Strom) – dies alles, was ihr früher Unbehagen, ja Pein verursacht hatte, es gefiel ihr nun übermäßig. Sie fand, daß sie es vorher nie begriffen hatte: nicht nur Einsamkeit, Kühle, Strenge und Maß waren gut; auch der Lärm, auch Schminke, auch Tanz und Verschwendung waren gut. Mit der eigensinnigen Übertreibung, mit der man gern das Alte und Vergangene dem Neuen gegenüber als völlig abgetan und unwert erklärt, behauptete sie in sich, daß diese bunte, rauschende Welt besser, hundertmal besser, überhaupt die einzig richtige war und daß ihre bisherige nonnenhafte Abgeschiedenheit nichts als Mangel, nichts als Blindheit gewesen war. Ihre Hände wurden eiskalt vor Erregung.

An einer Straßenecke stieß sie mit jemand, der es

eilig hatte, zusammen. Sie fühlte Pelz und Tuch, die Wärme einer Hand, die etwas in Brusthöhe trug; sie roch den Duft einer Zigarette; ein leichter Schwindel erfaßte sie. »Verzeihung«, sagte eine Stimme, und Augen sahen sie dunkel an. Der Strom riß sie hinweg.

Nun begann Anna den Vorübergehenden ins Gesicht zu schauen. Sie fühlte plötzlich, daß sie etwas konnte, das sie nie vorher versucht, das niemand sie gelehrt hatte: sie konnte in ihren Blick einen Tropfen süßen Giftes träufeln, in ihren Augen ein verführerisches Feuerchen entzünden, ohne daß diese zuviel von ihrer grauen Festigkeit einbüßten. Sie bemerkte mit Genugtuung, daß viele Männerblicke ihr antworteten. Sie begriff (und dies schien ihr eine Erkenntnis zu sein, neben der jene hohe Freude, mit der sie einige Tage zuvor ihr plötzliches Begreifen eines späten Beethovenquartetts begrüßt hatte, ganz und gar verblaßte), daß die Sprache der Augen die zarteste und wildeste war und daß sie von allen verstanden werden konnte. Ihr schien, als habe man dieses zaubermächtige Idiom, das zwischen den Worten aller Sprachen wie Orchideenduft schwebte, mit List und Bosheit bisher vor ihr geheimgehalten.

Anna bemerkte bald Gradunterschiede darin, wie die Männer das Sprechen und Verstehen dieser Sprache beherrschten. Sie beobachtete junge Anfänger, die leicht mit den Augenlidern zwinkerten, was ihrem Blick etwas ungemein Törichtes gab, besonders wenn sie dabei den Kopf schief neigten wie werbende Vogelmännchen. Manche, die älter waren und erfahren, zogen nur die Brauen höher, und die Lokkung ihres Blutes verdunkelte ihre Augen. Manche starrten ihr mit unverhohlener Begierde geradezu ins Gesicht; meist waren es solche, die dicke Zigarren in den Mundwinkeln hängen hatten und schon über vierzig waren. Einige räusperten sich dabei, als wollten sie eine Rede halten. Manchen begannen die Augen heller und glänzender zu werden, als freuten sie sich über ein hübsches Bild; das waren meist Junge, Große und Blonde, Studenten oder auch Arbeiter. Viele verbargen Gefallen und Begehren hinter einem raschen, schiefen Blick, der gelangweilt wirken sollte, der gleichwohl von Anna entlarvt wurde. Einige wenige aber (und diese begannen Anna besonders anzuziehen, worin sich die Richtung des späteren Zuges ihres Herzens vorverkündete) blickten ihr still in die Augen, und es war, als stellten sie die sehnsüchtige Frage: bist du es, die ich suche? Und so entdeckte Anna noch unzählige Spielarten der flüchtigen Lokkung und Werbung; sie lernte sie zu scheiden und einzureihen, so wie man seltene, wohlriechende Kräuter von den gemeinen trennt und in gesonderte Gefäße stellt. Noch genoß sie erst das Sehen und das Netzewerfen; noch wollte sie nicht wirklich den Fang.

Mittlerweile war es fast dunkel geworden. Anna war, ohne daß sie es gewollt hatte, in jenen Teil der Stadt geraten, in dem der Fluß sich gabelt und zwischen seinen Armen eine Insel hält, deren freie Wiesenfläche den Kindern als Spielplatz und zweimal im Jahr, im Mai und Spätherbst, als Schauplatz der Dult dient. Schon von weitem sah Anna durch den Nebel, der milchig über dem Flusse lag, einen bunten Lichterglanz. Leuchtkugeln schossen in die Luft und zerstoben in Funkenregen. An langen Schnüren, die man nicht sah, von Zelt zu Zelt gespannt, baumelten und zuckten Reihen von elektrischen Birnen, rot, grün und blau, und stellten seltsame bunte, gesetzlose Sternbilder dar. Die beleuchteten Dächer der Karusselle drehten sich und bildeten im Nebel sich überschneidende, einander drängende Lichtwirbel. Manchmal gelang es einem Kühnen, ein Schiffchen der Riesenschaukel so hoch zu treiben, daß es wie ein Komet aus dem Nebelmeer auftauchte, um gleich darauf wieder in ihm zu versinken. Das Geleier der Drehorgeln, sonst eine beleidigende Zumutung für Anna, lockte sie ins Getriebe. Der Nebel war stärker geworden; er vermischte alle Umrisse und dämpfte den Lärm. Wie in einem feuchten Traumland ging man. Alle Lampen hatten regenbogenfarbige Lichthöfe und schienen wie Gestirne frei zu schweben. Aufrufer traten als Schatten vor ihre Zelte; ihre Stimmen klangen wie aus der Ferne; einen Augenblick glaubte man ihnen den Turban und die Bronze ihrer Haut; und man hörte sie ein unverständliches Gebet oder eine wilde Verwünschung vom Turme ihrer Moschee rufen. Vor einem der Zelte stand ein Mädchen, halbnackt, nur mit ein wenig Schleiern und Goldflitterchen behangen. »Eine Somnambule, eine Traumtänzerin, die größte Sensation dieses Jahres, eine weltberühmte Gestalt …« Es war ein sehr zartes Mädchen, noch fast ein Kind, mit hellrot gefärbten Lippen und tiefblauen Augenhöhlen. Es stand blütenhaft geneigt und zitterte vor Kälte. Annas Gesicht trug wohl in diesem Augenblick den Ausdruck tiefen Staunens, daß auch dies hier »Leben« war, daß sie auch dies einbeziehen müsse in ihr neues Bild von der Welt. Trauer mit Ekel zu einer bittern Flut gemischt, strömte in ihr Herz, und plötzlich wußte sie die beiden letzten lang verschollen geglaubten Zeilen jenes französischen Schulgedichts wieder:

Et les feuilles s'amassent toutes
dans les profondeurs du fossé.

Bei der schwermütigen Musik der Vergänglichkeit schwand ihre Erregung. Sie fror und beschloß, nach Hause zu gehen. Da fühlte sie, daß ein fremder Blick auf ihr ruhte, und sie sah, daß nahe bei ihr im Nebel das Gesicht eines jungen Mannes stand. Sie bemerkte ein Lächeln auf seinem Mund, und sie blickte (rascher, als sie sich dieser Bewegung bewußt wurde) um sich, wem er galt. Aber noch ehe sie wahrgenommen hatte, daß außer ihr niemand von diesem Lächeln getroffen wurde, hatte sie durch und durch begriffen, daß es ihr zugesandt war. Nicht Erregung und nicht Freude befielen sie, noch wurden ihre Kniekehlen schwach. Sie fühlte nichts als eine erhöhte Wachheit und eine sachliche Erwartung, ähnlich jener, die sie empfand, wenn ihr Lehrer begonnen hatte, die stereometrische Figur eines Kristalls an die Tafel zu zeichnen, jedoch die ersten Linien noch nicht erraten ließen, welcher es sein würde. Anna blieb stehen und betrachtete aufmerksam eine blecherne Scheibe, auf der die Sternbilder des Tierkreises, von kleinen elektrischen Birnen gebildet, aufleuchteten und wieder erloschen, sich verwoben und wieder entwirrten, während eine zigeunerhafte Alte, die das Rad drehte, unaufhörlich die Vorübergehenden einlud, sich aus den Sternen wahrsagen zu lassen. Anna verspürte große Lust, die Alte um ihr Schicksalswort zu befragen, und sie trat, noch nicht völlig entschlossen, etwas näher.

Da war das Gesicht des jungen Mannes dicht neben dem ihren. Es lächelte nicht mehr, es sah sie nur an. Es schien Anna ein durchaus unauffälliges, ja belangloses Gesicht zu sein, das etwa einem Büroschreiber oder einem Verkäufer in einem mittelmäßigen Geschäft angehören konnte. Trotzdem bewog es Anna, von ihrem Vorhaben, die Zigeunerin anzusprechen, abzulassen. Es schien ihr nicht mehr wichtig. Sie ging langsam durch das Gewirre der Dult jener Brücke zu, welche die Insel mit dem Stadtufer verbindet. Nicht bewegter, als wenn sie etwa darüber nachgesonnen hätte, ob es am Abend regnen würde oder nicht, dachte sie, ob der junge Mann ihr wohl folge. Während sie auf die Straßenbahn wartete, die stadteinwärts fuhr, sah sie, daß er an der Haltestelle der entgegengerichteten Linie stand. Nun begann Anna auf und ab zu gehen. (Später wußte sie, daß sie es nicht getan hatte, weil sie fror, sondern weil es ihr schien, als starre der junge Mann, gleichgültig von ihr abgewandt, in den Nebel.) Ihre Straßenbahn kam, Anna stieg nicht ein. Als auch die Bahn in der Richtung der Vorstadt abgefahren war, stand der junge Mann ebenfalls noch an der Haltestelle. Anna dachte: »In die nächste Straßenbahn steige ich ein.« Aber es kam so lange kein Wagen, daß Anna ungeduldig und zugleich schwankend in ihrem Entschluß wurde. Was ist das für ein dummes Spiel, dachte sie. Warum steht er da, starrt vor sich hin, spricht mich nicht an und fährt nicht ab? Und doch empfand sie nun weder Nebelfeuchte noch Kälte und ersehnte mit der nämlichen Heftigkeit das Klingeln ihrer Straßenbahn wie die Fortdauer dieses seltsamen Zustandes, von dem sie ahnte, daß er der dämmerige Vorhof jenes weitläufigen, rätselhaften

Tempels war, der durch die Namen »Liebe« und »Geschlecht« ebenso vage nur bezeichnet wird wie jenes fremde Reich, das, unsern Augen unerhellt, hinter dem Erdenleben liegt, durch den Namen »Tod«.

Nun begann auch der junge Mann auf und ab zu wandern. Anna bemerkte, daß er in der Richtung auf sie viel langsamer ausschritt, als wenn er, von ihr abgewandt, zurückging. Als in der Ferne schon die rötlichen, durchnebelten Lichtkegel der Straßenbahn auftauchten, kam er, als habe er plötzlich alle Hindernisse, die diesem Vorhaben entgegenstanden, überwunden, über die Gleise und trat entschlossen, doch etwas zu hastig, auf Anna zu. Er zog den Hut (Anna sah einen Augenblick lang glanzlos blondes Haar) und er sagte: »Verzeihen Sie, gnädiges Fräulein, darf ich Ihnen Gesellschaft leisten, bis Ihre Straßenbahn kommt?«

»O bitte«, sagte Anna, als hätte sie nicht gesehen, daß ihre Bahn schon ganz nahe war; man konnte ja auch in eine spätere einsteigen. Aber sie dachte: »Wenn er nicht weiterspricht, weiß ich kein Wort, um ihn zu unterhalten.« Er sagte: »Ein scheußlicher Nebel, nicht wahr?«

»Ich finde ihn schön. Nebel mag ich«, sagte Anna etwas gereizt. »Ja, da haben Sie recht, er hat etwas Schönes. Ich finde ja eigentlich, daß die Natur immer schön ist; finden Sie nicht auch?«

»Doch«, sagte Anna und dachte: »Ich werde einsteigen.«

»Oh, nun kommt Ihre Bahn schon.« Er sagte es mit einem Ton des Bedauerns, den Anna zugleich albern und sympathisch fand. Sie schwiegen beide. Die Straßenbahn fuhr schon über die Brücke, da sagte er leise: »Ich möchte Sie wiedersehen. Darf ich?«

Wenn Anna später, etwa in der folgenden Nacht, darüber nachdachte, was sie bestimmt hatte, ihm zu sagen, er möge am nächsten Tag – es war ein Samstag – um vier Uhr am Eingang zum Stadtpark auf sie warten, so wußte sie es nicht. Nun habe ich also eine Verabredung, dachte sie, als sie in der Straßenbahn saß, und sie hatte beinahe dasselbe Gefühl wie damals, als sie zum erstenmal, statt am Kindertischchen zu sitzen, mit den Eltern und den Gästen am großen Tisch essen durfte. Wenn sie sich aber fragte, ob der junge Mann ihr gefalle, so wußte sie keine Antwort. Schließlich fand sie es beruhigend zu denken, daß sie weder Namen noch Wohnung voneinander wüßten, und daß es ihr völlig freistehe, am Stadtpark zu warten oder die Begegnung zu vergessen. Sie erinnerte sich plötzlich, daß sie noch einige Aufgaben für den nächsten Tag zu schreiben hatte. Während sie über den Domplatz ging, an dem die Wohnung ihrer Eltern lag, dachte sie an nichts als an die bevorstehende Arbeit, der sie auf einmal größere Wichtigkeit beimaß, als ihr zukam. Als sie nach Hause kam, schlug die Uhr siebenmal. Die Mutter, die damals schon leidend, ängstlich und mürrisch war, empfing sie ungehalten und, wie es Anna schien, auch mißtrauisch: »Christine mußte deine Mappe bringen, schämst du dich nicht? Wo warst du denn so lange?«

»Erst hatte ich Klavierübung, dann war ich in der neuen Buchausstellung bei Köhler und zuletzt traf ich eine aus meiner Klasse.«

Als Anna in ihrem Zimmer saß, dachte sie bestürzt: »Warum habe ich gelogen? Warum habe ich nicht einfach gesagt, daß ich auf der Dult war? Das ist doch nichts Verbotenes.« Aber sie erkannte, daß es ihr schlechthin unmöglich gewesen wäre, dies zu sagen, denn auch der Weg am Fluß, die nächtlichen Straßen der Stadt, das Gewühle der Dult gehörten zum Geheimnis.

Sie empfand die Helligkeit, Wärme und Begrenzung ihres Zimmers stärker als je zuvor. Als sähe sie es zum erstenmal, betrachtete sie aufmerksam und dankbar jedes Möbelstück und jedes Bild; sogar auf das Tapetenmuster (kleine lachsfarbene Rosenbüschel auf elfenbeinfarbigem, goldfaserigem Grund), das sie einige Tage vorher als »unausstehlich süß« bezeichnet hatte, blickte sie mit jener Innigkeit und zärtlichen Rührung, mit der man vor dem Einsetzen der Fröste die letzten Herbstblumen ansieht. Dann freilich nahm die Wirklichkeit der Schularbeiten sie völlig in Anspruch, und gedankenlos vor Müdigkeit ging sie schließlich zu Bett.

In der Nacht erwachte sie und sah das Gesicht des jungen Mannes, und sie wußte mit einem Mal den Wollgeruch seines Mantels und Schals und die dunkle Tönung seiner Stimme; sie fühlte den weichen Druck seiner Hand. »Aber er ist albern«, dachte sie. »Ich finde, die Natur ist immer schön.« Sie sprach es halblaut vor sich hin. Ein unmöglicher, lächerlicher Ausspruch. Vielleicht aber war er nur verlegen gewesen, vielleicht hatte ihn die Begegnung sehr überrascht und betroffen? Wie wenn beim Betrachten eines alten Gemäldes unter der schlechten Übermalung das ursprüngliche Bild dämmernd erscheint, vielfach übereinstimmend mit den Konturen und Flächen der oberen Malschicht, aber in einigen wichtigen Zügen wesentlich anders und besser, so sickerte durch das photographische Abbild, das in ihrem Gedächtnis verblieben war, ein neues, verwandeltes Gesicht des jungen Mannes. Es war das Gesicht eines Fremdlings unter den Menschen; es ließ Scheu und Zartheit ahnen und tiefe seltene Empfindungen. Das Dunkel seiner Augen aber verhieß die Fähigkeit zu Wärme und Leidenschaft. Vielleicht, es schien so, beherrschte er andre Sprachen besser als die des Umgangs? (War nicht auch sie selbst, Anna, die sonst so Wortgewandte, stumm gewesen?) Unaufhörlich verwandelte sich das Gesicht.

Nun war es das schöne, ernste, leidenschaftliche Antlitz des Selbstbildnisses Giacomo il Vecchios, das sie in der alten Pinakothek in München gesehen hatte und von dem sie einen kleinen Druck in ihrem Gesangbuch liegen hatte. (Als ihre Mutter das Bild einmal fand, sagte Anna, es sei der Erzengel Michael, worauf die Mutter, die etwas kurzsichtig war, es beruhigt zwischen die Blätter zurücklegte.) Anna stand auf, nahm das Bild aus dem Buch, stellte es auf den Tisch und sah es an. Seine dunklen Augen blickten auf sie, sie ertrug es kaum. »Wie schön ist dein Mund«, flüsterte Anna. Sie beugte sich nieder, schloß die Augen und küßte ihn. Dann tat sie es wieder in ihr Gesangbuch und ging zu Bett. Nun wußte sie, daß sie am Nachmittag zum Stadtpark gehen würde.

Am Morgen dachte sie nicht mehr daran. Erst als ihr im Treppenhaus der Schule einfiel, daß sie vergessen hatte, am Abend an Christines Fenster das verabredete Steinchen zu werfen, wußte sie wieder, daß sie nicht mehr so wie gestern war. Nun muß ich vor Christine ein Geheimnis bewahren, dachte sie und empfand es als Untreue.

»Ach, Christine, ich habe es ganz vergessen –«

»Das macht nichts. Ich wußte ja, daß du zu Hause warst.«

»Du hast es gewußt?«

»Ja, ich sah Licht in deinem Zimmer, und ich sah

deinen Schatten, als du die Vorhänge zuzogst. Ich kam zufällig vorüber.« Sie lächelte und sagte dann leise: »Verzeih!«

Anna strich leicht über Christines Arm. Die Freundin sprach von den Dingen der Schule. Anna hatte sich am Morgen eine abgefallene rote Geranienblüte angesteckt. Sie nahm sie ab und gab sie der Freundin: »Hier – in Anbetracht deiner schönern Seele!« Und sie sprang in einer plötzlichen Aufwallung, immer zwei Stufen nehmend, die Treppe hinauf.

Der Unterricht fesselte sie stärker als je zuvor, sie arbeitete mit fiebriger Hingabe. In der Pause, bei »Ball über die Schnur« spielte sie mit ungewohntem Feuer. »Bravo, Anna, bravo!« schrien die Mädchen der unteren Klassen, die, ihre Brote kauend, zusahen.

Anna atmete auf: Gott sei Dank, es war alles, wie es immer war. Noch ist nichts verändert, nichts ist geschehen. Wie schön sind die Verhältnisse der Zahlen und der grammatischen Regeln, wie klar, wie durchsichtig! Am Nachmittag würde sie mit Christine die Aufgaben machen, dann würden sie im »Hyperion« weiterlesen und abends in den Dom gehen, wenn Annas Vater nach der Abendandacht noch eine Stunde auf der Orgel spielte.

Aber als sie sich mittags von der Freundin verabschiedete, sagte sie nichts davon. »Leb wohl, Christine. Bist du morgen zu Hause? Vielleicht komme ich auf einen Sprung.« Es war das erstemal, daß die Freundinnen den freien Samstagnachmittag nicht zusammen verbrachten. »Auf Wiedersehen, Anna. Einen schönen Tag!«

Als schon die Breite der Anlagen zwischen ihnen lag, begann sich Anna leise zu ärgern. Warum fragt sie mich denn nicht? Nie fragt sie mich. Sie verspürte plötzlich den heftigen Wunsch, Christine »alles« zu erzählen. Würde sie überrascht sein? Hatte sie wohl selbst schon eine Verabredung gehabt und davon geschwiegen? Anna drehte sich um und rief: »Christine!« Doch die Freundin hörte nicht mehr.

Als es drei Uhr war, hielt Anna es nicht mehr daheim aus.

»Mutter, ich geh' zu Christine.«

»Komm aber nicht wieder so spät nach Hause!« Noch eine Stunde, dachte Anna. Sie ging in den Stadtpark, setzte sich auf eine Bank am Kanal und starrte in das langsam ziehende Wasser. Ich werde sagen: »Es ist sehr merkwürdig, daß wir uns treffen, noch sind wir uns völlig fremd …« Oder soll ich ihm sagen, daß ich in der Nacht an ihn gedacht habe? Nein, dies kann ich doch nicht sagen. – Ich habe seine Hände noch gar nicht gesehen. Doch, seinen Handrücken habe ich gesehen. – Sie entsann sich aber nicht, bei welcher Gelegenheit dies hätte sein können, bis ihr plötzlich einfiel, daß die Hand, die sie nun in der Erinnerung für die seine gehalten hatte, die Hand il Vecchios war, die über dem Pelz seines Umhangs irgend etwas, Handschuhe vielleicht, hält. Ach, wie sie sich des schmalen weißen Streifchens Stoff erinnerte, das zwischen Ärmel und Hand sichtbar ist. Anna ertrug es nicht mehr, stillzusitzen; sie sprang auf und ging mit raschen Schritten am Kanal auf und ab.

»Ah, Anna! Bist du allein? Ich begleite dich.« Es war eine kleine, muntere Mitschülerin. Anna ging eine Strecke mit ihr und ließ sie von der Schule plaudern. Da schlug die Uhr. »Um Gottes willen, vier Uhr! Ich muß um vier in der Schule sein.« Die Kleine rannte davon. Anna wußte, daß es erst dreiviertel war, und sie mußte lächeln. Rasch ging nun auch sie dem Ausgang des Parks zu. Aber es blieben immer noch fünf Minuten Zeit. »Ich kann doch nicht dastehen und ihn erwarten«, dachte Anna. Das geht doch nicht. Mag er warten! Sie trat hinter ein Gebüsch und betrachtete die roten Hagebutten, die noch zwischen den Dornenranken hingen. Da sah sie, daß der junge Mann über die Straße kam. Sie pflückte eine Hagebutte und zerrieb sie zwischen den Fingern und besah mit großer Aufmerksamkeit das mehlig trockene Innere der Rosenfrucht. Dann blickte sie zwischen den Zweigen hindurch auf den Wartenden. Er trug die Mappe unter dem Arm und zog wieder und wieder seine Uhr. Es hatte längst vier Uhr geschlagen. Anna fühlte sich wohl und geborgen in ihrem Versteck, und sie konnte sich gut vorstellen, daß dieser Zustand sich nie ändern würde. »Wie, wenn ich jetzt leise fortginge, ohne daß er mich gesehen hätte? Ach, wie feige bin ich«, dachte sie, und sie trat rasch entschlossen aus dem Gebüsch.

Der junge Mann stand von ihr abgewandt und schaute in die Richtung zur Stadt. Anna blieb dicht hinter ihm stehen. Plötzlich drehte er sich mit einer ungeduldigen Miene um. Anna mußte laut lachen. Er sagte nur: »Ach!« und starrte sie an. »Guten Tag«, sagte Anna. Nach einer Weile sagte er: »Es ist nett von Ihnen, daß Sie gekommen sind.«

»Haben Sie daran gezweifelt?«

»Offen gestanden: ja.«

»Ich auch«, sagte Anna trocken.

»An meinem Kommen?« fragte er.

»Nein, daran nicht. Aber an meinem.«

Er sah sie verwundert und zweifelnd an, und Anna mußte lächeln.

Er fragte. »Wohin wollen Sie gehen? Wollen wir im Park bummeln oder irgendwo in der Stadt Kaffee trinken?«

Kaffee trinken? dachte Anna, nein, ich mag mich nicht von ihm einladen lassen, und ich habe nicht so viel Geld bei mir. »Lieber in den Park«, sagte sie. Schweigend gingen sie eine Weile nebeneinander. Anna dachte: »Ob er wohl sagt, es sei schönes Wetter heute?«

Aber er sagte: »Ich habe mich sehr auf Sie gefreut.«

Anna schwieg. »Sehen Sie«, fuhr er fort, »ich bin schon zwei Jahre hier und habe noch nie ein Mädchen angesprochen. Aber als ich Sie sah, da tat ich es.« Er schaute sie an, aber sie blickte an ihm vorbei in den Kanal. Sie dachte: »Ich bin schrecklich langweilig. Ich muß doch auch etwas sagen.« Aber sie wußte kein Wort.

Er sagte: »Es war eigentlich recht schwierig für mich, um vier Uhr da zu sein. Ich bin nämlich, müssen Sie wissen, in einem Geschäft. Ich bin dort Volontär. Ich habe sonst erst um fünf frei. Aber der Chef gab mir eine Stunde Urlaub.«

Volontär, dachte Anna enttäuscht. Aber sie sagte: »Warum haben Sie denn das nicht gestern gesagt? Wir hätten uns doch ebensogut um fünf treffen können.«

»Ach, daran habe ich in dem Augenblick wirklich nicht gedacht.« Anna begriff die kleine Liebeserklärung wohl, doch sie sagte: »In einem Geschäft sind Sie?«

»Ja, wissen Sie, das ist eine Geschichte für sich.«

»Erzählen Sie!«

»Mein Vater hat ein großes Geschäft. Ich bin der einzige Sohn. Der Vater schickte mich zu einer großen Firma, zu Laimer u. Co., wenn Sie sie kennen. Da soll ich lernen und dann daheim das Geschäft übernehmen.«

»Da können Sie sich freuen«, sagte Anna.

»Freuen? Warum freuen? Ich freue mich gerade nicht.«

»Warum denn nicht?«

»Ich will Musik studieren.«

»Gott sei Dank«, dachte Anna. Sie sagte: »So?«

Er fuhr fort: »Ja, ich habe Geigenstunden, und nächstes Jahr will ich ans Konservatorium. Aber der Vater gibt mir das Geld nicht. Ich spare schon zwei Jahre darauf. Ich spiele nämlich jeden Sonntag in einem Café.«

»Ach«, sagte Anna und mischte in diesen Ausruf Achtung, Enttäuschung, Mitgefühl und Geringschätzung. Volontär, Kaffeehausgeiger, viel war das nicht. Würde sie mit ihm sprechen können über das, was im Innersten sie bewegte: über Hölderlin und Kleist, über Rembrandt und Botticelli, über Form und Sprache und über die geheimen Gesetze des Lebens? Doch eins war sicher, Gott sei Dank, von Musik verstand er etwas. Sie fragte ihn: »Lieben Sie Bach?«

»Bach? N – ja, schon; aber wissen Sie, offengestanden: nicht so sehr. Ich verstehe ihn nicht. Ich bin mehr fürs Melodiöse.«

Anna schwieg gekränkt. »Er versteht Bach nicht.« Dann war alles aus. Er merkte es nicht und fragte: »Und Sie? Sie lieben ihn wohl sehr?«

»Nicht alles von ihm«, sagte sie und ärgerte sich augenblicklich über sich. Warum sage ich das? Ich liebe Bach, ich liebe ihn. Aber sie mußte im Verlauf des Gesprächs noch viele Male bemerken, daß sie ihre Überzeugungen zwar nicht verleugnete, aber geschickt und fast unmerklich den seinen anpaßte, daß sie die ihr sonst eigne Härte und Schärfe des Urteils milderte und das Gespräch, dessen sie sich allmählich bemeisterte, behutsam an den »ernsten Dingen« vorbeilenkte.

Sie gerieten tiefer und tiefer in den Park, die Blätter fielen, und in den zusammengerechten, dürren Laubhaufen raschelten und pfiffen unzählige Mäuse. Je länger sie gingen, desto weniger war es Anna daran gelegen, mit ihm über »geistige Fragen« zu sprechen. Sie fand allmählich, daß es gleichgültig war, worüber sie redeten. Sie ging neben ihm und hörte seine Schritte, denen sie mühsam ihre kürzern anpaßte, und sie lauschte auf das ferne Rauschen des Flusses. »Es ist alles so seltsam«, dachte sie. »Beginnt so die Liebe? Beginnt sie, während man von Caracciolas Rennen oder von den Überschwemmungen in China plaudert? Beginnt sie, wenn es dämmert und wenn man erschrickt, da einen der Mantelärmel eines fremden Mannes streift?«

Plötzlich sagte er – wie es Anna schien, überlaut –: »Nun haben Sie mir noch gar nichts von sich erzählt.«

Es war Anna nicht lieb, daß er sprach, und sie sagte unfreundlich: »Was wollen Sie denn wissen?«

»Ihren Namen und wie alt Sie sind, wenn ich das fragen darf, und was Sie sind, und alles.«

»Und wie ich bin, das wollen Sie nicht wissen?« fragte Anna spöttisch.

»N – nein, das können Sie doch nicht sagen.«

»Wie naiv er ist«, dachte Anna; aber sie sagte ihm, daß sie Anna B. heiße und achtzehn Jahre alt sei. »Sind Sie auch in einem Geschäft?« fragte er, doch verbesserte er sich sofort:

»Nein, nein. Sie sind etwas anders. Aber was?«

Anna dachte: »Wenn er klüger wäre, würde er merken, daß ich Schülerin bin.« Zugleich aber sah sie eine neue Möglichkeit, sich ihm anzupassen, die Unterschiede zu verwischen und die Kluft zwar nicht zu überbrücken, doch zu umgehen. »Ich bin in einem Büro«, sagte sie. »Das hab' ich mir gleich gedacht«, sagte er und fügte hinzu: »Ich bin dreiundzwanzig.«

»So«, sagte Anna und wünschte, er möchte schweigen. Es war schön, stumm neben ihm zu gehen, ihn nicht zu sehen, nur zu wissen, daß er da war, eine traumhafte Fülle von Möglichkeiten, die zu erproben nicht nötig war, immer weiterzugehen, immer weiter, endlos durch den Park, während die Dämmerung dichter wurde und die Wege stiller und verlassener. Sie kamen über eine Brücke. Anna blieb stehen und blickte in das dunkle Wasser des Kanals, in dem ein gelber Streifen Himmelshelle sich spiegelte und Blätter wie kleine schwarze Boote langsam nordwärts trieben. Als sie sich über das Brückengeländer neigte, spürte sie die Hand des jungen Mannes um ihren Arm: »Fallen Sie nicht«, sagte er. Sie trat zurück, aber die Hand gab sie nicht frei. »Anna«, sagte er leise. Sie erschrak. Nun würde »es« kommen; nun würde sie »es« bald wissen.

Da nahten Schritte. Anna sah sich um. Die Hand löste sich von ihrem Arm. Eng umschlungen kam, stumm und völlig versunken, ein Liebespaar. Der Mann hatte seinen Mantel um sich und um die Frau gelegt. Sie gingen wie Schlafwandelnde.

Anna rückte ein wenig näher an den Begleiter. »Wenn ich mich nun an ihn lehnte?« dachte sie. Da schlug eine ferne Uhr sechsmal. Anna fuhr zusammen: »Sechs Uhr! Um sieben Uhr muß ich zu Hause sein.«

»Wie schade!« sagte er. »Ist die Frau Mutter so streng?«

Wenn der doch sagte: »Geh nicht, bleib, bleib!« Sie würde bleiben und alles wagen. Sag es doch, sag es!

»Ja, dann müssen wir mit der Elektrischen zurückfahren. Wir haben von hier zehn Minuten bis zur Haltestelle. Sehen Sie, dort drüben ist sie.«

Anna schaute nicht hin. Wie sie ihn verachtete in diesem Augenblick. »Gut«, sagte sie, »gehen wir.« Schweigend gingen sie dem nördlichen Ausgang des

Parks zu. Anna ging ganz am Rande des Weges und sehnte sich nach ihrer Arbeit.

»Er ist dumm, ganz einfach dumm«, dachte sie und betrachtete so, daß der Schreitende es nicht merkte, sein Profil. Nein, es war nicht des Giacomo il Vecchios strenge Nase – ihr Ende war zu rund; und es war nicht Giacomos herrischer Mund – auch er war viel zu weich. Anna erinnerte sich des kleinen Lichts auf Giacomos Oberlippe. Sie suchte es an ihrem Begleiter. Er hatte es nicht. Endlich waren sie an der Haltestelle angelangt. Eben war ein Wagen abgefahren, noch konnten die beiden sein Schlußlicht sehen. »Wie dumm«, dachte Anna. Da sagte er sehr leise: »Anna, müssen Sie heim?«

»Ja«, sagte sie ebenso leise.

»Eine halbe Stunde noch – geht es nicht?«

»Warum, wozu?« fragte sie leise, und sie spürte, wie ihr Mund zitterte.

»Auf eine Tasse Kaffee. Dort drüben ist ein hübsches kleines Lokal.«

»Lokal«, dachte Anna, wieder so ein Wort, das sie nicht mochte. »Und Kaffee – jetzt Kaffee –?« Doch sie sagte: »Ja, gehen wir hin.«

Wenn sie früher mit Christine in einem Café saß und sah, daß ein junges Paar eintrat, dem die Gäste des erleuchteten Cafés keine wirklicheren Gestalten waren als die stummen Nebelstreifen im dunklen Park, so empfand sie jedesmal ein peinliches Gefühl, als zwinge man sie, Zeugin einer Schamlosigkeit zu sein. Ihr ganzes Wesen wandte sich dann verletzt von diesem Bilde und von dem Rätsel, dem es entstammte, ab. »Es ist ekelhaft«, hatte sie einmal zu Christine gesagt. »Wie ist es möglich, daß man es zeigt, in aller Öffentlichkeit, wenn man liebt? Ich ginge mit meiner Liebe in die Weite; in die Wälder ginge ich. Und alle Worte müßten zu Musik werden oder zu Schweigen.« Christine hatte sie nur angesehen und viel später dann gesagt: »Ich glaube, wenn man jemand liebt, dann ist man auch verliebt, und dann ist alles anders, als man vorher dachte. Ach, Anna, wir wissen beide nichts davon. Laß sie verliebt sein.«

Anna und ihr Begleiter traten in das »Lokal« ein. Es war ein weinrot getünchter Raum mit einigen dämmerigen Nischen. Samtvorhänge in einem eindringlichen, in den Falten verblichenen Violett verdeckten die Fenster und eine schmale Tür, aus der gedämpfte Tanzmusik klang. Anscheinend lag dahinter ein Raum, in dem getanzt wurde. Ein alter Mann hinter einer großen Zeitung, drei stumme Kartenspieler und ein Paar, das in einer Nische verborgen saß, aus der manchmal Geflüster und leises Lachen kam, dies war »das ganze Publikum«, wie Annas Begleiter sagte. Viele Paare aber, meist sehr junge, kamen und gingen zur Tanzdiele, in die Stille des vorderen Raums mit Rufen und Gelächter unbekümmert einbrechend wie ein Schwarm von lärmenden Vögeln in ein Feld. Anna war zögernd im Gange stehengeblieben. »Nun, wo wollen wir sitzen?« fragte ihr Begleiter. (Als stünde er in einem Schuhladen und fragte mich: »Womit kann ich Ihnen dienen, gnädiges Fräulein«, dachte Anna.) Sie sagte: »Hier, nah am Eingang«, als könne ihr dies Trost und Sicherheit geben, wenn sie dem Raum gleichsam nur mit Fingerspitzen berührte. Aber sie setzte rasch dazu:

»Es ist mir gleichgültig.«

»Vielleicht dort in die Nische?«

Jeder der kleinen Tische trug auf gewundenem eisernen Fuß eine helle Marmorplatte, die klebrige Spuren von Weingläsern aufwies. Anna wollte Kaffee bestellen, er aber sagte: »Wir trinken Wein.« Anna mochte damals keinen Wein, doch sie sagte ja. Sie bemerkte, daß der junge Mann seinen Stuhl nahe an den ihren rückte. Während er die kleine, an den Rändern beschmutzte Weinkarte überlas, betrachtete sie eindringlich sein Gesicht. Es war oval wie ein Ei und eigentlich hübsch. Doch es war eines jener Gesichter, in denen alles nur angedeutet scheint; ein Gesicht, das nicht von Leidenschaft noch Sehnsucht, nicht von Leid und nicht von einem bestimmten, ins Weite greifenden Willen gezeichnet war. Der Mund war klein, feucht und wie ein rötliches Kissen; die Wangen waren sanft wellige Fleischlandschaften; Wimpern und Haare waren hell und glanzlos. In einem kleinen störenden Mißverhältnis zur Weichheit des Gesichts stand die scharfe Knickung der etwas zu buschigen Augenbrauen und, wenn er aufsah, etwa um Anna zu fragen, ob sie lieber »Zeller schwarze Katz« oder einen Roten trinke, ein stechendes Licht in seinen schrägen Blicken. Annas Augen irrten auf diesem Gesicht umher. Sie suchten nach einer Fährte von Geist, einer Fläche, einer Linie, deren Schwung und Biegung Vertrauen oder Furcht zu wecken vermöchte und jenes Maß von Kraft und Leiden ahnen ließe, das Annas Glut und Unerfahrenheit bei jedem Menschen voraussetzte. Dieses Gesicht war so fremd, daß Anna bei seinem Anblick fror. »Ich langweile mich ja«, dachte sie verwundert. Sie starrte auf ihren Begleiter, und während ihre Augen auf seinem Gesicht verweilten, nahmen sie es wahr als eine Maske, die allmählich von innen her transparent wurde und ein Antlitz durchscheinen ließ, das sie verbarg. Anna erschrak: es war das Bildnis il Vecchios. Sie schloß langsam die Augen, um es zu bewahren. Wie schön sein Hals aufstieg aus dem Marderpelz: wie genau, klar, streng und vornehm alles an ihm war und wie viel das Weiße seiner Augen verriet und der kleine Schatten in den Winkeln seines Mundes. Ach dieser heftige Mund, der so nahe am Aufspringen war wie eine reife Feige. Sie hatte ihn geküßt … wie ihr Herz schlug …

»Anna, ist Ihnen nicht gut? Sie sind ganz bleich!«

Sie schaute ihn mühsam an. »Wer sagte dies? Wer sprach sie an?« Sie vergaß zu antworten. Sie erschrak: dieses fremde Gesicht hatte etwas zu bewahren vermocht von dem Bildnis, das durch es gesickert war. Seine Augen waren plötzlich warme dunkle Gewölbe voller Verheißung, sein Mund war gerötet von Verlangen.

»Was ist Ihnen?«

»Nichts«, sagte sie nun und lächelte. Der Ober brachte den Wein. »Auf Ihr Wohl, Anna!« Seine Hand berührte die ihre, als die Gläser zusammentrafen, und Anna erzitterte.

»Giacomo«, sagte sie leise, während sie das Glas an den Mund hob.

»Wie, bitte? Wie sagten Sie?« fragte er, im Trinken innehaltend.

»Ich sagte einen Namen. Sie heißen Giacomo, nicht wahr?«

Er blickte sie erschrocken an: »Nein, nein, Sie täuschen sich. Ich heiße Karl, Karl Unterberger.«

Anna hörte lächelnd zu. »Karl«, dachte sie, »den Namen mag ich nicht, man kann ihn so schwer aussprechen. Immer klingt er wie ›Kal‹.«

»Ist es nicht ganz hübsch hier?« fragte er, bemüht um ein Gespräch. »Natürlich gibt es in der Innenstadt modernere Lokale mit Tischdecken und so; aber ich bin hier gerne.« Und leise fügte er hinzu: »Mit Ihnen, Anna, ist es überall schön.«

Anna spürte seinen Schuh an dem ihren. Sie ließ es geschehen. Sie lehnte sich zurück und blickte lächelnd nach oben. Das Licht war von einem orangefarbenen Lampion umschlossen, das Dämmerung verbreitete. Es sah aus wie eine südliche Frucht, deren Haut und Fleisch so zart sind, daß der Kern, ein Lichtkern, sanft durchzuschimmern vermag. Karl begann wieder zu sprechen, man konnte seiner Stimme anmerken, wie sehr er sich gequält hatte, den Anknüpfungssatz zu finden: »Ich war vor einigen Jahren im Gebirge, da lernte ich ein Mädchen kennen.«

»Ja«, sagte Anna laut.

»Wieso ja?«

Doch Anna lächelte nur und blickte in das sanfte Licht.

Er erzählte weiter, durch die Abgewandtheit ihres Blicks und Ausrufs verwirrt: »Die gefiel mir. Wir gingen einige Wochen mitsammen, aber die sprach nur immer vom Kino, vom Tanzen und von ihren andern Verehrern und Kavalieren. Sie war nämlich recht hübsch, das war sie schon, das muß man sagen. Aber sehen Sie, wenn ich etwas Ernsteres reden wollte, dann lachte sie und sagte: ›Karl‹, (›Kal‹ sagte er) ›du langweilst mich.‹ Sie war sehr leichtfertig. Eines Tages war sie auf und davon mit ihrem Chef. Na, so war das. Und seitdem bin ich allein. Und sehen Sie, da kommen Sie und sind ernst und still, und so« (er zögerte) »so ein Mädchen hab' ich mir immer gewünscht.«

Anna sah ihn nicht an; aber sie spürte, daß sein Blick sich an ihr festsaugte. Er sprach weiter: »Wenn man so allein ist, sehnt man sich manchmal doch sehr nach einem kleinen Mädchen, mit dem man reden kann über das, was einen interessiert. Ich bin zwar keiner von den Gebildeten« (er sprach es mit einer lächerlichen Betonung aus, länger als nötig auf dem i verweilend), »aber ich stelle doch gewisse Ansprüche an mein Mädchen.« Er hielt inne, betroffen durch die Blässe ihres Gesichts und durch ihr Schweigen. Nah an ihrem Ohr flüsterte er: »Anna, warum sagen Sie nichts, kein Wort, keine Silbe?«

Nun sah sie ihn an und langsam sagte sie: »Es verlangt mich nicht zu reden.«

Karl trank. Er bestellte ein zweites Glas, während das Annas kaum berührt war. Er wurde erhitzt vom Wein und – mitten in seiner Ratlosigkeit – hingerissen von seinem erwachenden Gefühl für Anna. Begeistert rief er: »Sie sind so still, und unter Ihrem Stillsein, da steckt so vieles. Sie sind ein Rätsel, Anna, eine Sphinx!«

Der Ober brachte das zweite Glas. Er erhob es: »Auf dein Wohl, Anna, du schöne Sphinx!« Er trank es leer.

»Sie haben etwas verschüttet«, sagte Anna und deutete auf einen frischen roten Flecken auf der

Tischplatte. Er sah nicht hin, sondern ergriff ihre Hand. Sie entzog sich ihm.

»Darf ich denn nicht?« fragte er harmlos.

Anna sagte: »Wie spät ist es?«

Er lachte: »Das ist uns einerlei, halb eins, halb zwei, halb drei … Hör doch, da spielen sie einen wunderbaren Tango.« Er summte die Melodie mit. Seine Hände wiegten das Glas (es war das dritte) mit dem roten Wein im Rhythmus des Tangos. Seine Knie suchten Annas Knie. Sie ließ es geschehen. Sie schwamm in einem rauschenden Strom, in dem alle Gedanken, Worte und Bilder wirbelnd ertranken.

Karl sagte: »Komm, wir tanzen!«

Anna sagte: »Ich kann es nicht.«

»Das schadet nichts. Komm, komm!«

Sie gingen zwischen den violetten Vorhängen hindurch in die heiße, dämmrige Tanzdiele. Anna sagte: »Da ist kein Platz mehr.«

»Mir genügt's«, sagte er lachend und umfaßte sie. Seine Hände waren feucht, sein Atem roch nach Wein. Sie stießen bald an dieses, bald an jenes Paar. Anna bekam Püffe und Tritte, doch alle Paare lachten und drehten sich. Auf den Tango folgte ein Walzer. Karl atmete heftig, nah an ihrem Gesicht. Anna schloß die Augen. »Mir schwindelt«, sagte sie leise, an seine Schulter gelehnt.

»Komm, wir gehen ins Freie!«

Sie gingen durch eine andre Tür und standen auf einem kleinen, ganz dunklen Höfchen. Eine Katze sprang hinter einen kahlen Strauch. Anna fühlte sich versinken in jenen Geruch, dessen sie in der Nacht sich erinnert hatte. Sie spürte Karls Gesicht und seine Lippen auf ihrem Mund, heftig und saugend. Sie entwand sich ihm. »Nun muß ich nach Hause gehen.«

»Jetzt, jetzt? Gerade jetzt?«

»Ja«, antwortete Anna mit plötzlicher Bestimmtheit und trat durch die Tür. Karl folgte ihr in einigem Abstand. Anna begann den Mantel anzuziehen. Karl verbarg seinen Ärger. »Wann sehen wir uns wieder?« (Ach, diese Frage voll von Lockung und Verheißung, den Bogen der Hoffnung spannend von einer Enttäuschung zur andern.)

Anna sagte leise: »Ich weiß nicht.« – »Nie mehr, nie mehr«, dachte sie flehend.

»Höre Anna, ich muß morgen abend erst ab neun Uhr spielen. Kannst du mich etwa um sechs Uhr besuchen? Ich wohne in der Wilhelmstraße, Rückgebäude Nummer fünf, vierter Stock. Ich schreibe es dir auf, warte.«

Er reichte ihr den kleinen Zettel. Er wartete nicht auf ihre Antwort, so sicher war er, daß sie kommen würde. Als sie aus dem »Lokal« traten, sah Anna eben die Nummer ihrer Straßenbahn aufleuchten. Sie rief Karl zu: »Ich fahre gleich.«

Und ohne sich von ihm zu verabschieden, ohne sich nach ihm umzusehen, sprang sie in den schon fahrenden Wagen. Sie blieb auf der offenen Plattform stehen. Die Kälte des Herbstabends durchdrang sie. Über den Häusern standen die Sterne. Anna atmete tief. »Ein Spuk, sonst nichts. Er ist verweht.« Sie griff etwas Hartes in ihrer Manteltasche. Es war eine kleine Ausgabe der Gedichte Hölderlins. Anna trug sie immer mit sich. Sie umschloß das Buch innig mit ihrer Hand. »… tunkt ihr das Haupt ins heilig nüchterne Wasser«, so stand darin. Sie ergriff es noch fester und schloß die Augen.

Es war acht Uhr vorbei, als sie zu Hause war. Die Mutter war fort, der Vater arbeitete. Das Essen stand auf dem Herd. Anne wärmte es und aß ein wenig davon, dann ging sie in ihr Zimmer. Als sie ihr Taschentuch nahm, fiel etwas daraus zu Boden. Es war der Zettel: »Wilhelmstraße, Rückgebäude …« Was stand da noch klein in der Ecke? »Ich liebe dich.«

»Ah«, sagte Anna gelangweilt und ging zu Bett. Doch sie konnte nicht schlafen. Sie lag auf dem Rücken und schaute in das Dunkel ihres Zimmers, das vom Schein der Straßenlaterne schwach durchdämmert war. Sie suchte sich des Abends zu erinnern: »Wir waren im Park, am Kanal, im Café …« Doch diese Bilder fielen durch sie hindurch wie Sand durch ein zu großes Sieb. Sie wußte nichts mehr, begriff nichts mehr. »Ach, bin ich müde«, dachte sie, schloß die Augen und fühlte, daß der Schlaf sie einnahm. Plötzlich erinnerte sie sich aufschreckend, daß Karl sie geküßt hatte.

Sie hob den Rücken ihrer Hand an den Mund und legte ihre Lippen in das Tal zwischen zwei Sehnen; sie fühlte die Glätte und Wärme ihrer Haut. Nein, so war es nicht gewesen, als Karl sie geküßt hatte. Sie entsann sich, Heißes, Feuchtes, Saugendes flüchtig verspürt zu haben und die Schärfe eines Schneidezahns. So also war es, geküßt zu werden. Nun wußte sie dies auch. Ach, es ist nicht schön, wenn Träume wirklich werden, dachte sie. Sie stand auf, machte Licht und ging an ihren Bücherschrank. Sie nahm das Bild Giacomos aus dem Gesangbuch. Wie streng seine Augen aus dem bleichen Antlitz blickten, gerade auf sie! Sie ertrug es nicht, heute nicht. Sie schloß das Buch und stellte es an seinen Platz zurück. Dann nahm sie hastig alle Bücher, die sie liebte, heraus – Hölderlin, Rilke, Stifter, die Odyssee, das Neue Testament – und häufte sie auf das Tischchen neben ihrem Bett. »Eine Mauer«, dachte sie inbrünstig, »eine Mauer um mich!« Hier, zwischen diesen Heiligtümern war heimatliches Land, hier war Weisheit und Ruhe, jedes Wort ward durchsonnt von Geist. Draußen aber, jenseits, da lag das weinrot-violette Café mit den eng sich umschlingenden Paaren, da stand Karl mit seinem Kuß: diese ganze Welt der unerhellten Begierde, die so leicht zu stillen war. Wäre es doch jener dunkle, gewaltige Strom, aus dem ein schrecklicher Flußgott sein Haupt triefend hebt und für den Tropfen tödlicher Süße, die er gewährt, ein unendliches Opfer fordert! Anna erinnerte sich an Kleists Penthesilea, die sie im Schauspielhaus gesehen hatte. So wollte sie lieben, so oder nie. Und nie mehr wollte sie zurückkehren dorthin, wo ein kleiner Volontär sein Knie zaghaft an das Knie eines Mädchens lehnt und Karl heißt. Sie lachte voll Verachtung.

Da öffnete sich die Tür ihres Zimmers, und durch den Spalt blickte das Gesicht der Mutter: »Was hast du denn? Schläfst du noch nicht?«

»Ich weiß nicht. Ich glaube, ich habe geträumt.«

Tief und jubelnd durchdrang sie der Doppelsinn, den sie diesem Wort gab.

»Du hast wieder vergessen, das Licht abzuschalten! Immer vergißt du es.« Die Mutter drehte das Licht aus und ging.

Anna lag noch eine Weile im Finstern wach. Doch so, als hätten, vom Licht nur flüchtig verscheucht, kleine, aber unheimlich rasch wachsende Schatten sich ihr genähert, da die Dunkelheit, in der sie gediehen, wieder hergestellt war, so erhoben sich nun in Anna Zweifel: Klang es nicht süß und gefährlich: »Ich liebe dich?« Wäre es nicht möglich, daß, wenn sie ihn erst einmal lange kennte, das Geheimnis fühlbar würde und sich auftäte? Wie, wenn sie sich nicht mehr wehren würde? Wußte nicht vielleicht jedes der sich umschlingenden Paare von Volontären und Ladenmädchen mehr vom Leben, vom Wunder des Lebens, als sie, die eine Mauer um sich baute? War nicht der Inhalt fast aller Dichtungen die Liebe? Wie schön, wie schrecklich, wie undurchschaubar war dies alles! Sollte sie es wagen, einmal das scheinbar so Banale zu leben? Der Schlaf nahm ihr die Entscheidung ab für diese Nacht.

Der Sonntag verlief zunächst friedlich. Anna ging zur Messe in den Dom, dann übte sie eine Fuge aus dem »Wohltemperierten Klavier«. Gegen Mittag kam Christine »auf einen Sprung«. Sie machten zusammen eine geometrische Aufgabe. Anna glaubte zu bemerken, daß Christine sie oftmals beobachtend ansah. Plötzlich legte Anna den Zirkel weg, den sie angesetzt hatte.

»Du, Christine, sag, hast du einmal einen Mann gekannt, der verliebt in dich war?«

Ohne aufzublicken, sagte die Freundin: »Ja, einigemale. Du weißt, daß meine Brüder oft Kameraden mitbringen.«

»Und du, Christine?«

»Was meinst du?«

»Ob du selbst auch –, nun, wie soll ich sagen? Also, ob du auch einen geliebt hast?«

»Geliebt? Aber Anna, das war doch keine Liebe bei den Jungen.«

»Ich meine, ob du, du, Christine –.«

Christine blickte auf, dann sagte sie ruhig: »Einmal, da war einer, er war lieb und ein Kind, den mochte ich. Aber er kam dann bald darauf weg, und da hat er mich vergessen.«

»Hat er dich geküßt?«

»Ja.«

»Einmal?«

»Nein, oft.«

Anna ergriff den Zirkel wieder und schwieg. Doch sie zog keinen Kreis. Leise sagte sie: »War es schön?«

Christine lachte: »Ach, du Kind!«

»Sag doch!«

Christine sagte leise: »Ja.«

Dann aber nahm sie Anna den Zirkel aus der Hand und sagte:

»Also weißt du, ich will dir etwas sagen: man könnte sich ärgern über dich. Leidenschaft und Liebe sind da, sind einfach da, weder schlecht noch fein. Aber du, du magst nicht menschlich sein. Du genierst dich vor einem ästhetischen Schiedsrichter in dir. Einmal dich aufgeben, einmal eine Überschwemmung riskieren, ist das so schlimm? Das ist doch das Rührende an jedem Menschen, daß er manchmal geschlagen wird und am Ende seiner Kraft zu sein glaubt.«

Anna blickte die Freundin erstaunt an: »Das sagst du? Du, Christine?« Beide zeichneten schweigend weiter. Anna dachte: »Nun sage ich es ihr, nun sage ich ihr alles.« Doch nach einer Weile schien es ihr nicht mehr nötig zu sein. Sie erinnerte sich eines seltsamen Ausspruchs, den Christine vor einiger Zeit getan hatte. Sie hatte unvermittelt gesagt: »Ach, wie sonderbar ist es, daß uns Menschen das Überleiten in den Körper oder in die Seele eines andern so wichtig ist.« Dann ging sie zu ihrem Bücherschrank und rief Christine zu sich. Sie öffnete das Gesangbuch und zeigte ihr das Bildnis il Vecchios. Sie flüsterte: »Den liebe ich.«

Christine betrachtete es still. Dann sagte sie »Ja, das glaube ich dir. Aber weißt du, meine Liebe, das paßt ganz zu dir. Wenn er leben würde, dieser schöne Mensch, dann möchtest du ihn nicht.«

»Warum?« fragte Anna leise mit gesenktem Kopf.

»Das weißt du selbst.« Christine ging an den Tisch zurück und vollendete ihre Zeichnung. Nach einer Weile, während der Anna mit dem Bild in der Hand stehenblieb, sagte Christine: »Weißt du, ich glaube, Lieben, das ist nicht bloß Erwarten und Ersehnen; es ist ein Ergreifen von etwas, das da ist, das lebendig ist und einen braucht. Lieben, das ist etwas Schweres. Man muß es, glaub' ich, lernen, ganz nach und nach. Ich weiß nicht, mir kommt es immer so vor, als wäre es das Allerschwerste von allem, was man lernen muß. Aber nun komm, wir müssen noch vor dem Essen fertig werden.«

Ehe die Freundin sich verabschiedete, sagte Anna – es fiel ihr sehr schwer: »Ich muß dich etwas bitten, Christine: Kannst du mich nach fünf Uhr abholen? Ich gehe mit dir weg, werde aber dann allein weitergehen. Wirst du es tun?«

»Ja, natürlich werde ich es tun«, sagte Christine und ging. Anna verbrachte den Nachmittag still und gesammelt in ihrem Zimmer. Sie arbeitete und dachte: Der Abend ist noch weit. Doch als es zu dämmern begann, befiel sie Unrast: Wenn Christine nicht käme, wie gelänge es ihr, aus dem Haus zu kommen? Sie ging im Zimmer auf und ab. Wollte sie denn überhaupt zu Karl fahren? Was erwartete sie denn von ihm? Sie wußte es nicht, und darin, daß sie es nicht wußte, lag die Gefahr und lag die Lockung. Sie würde allein sein mit ihm. Er würde sie wieder küssen wollen. Sie würde wieder seine feuchten, heißen, saugenden Lippen spüren und die Schärfe eines Schneidezahns. War es dies, was sie erwartete? Aber könnte es nicht doch sein, daß plötzlich ein Tor aufspränge, ein Tor zu einem Garten, wie man ihn in Träumen sieht: ein Garten mit dichten Gebüschen, unter denen es dämmerig ist wie in einem Gewölbe, ein Garten mit heftig blühendem Geranke von Baum zu Baum, mit Blumen wie verlorene Stücke Holzglut zwischen Lorbeer und weißem Marmor. Vielleicht würde es so sein. Und war es nicht vielleicht im Grunde gleichgültig, wer es war, der dieses Tor auftat? Konnte nicht auch ein kleiner Volontär das Zauberwort wissen? Er war ein Mann …

Endlich war es ein Viertel nach fünf Uhr, und Christine schellte. Anna hörte, wie sie auf dem Flur zu ihrer Mutter sagte: »Ich möchte Anna abholen. Nicht wahr, sie darf doch mit?« Die Mutter sagte: »Meinetwegen. Aber bring sie bald wieder. Sie soll rechtzeitig zu Bett. Wo werdet ihr denn essen?« Christine sagte: »Bei uns zu Hause, wenn Anna will.« Anna lächelte dankbar. Als sie die Freundin begrüßte, sagte sie leise: »Du Liebe!« Sie gingen über den Domplatz, und Anna stieg in die Straßenbahn. Sie sah Christine lange an der Haltestelle stehen.

Den Gang durch die dunkeln Gassen der Vorstadt bis zu Karls Zimmer tat nicht sie, sondern er widerfuhr ihrem Spiegelbild. Sie stellte es sich nicht vor, daß sie hier gehe, sondern sie sah sich gehen. Sie sah, wie sie nach den Straßenschildern spähte, wie sie endlich durch einen Torbogen in einen schmalen Hof zwischen hohen Häusern trat, eine steile Treppe hinaufstieg und vor einer Tür im vierten Stock wartete. Sie hatte keinerlei Vorstellungen mehr in sich von dem, was kommen würde. Eine dicke Frau öffnete: »Sie wünschen?« Anna sagte beklommen: »Ist Herr Unterberger zu Hause?« Als sie dies aussprach, fuhr es ihr durch den Sinn, daß sie diesen Namen nie zuvor ausgesprochen hatte, und sie hatte das Gefühl, etwas Unschickliches getan zu haben. Die Frau sagte: »Ich glaube schon. Klopfen Sie nur.«

Karls Zimmer war klein und niedrig. Tisch, Sofa und Stühle waren mit dunkelrotem Plüsch bedeckt. »Wieder dieses schreckliche Rot«, dachte Anna; »es scheint mich zu verfolgen, es scheint ›dazuzugehören‹.« Sie glaubte einen Augenblick lang in Karls Gesicht eine Spur von Triumph zu bemerken, so als wollte er sagen: »Na also, siehst du, ich wußte es ja.« Doch es gelang ihr, diese Beobachtung zu übersehen, ihm fast herzlich die Hand zu reichen und, während er seinen kleine Spirituskocher entzündete und Teewasser aufsetzte, ein Gespräch zu beginnen über eine Landschaft im Gebirge, die sie beide kannten. Eine kleine Sicherheit wuchs in ihr auf, sie fühlte sich dem Manne überlegen. Kritisch verfolgte sie jede seiner Bewegungen. Er hatte die emsige Geschäftigkeit einer kleinen Hausfrau. Er deckte den Tisch, strich die Brote und goß Tee auf. Anna war froh, daß er so beschäftigt war und daß außer einer leichten Unterhaltung nichts von ihr verlangt wurde. Sie befühlte die Teekanne und wärmte ihre Hände an ihr. Eine Empfindung von Zufriedenheit überkam sie. »Es ist hübsch, umsorgt zu werden«, dachte sie und war Karl fast dankbar. Schließlich hatte er alle Vorbereitungen getroffen und trat an den Tisch. Doch setzte er sich nicht, sondern kam um den Tisch, trat hinter Annas Stuhl und sagte: »Nun, was bekomme ich dafür?« Anna sah verwundert zu ihm auf: »Was denn?« »Bekomm ich's oder bekomm ich's nicht?« fragte er halb scherzhaft, halb drängend. Anna sprang auf: »Was soll ich Ihnen denn geben?« »Dies«, sagte er und küßte sie. Anna bog sich aus seiner Umarmung wie ein junger Baum. »Ach so«, sagte sie erstaunt und setzte sich wieder. Aber als sie begann, ein Brot, das Karl ihr gereicht hatte, zu essen, fand sie, daß sie keineswegs hungrig war. Auch Karl schien nicht essen zu wollen. Er legte sein Brot ungeduldig auf den Teller zurück.

»Anna«, sagte er und senkte die Augen. »ich will dich etwas fragen.«

»Ja«, sagte Anna tonlos vor Erregung.

»Anna, wirst du mich lieben können?«

Dies hatte sie nicht erwartet, warum fragte er sie dieses? Warum überhaupt sprach er? Wäre es nicht tausendmal besser, er schwiege und er küßte sie, auch wenn seine Küsse feucht waren und nichts von jener Süße boten, von der Gedichte sangen? Sie saß und schwieg und blickte in ihren Schoß.

»So sagst du nein?«

»Ich weiß es nicht«, flüsterte sie. Später erinnerte sie sich dieses Augenblicks und ihrer Antwort wieder, und sie wußte, daß gerade in dieser Sekunde die Gewißheit, ihn nie lieben zu können, und das Verlangen, ihn zu lieben – ihn und doch nicht ihn –, so nahe beieinanderlagen, daß sie vor Angst, sich mit einem so kleinen Wort zu entscheiden, fast erstickte.

Sie fühlte, wie sie langsam erbleichte. So saßen beide stumm. Der Regen rieselte an den Scheiben nieder, und in den Tassen erkaltete der Tee.

Annas Empfindlichkeit war in diesen Minuten so geschärft, daß sie wußte: im selben Maße, als in ihr Trauer aufwuchs und sie ganz erfüllte (Trauer über ihr Unvermögen, diesen Mann zu lieben; Trauer über das Unzulängliche; ahnungsvolle Trauer über das Leid, das darin liegt, daß Menschen einsam sind), wuchs in Karl ein wirres Gestrüpp von Verlangen, gekränkter Eitelkeit, von Trotz und Schwäche. Schroff hob er plötzlich seinen Kopf: »Und warum nicht?« Seine Stimme klang gereizt.

Leise sagte Anna, ohne aufzublicken: »Weil ich nicht kann.«

Karl sprang auf, sein Stuhl flog zurück. Anna erschrak und sah ihn an. »Du – warum gehst du dann mit mir?« rief er. »Habe ich dies denn getan?« fragte Anna leise und wußte nicht, wie sonderbar ihm diese Frage klingen mußte. Ach, wüßte er, wie sehr sie wünschte, ihn zu lieben! Sie fühlte das innige Verlangen, ihn auf die Stirn zu küssen, sein Haar zu streicheln, ihm zu sagen: »Wir wollen es versuchen.« Sie sah, daß er ans Fenster ging und auf die Scheiben trommelte. Plötzlich wandte er sich um, und heftig, fast zischend, sagte er: »In dir ist ja kein Herz. Weißt du, was du bist?« »Was bin ich?« fragte Anna leise und ängstlich.

»Eine Kokette!«

»Ich?«

»Ja, du. Oder beweise mir, daß es nicht wahr ist.«

Als wären seine harten Worte nur Scherz gewesen oder eine Prüfung, kam er auf Anna zu, ergriff ihre Hände und breitete so ihre Arme zu der Gebärde der Umarmung aus. »Nun?« sagte er, wie man ein Kind, das unartig war, fragt, wenn man erwartet, daß es um Verzeihung bittet. Doch in Anna war alles, was sie eben noch an Mitleid und Wärme empfunden hatte, gefroren. Kraftlos entglitten ihre Hände den seinen, ihre Arme sanken herab, während Karl mit offenen Armen, als sei er in dieser Gebärde erstarrt, vor ihr stehenblieb. Nach langer Zeit sagte er leise und flehend: »Anna!«

Doch da befiel sie eine scharfe Ernüchterung, und sie sah plötzlich, daß sie im Begriff war, etwas Falsches zu tun, etwas, das ihrem Wesen schaden, es trüben und verwirren würde, etwas, das ihr nicht aufgetragen und nicht erlaubt war. Und so, als hätte jemand sie laut und dringend abgerufen, raffte sie ihren Mantel zusammen, lief zur Tür und über die Treppe. Sie hörte, daß Karl ihr folgte. Er rief im Stiegenhaus halblaut nach ihr. Da verbarg sie sich hinter einer Mülltonne im Hof. Er lief an ihr vorüber, schaute durch den Torbogen auf die Straße, stand lange im Regen und kehrte endlich zurück. Während er die Treppe hinaufstieg, hörte sie, wie er sich umständlich schneuzte und dann vor sich hinpfiff. »Warum eigentlich steh' ich noch hier«, dachte Anna. »Ich kann jetzt doch gehen.« Doch so, wie einer eine Fußverletzung erst spürt, wenn er auftritt, so empfand Anna erst, als sie wieder zu denken begann, die Kränkung, die sie ihrem Wesen zugefügt hatte. Messerscharf durchdrang sie das Bewußtsein, daß sie die Schuldige war, und daß trotzdem etwas sie freisprach; sie verstand es noch nicht.

Nun aber spürte sie aufsteigend würgenden Ekel. Vergebens sagte sie sich: »Es ist doch nichts geschehen, nichts, nichts ...« Doch sie vermochte weder zu vergessen noch zu begreifen, daß er, der Fremde, ihre Lippen geküßt und ihre Knie berührt hatte. Sie dachte an Christines Worte und fragte sich: »Habe ich mich nun wieder vor der Überschwemmung gefürchtet? Bin ich unfähig zu lieben? Vielleicht war Karl liebenswert? Christine vielleicht hätte ihn geliebt. Bin ich unfruchtbar?« Sie verband nicht die gemeine körperliche Vorstellung mit dem Wort »unfruchtbar«, doch sie sah das Bild eines dürren Baumes mitten in einer blühenden Landschaft.

Sie zitterte. Sie bemerkte, daß sie ihren Mantel noch über dem Arm trug, und sie schlüpfte hinein; dann begann sie über den Hof zu laufen, durch das Tor und über die Straße. Sie geriet in ein Gewirre von schmalen Wegen zwischen hohen Plankenzäunen, hinter denen Schrebergärten lagen. Der Wind rührte das spärliche Laub; Schatten bewegten sich an den Zäunen; Blätter flogen wie dunkle Vögel in die Pfützen. Trüb fiel das Licht von den wenigen schlecht leuchtenden Straßenlaternen über alles, was naß war, und ließ es noch nasser erscheinen. Es regnete, und Anna fror. Sie lief und lief und kam endlich auf eine Straße, auf der Trambahnschienen glänzten. Aber keine Straßenbahn kam. Sie lief weiter. Ein Mann begegnete ihr. Sie fragte ihn: »Wo ist die Haltestelle?« Da griff er nach ihr, und sie merkte, daß er nach Schnaps roch. Sie floh, indes er hinter ihr herfluchte. Endlich kam eine Bahn. Anna sah sie halten und erreichte sie eben noch. Sie war durchnäßt. »Was werde ich der Mutter sagen«, dachte sie, doch im Grunde war es ihr gleichgültig. Sie war nichts als müde. Während der ganzen Fahrt dachte sie angestrengt und ausschließlich darüber nach, wie der Stein heiße, den eine Frau, die ihr gegenüber saß, in einem Ring trug. Er war blau, doch heller als Saphir, dunkler aber als Mondstein und nicht von Adern durchzogen wie ein Türkis; von einer Bläue, die Sehnsucht weckte nach einem See ganz hoch oben im Gebirge zwischen Felsen. Aber der Name des Steins fiel ihr nicht ein. Sie erinnerte sich, daß auch Christine einen Splitter solcher Bläue in einem Anhänger trug.

Als sie über den Domplatz ging, rauschte plötzlich ein heftiger Regen nieder. Wie gut, dachte Anna. Die Mutter würde denken, sie sei auf dem kurzen Wege so naß geworden. Dieser Gedanke stimmte sie fast lustig.

Aus der Nische vor dem Eingang ihres Hauses löste sich eine Gestalt. Anna erschrak, doch sie erkannte sogleich Christine. »Aber was machst du denn hier, Christine?«

»Ich mußte doch warten, bis du zurückkamst. Sie würden sonst fragen, wo du warst, und dann müßtest du lügen, und wenn sie dann nachforschen würden, geschähe ein Unglück.« Ein Gefühl warmer Geborgenheit überkam Anna. »Komm«, sagte sie und nahm Christines Hand.

Die Mutter öffnete. »Ach, da seid ihr ja.« Die Tonart ihres Ausrufs verriet die ausgestandene Unruhe.

Christine sagte: »Wir hatten keinen Schirm. Und eben, als wir über den Domplatz gingen, begann es zu gießen. Nun läßt es schon wieder nach, hören Sie!«

Die Mutter wollte sie nötigen, hereinzukommen und ein warmes Getränk zu nehmen. Auch Anna bat. Doch Christine sagte: »Ich werde zu Hause erwartet. Ich sagte, ich käme sofort wieder!« Klug beschützte dieser Satz der Freundin Anna vor allen Fragen der Mutter. Anna konnte unbehelligt sich umkleiden, essen und in ihr Zimmer gehen. Bald legte sie sich, fast völlig erschöpft, zu Bett.

Sie schlief ein und träumte, sie stünde vor einem Berg aus jenem Stein im Ring, den sie gesehen hatte. Mit einem Male öffnete er sich. Anna ging hinein, der Berg schloß sich, und sie war in dem durchsichtigen Kristallgehäuse eingesargt wie ein Insekt in einem Bernstein. Sie fror und stieß sich an den scharfen Innenkanten blutig. Ein Vogel, scharlachrot, flog draußen vorüber und sang: »Aquamarin, Aquamarin!« Anna erwachte mit einem kleinen, freudigen Ruf: »Aquamarin«, so hieß der Stein. Sie setzte sich in ihrem Bett auf. Doch was war mit ihr? Sie zitterte, und Würgendes saß ihr im Halse. Und obwohl sie an Gedichte zu denken versuchte und an Musik, so liefen ihre Gedanken hartnäckig zu Karl. »Ob er wohl noch so pfeift? – Ach, wie dumm dieser Gedanke ist!« Sie machte Licht, holte ein Buch und begann zu lesen; doch schal klang jedes Wort. Sie schaltete das Licht aus und blieb aufrecht sitzen. Ein Gefühl, dessen unbestimmtes Quälen und dessen Maßlosigkeit sie erschreckten, befiel sie. »Warum«, dachte sie, »warum lasse ich mich so tief verwirren? Es war ein dummes, kleines Abenteuer, sonst nichts; es ist vorbei … Aber er hat mich geküßt … Und ich, ich hatte es ersehnt! Ich war es, die ihn verlockte. Ging ich nicht durch die Straßen der Stadt und wollte dies? – Doch nein, dies habe ich nicht gewollt. Doch was? Ich weiß nicht, ach, ich weiß es ja nicht.«

Sie sprang aus dem Bett, riß das Gesangbuch aus dem Fach und nahm das Bildnis Giacomos mit bebenden Händen heraus. Sie legte es auf den Tisch und sah es an. Dann küßte sie es. »Du bist es«, flüsterte sie, und sie küßte es wieder, seine Hand, seine Augen, seine Stirn, den Halsansatz überm Pelz, die verschattete Kehle, den Mund. Und immer wieder diesen Mund. Sie fühlte nicht Papier, sie fühlte Fleisch und Wirklichkeit. Und Süße durchdrang sie bis ins Innerste. Ich liebe dich, ich liebe dich. Dann öffnete sie ihr Hemd und legte das Bild an ihre Brust. Und nachdem sie dies getan hatte, zerriß sie es in Fetzen, doch so, daß das eine dunkle Auge aus der Schattenseite des Gesichts unversehrt blieb. Dies legte sie beiseite in den Schutzumschlag ihres »Hyperion«. Die Fetzen aber warf sie in den Ofen, in dem noch Kohlenglut war. Sie blieb vor der offenen Feuertür kauern und sah zu, wie die Glut sich an dem Bild zur Flamme entfachte und nährte und endlich zusammensank. Als der letzte Rest des Bildes in Asche zerfallen war, begann Anna zu weinen. Aus offenen Augen flossen die Tränen über ihr Gesicht und brannten salzig auf ihren Lippen. Ihr schien, sie sei ein Baum, den ein Sturm der schönsten Blätter beraubt habe.

A peine quelques rouges baies
Tremblent aux buissons dépouillés …

Unter Tränen schlief sie endlich ein.

Elisabeth

An einem Nachmittag im April entstieg dem Zug, der in dem kleinen Marktflecken hielt, als einzige Reisende ein junges Mädchen mit zwei großen Koffern, die sie mühsam, oft die Last niedersetzend, über den Bahnsteig auf den freien Platz hinter dem Stationsgebäude schleppte. Dort stellte sie die Koffer auf ein Steintreppchen, blickte mit gerunzelten Brauen über den Platz, zuckte die Achseln, als dort nichts zu sehen war außer kahlen Sträuchern, und setzte sich dann mit einem Seufzer, der Müdigkeit und Ungeduld ausdrückte, auf einen ihrer Koffer. Nach einer Weile zog sie einen mit der Maschine geschriebenen Brief aus der Tasche, überlas ihn und steckte ihn wieder ein. Sie seufzte noch einmal, gähnte, zog den Mantelkragen, der mit einem armseligen Pelzchen besetzt war, bis zu den Ohren hoch, steckte die Hände in die Ärmel und machte sich so klein wie möglich, damit der ein wenig zu kurz gewordene Mantel über die Beine reichte.

Der dicke Stationsvorsteher, der hinter den Gardinen hervorspähte, sah ein blasses, schmales Gesicht im Profil, eine lange, dunkle Locke, die unter der abgeschabten Pelzmütze hervorquoll, und den Schatten, der unter dem Auge lag. Er sagte sich, sie sei wahrscheinlich hübsch, wenn auch nicht nach seinem Geschmack, und er beschloß, sie anzusprechen. Er knöpfte seine blaue Dienstjacke zu, schob die Mütze zurecht und trat aus der Tür. Elisabeth, die fürchtete, daß sie jemand den Weg über die Treppe versperrte, sprang auf und sah nun mit ihrer zierlichen Gestalt so jung aus, daß der Stationsvorsteher versucht war, »du« zu ihr zu sagen. Aber sie schien ihm doch ein »Fräulein« zu sein. So legte er die Finger an die Mütze, räusperte sich und sagte: »Sie werden wohl erwartet?« »Ja«, sagte Elisabeth bereitwillig, froh darüber, daß jemand da war, den sie befragen konnte, »ja, ich warte auf den Wagen von Major Urban.«

»Major Urban?« sagte der Stationsvorsteher, »wer ist denn das?«

»Nun, dem der Torfstich gehört und das Gut Moorhof.« Der Stationsvorsteher sog die Luft durch die Zähne ein und zog die Stirn hoch. Als er die betroffene Miene Elisabeths sah, schüttelte er hastig den Kopf und rief: »Ich hab nichts gesagt. Er ist ein guter Herr.«

Elisabeth schürzte ungeduldig die Lippen: »Nun, und?«

Der Mann bewegte die Hände gleich Fächern hin und her und rief: »Nichts, nichts. Sie kommen zu den Kindern, nicht wahr, als Lehrerin?«

»Ja«, sagte Elisabeth, »aber was ist mit dem Major?«

Zögernd kam die Antwort: »Wenn Sie es wissen wollen: er trinkt.«

»Nun ja«, sagte Elisabeth erleichtert, doch sie las aus dem Gesicht des Mannes, daß er ihr etwas verschwieg. Da sie wußte, daß Männer seiner Art wie die meisten Menschen leicht dahin zu bringen sind, aus selbstgefälliger Schwatzsucht das zu verraten, was sie lieber verschwiegen hätten, begann sie listig ein Gespräch über die Reise und das Wetter, um dann, wie sie hoffte, wieder auf den Major zurückzukommen. Aber das Telefon im Bahnhof schellte, und der Stationsvorsteher eilte hinein.

Elisabeth bemerkte plötzlich wieder, daß es kalt war, und sie erwartete ungeduldig die Ankunft des Wagens. Sie freute sich darauf, die warmen Plüschpolster der Kutsche zu fühlen, eine Fußdecke über die Knie zu breiten und den strengen, zuverlässigen Geruch von Leder und Pferden einzuatmen. Indem sie, frierend und hungrig, freundliche Visionen hegte von einem gedeckten Tisch, von Gläsern mit dampfendem Tee, von warmen Öfen und einem weichen Bett, rollte ein Fuhrwerk heran, das, ähnlich den Wagen fahrender Korbflechter, von einer grauen

Plane überwölbt und von einem mageren Schimmel gezogen war. Das Gefährt hielt dicht vor Elisabeth. Ein Mann, alt und finster, im gelbgrauen, zottigen Schafspelzmantel, die struppige Fellmütze tief ins Gesicht gezogen, rief heiser: »He, aufsitzen!« Elisabeth schüttelte den Kopf: »Nein, ich warte auf den Wagen von Major Urban.«

»Nun ja«, rief der Alte, »das ist der Wagen. Seine alte Kutsche wäre auch nicht besser.« Er ließ seine Peitsche spielen. Elisabeth blieb unschlüssig noch eine Weile stehen und hob dann ihre Koffer auf den Wagen. Der Alte deutete stumm auf einen freien Platz zwischen Kisten und Körben, Säcken und Fässern. Elisabeth setzte sich auf einen ihrer Koffer, und schon holperte das Gefährt über den Platz, hatte bald den ärmlichen Marktflecken durchquert und bog ein in weites, baumloses Land, aus dem im letzten Tageslicht vereiste Tümpel frostig glänzten. Beim letzten Hause des Orts hielt der Wagen mit scharfem Ruck, und ein Bursche, der einem Landstreicher ähnlich am Zaun gelehnt hatte, sprang wortlos auf den Kutschbock, und das Fuhrwerk rollte weiter. Die Straße war schlecht. In den tiefen, hartgefrorenen Fahrrinnen holperte der Wagen dahin, daß Fässer und Kisten aneinander schlugen. Müde blickte Elisabeth auf die graue Straße, die endlos unter dem Wagen hervorzurollen schien. An den Wegrändern steckten vom Winter her Schneezeichen mit Strohwischen. Da und dort stand ein Wegweiser, dessen langer, morscher Arm über die kahle Ebene hindeutete, auf der kein Dorf, kein Haus, kein Mensch zu sehen war.

Elisabeth fror und hungerte. Widerwillig atmete sie den dumpfen und scharfen Geruch nach Kernseife und Tabak, nach Essig und billigen Bonbons, der den Kisten, Körben und Fässern entstieg. Plötzlich hörte sie ein leises, knisterndes Geräusch hinter sich, und sie sah, als sie sich umwandte, daß die Plane, die zwischen Kutschbock und Wageninnerem niederhing, beiseitegeschoben war. Aber schon fiel die Plane wieder herab. Nun erscholl vom Kutschbock her ein unrein gepfiffenes Lied, das nach kurzer Zeit wieder abbrach, während heftige Peitschenhiebe grundlos auf den mageren Pferderücken niedersausten, aus dem bei jedem Schritt die Wirbel hart hervortraten.

Die Dämmerung begann, und ein durchdringender eisiger Wind erhob sich. Elisabeths Kopf sank herab, und trotz des heftigen Rüttelns schlief sie ein. Plötzlich wurde sie durch einen grellen Ruf geweckt: »Absteigen!« Schlaftrunken kletterte sie vom Wagen. Sie sah, daß die Ebene durchfahren war und daß die Straße in einen Wald einbog, durch den sie, soweit man in der tiefen Dämmerung sehen konnte, steil anstieg, jedoch nicht so steil, daß es nötig gewesen wäre, eine so leichte Last wie Elisabeth abzuladen.

Auch der Bursche war abgesprungen und ging nun neben dem Fuhrwerk. Die Zügel, die er dem schlafenden Alten aus der Hand genommen hatte, hielt er so lang, daß er fast am hinteren Ende des Wagens gehen konnte. Er blickte über seine Schulter hinweg unverwandt auf Elisabeth und musterte sie ungestört. Sie empfand ein äußerstes Unbehagen in der Nähe des Burschen, der ihr unheimlich erschien, und sie blieb weiter und weiter hinter dem Wagen zurück. So trabten sie stumm durch das finstere Gehölz. Bald bemerkte sie, daß der Abstand zwischen ihr und dem Burschen sich verringerte. Er hatte die Zügel losgelassen, und Elisabeth konnte es nicht vermeiden, daß er nach einiger Zeit neben ihr ging. Er sagte: »Ein böser Weg bei Nacht hier durch den Wald.« Seine Stimme und Mundart waren nicht wie die der Bewohner dieses rauhen Berglandes heiser und grob, sondern glatt und flüssig. Elisabeth antwortete nicht. Er betrachtete sie lauernd, lachte dann kurz und höhnisch und eilte dem Fuhrwerk nach. »Aufsitzen!« schrie er zurück, und Elisabeth mußte laufen, um es zu erreichen, ehe es auf der nun eben dahinführenden Straße rascher forteilte. Es war indessen völlig dunkel geworden. Das alte Pferd schien seinen Weg blind zu kennen. An dem scharfen, eindringlichen Erd- und Moosgeruch erkannte Elisabeth, daß man sich dem Moor näherte. Bald verspürte sie auch die beißende, feuchte Kälte, die von den Nebeln herrührte, die in dichten Schwaden über dem Torfstich lagerten. Dunkle Haufen, die sie nach einiger Zeit als Torfschuppen und Baracken erkannte, lagen an der Straße. Aus einer dieser Baracken drang aus den Fenstern, die mit Holzläden verschlossen waren, ein grölender Gesang, den eine einzelne dunkle, dröhnende Stimme durchdrang und überschrie. Elisabeth hörte, wie der Bursche dem Alten auf dem Kutschbock zurief: »Er hat wieder einen guten Tag.« Die Stimme des Burschen drückte offenen tödlichen Haß aus, dem eine widerwillige, neidvolle Bewunderung beigemischt war. Elisabeth bewahrte diesen Eindruck genau in ihrem Gedächtnis.

Plötzlich fiel der Schein einer Laterne schwankend über das Gefährt. Einige Kisten und Elisabeths Koffer wurden vom Wagen gehoben. Das Gefährt rollte zurück in die Nacht. Elisabeth wurde, vom Schein eines Windlichtes begleitet, von jemand, den sie nur als Schatten wahrnahm, über einen Hof ins Haus geführt. Dort sah sie sich beim schwachen Licht einer verhüllten Lampe allein in einem Hausflur, in dem es scharf nach nassem Kalk roch. Die Wände wiesen feuchte grünliche Flecke auf. Eine Telleruhr an der Wand zeigte die sechste Stunde an. Als zehn Minuten später noch immer kein Mensch gekommen war, begann Elisabeth im Flur auf und ab zu gehen. Sie legte nachdrückliche Ungeduld in ihre Schritte. Da öffnete sich eine Tür, doch sehr leise und nur auf Spaltweite. Elisabeth sah ein stechend scharfes Auge auf sich gerichtet. Es war ein Kind, das sie beobachtete. Sie lächelte ihm zu. Da schloß sich hastig die Tür, doch konnte man am leisen Knarren der Schwelle erkennen, daß das Kind noch dastand und wahrscheinlich durchs Schlüsselloch spähte.

Elisabeth nahm ihre Wanderung wieder auf. Ihre Tritte hallten nun ziemlich laut auf dem Pflasterboden und verrieten den Grad ihrer Ungeduld. Endlich kam eine Magd. Elisabeth sagte rasch und unfreundlich: »Schon länger als eine Viertelstunde stehe ich hier.« Die Magd schüttelte den Kopf, deutete auf ihre Ohren und lächelte demütig. Elisabeth seufzte und folgte der Magd in ein Zimmer, das halbdunkel war, da die Lampe mit einem grauen Wollschal verhängt war. An einem Tisch, auf dem weder eine Decke noch irgendein Gegenstand lag, saß eine Frau, die offenbar so lange nachdenkend oder träumend, vielleicht schlafend dagesessen hatte, daß sie sich nicht sogleich zu fassen vermochte. Elisabeth hatte Zeit, den mageren, gebeugten Rücken, die spitzen Schultern und den schmalen Kopf zu betrachten, von dem die Haare in Strähnen herabhingen. Die Hände der Frau lagen weit vorgestreckt flach auf der Tischplatte. Elisabeth sagte leise: »Frau Majorin!« Da stand die Frau hastig auf, strich ihre Haare zurück und glättete ihr Kleid. Dann ging sie mit einigen unsicheren Schritten auf Elisabeth zu. Diese sah sich überrascht einem Gesicht gegenüber, dessen frühere Schönheit nicht langsam durch Altern oder viele kleine Kümmernisse zerstört worden war, sondern durch einen großen, fast tödlichen Schmerz in einem einzigen Augenblick zur Maske erstarrt schien. Sie sagte klanglos, ohne Elisabeth anzuschauen: »Sie sind das neue Fräulein. Ich bin Frau Urban. Der Herr Major ist nicht da.« Elisabeth wunderte sich darüber, daß sie ihren Mann »Herr Major« nannte. Dann schwieg die Frau, als sei damit alles für lange Zeit zwischen ihr und der Hauslehrerin geklärt.

Die Magd bedeutete Elisabeth, daß sie ihr folgen möge. Sie hatte eben die Hand auf die Klinke gelegt, als die Haustür aufsprang. Hastig schloß die Magd die Zimmertür und blieb unbeweglich stehen, während ihr Blick aufmerksam auf das Gesicht der Herrin gerichtet war. Auf dem Flur erschallten schwere Tritte und verhallten hinter einer Tür, vor die deutlich hörbar ein Riegel geschoben wurde. Als die Majorin, die teilnahmslos vor sich hingeblickt hatte, nickte, verließ die Magd mit Elisabeth das Zimmer. Der Raum, in den sie nun traten, war das Eßzimmer. Noch haftete der fade Geruch von gekochtem Sauerkraut darin. Es war gleich dem Zimmer der Majorin feuchtfleckig und düster. Das Fenster war ohne Gardinen, und nichts deutete darauf hin, daß jemals welche dagehangen hatten. Die schwarze Nacht stand vor den Scheiben. Ein dürrer Ast, den der Wind bewegte, schlug unaufhörlich kratzend an das Fenster. Die Magd verließ das Zimmer. Elisabeth sah sich um. Die Möbelstücke stammten sichtlich aus verschiedenen Beständen und waren wie vorläufig in großer Hast zusammengestellt. So stand ein zierliches Eckschränkchen aus honiggelbem Nußbaumholz neben einer dunkeln, plump geschnitzten Anrichte, und um einen gewöhnlichen, langen Küchentisch waren zwischen seidenbezogene Lehnsessel einige billige eiserne Stühle geschoben, wie man sie in Wirtshausgärten sieht. Vor dem runden Eisenöfchen stand ein Rohrsessel, dessen Geflecht sich aufgelöst hatte und an den Beinen in losen Spiralen niederhing. Elisabeth ließ sich in den Sessel fallen, öffnete die Ofenklappe und betrachtete erschöpft und frierend die glimmenden Torfstücke in dem dunkeln Schlund. Sie vermutete, daß man bald zu Abend essen würde, aber Brotkrumen und frische Speiseflecke auf der Tischdecke wiesen darauf hin, daß die Abendmahlzeit schon eingenommen war. Mehrmals näherten sich Schritte der Tür, doch sie entfernten sich jedesmal leise wieder. Es schienen Kinderfüße zu sein, die unruhig im Hause umhergeisterten. Elisabeths Blick richtete sich auf das helle Eckschränkchen, das ihren Augen einen freundlichen Ruhepunkt gewährte. Nach und nach nahm sie wahr, daß hinter dem vielfach zersprungenen Glas mehrere schöne, offensichtlich wertvolle Gegenstände sich befanden, so ein böhmischer Kelch aus Rubinglas, eine chinesische Schale mit dem blauen Drachen und eine hellrosa Vase venezianischer Herkunft. Bald sah sie überall im Zimmer Zeichen eines Reichtums, der vielleicht längst vergangen war. Der zerschlissene Teppich war ein Perser, das fadenscheinige Tischtuch mit der eingewebten Adelskrone war aus teuerm Damast, und der Silberlöffel, der auf der Anrichte lag, eine kunstvolle Arbeit. Elisabeths müßige Einbildungskraft begann, das Zimmer mit den wenigen Dingen, die schön waren, neu einzurichten; da kam die Magd mit einem blechernen Tablett, auf dem gekochte Kartoffeln, Ziegenkäse und Milch waren. Als Elisabeth allein war, verzehrte sie mit einer Gier, deren sie sich fast schämte, das kärgliche Mahl. Dann blieb sie noch eine Weile unschlüssig sitzen und ging, als lange niemand kam, wieder auf den Flur. Plötzlich stieß sie an etwas Weiches, das einen scharfen Schrei von sich gab. Sie erschrak so heftig, daß sie noch zitterte, als die große dunkle Katze längst in die Finsternis unter der Stiege entsprungen war. Endlich wagte sie es, an eine Tür am Ende des Flurs zu klopfen und, als niemand antwortete, die Klinke niederzudrücken. Die Tür war verschlossen. Aus der Tiefe des Zimmers hörte Elisabeth den schweren, langsamen und rauhen Atem eines Schlafenden. Sie blieb eine Weile lauschend stehen, das Ohr an das Holz der Tür gelegt, und sie fühlte, wie eine unerklärliche Erregung sich ihrer bemächtigte. Ich bin nervös, sagte sie sich unwillig und nahm ihre Wanderung in dem kalten, düstern Flur von neuem auf. Wenn nicht bald jemand kommt, schreie ich, dachte sie. In diesem Augenblick kam die taubstumme Magd und geleitete sie über die knarrende Stiege in eine schmale Kammer, die ärmlich eingerichtet war, und wo schon ihre beiden Koffer standen. Sie war so erschöpft, daß sie nichts anderes mehr sah als das Bett, in dem sie alsbald in tiefen Schlaf sank.

Sie erwachte davon, daß ein Pferd laut wiehernd über den Hof sprengte. Der Morgen graute. Sie hüllte sich in ihre Decke und blickte aus dem Fenster, doch sah sie nichts als Nebel, der schwer wie dichter Rauch gegen das Haus andrängte. Der Wind sauste in den Nadeln eines Waldes, der nahe beim Hause sein mußte. Elisabeth, die zart und schreckhaft war, besaß dennoch Mut und eine zähe Kraft, die ihr immer dann zu Hilfe kamen, wenn sie, einem empfindlichen Kinde gleich, lieber in Tränen ausgebrochen wäre. Sie tauchte, nachdem sie die Eisschicht zerbrochen hatte, ihr Gesicht in das Wasser, rieb ihren Körper, bis er glühte, und war bald von Zuversicht erfüllt. Sie blieb, in ihre Decke gehüllt, lesend auf dem Bettrand sitzen, bis es ihr Zeit schien, ins Eßzimmer zu gehen.

Es war erfüllt von dem beißenden Geruch schlecht

brennender, feuchter Torfstücke. Auf dem Tisch standen fünf Gedecke. Nach einiger Zeit kam, fast unhörbar, die Majorin herein. Sie trug ein dunkelgraues Kleid, das mit Flecken übersät war. Ihre aschblonden Haare hingen wie ungekämmt in ihr Gesicht. Sie war jünger, als es Elisabeth am Abend geschienen hatte; sie mochte etwas über dreißig Jahre alt sein. Hinter der Mutter traten zwei Mädchen ein, von denen die Ältere elf, die Jüngere sieben Jahre alt sein konnte. Die Ältere, Andrea, war ein mageres, großes Mädchen, das schon kein Kind mehr war. Ihr Gesicht war gut geformt, und dennoch wirkte es häßlich. Mit den scharfen Augen und der etwas zu langen, spitzen Nase erinnerte es unangenehm an einen streitsüchtigen Vogel, und da der kleine Kopf auf einem ungewöhnlich langen, sehnigen Halse saß, den sie meist vorgestreckt hielt, schien sie in dauernder Bereitschaft, auf ihre Umgebung loszuhacken. Sie reichte Elisabeth die Fingerspitzen, während sie ihr kalt und scharf ins Gesicht blickte. Die kleine Paula war ein dickes, blasses, schläfriges Kind mit entzündeten Augenlidern und einer feuchten Nase. Sie sträubte sich in stummen Windungen, Elisabeth zu begrüßen. Man setzte sich an den Tisch und begann schweigend, den eingeschenkten, bereits mit Milch und Süßstoff vermischten Kaffee zu trinken. Das fünfte Gedeck stand leer. Als die Tür geöffnet wurde, erwartete Elisabeth, den Major eintreten zu sehen;

aber es kam ein etwa zwölfjähriger Knabe, der seinen Schwestern nicht ähnlich sah. Er war dunkel und hübsch, scheu und träumerisch und dennoch leidenschaftlich und herrisch. Er verbeugte sich vor Elisabeth mit der Korrektheit eines Kadetten, die sehr auffiel in diesem Hause voller Nachlässigkeit.

Das Frühmahl verlief so schweigend, daß das Geräusch des Kauens und Schlürfens unangenehm deutlich wurde. Elisabeth fühlte, wie die Kinder sie heimlich beobachteten und wie jedes der drei sich ein Urteil über sie bildete.

Plötzlich klirrte eine Tasse so laut, daß alle außer Andrea erschreckt hochfuhren. Es war ihre Tasse. Sie hatte sie geleert und mit einem heftigen Ruck von sich geschoben. Sie saß, die Hände auf den Stuhlkanten, sprungbereit da und blickte mit vorgestrecktem Halse ungeduldig auf die noch Kauenden. Paula wippte mit ihrem Sessel und verkrümelte ihr Brot auf der Tischdecke. Niemand verwies es ihr. Endlich war auch Sebastian fertig, und alle standen gleichzeitig auf.

Das Zimmer, in das Elisabeth nun mit den Kindern ging, enthielt eine zerkratzte viersitzige Schulbank und ein kleines Pult für die Lehrerin. Beides hatte man wohl aus dem alten, überzähligen Bestand einer Dorfschule geholt. Die kleine dicke Paula begann leise zu weinen und die entzündeten Augen zu reiben. Andrea blickte unverwandt scharf auf

Elisabeth. Sie schien unablässig Beobachtungen zu sammeln, und alles, was sie sah, war offenbar unangenehm, verächtlich und feindlich. Außer Mißtrauen und Feindseligkeit schien kein Gefühl in ihr zu wohnen. Sebastian spielte mit einem Bleistift, legte ihn jedoch sofort weg, als Elisabeth zu sprechen begann. Sie sagte: »Ich werde euch eine Geschichte erzählen.« »Ah!« rief Andrea höhnisch, »man will uns wieder ködern. Wir danken. Wir sind dafür, daß gearbeitet wird.« Paula schrie: »Nein, ich will die Geschichte, ich will sie hören.« Sebastian blickte unwillig nach den Schwestern, errötete und senkte seinen Kopf über das Pult. Elisabeth stand eine Weile verwirrt, dann sagte sie ruhig: »Gut, wir arbeiten.« Sie gab dem Knaben und der kleinen Paula schriftliche Aufgaben und legte Andrea ein Buch vor, aus dem sie lesen sollte.

»Ich kann bereits lesen«, sagte Andrea und schob das Buch fort.

»Ich auch«, sagte Elisabeth, »und dennoch lese ich Bücher. Beginne!«

Andrea fing scheinbar bereitwillig an zu lesen, allein sie las fehlerhaft und mit lächerlich falscher Betonung. Elisabeth bemerkte bald, daß dies absichtlich geschah, doch sie ließ sie ruhig gewähren. Endlich war Andrea des Spiels überdrüssig. Sie brach in ein lautes, scharfes Gelächter aus, warf das Buch zu Boden und spuckte darauf. Die beiden anderen

Kinder schienen solche Auftritte zu kennen. Sie erhoben kaum ihre Gesichter von den Heften. Elisabeth sagte: »Hebe das Buch auf!« und sie wiederholte den Befehl so lange, bis Andrea, bleich vor Wut, sich endlich nach dem Buche bückte. Daraufhin wandte sich Elisabeth der kleinen Paula zu, die bereitwillig mit rührendem Eifer, doch ungeschickt, die kleinen Rechenaufgaben zu lösen versuchte. Dann erzählte sie für Sebastian und Paula ein Märchen. Andrea hörte zu, zeigte jedoch die deutliche Absicht zu stören. Sie murmelte vor sich hin und lachte höhnisch, doch langweilte sie es bald, Einwürfe zu machen, über die niemand sich ärgerte. So begann sie, ein Blatt Papier mit einem Bleistift zu bemalen, Strich an Strich, bis es völlig mit graphitner glänzender Schwärze bedeckt war. Als die Uhr zwölfmal schlug, war der Unterricht beendet. Elisabeth nahm das Blatt, das vor Andrea lag, an sich und sagte: »Das also hast du heute gearbeitet. Es muß sehr anregend sein, zwei und eine halbe Stunde lang ein Blatt Papier zu beschmieren.«

Andrea schrie: »Geben Sie mir augenblicklich das Blatt!« Elisabeth steckte es ruhig ein und sagte: »Dieses Papier werde ich deiner Mutter geben.« Da trat auf das Gesicht des Mädchens ein Ausdruck von so ausgeprägter Verachtung, von Haß und Schmerz, daß Elisabeth unwillkürlich zurückwich. Der Ausbruch erlosch jedoch so jäh, wie er gekommen war, und ließ nichts als schmerzliche Langeweile in den scharfen Zügen zurück.

»Der Mutter!« rief sie, nun fast belustigt, schlug die flachen Hände zusammen und warf den Kopf zurück, »gut, zeigen Sie es der Mutter!« Dann ging sie mit langsamen, steifen, gehässigen Schritten aus dem Zimmer. Paula folgte ihr aufschnupfend, während Sebastian seine Bücher aufräumte und dann erst sich entfernte.

Elisabeth blickte aus dem Fenster. Der Nebel war verflogen. Sie sah eine weite, eine endlose graubraune Ebene, das Moor. Eine schmale gerade Straße lief vom Hof weg quer durch das Moor. Elisabeth wanderte mit den Augen auf dem hartgefrorenen Weg vorbei an Gräben, die mit frostverbrannten Schilfgräsern gesäumt waren, vorbei an niedrigem, kahlem Gebüsch, vorbei an einer Reihe von Baracken bis dahin, wo die dunklere Färbung des Bodens den Torfstich anzeigte, und weiter, bis die Straße, zu einem Punkt zusammengeschrumpft, am Horizont versank. Auch dort schien das Moor noch nicht zu Ende zu sein. Schwermütig kehrte sie von diesem Gange zurück. Als ihr Blick noch einmal die graue Reihe der Baracken traf, kam ihr plötzlich die Erinnerung an die laute Stimme, die das Gegröle der Betrunkenen noch überschrien hatte.

Ihre Einbildungskraft zeigte ihr den Mann, dem diese Stimme gehörte: er war groß und breitschulterig, vielleicht dick und aufgeschwemmt; sein Gesicht war schwammig und blaurot geädert, seine Hände dunkel behaart und mächtig. Sie versuchte, sich den Mann als einen grobschlächtigen Rädelsführer der Torfstecher vorzustellen, aber ihre Phantasie weigerte sich, dieses Bild auszumalen, und verwandelte es hartnäckig dergestalt, daß der laute Unbekannte als ein dunkler Despot erschien, der in spielerischer Laune sich unter das Volk der Torfstecher gemischt hatte. Plötzlich verbanden sich diesem Bild jene schweren Tritte, die sie am Vorabend vom Hausflur her gehört hatte; auch fielen ihr die Worte des Bahnhofsvorstehers ein, und nun war sie dessen sicher, daß beides, Stimme und Gang, dem Major zugehörte. Sie war begierig, ihn kennenzulernen, doch empfand sie Furcht vor ihm, noch ehe sie ihn gesehen hatte. Als nun eine gellende Glocke zum Mittagsmahl rief, hoffte und fürchtete sie zugleich, ihm zu begegnen; doch es waren wie beim Frühstück nur fünf Gedecke auf dem Tisch. Schweigsam und hastig wurde das Essen verzehrt, das aus Rüben und geräuchertem Fleisch bestand. Andrea blickte höhnisch fragend auf Elisabeth. Sebastian schaute unwillig und leidend auf seinen Teller, der sich allzu langsam leerte. Er aß noch, als die anderen längst fertig waren, und man sah, wie die Bissen ihn im Halse würgten. Die Kinder sollten erst am späten Nachmittag noch eine Unterrichtsstunde haben. Sie verschwanden nach dem Essen lautlos in verschiedenen Richtungen. Die Majorin schien Elisabeth noch etwas sagen zu wollen; sie rückte zwecklos Teller und Schüsseln von ihrem Platz und strich sich die Haarsträhnen aus der Stirn, die jedoch immer wieder sich lösten und ins Gesicht fielen. Endlich sagte sie mühsam und heiser: »Es ist schwer mit den Kindern. Andrea …« Sie schwieg und blickte auf ihre Hände, als hätte sie vergessen, wovon sie sprechen wollte. Erst nach einer Weile fuhr sie fort: »Es ist viel Wechsel hier. Man ist nicht gern hier. Man kann jederzeit gehen.«

Sie sprach so leise, daß man sie kaum verstehen konnte. Elisabeth bemerkte, daß sie dieselbe fremde Mundart sprach wie der Bursche vom Botenwagen. Ihr Wesen war von einer solchen Verzweiflung geprägt, die schon jenseits des Leidens lag, daß sie Elisabeths Anteilnahme erzwang. Sie reichte der Majorin in einer jähen, heißen Wallung die Hand. Doch kaum hatte sie den Raum verlassen, bemerkte sie mit Erstaunen, daß sie diese Bewegung bereute. Mißlaunig, fast aufgewühlt, trat sie ins Freie. Es hatte begonnen, leise und feucht zu schneien. Die dünne graue Schneedecke vor dem Haus wies frische Hufspuren auf. Elisabeth folgte ihnen, ohne recht zu wissen, was sie tat. Sie führten in den Wald, der dicht hinter dem Hause begann. Es war ein Nadelgehölz. Der Wind fuhr mit einem leise pfeifenden

Sausen durch die dichtverflochtenen Kronen der Fichten, unter denen sich die Hufspur verlor.

Elisabeth bahnte sich den Weg durch verworrenes Unterholz und stand endlich an einem breiten Wassergraben, an dem mit einemmal die Spur wieder auftauchte und jenseits weiterführte. Der Reiter hatte den Graben offenbar in weitem, frechem Sprunge genommen. Kein Steg führte über das Wasser. Überall versperrte dorniges Gestrüpp den Weg ins Waldinnere. So begab sich Elisabeth auf den Rückweg. Der aber schien unendlich sich hinzudehnen. Bald mußte sie sehen, daß sie sich verirrt und gänzlich das Gefühl für die Richtung verloren hatte. Der Schnee fiel dichter und verbreitete eine graugelbe Dämmerung. Elisabeths Fuß verfing sich in Dornenranken. Der feuchte Schnee schmolz auf ihren Schultern, und die Nässe durchdrang den dünnen Mantel. Sie begann, sich zu ängstigen, als sie bemerkte, daß sie sich im Kreis bewegt hatte. Plötzlich hörte sie die dumpfen Laute des Aufschlags von Pferdehufen auf hartgefrorenem Boden. Sie blieb lauschend stehen. Bald hörte sie Knacken von dürrem Gezweig. Nach einer Weile sprengte ein Reiter in dunklem Umhang aus dem Gehölz. Elisabeth rief ihn mit aller Kraft ihrer Lunge an, doch schon waren Pferd und Reiter zwischen den Stämmen verschwunden. Elisabeth folgte der Spur, ohne zu wissen, wohin sie gelangen würde, und stand unvermutet vor dem Moorhof. So war also der dunkle Reiter, dem sie gefolgt war, der Major gewesen.

Der Moorhof lag in der frühen Dämmerung, von den finster herandrängenden Fichten beschattet, dunkelgrau und unwirtlich da. Das Haus war sichtlich schon vor mehreren Jahren erbaut worden, erweckte aber den Eindruck von Unfertigem, Rohem, so wie es auch in seinem Innern nur vorläufig eingerichtet zu sein schien. Schon aber waren die Mauersockel von den kleinen zerstörenden Moosen besiedelt. Im Dach fehlten Reihen von Schindeln. Das Scheunentor hing lose an einer Angel und schlug knarrend im Winde. Elisabeth fragte sich, ob Armut die Ursache solchen Verfalls sein mochte. Aber war der Major nicht Besitzer großer und wohl auch einträglicher Torfstiche? Gedankenvoll strebte sie dem Hause zu und blickte erst auf, als Andrea ihr schroff entgegentrat, indem sie ihr stumm, doch böse lächelnd eine große Weckeruhr vor das Gesicht hielt.

Bestürzt stellte Elisabeth fest, daß die für den Unterricht festgesetzte Zeit verstrichen war. Verwirrt sagte sie: »Ich habe mich im Wald verirrt.« Kaum hatte sie dies gesagt, ärgerte sie sich darüber, daß sie diesem Mädchen Rechenschaft abgelegt hatte. Andrea zog sich hämisch lächelnd zurück.

Die Majorin schien die Eintretende nicht zu bemerken. Sie wandte Elisabeth nicht einmal das Gesicht zu, doch als sie die Entschuldigung gehört hatte, sagte sie langsam: »Ja, der Wald hier. Und wenn es düster ist wie heute …« Sie schaute starr auf die Tischplatte, als besänne sie sich angestrengt. Dann wandte sie Elisabeth ihr Gesicht zu, das grau sich aus der Dämmerung hob, und sie machte den Versuch eines Lächelns, das jedoch mißlang und zur schmerzlichen Grimasse wurde. Elisabeth lief, zwei oder drei Stufen auf einmal nehmend, über die Treppe und verriegelte ihr Zimmer. Dies war der erste von vielen Abenden, die sie, in Mantel und Jacke gehüllt, lesend auf dem Bettrand in dem von einem durchgebauten Schornstein kaum erwärmten Zimmer verbrachte. Oft fragte sie sich, was sie an diesem unheilvoll verwirrten Hause festhielt.

Das Leben auf dem Moorhof nahm seinen bis zum Überdruß gleichförmigen Verlauf. Der Tag war bis auf die Minute genau eingeteilt in Arbeit, Essenszeit und Freizeit, doch hatte Elisabeth das Gefühl, daß diese Einteilung nicht dem Bedürfnis nach Klarheit und Ordnung entsprang, sondern der Angst, daß ohne den unerschütterlichen Tagesplan plötzlich das ganze mühsam erhaltene morsche Gebäude des Lebens auf dem Moorhof zusammenbrechen würde.

Tag um Tag wartete sie darauf, den Major kennenzulernen, aber er kam nie zu Tisch und war, wie es schien, kaum jemals zu Hause. Oft ritt er schon vor Tagesanbruch weg, manchmal um Mitternacht, und kehrte stets erst im Dunkeln oder in der tiefen Dämmerung des Abends oder des Morgens heim. In den hellen Mondnächten sprang Elisabeth aus dem Bett, sooft sie das Zuschlagen der Stalltür und das Wiehern des Pferdes im Hofe hörte, doch gelang es ihr nie, mehr als einen rasch reitenden Schatten zu sehen, der in der nächtlichen Schwärze unter den Fichten oder in den Moornebeln verschwand.

Eines Nachts erwachte sie davon, daß ihr Fenster im Anprall eines heftigen Windstoßes aufsprang. Es war zwei Uhr morgens. Der Sturm brauste. Die Fichtenäste peitschten das Stalldach. Als Elisabeth sich aus dem Fenster beugte, rollten ihr die schweren lauen Wellen des Südwinds entgegen, der den Frühling, einen späten, kurzen und kargen Frühling, bringen würde. Mit Begierde atmete sie den heftig andringenden Geruch der feuchten, gärenden Moorerde, der steigenden Baumsäfte und des nassen, moosigen Erlenholzes, das in großen Haufen frisch geschlagen unter ihrem Fenster lag. Ein schmaler, langer Lichtstreif fiel über den Hof. Er verschwand und kam wieder in regelmäßigem Wechsel, so als ginge jemand unaufhörlich an der Lichtquelle vorüber. Der Strahl drang aus dem Fenster des Stalles, in dem die zwei Pferde des Majors standen. Elisabeth folgte einer Eingebung, kleidete sich an und schlich, oft innehaltend, durchs Haus und über den Hof. Sie hob sich auf die Zehenspitzen und zwängte ihr Gesicht zwischen die rostigen Gitterstäbe des Stallfensters. Der Spalt, den ein von innen vorgeschobenes Brett freiließ, zeigte ihr einen Mann, der auf einem Strohbund saß und ihr den Rücken zuwandte. Eine Hand stützte den Kopf, die andere lag auf dem Rücken des ruhenden Pferdes, dessen Fell im Schein der Stallaterne schimmerte. Der Mann schien sehr groß zu sein. Sein gebeugter Rücken wölbte sich wie ein schwarzer Hügel. Seine breiten Schultern und der mächtige dunkle Kopf machten den Eindruck düsterer Majestät. Elisabeth sagte sich: »Das ist nun der Major.« Ihre Knie begannen zu zittern von der Anstrengung, auf Zehenspitzen hochgereckt zu stehen, doch sie verharrte in dieser Stellung, bis ihre Hände, die sich an den scharfkantigen Gitterstäben festklammerten, die Kraft verloren.

In dem Augenblick, in dem sie sich vom Fenster löste, hörte sie undeutlich im Brausen des Windes das Knirschen des rauhen Kieses, der den Hof bedeckte. Lautlos bog sie um die Stallecke und kauerte sich in die undurchdringliche Schwärze eines Holzschuppens. Der Wind pfiff durch die Dachsparren und Lattenwände. Sie drückte sich tiefer zwischen Haufen trockener Torfstücke und eine Ansammlung von Gerümpel, das nach altem Seegraspolster roch. Vorsichtig tastete sie um sich und fühlte steifen Brokat, der einem aufgetürmten Berg von Sesseln angehörte, aus deren Polstern die Füllung quoll. Angestrengt lauschte sie, doch es war außer dem gleichmäßigen Laut des Windes nichts mehr zu hören. Plötzlich war der Lichtstreif auf dem Hof verschwunden. Die Stalltür knarrte, ein Schlüssel wurde abgezogen, und schwere Schritte gingen dem Wohnhause zu. Der Riegel wurde von innen vorgeschoben. Gleich darauf aber ging jemand, den die Finsternis verbarg, vom Hause weg in den Wald. Elisabeth bebte vor Kälte und Erregung. Der Gedanke, daß das Haus verschlossen war, raubte ihr fast die Besinnung. Alle Vorsicht außer acht lassend, lief sie über den Hof und drückte auf die Klinke. Das Knacken widerhallte im Hausflur wie ein Axthieb. Niemand hörte es. Endlich fiel ihr ein, daß es noch eine rückwärtige Tür gab, durch die man in den Keller und so ins Haus gelangen konnte. Nach langem tastenden Suchen fand sie die Tür. Sie war unverschlossen. Aber wie sollte sie sich in den unbekannten Kellerräumen, die mit schwarzer Nacht angefüllt waren, zurechtfinden? Schritt für Schritt tastete sie sich vorwärts. Sie streifte an feuchte Laken, die an einer Leine hingen. Ihr Fuß stieß an Dinge, deren metallischer Klang verriet, daß es Waschwannen und Eimer waren. Von einem Holzschaff, das ihr in den Weg rollte, löste sich der Blechreif, und es fiel polternd auseinander.

Lange Zeit wagte Elisabeth nicht weiterzugehen. Sie stolperte über eine Schwelle und befand sich im

Gemüsekeller, in dem es stark nach gärendem Sauerkraut und faulenden Kartoffeln roch. Mäuse liefen mit kratzenden Füßchen über das Pflaster. Endlich fand sie die Treppe. Als sie in ihrem Zimmer angelangt war, stand der erste Streifen grauer Dämmerung über den Fichten. Beim Erwachen entsann sie sich der nächtlichen Begebenheit nur wie eines verwirrenden Traumes; aber ein starker Schnupfen, den sie sich in der feuchten Nachtluft geholt hatte, sagte ihr, daß sie wirklich einige Stunden zwischen Mitternacht und Morgendämmerung im Freien verbracht hatte.

Als nach mehreren Tagen die Wege abgetrocknet waren, ging Elisabeth zum ersten Male ins Moor, das endlos ausgebreitet lag mit seinen Tümpeln voll braunen, öligen Wassers, da, wo der Torf abgestochen war, mit schnurgeraden Gräben, deren kupferfarbenes Wasser grüne Ränder aus junger scharf duftender Minze und Kresse bespülte, mit dunkelgrauen Torfschuppen aus morschen Latten, schief, halbeingesunken in den nachgebenden Boden, mit einzelnen windzerzausten Krüppelbirken. Da und dort lag ein Schiebkarren mit zerbrochenem Rad oder eine vergessene Torfhacke mit rostiger Eisenfläche. Das Torfstechen hatte nach dem Winter und der Regenzeit wieder begonnen. Männer, Weiber und die größeren Kinder waren bei der Arbeit in einem entfernten Teil des Moores, von woher der

Wind ihre Rufe und das Poltern der rollenden Loren herübertrug. Die Baracken lagen grau und nur von unzähligen Kindern bevölkert an der Straße: die Kinder starrten ängstlich, frech und ehrerbietig auf Elisabeth und verschwanden alsbald in die mit ärmlichem Hausrat vollgepfropften Wohnküchen. Sie waren, wenn auch dürftig gekleidet und starrend vor Schmutz, doch gut genährt und zeigten nicht den gierigen Blick der Armut.

Elisabeth erinnerte sich der Worte des Bahnhofsvorstehers:

»Er ist ein guter Herr.« So war wohl auch nicht der Mangel an Geld der Grund dafür, daß die Baracken so armselig waren, sondern vielmehr der zigeunerliche Hang der Torfstecher, kein Haus als bleibende Wohnstatt zu betrachten. Es störte niemand, daß die Schwellen faulten, daß zerschlagene Fensterscheiben durch Pappe und Zeitungspapier ersetzt waren, daß der einstmals blaue Kalkverputz abblätterte und die nackten Holzwände zeigte, die an den offenen Stellen in Verwesung übergingen, auch nicht, daß überall Bettkissen und Decken mit nassen, faulenden Stellen umherlagen, auf denen Kinder spielten.

Eine der Baracken trug ein Schild mit der Aufschrift: »Moosschenke«. Am Türrahmen lehnte eine große, stattliche Frau, die träumend über das Moor hinblickte. Ihr Haar hatte die Farbe der Frucht des wilden Kastanienbaumes. Sie trug ein dunkelblaues Samtkleid, das einer längst vergangenen städtisch-festlichen Mode angehörte. Der Samt war abgeschabt, und die Spitzen, die den tiefen Halsausschnitt verhüllten, waren zerrissen. Der Rock, der einmal mit einer Schleppe versehen gewesen war, war abgeschnitten und nur flüchtig gesäumt. Er ließ die nackten Beine und die bloßen, gutgeformten Füße frei. Als Elisabeth halb belustigt, halb bewundernd vorüberging, wandte ihr die Frau das Gesicht zu, das nicht mehr jung, aber schön und großflächig war und den gelassenen, weichen und traurigen Ausdruck jener Frauen zeigte, die zu schenken verstehen, ohne mit Dank zu rechnen. In diesem Augenblick erinnerte sich Elisabeth daran, daß aus dieser Baracke die laute, mächtige Stimme gedrungen war, als sie auf dem Botenwagen vorüberfuhr. Das Entzücken, das sie bei diesem Wiedererkennen durchfuhr, wich einem feinen, stechenden Schmerz, der ihr als rätselhafte Laune erschien. Sie beschleunigte ihre Schritte, schlug einen Seitenpfad ein und machte sich auf den Rückweg. Es entging ihr, daß sie aus dem Schaufensterchen eines kleinen Kramladens am Ende der Siedlung beobachtet wurde, und daß bald darauf ein Bursche aus der klingelnden Ladentür trat. Sie bemerkte ihn erst, als er sie eingeholt hatte. »Das Fräulein?« sagte er fragend und mit gespielter Ehrfurcht. An der fremden Mundart erkannte sie ihn als den Gefährten vom Botenwagen. Unschlüssig blieb sie stehen. Sein Blick wanderte mit unverschämter Langsamkeit über ihren Körper, dann stieß er einen dünnen Pfiff aus, entblößte seine großen gelben Zähne und grinste stumm. Elisabeth schaute angewidert in ein breites gelbes Gesicht, das von einem teuflischen Willen gespannt war. Sie maß ihn schweigend und wandte sich dann zum Gehen. Er sagte halblaut:

»Nun, wie du willst! Aber das laß dir gesagt sein: der andere wird diesmal zu spät kommen.«

Elisabeth blieb vor Verblüffung stehen und fragte: »Welcher andere?« Der Bursche schlug sich mit höhnischem Gelächter auf die Schenkel und rief: »Ei, siehst du, nun sprichst du schon mit mir.« Er faßte nach ihrem Arm, sie aber entriß sich dem Zugriff und begann fortzustürzen. Sie lief, bis sie atemlos war. Dann kauerte sie sich in einen verwucherten Graben. Welcher andere? dachte sie. Aus seiner Stimme hatte ein abgründiger Haß gesprochen. Sie erinnerte sich lebhaft an den bösen Ausruf des Burschen, als sie in der Nacht an der Moosschenke vorübergefahren waren. So war es also der Major, den er tödlich haßte, wenn jene dröhnende Stimme wirklich die des Majors gewesen war. Während Elisabeth nun langsam nach Hause ging, befestigte sich in ihr das Gefühl, daß hier ein unheimliches, verstecktes böses Spiel im Gange war, und daß sie auf der Hut sein mußte.

Als sie am Abend dieses Tages in ihr Zimmer gehen wollte, stand Sebastian auf dem dunkeln Treppenabsatz. »Was machst du da?« fragte Elisabeth. Er flüsterte erregt: »Ich will ihn Ihnen zeigen.«

»Was meinst du damit?« fragte Elisabeth erstaunt. Er sagte:

»Den Vater.«

Erstaunt fragte Elisabeth: »Warum willst du ihn mir zeigen?« Er sagte rasch: »Die anderen wollten ihn immer sehen.« Mit einem Anflug von launischem Trotz setzte er hinzu: »Aber ich habe nicht gewollt.«

In scherzendem Ton sagte sie: »Aber will ich ihn denn sehen?« Sie hörte ihn einen Seufzer des Unwillens und der Ungeduld ausstoßen; dann flüsterte er: »Ich hole Sie heute am Abend.« Lautlos glitt er ins Dunkle. Elisabeth stieg langsam und kopfschüttelnd über die Treppe. Sie war fest entschlossen, dem Knaben nicht zu folgen. Je länger sie aber auf dem Bettrand saß, desto unsicherer wurde sie. Es war zwischen zehn und elf Uhr, als Sebastian an ihre Tür klopfte. Er drückte eine Hand, die einen Kerzenstumpf hielt, an die Brust, während er mit der anderen das flackernde Licht schirmte. Unbewußt paßte sich Elisabeth der Verschwörungsszene an: sie drehte ihr Licht aus. Sebastians Kerzenflamme flackerte in einem Luftzug, der fortwährend das Haus durchstrich, seitdem das Dachfenster zerschlagen worden war. Der Schatten des Knaben tanzte in den sonderbarsten Verrenkungen an der Korridorwand. Elisabeth gab ihren Widerstand auf und folgte dem Knaben auf Zehenspitzen durch das schlafende Haus und über den Hof. Der Wind löschte die kleine Flamme. Die Nacht war so finster, daß die beiden nicht eher merkten, daß sie bereits vor dem Stall standen, bis ihre tastend vorgestreckten Hände den rauhen Kalkverputz spürten.

Sebastian stellte mit äußerster Vorsicht fest, daß die Stalltür verschlossen war. Sie schlichen um die Ecke. Sebastian löste ein nur angelehntes Brett aus der Lattenwand. Sie schlüpften durch die Lücke, kletterten auf einer Leiter hoch und befanden sich zwischen Strohbündeln und Heuhaufen. Der Knabe schob eine Garbe beiseite und kroch durch einen schmalen Gang zwischen hohen Haufen von Futterstroh, das mit spitzen Halmen nach den beiden stach. Sie bewegten sich so langsam, daß es Minuten dauerte, bis sie vor einer Holztür standen, die zu einer kleinen Gerätekammer führte. Es roch darin streng nach Schweiß und Leder. Sie streiften an Pferdegeschirre und Hafersäcke. Sebastian kniete nieder und verschob ein Brett des Fußbodens so leise, daß selbst Elisabeth, die neben ihm kauerte, es nicht hörte. Sie zögerte lange, ehe sie hinunterblickte. Sie sah gerade unter sich eine Tischplatte aus rohen Brettern, auf der eine Stallaterne und mehrere leere Weinflaschen standen. Auf dem Tisch zerstreut lagen Blätter, die teils eng beschrieben, teils mit Zahlen, Rechnungen und Grundrißzeichnungen bedeckt waren. Eine große dunkle Hand mit stark hervortretenden Adern hielt sich an der Tischkante. Elisabeth beugte sich tiefer und sah nun einen in braune Schafwolle gekleideten Arm, eine breite, mächtige Schulter und einen schweren Kopf mit dunklem Haar, das in Stirn und Nacken hing. Die Hand wurde plötzlich zurückgezogen. Der Major entfernte sich und ging in den Stall, in dem die Pferde unruhig geworden waren.

Die Kammer, die Elisabeth nun genauer betrachten konnte, war nur ein Bretterverschlag, in dem außer dem Tisch noch ein rohgefügtes Schränkchen und eine hölzerne Pritsche mit grauen Pferdedecken standen. Als nach einer Weile der Major wieder eintrat, sah Elisabeth sein Gesicht, jedoch so flüchtig, daß sie sich später nur daran erinnerte, daß die beiden dunklen Flächen der Wangen von zwei scharfen Falten durchschnitten waren, und daß unter den Augen Tränensäcke lagen, die dem Gesicht einen alten, schwermütigen und müden Ausdruck gaben. Nun begann der Major in der Kammer hin und her zu gehen, unablässig in dem engen Raum zwischen Tisch und Tür zu wandern. Elisabeth wurde ergriffen von dem Anblick des Mannes, der so deutlich alle Spuren einer unaufhaltsamen inneren Zerstörung in dunkler Majestät trug. Unendlich leise schob sie das Brett über die Lücke. Langsam und lautlos, wie sie gekommen waren, schlichen sie durch die Scheune. Als Sebastian die Kerze entzündete, sah Elisabeth aus seinem Gesicht einen inbrünstigen Triumph leuchten. Wortlos trennten sie sich. Mitternacht war vorüber. Kurz darauf sprengte ein Pferd über den Hof. Der Laut der Hufe verhallte im Moor. Elisabeth fand keinen Schlaf. »Er ist weggeritten«, sagte sie sich und empfand sein Wegsein wie einen Verlust. Sie beschloß wachzubleiben, bis er zurückkommen würde. Allein es wurde Morgen, und noch immer war er nicht wiedergekehrt. Als es heller Tag geworden war, sah sie ihn fern, doch deutlich erkennbar, zum Torfstich reiten, auf dem sich schon, klein wie Ameisen, die ersten Arbeiter bewegten.

In den folgenden Tagen war sie von Unruhe gequält. Diese Unruhe schien ihr unerträglich, da sie ihre Ursache nicht deutlich sah, denn sie maß der Begegnung mit dem Major keine große Bedeutung zu. Sie wunderte sich vielmehr darüber, daß sein Bild sie hartnäckig verfolgte, und daß sie an einer aufrührerischen Sehnsucht zu leiden begann, die scheinbar auf nichts gerichtet war. »Es ist der Frühling, der mich verwirrt«, sagte sie sich. Der Frühling im Hochmoor war in der Tat schwer zu ertragen. Dem feuchten Boden entströmten erdige und giftigsüße Gerüche, die besonders an den Abenden mit den dichten Nebelschwaden gegen das Haus andrängten. Rings um das Haus und längs der Wassergräben schossen fette, fleischige Kräuter aus der Erde. Dem wildwuchernden Wald entstürzten am Morgen und am Abend Kaskaden von Vogelrufen; der klagende Ruf der Wildtauben ertönte fast unaufhörlich. In den Nächten erschollen die Schreie der dumpf erregten Tiere, und in der Dämmerung hörte man den dunkeln Ruf der Rohrdommel, der so herzbeklemmend schwermütig ist.

In einer jener Nächte hatte Elisabeth im Halbschlaf das Pferdegetrappel gehört, das sich vom Hof entfernte. Sie vermochte nicht wieder einzuschlafen, saß aufgerichtet im Bett und starrte auf das Fenster, das sich als graues, schwarz durchkreuztes Viereck aus der Schwärze der Wand abhob. Da flog etwas gegen das Fenster, das mit Klirren antwortete. Elisabeth schrak zusammen, doch sagte sie sich, daß es ein Nachtvogel gewesen sein konnte, der im Flug an die Scheiben gestoßen war. Aber wieder klirrte das Fenster. Es war nicht zu verkennen, daß ein Stein dagegen geworfen worden war. Plötzlich fiel ihr ein, daß ihr Fenster nur zugelehnt, nicht aber verschlossen war. Sie blieb eine Weile mit klopfendem Herzen regungslos sitzen, dann schlich sie ans Fenster und lauschte. Sie hörte deutlich, wie saftige Schierlingsstengel knirschten. Zweifellos schlich jemand im Hof umher. Sie dachte, es könnte Sebastian sein.

Die Schritte entfernten sich jedoch, wie ihr schien, und die Stille der Nacht kehrte zurück.

Elisabeth beugte sich aus dem Fenster, da aber sah sie, daß wenige Meter vom Hause entfernt ein Mann stand, den der umwölkte Halbmond nur undeutlich zeigte. Er blickte auf das Fenster und hatte Elisabeth augenblicklich erspäht. Mit einem Sprung über kniehohes Gekräut gelangte er dicht unter das Fenster. Nun erkannte sie das breite, fahle Gesicht des Burschen. Sie sagte sich, daß es besser war, ihm keine Angst zu zeigen. Er flüsterte: »Fräulein, ich sehe, ich werde erwartet.« Schweigend blickte sie auf ihn hinunter. Er sagte halblaut: »Eine schöne Nacht, wie geschaffen für mich. Wollen Sie nicht das Fenster schließen, Fräulein?« Er trat dicht an die Mauer und klopfte auf das Regenrohr: »Sehen Sie, hier ist ein Regenrohr. Es ist ziemlich fest, und die Haken, mit denen es befestigt ist, geben eine gute Leiter ab. Nun, du machst das Fenster immer noch nicht zu?« Elisabeth sagte: »Ich mache es nicht eher zu, bis ich sehe, daß Sie sich entfernt haben.« Er lachte. »So mag ich's gern. So ähnlich war die Majorin auch. Ihr ist's aber schlecht bekommen. Es ist ein guter Anfang.« Er begann bedächtig am Abflußrohr der Dachrinne hochzuklettern, und er pfiff leise dazu. Nach einigen Klimmzügen hielt er inne und sagte: »Nun?« Da rief Elisabeth zornig und laut: »Scher dich zum Kuckuck!« Dieser Ausruf kam so überraschend, daß der Bursche verblüfft den Griff losließ, abrutschte und offenbar in die Brennesseln geriet, denn er stieß einen unterdrückten Schmerzlaut aus. In diesem Augenblick wurde von fernher aus dem Moor das Pferdegetrappel hörbar. Elisabeth schlug das Fenster zu. Sie sah, wie der Bursche sich entfernte. Sie blickte ihm lange nach mit einer Mischung aus Angst, Anteilnahme und Zorn. Sie hatte das Gefühl, eine Niederlage erlitten zu haben, wenn auch der Schein dagegen sprach. Allmählich erst empfand sie die Erregung, die der nächtliche Besucher in ihr wachgerufen hatte, und eine finstere, ungreifbare Ahnung bedrückte ihr Herz.

Dieses Abenteuer hatte sie noch unruhiger gemacht, und eines Tages mußte die angesammelte Ungeduld ausbrechen. Es war an einem trüben, schwermütigen Regensonntag, als Elisabeth mit der Majorin und den Kindern beim Abendessen saß, das schweigend eingenommen wurde. Man hörte den Regen gegen die Scheiben schlagen und den Wind in den Fichten sausen. Eine Tür im Keller schlug auf und zu. Von der zerbrochenen Dachluke her kam der Luftzug heftiger als sonst und durchirrte pfeifend und heulend das Haus. Die stumme Magd brachte eine frischgefüllte Kaffeekanne. Als sie Elisabeths Tasse vollschenkte, stieß Andrea heimlich an ihren Arm, so daß die dunkle Brühe auf das Tischtuch floß. Niemand sprach etwas. Alle sahen teilnahmslos zu, wie der feuchte dunkle Fleck sich langsam ausbreitete. Die Magd griff mit einer schwerfälligen Gebärde der Verlegenheit an ihren Mund und wischte mit dem Zipfel ihrer blauen Küchenschürze über den Tisch. Da öffnete sich die Haustür. Man konnte für einige Sekunden das laute Rauschen des Regens, das Plätschern auf den Steinstufen und das Gurgeln im Rohr der Dachrinne hören, dann wurde die Tür zugedrückt. Jemand ging mit schweren Schritten über den Flur. Während dieser Zeit verharrte die kleine Tischgesellschaft in beklemmender Erstarrung. Selbst in Andreas Blick lag Unbehagen. In Sebastians Augen aber, die sich geweitet hatten, glänzte ein unbeschreibliches Entzücken. Noch ehe die Schritte ganz verhallt waren, sagte Elisabeth laut und aufwieglerisch: »Warum kommt der Herr Major nie zu Tisch?« Alle Augen richteten sich bestürzt auf sie. Nur die Majorin blickte wie immer teilnahmslos vor sich hin. Elisabeth war von unbezwingbarem Trotz gepackt. Sie schob ihre Tasse zurück und sagte anklägerisch: »Ich möchte einmal mit dem Herrn Major sprechen der Kinder wegen und des Unterrichts wegen. Aber wann und wo könnte ich ihn je erreichen?« Niemand antwortete ihr. Sie fuhr hartnäckig fort: »Warum ist er so unsichtbar?« Sie stützte die Hände auf die Tischplatte und blickte herausfordernd um sich.

In der Stille, die dieser Frage folgte, hörte man das erstickte Kichern Andreas, die ihren Mund mit der Serviette verschloß. Die Majorin wandte langsam das Gesicht gegen Elisabeth, und zum erstenmal bemerkte diese in dem starren Antlitz Leben. Es verzog sich zu einem schwachen und schmerzlichen Lächeln. Elisabeth murmelte: »Verzeihung« und senkte ihre Augen. Sebastian errötete. Als wäre nichts geschehen, setzten nun alle das Essen fort. Elisabeth zog sich alsbald in ihr Zimmer zurück. Nach kurzer Zeit klopfte jemand an die Tür. Es war die Magd, die ein vergessenes Buch brachte. Elisabeth zog sie ins Zimmer und sagte: »Kathi, warum schweigt ihr alle? Was ist mit dem Herrn Major?« Hatte sie diese Worte mehr an sich selbst gerichtet, so vergaß sie nun wirklich, daß Kathi stumm war, und sie drang heftig in die Bestürzte, die eine große Vorliebe für sie hegte: »Es ist irgend etwas geschehen, wodurch alle so sonderbar wurden. Warum seid ihr hier voller Angst? Warum reitet er in der Nacht? Ach, Kathi, was ist es denn?« Die Magd, eingeschüchtert von so viel heftiger Fragerei, legte die Hand auf ihre Brust, blickte unschlüssig und schüttelte den Kopf. Elisabeth sagte, plötzlich sich besinnend: »Ach so, du Arme kannst mir ja nicht antworten.« Die Magd schien irgend etwas ausdrücken zu wollen. Sie machte unklare Bewegungen mit den Händen, die aber offenbar unzulänglich waren, so schwierige Fragen zu beantworten. Sie ließ sie mit einem verzichtenden Lächeln sinken. Elisabeth war besessen von ihrer

Neugierde und Erregung, und sie stellte schreiend ein förmliches Verhör an: »Trinkt er?« Die Magd nickte. »Ist das alles?« fragte sie. Die Magd verneinte zögernd. »Hat er das ganze Hab und Gut vertan?« Kathi schüttelte den Kopf. Ungeduldig, jedoch fast scherzhaft fragte Elisabeth: »Nun, hat er jemand ermordet?«

Die Magd zögerte lange, dann zuckte sie die Schultern, verneinte aber gleich heftig. »Ach geh«, rief Elisabeth, »du weißt ja auch nichts.« Kathi deutete mit einer unbestimmten Bewegung über das Moor in die Ferne und seufzte, Elisabeth wußte nicht, ob über das Unglück des Majors, das dort in der Ferne geschehen sein mochte, oder über die Neugierde des Fräuleins oder auch über die so hinderliche Stummheit. Dann zog sie sich rasch zurück. Nachträglich aber hatte Elisabeth das deutliche Gefühl, als wüßte die Magd das Geheimnis oder doch die Spur, die zu ihm führte.

In den beiden größeren Kindern war seit diesem Abend eine Veränderung vor sich gegangen. Andrea, die sonst gehässig stumm unablässig alles in sich anzusammeln schien, was einmal als Waffe gegen die Hausgenossen zu gebrauchen war, gab sich Elisabeth gegenüber plötzlich freundlich, ja fast zudringlich. Sie erbot sich zu kleinen Diensten, arbeitete eifrig im Unterricht und suchte Gespräche anzuknüpfen. Sie betonte eine Art von Gemeinschaft mit Elisabeth. Sebastian aber zog sich merklich von Elisabeth zurück. In seinem Gesicht stand ein deutlicher Zug von Leiden, wenn er auf sie blickte.

Als die kurze Regenzeit, die regelmäßig im Juni einzutreten pflegte, vorüber war, nahm Elisabeth ihre weiten abendlichen Streifzüge durch das Moor wieder auf. Meist schlug sie denselben Weg ein, einen schmalen Pfad, der an einem Wasserlauf entlang zu einer Bodensenke führte, die man die Hirschmulde nannte und die einige seltene Pflanzen wie Frauenschuh und Türkenbund beherbergte. Nach der Regenzeit war dieser Pfad vom Wasser überschwemmt und fast ungangbar. Elisabeth wählte deshalb einen anderen Weg über festeres Gelände. Doch sie mußte erleben, daß eine plötzliche, stetig ansteigende Unruhe sie auf den gewohnten Pfad zurückrief. Sie sagte sich selbst, daß man dort nicht gehen könne, ohne knöcheltief in Schlamm zu versinken, und daß es nicht ungefährlich war, bei einbrechender Dunkelheit am Wasser entlang zu gehen. Doch sie beharrte auf ihrem Vorhaben mit einem Eigensinn, der schlechthin unüberwindlich war. Sie watete durch Schlamm und Pfützen. Die feuchten Gräser schlugen um ihre Beine. Das moorige Wasser drang in ihre dünnen Schuhe und durchweichte sie. Doch sie ging unaufhaltsam weiter. Als sie sich der Hirschmulde näherte, dunkelte es bereits. Da schien es ihr, als bewegte sich etwas zwischen den Sträuchern am Rand der Mulde. Es konnte ein Tier sein, das dort äste. Das dunkle Wesen tauchte bald aus der Mulde auf, bald schien es im Grase zu versinken. Dabei stieß es ein dumpfes Schnauben aus. Elisabeth wußte, daß die Wildschweine, die in den tiefen Wäldern nördlich des Moores hausten, sich oft bis zu den Siedlungen vorwagten. Aber sie war von einer Art Tollkühnheit erfaßt. Sie ging leise, doch entschlossen auf die Mulde zu.

Plötzlich erhob sich das dunkle Geschöpf aus der Mulde. Es war ein Mensch, ein Mann. Er stand schwankend, streckte die Arme empor, schlug um sich, murmelte und stöhnte und warf sich wieder auf die Erde. Er lag im nassen Gras, das Gesicht dem Nachthimmel zugekehrt. Eine Hand lag, wohin sie beim Sturz gefallen war, in einem schwarzen Tümpel. Elisabeth glaubte, er sei tot. Ihre Angst war verflogen. Sie trat näher und beugte sich über ihn. Der scharfe Atem des Trinkers schlug ihr entgegen. Es mochte einer der Torfarbeiter sein, der aus der Mooskantine kam. »Ein Schnapssäufer«, sagte sich Elisabeth und wandte sich angewidert ab. Plötzlich aber, ohne daß sie den Liegenden noch einmal und eingehender betrachtet hätte, wußte sie, daß es der Major war. Sie legte ihr Gesicht in die Hände, um sich zu fassen. Dann neigte sie sich noch einmal über den Liegenden. Sie kniete neben ihm im Grase und betrachtete ihn. Die zunehmende Dunkelheit erlaubte ihr nicht viel mehr zu sehen als die Umrisse der Gestalt, deren Maße ihr Erinnerungsbild noch überstiegen. Sein Gesicht, ein heller Fleck, ließ undeutlich eine lange, gerade Nase erkennen, einen großen, gutgeformten Mund und schlaff hängende Wangen. Die Stirn war von den feucht anklebenden schwarzen Haaren verdeckt. Es war ein großes, ungewöhnliches, vielleicht häßliches Gesicht, das von ungezählten Räuschen, von Verzweiflung, Begierden und Qualen zerstört und zugleich veredelt worden war. Elisabeth konnte sich nicht satt sehen und blieb über ihn gebeugt, obwohl der Schnapsdunst ihr Ekel erregte.

Wie sehr der Anblick und die Nähe des Majors sie erregte, merkte sie erst, als es zu spät war, um zu fliehen: als eine heiße Welle durch ihr Herz schoß, aufsteigend sich über ihr Gesicht verbreitete und von ihrem ganzen Körper Besitz ergriff. In ihren Ohren rauschte der Aufruhr. Sie wußte nicht, was sie tat, als sie mit einem raschen, heftigen Kusse die schwarzen nassen Haare berührte. Sogleich aber erschrak sie vor ihrem Mut und ihrer Leidenschaft. Sie erhob sich aus dem Grase, schüttelte die Nässe von ihren Kleidern und sagte sich, sie habe für einige Minuten den Verstand verloren. Der Gedanke, daß der Major sich nur schlafend stellte oder in seinem Dämmerzustand den Kuß gespürt haben konnte, ließ sie erbleichen. Plötzlich aber schien es ihr, als atme er nicht mehr. Sie ergriff seine Hand, sie war eiskalt und fiel schlaff zu Boden. Diese Beobachtung versetzte sie in eine Angst, die ihr fast die Sinne raubte. Sie lief, im Dunkeln in die tiefsten Pfützen geratend, stolpernd und oftmals ausgleitend, bis sie den Moorhof erreicht hatte. Die Tür war bereits verschlossen. So mußte sie am Fenster der Majorin klopfen. Es öffnete sich. Elisabeth rief: »Der Herr Major liegt draußen in der Hirschmulde!« Die Frau sagte langsam: »Da liegt er nicht zum erstenmal.«

»Aber er liegt in der Nässe. Es ist ihm ein Unglück geschehen«, rief Elisabeth und fügte fast schreiend hinzu: »Vielleicht ist er tot. Er bewegt sich nicht mehr.« Die Majorin hob abwehrend die Hände und sagte: »Er ist betrunken.«

Da öffneten sich fast gleichzeitig zwei Fenster. Aus dem einen beugten sich Andrea und Paula, aus dem andern Sebastian. »Was ist?« rief Andrea, erbost über die Störung ihres Schlafes und zugleich ungemein angespannt.

Paula rief weinerlich: »Was ist denn?«

»Es ist nichts«, sagte die Majorin, »es ist wie immer.« Die Kinder schienen die vage Mitteilung zu verstehen. Fast gleichzeitig sagten die Mädchen »ach so«, und die weißen Nachthemden verschwanden von den Fenstern. Sebastians Fensterflügel blieben einen Spalt weit geöffnet. Elisabeth rief: »Was ist zu tun? Wir müssen ihm Hilfe bringen.«

Die Majorin schüttelte den Kopf, bis das Kopfschütteln in ein langsames Wiegen überging, das nacheinander die Schultern, die Arme und den ganzen Körper ergriff. Sie stand wie vom Winde bewegt und schien nicht mehr innehalten zu können in der Bewegung. Elisabeth flüsterte beschwörend: »Frau Majorin.« Es kam ihr plötzlich der Verdacht, die Frau sei wahnsinnig. Sie lief, von neuem Entsetzen gejagt, wieder zurück ins Moor. Der Major lag noch immer da, wie sie ihn verlassen hatte. Da sie ihm keine andere Hilfe bringen konnte, breitete sie ihren Mantel über ihn aus. Da bemerkte sie, daß er sie ansah. Sie stieß einen leichten Schrei aus. Doch sie faßte sich und sagte: »Sie sind gefallen. Stehen Sie doch auf. Hier können Sie doch nicht liegenbleiben in der Nässe. Sie werden sich erkälten. Stehen Sie auf, gehen Sie fort!« Er starrte sie an. Ihr Anblick entlockte ihm die Grimasse eines Lächelns. Obwohl er sie, wie Elisabeth glaubte, nie gesehen hatte, erkannte er sie augenscheinlich sofort. Dann fragte er mit heiserer Stimme: »Wohin soll ich gehen?«

Verwirrt sagte Elisabeth: »Nun, nach Hause, in den Moorhof.« Er sagte ruhig: »Gehen Sie! Lassen Sie mich noch eine Weile hier ausruhen! Ich habe getrunken. Und morgen«, er erhob seine Stimme, »morgen fahren Sie in die Stadt zurück.« »Nein«, sagte Elisabeth bestürzt, »warum?«

Er richtete sich auf und schien etwas sagen zu wollen, doch er starrte sie nur despotisch an, ließ sich dann ins Gras zurücksinken, legte einen Arm über das Gesicht und rührte sich nicht mehr. Elisabeth blieb unentschlossen noch eine Weile stehen. Dann wandte sie sich gequält zum Gehen. Am Morgen darauf fand sie ihren Mantel vor ihrer Tür hängen. Während des Unterrichts wurde die kleine Paula ohnmächtig. Elisabeth trug sie in das Kinderzimmer, einen öden, lieblosen Raum. Sie besprengte das Kind mit Wasser. Die Ohnmacht ging vorüber, aber das Kind war plötzlich von einer rätselhaften Krankheit befallen, die wohl schon lange in dem kraftlosen Körperchen vorbereitet war. Aus Mund, Nase und Ohren floß eitriges Blut. Die Glieder schwollen an. Das Kind fieberte. Elisabeth riet dringend, den Arzt zu holen. Die Magd führte sie zögernd zum Telefon, das sich in dem Zimmer befand, in dem der Major ab und zu einen Abend oder eine Nacht zubrachte. Nur undeutlich nahm Elisabeth große dunkle Schränke wahr. Der Arzt war nicht zu Hause. Er könne, so lautete die Auskunft, keinesfalls vor dem folgenden Tage kommen. Gegen Abend stieg das Fieber. Elisabeth übernahm die Nachtwache. Die Majorin starrte ratlos in das geschwollene Gesicht des Kindes und ließ Elisabeth gewähren. Die Magd schleppte einen tiefen Polstersessel herbei. Elisabeth rückte ihn an den Tisch, entzündete eine Kerze und begann zu lesen. Das Kind wälzte sich in unruhigem Halbschlaf. Gegen Mitternacht war es eingeschlafen. Die Kerze knisterte. Der Wind strich durch das Haus. Da sank Elisabeths Kopf auf die Armlehne des Sessels. Sie schlief ein. Als Elisabeth aufwachte, fand sie das Bettchen leer. Das Kind war nicht im Zimmer. Erschrocken durcheilte sie das Haus. Aus der Küche drang ein wohlriechender Dampf vom Absud duftender Kräuter. Sie öffnete leise die Tür auf Spaltweite. Am Herd stand der Major. Er rührte in einem Topf, in dem es brodelte. Das Kind lag in Decken gehüllt auf einer Bank. Es stöhnte. Der Major tauchte Tücher in den Kräuterabsud und legte sie dem Kinde auf. Dann trat er wieder an den Herd und fachte die Glut mit einem Blasebalg an, so daß seine dunkle Gestalt von einem purpurroten Lichtsaum umgeben war. Er flößte dem Kinde löffelweise Tee aus Lindenblüten ein. Nach einer Weile war es eingeschlafen. Der Major nahm ihm die Tücher ab und hüllte es in die Decke. Elisabeth eilte ins Kinderzimmer und setzte sich in den Polstersessel. Sie stellte sich schlafend. Als der Major mit dem Kind in den Armen das Zimmer betrat, blieb er eine Weile stehen, bis ihn die gleichmäßigen und tiefen Atemzüge Elisabeths überzeugt hatten, daß sie schlief. Dann erst legte er Paula in ihr Bettchen und deckte sie sorgsam zu.

Elisabeth beobachtete ihn durch die Schleier ihrer Wimpern hindurch. Nun aber trat er leise an den

Tisch, ergriff die Kerze, dämpfte das Licht mit einer Hand und hielt es so über Elisabeth, die nun, um sich nicht zu verraten, die Augen völlig schließen mußte. »Wie unvorsichtig von ihm«, dachte sie unwillig und zugleich entzückt und erschrocken. Er betrachtete sie so lange, daß es ihr unerträglich wurde. Um ihn zu warnen, bewegte sie sich, indem sie vollendet die Träumende spielte, die kurz vor dem Erwachen steht: sie seufzte, dehnte sich in den Schultern, drehte das Gesicht mürrisch wie ein gestörtes Kind zur Seite und barg es in dem Polster der Lehne. Einige Augenblicke noch sah sie nun die Helle des Kerzenlichtes, hörte leise Schritte, die sich entfernten, und war plötzlich von Dunkelheit umgeben. Vielleicht hatte ein Luftzug die Kerze gelöscht. Elisabeth blieb eine Weile regungslos sitzen, dann streckte sie zögernd die Hand nach der Kerze aus, um sie von neuem zu entzünden, doch sie berührte sie nur da, wo die Hand des Majors gelegen haben mochte. Dann schlummerte sie ein. Ihr Schlaf war sehr leicht. Jede Bewegung des kranken Kindes vermochte ihn zu stören. Vielmals stand sie auf und beugte sich über das fiebernde Mädchen. Jedesmal, wenn sie erwachte, füllte sich augenblicklich, noch ehe sie sich deutlich des Geschehenen erinnerte, ihr Herz mit Glück und Furcht.

Am Morgen war das Fieber des Kindes kaum gesunken. Das Kissen war befleckt von eitrigem Blut, das aus Nase, Mund und Ohren lief. Noch einmal rief Elisabeth den Arzt an, der versprach, am Abend zu kommen. An einen Unterricht war an diesem Tage nicht zu denken. Die Majorin, die plötzlich die Gefahr erkannt hatte, wich nicht von Paulas Bett. Elisabeth schlief von Mittag an lange und tief. Sie erwachte erst, als es dämmerte. Das Haus war noch stiller als sonst. Es war erstarrt. Andrea und Sebastian kauerten im Flur vor der Kinderzimmertür im Dunkeln. Sie empfanden seit Anbruch der Nacht die unsichtbare Gegenwart einer erhabenen Macht, die sich unaufhaltsam im Hause ausbreitete. Elisabeth bat die Majorin, wieder bei dem Kinde wachen zu dürfen, und es wurde ihr nach einigem Einspruch gewährt. Die Kinder wurden zu Bett geschickt, die Lampen gelöscht. Elisabeth rückte ihren Sessel an Paulas Lager, stellte die Kerze hinter einen Schirm und ließ kein Auge von dem kranken Kind, das schlaflos mit vor Entsetzen geweiteten Augen dalag und stöhnte. Der Arzt mußte bald kommen. Sie horchte angestrengt auf das Geräusch eines Wagens, aber sie hörte nichts als das unablässige Sausen der Fichten, das ihr in dieser Nacht unerträglich erschien. Plötzlich fuhr das Kind hoch, stieß einen gurgelnden Schrei aus und griff an seinen Hals. Elisabeth stürzte aus dem Zimmer, um Hilfe zu holen.

Im dunkeln Flur wurde sie am Arm gepackt, während eine Hand sich auf ihren zum Schreien geöffneten Mund legte, und sie wurde ins Zimmer zurückgedrängt. Der Major hob das Kind aus dem Bettchen, ließ sich in den Plüschsessel sinken und bettete die kleine Tochter an seine Brust. Sie schien sich enger an ihn zu schmiegen, dann streckte sie sich, indem sie einen leisen Seufzer ausstieß. Elisabeth stand an der Tür, unschlüssig, ob sie bleiben sollte. Plötzlich bemerkte sie, daß der Major sie anblickte. Er sagte heiser: »Sie ist gestorben.« Dann nickte er, als sei er befriedigt von diesem Ausgang. Elisabeth fragte leise: »Soll ich die Frau Majorin wecken?« Sie bekam keine Antwort. Vielleicht hatte er ihre Frage nicht gehört. Da ging sie zögernd aus dem Zimmer. Die Frau saß angekleidet am Tisch, den Kopf auf die Arme gelegt. Sie erwachte, wenn sie überhaupt geschlafen hatte, augenblicklich. Noch ehe Elisabeth die Botschaft überbringen konnte, hatte sie sich erhoben. Sie eilte über die Treppe. Zwei helle Schatten folgten ihr: die Kinder, welche die Erregung wachgehalten hatte. Sie wußten plötzlich, was geschehen war.

Auf ihren Gesichtern stand, als der Kerzenschein auf sie fiel, der Ausdruck schweren Staunens. Fremd blickten sie auf das Wesen, das schon nicht mehr ihre kleine Schwester war. Sie blieben in ihren langen Nachthemden auf nackten Füßen mitten im Zimmer stehen. Elisabeth sah, wie Sebastian heimlich sein Gesicht, seinen Hals, Arme und Hände abtastete, zögernd, bang, daß er auch an sich Spuren des Todes entdecken könnte. Erleichtert atmete er auf, als sein Fleisch sich warm und lebensvoll anfühlte. Andrea stand vorgebeugt, die Hände übereinandergelegt wie in einem Muff, die Zähne in die Unterlippe gegraben, und sie glich mehr als je einem aufgescheuchten Raubvogel. Sie schien eine Art Ehrfurcht zu empfinden, durch die aber bald ihre natürliche Veranlagung brach. Sie begann kalt und neugierig ihre Eltern zu beobachten.

Die Majorin stand lange vor dem toten Kind und rang die Hände, daß die Knöchel knackten, ein Geräusch, das Elisabeth und die Kinder erschauern ließ. Dann zog sie ein Tüchlein aus der Tasche und tupfte zögernd und ungeschickt das gerinnende Blut aus dem schon gelben Gesichtchen. Als sie sich wieder aufrichtete, begegneten ihre Augen denen des Majors. Elisabeth fing die Blicke der beiden auf; sie fand in ihnen keinen Schmerz, keine Trauer, keinen Vorwurf und kein tröstliches Verstehen. Dann legte der Major das Kind auf das Bettchen und ging aus dem Zimmer. Die Majorin starrte auf den Sessel, den er verlassen hatte. Als seine Schritte verhallt waren, wurden aus Sebastian und Andrea plötzlich aufgeregte, erschreckte Kinder. Sie brachen in lautes Schluchzen aus. Elisabeth faßte sie um die Schultern und führte sie hinaus. Sie blieb bei ihnen, bis sie eingeschlafen waren. Als sie auf den Flur trat, hörte sie den Major eilends vom Hof wegreiten und kurz darauf den Wagen des Arztes einfahren.

Zwei Tage später bewegte sich in der Morgendämmerung eines trüben, regnerischen Tages der kleine Leichenzug durch das Moor. Voraus fuhr ein offener Wagen, wie man sie zum Torfaufladen benutzt. Auf ihm stand der kleine helle Sarg mit einem Kranz aus Tannengrün und Waldblumen. Auf einem Brett, das quer über den Wagen gelegt war, saß der Bursche aus der Moorsiedlung. So konnte selbst dieser Tag nicht vorübergehen ohne ihn. In einigem Abstand dahinter folgte eine alte schwarze Kutsche auf hohen Rädern, mit einem Lederdach und zwei Blechlaternen, in denen das Glas gesprungen war. Auf dem Kutschbock saß der Major mit einem großen schwarzen Filzhut, der sein Gesicht verbarg. Im Wagen saßen enggedrängt die Kinder, die Majorin, Elisabeth und die Magd. Die Majorin blickte starr auf ihre Hände, die in schwarzen Wollhandschuhen steckten. Sie trug einen zu kleinen Trauerhut, der längst aus der Mode war. Es begann leise zu regnen. Die Leute auf den Torffeldern traten an den Straßenrand, nahmen die Mützen ab und blickten betreten auf den kleinen Leichenzug. Als sie durch die Siedlung fuhren, bemerkte Elisabeth hinter einem Fenster der Moosschenke die kastanienbraunen Haare, und sie sah deutlich das tränenüberströmte Gesicht.

Zwei Stunden fuhr man durch Torfstiche und Ödland, bis endlich ein Waldstreifen auftauchte, hinter dem ein Dorf lag, auf dessen Friedhof die kleine Tote rasch und ohne viel Aufhebens beerdigt wurde, während der Regen auf den Sarg hämmerte. Als der erste Wurf nasser Erde den Sarg traf, zuckte Sebastian zusammen und streckte die Hand nach dem Vater aus. Doch Andrea stieß ihn zornig an, und er ließ achselzuckend die Hand wieder sinken, ehe der Vater sie bemerkte. Gegen Mittag langte die schwarze Kutsche, triefend und glänzend vor Nässe, wieder im Moorhof an. Es roch noch einige Tage im ganzen Haus süßlich nach welken Blumen und Lysol; die Majorin trug statt des dunkelgrauen Kleides ein schwarzes, das bald ebenso fleckig war wie das graue. Das Kinderbettchen wurde auf den Speicher geschafft, und bald erinnerte nichts mehr an das kleine Mädchen. Einmal, viele Wochen später, kehrte die Magd unter einem Schrank ein Stoffäffchen hervor, das Paula gehört hatte. Sie drückte es an sich, und Tränen liefen über ihr Gesicht. Dann trug sie es in ihre Kammer.

Der Juli brachte eine Folge von ungewöhnlich heißen Tagen. Der Wasserspiegel der Tümpel sank bis auf den Grund. Die Algen dorrten. Die Luft war mit feinem braunem Staub erfüllt, der die rote Sonne verschleierte und eintrübte. Die Fichten verfärbten sich ins Rostbraune und ließen ihre toten Nadeln fallen. In den heißesten und stillsten Mittagsstunden war das Rieseln bis ins Haus zu hören wie ein ferner Regen. Auf den Torffeldern waren mehrere junge Arbeiter, vom Sonnenstich getroffen, umgesunken. Da begannen die Leute zu streiken. Sie suchten die Wassergräben auf und legten sich in den feuchten Schlamm, oder sie krochen unter die eisernen Loren, die, selbst Hitze ausströmend, einen unzulänglichen Schatten gaben. Viele der Torfstecher aber, besonders die jüngeren, blieben in ihren Baracken. Da versprach ihnen der Major, daß er ihnen ein Fest bereiten wollte, wenn sie durchhielten. Elisabeth hörte zwei Arbeiter, die vor dem Moorhof Torf abluden, davon sprechen. Sie nannten auch Ort, Tag und Stunde des Festes, genug, um Elisabeth zu bestimmen, daran teilzunehmen. Im Moorhof wurde nichts von diesem Fest erwähnt. Bei Einbruch der Dämmerung begab sich Elisabeth auf den Weg. Das trockene Gras knisterte. Die Erde wies harte Sprünge auf. Dem Moor entströmte noch lange nach Sonnenuntergang brütende Wärme. Der feine dunkle Staub drang in Nase und Mund und verklebte die Augen. Dann und wann, erst einzeln, später in Gruppen, überholten sie eilige Radfahrer, die Wolken von Schweißgeruch und aufgewirbeltem Staub hinter sich ließen, und deren angestrengter, keuchender Atem das Sausen der Luft in den Radspeichen noch übertraf. Die Hast, mit der sie fuhren, und die Spannung, die sie trieb, wirkten ansteckend. Auch Elisabeth begann zu laufen. Es wurde Nacht. Ein kaum halber Mond wurde trüb durch den dichten Staubdunst sichtbar. Sie sah den Weg nicht mehr und fühlte dies, wenn sie ihn verließ, nur daran, daß ihr Fuß statt in Straßenstaub auf knisterndes Gras trat. Der Weg führte durch ein Föhrengehölz. Nun hörte sie die Bässe einer noch fernen Musik, und plötzlich, als sie den Waldstreifen durchquert hatte, sah sie den Festplatz vor sich liegen. Staub und gedämpftes Licht aus bunten Lampions woben einen Nebelschleier, in dem die Leute wie Schatten sich bewegten. Schrille, unreine Tanzmusik, bei der die Blechbläser überwogen, drang aus dem Inneren einer Zeltbude. Elisabeth scheute sich einzutreten. So hob sie nur eines der lose hängenden Tücher und spähte hinein. Auf Bierfässern, die mit Brettern überbrückt waren, saßen die Leute und tranken. Auf dem Platz in der Zeltmitte bewegten sich in dichten Knäueln die tanzenden Paare, die Schreie der Lust ausstießen und in zornig-fröhlichen Aufruhr gerieten, wenn die Musik pausierte. Den Musikanten, die weder ermüdet noch betrunken waren, konnte man ansehen, wie versessen sie darauf waren, die Leute zu immer wilderem Taumel zu verführen.

Plötzlich hörte Elisabeth von ferne das Getrappel eines Pferdes, das sich rasch näherte. Bald tauchten Pferd und Reiter in dem nebeligen Licht am Ufer auf. Elisabeth flüchtete ins Schilf. Nahe bei ihrem

Versteck sprang der Major vom Pferd, band das schnaubende Tier an einen Pflock und betrat das Zelt. Bei seinem Eintritt dämpfte sich plötzlich der Lärm, und während der Major durch das Zelt schritt und nach und nach von allen bemerkt wurde, verebbte er allmählich ganz. Elisabeth verließ das Schilfversteck und begab sich wieder an ihren Auslug. Sie sah, wie eine Art von Lähmung über die Leute gefallen war. Die Tanzenden bewegten sich gleich Marionetten, die Musiker bedienten mechanisch ihre Bogen und Klappen, die Zuschauer senkten ihre Stimmen zum Murmeln. Als der Tanz beendet war, herrschte für kurze Zeit eine fast unerträgliche Stille im Zelt. Alle blickten nach dem Major. Sein Gesicht war dunkel erhitzt und von Schweiß überronnen. Die schwarzen Haare waren vom scharfen Ritt nach hinten gekämmt wie eine fliegende Mähne. Er trat an die Schenke, wo Elisabeth nun die schöne Kastanienbraune stehen sah. Mehrere Bierfässer wurden auf den Schanktisch gestellt, und der Major selbst zapfte das erste an. Der bräunliche-weiße Schaum stieg über den Krug und überströmte seine Hände, als er ihn an den Mund hob, um den Leuten zuzutrinken. Zögernd nur trank man ihm Bescheid. Erst als er sich der Kastanienbraunen zuwandte, begannen die Leute sich wieder zu unterhalten. Die Musikanten stimmten ihre Instrumente, ein neuer Tanz fing an. Doch haftete dem wiedererwachenden Lärm noch eine ganze Weile etwas Künstliches an, bis erst die wachsende Trunkenheit den Bann aufhob.

Der Major setzte sich auf ein Faß, stützte die Arme rückwärts auf den Schanktisch, streckte die Beine weit von sich und blickte düster-wohlwollend auf die Tanzenden. Sein Krug stand neben ihm auf dem Boden. Sobald er geleert war, stellte er ihn ohne umzuschauen auf den Schanktisch. Die Kastanienbraune füllte ihn wieder und wieder, während ihr schönes, weiches Gesicht den Ausdruck trauriger, doch nicht mißbilligender Sorge zeigte.

Elisabeths nackte Beine wurden von den Mücken zerstochen, die in dichten Schwärmen die schwüle Nachtluft am Schilfufer bevölkerten, doch sie hätte um keinen Preis den Platz verlassen, der es ihr vergönnte, ungestört das feuchte, düstere Gesicht des Majors und die schweren abwesenden Bewegungen seiner Hände zu betrachten. Sie hatte unbewußt die zur Faust geballte Hand auf ihren Mund gepreßt. Indem sie sich bückte, um nach einer Mücke zu schlagen, die ihre Kniekehle bedrängte, übersah sie, daß der Major sich erhoben hatte. Sie erblickte ihn erst wieder, als er sich mit der Kastanienbraunen unter die Tanzenden mischte. In diesem Augenblick wurde sie auf ein Gespräch aufmerksam, das, ihrem Versteck ganz nahe, im Innern des Zelts geführt wurde. Eine Frau, die schon längere Zeit gesprochen hatte, ohne daß Elisabeth darauf achtete, sagte: »Und dabei ist sein kleines Mädchen erst vier Wochen unter der Erde.« Eine andere erwiderte begütigend: »Ein Kind mehr oder weniger, was tut das schon. Und die Kleine war ja immer krank.« Die Erste entgegnete scharf: »Wer den Tod im Haus hatte, tanzt nicht. Aber ihm ist das gleich. Er tut, was er will.« Die Zweite: »Aber ich bitte dich, ein Mann wie er! Laß ihn! Mir ist, als hätte er nicht allzuviel Vergnügen sonst im Leben.« Die Erste: »Nun, nun, er hat ja seine Rothaarige, sie wird ihn schon nicht zu kurz kommen lassen.« Die beiden lachten und führten dann das Gespräch flüsternd weiter. Elisabeth vermochte nichts mehr zu erlauschen. Sie hatte, während sie auf das Gespräch hörte, den Major und seine Tänzerin beobachtet. In der Art ihrer Umfassung drückte sich weder Liebe noch Vertraulichkeit aus, ein Umstand, der Elisabeth plötzlich in quälende Eifersucht stürzte. Sie ließ das Zelttuch sinken und entfernte sich langsam. Sie suchte den Schilfgürtel am See auf und kauerte sich ans Ufer des schwarzen, ölig schweren Moorwassers. Kurze Zeit später rauschte das Schilf hinter ihr, und ein Mann trat auf sie zu: der Bursche aus der Siedlung. Wortlos setzte er sich neben sie. Seine Zähne entblößten sich in widerlichem Grinsen. Elisabeth sprang auf, doch der Bursche umfaßte ihre Knie mit eisernem Griff. »Zu spät«, sagte er trocken. »Nun, und?« fragte Elisabeth schroff. »Nun und?« äffte er und verstärkte den Druck seiner Hände. Da holte Elisabeth aus und schlug ihm ins Gesicht. »Oho«, rief er und sprang auf, »so also ist das! Da sind wir nun verschiedener Meinung, mein Fräulein.« Er preßte sie an sich und flüsterte dicht an ihrem Ohr: »Aber ich rate dir gut, sei ein wenig netter zu mir; es könnte dir und ihm sonst schlecht bekommen.«

In diesem Augenblick wurden in nächster Nähe Stimmen hörbar. Eine Kette fiel, ein Boot wurde ins Wasser geschoben. Da schrie Elisabeth um Hilfe. Aus dem Schilf sprang der Major. Der Bursche sagte: »Ah, sieh da!« Er gab Elisabeth nicht frei, vielmehr küßte er sie mit übertriebener Leidenschaft, als der Major nahe genug war, um es deutlich sehen zu können. Dann sagte er laut: »Also dann: heut nacht.« Er ließ sie stehen, ging dicht am Major vorüber, legte spöttisch grüßend die Hand an die Mütze und rief: »Nacht, Major! Wünsche gut zu ruhen.« Er verschwand im Dunkeln. Der Major trat ins Schilf zurück. Elisabeth stand betäubt. Sie hörte das Boot in den See hinausgleiten. Sie sagte sich: »Er hat mich nicht erkannt. Er hat die Lage mißverstanden.« Aber ihr Gefühl widerstrebte dieser Erklärung, und sie hatte wie früher schon einmal die deutliche Empfindung, in ein böses Spiel verstrickt zu sein, das undurchschaubar war.

Während sie unschlüssig über den nun menschenleeren Uferstreifen ging, kam ihr plötzlich die Drohung des Burschen ins Bewußtsein. »Dir und ihm«, hatte er gesagt. Furcht und Entzücken ergriffen sie, und sie begann stürmisch den Abhang hinaufzulaufen, der von einem Gehölz gekrönt war. Am Waldsaum ließ sie sich nieder. Von da aus sah sie die Seefläche wie einen dunkeln Metallspiegel hinter Staubschleiern liegen. Es mehrten sich die Boote und Flöße, bunt beleuchtet von Windlichtern und Lampions, die an hohen Stangen baumelten. Kreischendes Lachen und trunkener Gesang tönten herauf. Elisabeth war traurig und verwirrt. Auch ängstigte sie sich vor dem Burschen, der, wie sie vermutete, sich noch in der Nähe umhertrieb. So zog sie es schließlich vor, sich wieder unter die Leute im Zelt zu mischen. Die Stimmung dort war schon reichlich aufgelöst. Nüchtern war keiner mehr. Schweißtriefende Burschen rempelten sie an. Bier floß aus umgestürzten Krügen über den Boden. Die Witze, Sticheleien und Lockrufe von Bank zu Bank waren derb und unflätig geworden.

Elisabeth schritt langsam mitten durch den Tumult. Jemand bot ihr einen Krug an, und sie trank schaudernd daraus. Plötzlich zerriß der Lärm, und eine mächtige, heisere Stimme rief einen neuen Freitrunk aus. Wilder Jubel antwortete. Elisabeth wurde von der Menge, die nun vorbrandete, bis an den Schanktisch geschoben. Der Major stand auf einem

Faß und verteilte die schäumenden Krüge, die ihm die Kastanienbraune zureichte. Seine Jacke stand offen, das Hemd klebte an der Brust, der Anzug war durchnäßt von verschüttetem Bier. Er stand, leicht in den Knien sich wiegend, und hielt mit seinen entflammten Augen die weniger trinkfesten Leute im Zaum.

In einer Ecke der Bude begann ein lauter Streit. Schon wandte sich die Menge, blitzschnell in Parteien geschieden, den Raufbolden zu. Da sprang der Major von seinem Faß, schob die Leute beiseite und nahm wortlos den Streitenden die feststehenden Messer ab, steckte sie ein und verließ das Zelt, ohne nach der Kastanienbraunen sich umzublicken. Elisabeth schlüpfte durch eine rasch erspähte Lücke zwischen Tüchern und Brettern. Noch war das Pferd des Majors angepflockt, da begab sich Elisabeth auf den Heimweg. Es war zwischen Mitternacht und Morgen. Um dem Burschen zu entgehen, wählte sie statt des Sträßchens einen schmalen Pfad, den sie nicht kannte und dem sie sich nur zögernd anvertraute. Die Nacht war noch immer schwül. Die Luft schmeckte staubig und lau, von keinem Taufall gereinigt. Elisabeth ging rasch. Sie war zu müde, um nachzudenken. So überließ sie sich den Eindrücken ihrer Sinne: sie lauschte auf die Froschchöre, die wie fernes vielstimmiges Glockengeläut klangen; sie nahm unbekannte Laute auf, Schreie von nächtlich streifenden Vögeln, von jagenden Tieren, Gurgeln in versumpften Tümpeln, klagendes Piepsen der jungen Vogelbrut. Sie spähte in die durchdämmerte Nacht und erschrak vor Weidenstümpfen und Büschen.

Plötzlich blieb sie stehen. Ihr war, als hörte sie Pferdegetrappel. Sie legte ihr Ohr an den Boden und vernahm es nun deutlich. Es näherte sich. Sie ließ sich in einen ausgetrockneten Graben gleiten und verbarg sich hinter dürren, hohen Sumpfgräsern. Unbegreiflich langsam, so schien es ihr, kam der Reiter näher. Sie begann trockene Grashalme zu kauen. Endlich passierte der Reiter ihr Versteck. Als sie ihn schon vorüber glaubte, hielt er mit scharfem Ruck. »Hallo, wer liegt da?« Elisabeth schwieg. Da sprang er ab und trat an den Graben. Sein Schatten fiel über sie. Er sagte despotisch: »Aufstehen!« Grollend fügte er hinzu: »Vertragen kein Bier, die Schwächlinge. Liegen im Graben, toll und voll.«

Elisabeth mußte trotz ihrer Erregung lächeln. Sie sah schweigend zu, wie er über die Böschung kam und sich über sie beugte. Er berührte ihre Schultern. Rasch zog er die Hand zurück und murmelte: »Ein Mädchen.« Da schien er sie zu erkennen. Er trat hastig einen Schritt zurück und schwieg. Die trübe Dämmerung verbarg den Ausdruck seines Gesichts. Elisabeth richtete sich auf, so daß sie nun vor ihm stand. Sie reichte ihm kaum bis an die Schultern, obwohl sie nicht klein war. Sie sagte verwirrt: »Ich bin es.« Daraufhin entstand eine jener Pausen, in denen die schweren wortlosen Entscheidungen fallen.

Die Kräuter, auf denen Elisabeth gelegen hatte, richteten sich knisternd auf. Dieses Knistern war außer dem leisen Schnauben des Pferdes der einzige Laut in der starren Stille, die dem Morgen vorangeht. Dann sagte der Major mit veränderter Stimme: »Ich bringe Sie nach Hause, ehe es Tag wird. Steigen Sie auf!« Elisabeth zögerte; dann sagte sie leise: »Nein, danke schön. Ich laufe.« Der Major blieb schweigend noch einige Augenblicke vor ihr stehen, dann wandte er sich mit kurzem Gruß ab, stieg rasch über die Böschung und ritt davon. Elisabeth blickte ihm regungslos nach, bis der Hufschlag verhallt war. Dann trat sie den Heimweg an, zögernd erst, mit zunehmender Helligkeit sich mehr und mehr beeilend, bis sie, als eben das stumpfe Bleigrau des Himmels in hellgrünen Tönen zu spielen begann, den Moorhof erreichte. Der Sand im Hofe wies keine frische Hufspur auf.

Der helle Tag fand Elisabeth schlafend, die Arme auf der Fensterbank, die wirren dunkeln Haare voller Staub und die Beine mit den roten Malen unzähliger Mückenstiche gezeichnet. Nachdem erst das wiederholte Pochen der Magd sie aus dem Schlaf der Erschöpften gerissen hatte, sprang sie auf, verwundert, sich angekleidet am Fenster zu finden, vor dem der neue Tag bereits mit zitterndem Hitzeglast stand. Während sie ihr verstaubtes Gesicht im lauen Wasser der Waschschüssel badete, tauchten in ihr die Worte der Frau aus dem Zelt auf: »Ein Mann wie er.« Auch dachte sie an die Drohung des Burschen, und sie wiederholte: »Dir und ihm.«

Beim Frühstück, zu dem sie zu spät kam, bemerkte sie undeutlich durch den dichten Schleier ihrer Müdigkeit, daß Andrea mit bedeutungsvoller, heimlich triumphierender Miene sie beobachtete. Ehe Elisabeth den Unterricht begann, beschaute sie sich rasch im Spiegel und stellte bestürzt fest, daß in ihren Haaren noch dürre Blättchen steckten und daß ihre Augen von violetten Ringen umrahmt waren, die um so mehr auffielen, als ihr sonst sonnenbraunes Gesicht nun eine fahle, übernächtigte Blässe zeigte. In der Pause zwischen den vier Unterrichtsstunden fand sie auf ihrem Pult einen kleinen, vielfach gefalteten Zettel. Sie strich ihn glatt und las die von Andrea geschriebenen Zeilen: »Wenn Sie mir sagen, ob er Sie geküßt hat, werde ich schweigen über heute nacht.« Elisabeth überlegte, was Andrea damit meinen konnte. Es war nicht anzunehmen, daß das Mädchen auf dem Fest gewesen war, von dem sie wohl nichts wußte. So könnte sie also nur Elisabeths Heimkehr in der Morgendämmerung beobachtet und ihr nächtliches Ausbleiben in einen Zusammenhang mit der Abwesenheit des Vaters gebracht haben. Elisabeth zuckte die Achseln und begann den

Zettel zu zerreißen. Ehe sie die Fetzen in den Papierkorb warf, überlas sie noch einmal die Teile. Sie fragte sich, ob sie wünschte, der Major hätte sie geküßt, doch sie wies den Gedanken von sich. Da kamen die Kinder, und sie setzte den Unterricht fort mit einer Beherrschung, die Andrea Erstaunen und Bewunderung abnötigte und sie unsicher machte. Sie entschied sich, Elisabeth und den Vater weiterhin zu beobachten, ehe sie irgend etwas unternahm.

Elisabeth aber beschloß, daß sie, wenngleich sie das beängstigende Spiel, in das sie nun einbezogen war, nicht durchschaute, mit offenen Karten spielen wollte. Beim Mittagessen erzählte sie, daß sie bei einem Fest der Torfstecher am Moorsee gewesen und erst gegen Morgen nach Hause gekommen sei, da der Verlauf der festlichen Nacht mit Tänzen, Zechereien und Bootsfahrten sie gefesselt habe. »Auf dem Heimweg«, fügte sie hinzu, »ist mir der Herr Major begegnet.« Sie fühlte, wie ihre Hände, die das Besteck hielten, zitterten. Andrea ließ den Löffel, den sie eben aus dem Teller hob, wieder zurückfallen und starrte mit gerunzelten Brauen und eingekniffenen Wangen in die Suppe. Sebastian hatte sich steil aufgerichtet und blickte mit leicht geöffnetem Munde auf Elisabeth; dann senkte er den Kopf. Elisabeth schaute aus dem Fenster auf die dürren Föhren am Waldrand, deren verbrannte Nadeln rostig verfärbt waren und sie plötzlich an die Haarfarbe der Kastanienbraunen erinnerten. So entging es ihr, daß das Gesicht der Majorin für einige Augenblicke die Maskenstarre verlor und sich mit dem Ausdruck von Schrecken auf sie richtete. Doch war aus dem Gesicht keine Warnung zu lesen.

Während dieser kurzen Szene herrschte eine so tiefe Stille in dem Zimmer, daß man die ausgedorrten Dachsparren knistern hörte. Es war eine Erlösung, als die Magd eintrat und eine Schüssel mit Milchbrei auf den Tisch stellte. Alle wandten sich wieder dem Essen zu. Die Mittagshitze trocknete die Lippen aus und ließ den Speichel versiegen. Bald erhob man sich und suchte die kühlen Winkel des Hauses auf. Elisabeths Zimmer lag gegen Südwesten. Die Hitze, die es erfüllte, schlug der Eintretenden atemberaubend entgegen. Elisabeth goß Wasser auf den Fußboden und verhängte das Fenster mit einer Decke. Dann warf sie sich aufs Bett. Augenblicklich fiel sie in schweren, traumlosen Schlaf. Als sie erwachte, fand sie sich schweißüberströmt. Fahle Dämmerung lag über dem Moor. Der Himmel war von einer graugelben Dunstschicht eingetrübt. Überall im Hause knisterte es wie von einem unsichtbaren Brand. Die eingeschlossene Luft war erstickend schwül. Elisabeth flüchtete aus dem Hause. Sie ging ins Moor. Das dürre Land lag regungslos unter der Staubschicht. Kein Tier belebte es. Die starre Ruhe war unheimlich. Es war jedem Wetterkundigen offenbar, daß eine solche Starre nur einem wilden Aufruhr vorangehen konnte. Trotzdem ging Elisabeth langsam tiefer und tiefer ins Moor. Wenn ein Gewitter kommt, so dachte sie, kommt es erst in der Nacht.

Sie ging und ging, sie war betäubt und unruhig wie im Fieber.

Plötzlich sah sie in einiger Entfernung in einer Staubwolke den Schatten von Pferd und Reiter. Der Major ritt in großer Eile zu den Torfstichen bei der Hirschmulde. Bald darauf liefen die Leute in wilder Hast über das Moor der Siedlung zu. Da erst wurde Elisabeth gewahr, daß sich eine blauschwarze Finsternis auszubreiten begann. Wenige Augenblicke später hörte man ein fernes Brausen. Eine dichte dunkle Staubwolke wälzte sich heran. Der Sturm hatte sich erhoben. Elisabeth erkannte, daß es zu spät war, um vor Einbruch des Unwetters den Moorhof zu erreichen. Sie sah eine Torfhütte und flüchtete hinein. Der feine Staub, den der Sturm heranwarf, drang durch die Spalten der Bretterwände. Die Dachbalken knarrten. Ferne Blitze erhellten schwefelig die Finsternis und beleuchteten für Augenblicke grell und scharf die von einem entfernten Torfstich Heimeilenden. Endlich der erste Donner. In der tödlichen Stille, die ihm folgte, glaubte Elisabeth einen Hufschlag zu hören. Nun folgte Blitz auf Blitz. Elisabeth kauerte auf der Hüttenschwelle und starrte gebannt in den Aufruhr. In den kurzen Pausen zwischen den Donnern wurden nun deutlich die herannahenden Hufschläge hörbar. Endlich kamen die ersten Tropfen, doch sie vereinten sich noch nicht zum erlösenden Regenstrom. Einzeln und schwer fielen sie auf die verbrannte Erde. Ein dumpfer, heißer Staubgeruch stieg aus dem Boden.

Plötzlich tauchte aus einer dunklen Wolke von Staub das Pferd mit seinem Reiter auf. Elisabeth fuhr zurück und verbarg sich hinter einer Schütte dürrer Riedgräser. Der Major führte das zitternde Pferd in die Hütte und band es fest. Er zog seine Jacke aus und rieb mit ihr das schwitzende Tier trocken. Dann ließ er sich schwer atmend auf den Heuhaufen fallen und legte die Arme unter den Kopf. Wenn ein Blitz die Hütte erhellte, sah Elisabeth ganz nahe seinen dunklen Kopf. Bald war es ihr unerträglich, sich zu verbergen. Sie trat aus dem Versteck und sagte: »Herr Major! Ich bin hier. Das Wetter hat mich hier hineingetrieben!« Sie hatte sich in diesem Augenblick fest in der Hand, jedoch zitterte ihre Stimme. Ein greller Blitz beleuchtete sie. Der Major sagte: »Hier ist Platz. Setzen Sie sich. Es wird lange dauern.« Er zog seine Uhr: »Sechs«, murmelte er, stand auf und trat an die offene Hüttentür. Das Pferd war unruhig. Es schnaubte und scharrte. Der Major beruhigte es. Die Donner überschlugen sich.

Bei einem besonders heftigen Schlage schrie Elisabeth leise auf. Der Major kam zu ihr. »Angst?« fragte er. »Ja«, sagte Elisabeth. Da setzte er sich neben sie. Die Hütte zitterte unter dem Anprall des Sturmes. Im Licht eines blauflammenden Blitzes sah Elisabeth, daß der Major sie anblickte. Sie fühlte, wie eine sonderbare Schwäche sie lähmte und unsicher machte. Das Schweigen war unerträglich. Sie sagte: »Noch immer kein Regen.« Der Major antwortete nicht, und sie spürte, wie er sie unausgesetzt ansah. Wieder krachte ein Donner. Unwillkürlich streckte sie die Hand nach dem Manne aus und berührte seinen Arm. Da legte sich seine Hand heiß und hart auf die ihre. Sie erschrak, und ihr Atem stockte. Sie spürte, daß seine Hand zitterte. Da zog er sie zurück, stand schroff auf und ging zur Hüttentür. Seine hohe und breite Gestalt füllte den Rahmen aus. Plötzlich kam er zurück, beugte sich zu Elisabeth herab und legte seine Hände schwer auf ihre Schultern. In diesem Augenblick begann der Regen rauschend niederzuströmen.

Das Gewitter schien sich zu verziehen. Starke Düfte stiegen aus der Moorerde auf. Das Pferd wieherte fröhlich. Plötzlich fuhr ein greller Blitz nieder, dem ein krachender Donner augenblicklich folgte. Der Major sprang auf und sagte: »Das war ein Einschlag.« Elisabeth folgte ihm an die Hüttentür. Es war kein Feuer zu sehen. Die Regenwand stand dicht und voll belebender Laute um die Hütte. Der Major legte Elisabeth seine Jacke um und knöpfte sie zu. Dann zog er ihr die Grashalme aus dem wirren Haar. Plötzlich deutete er über das Moor. »Da, siehst du: Feuer!« Aus der Siedlung stieg eine hohe Flamme auf. Er machte das Pferd los, zog es aus der Hütte, hob Elisabeth hinauf und sprengte über Gräben und Sumpfstellen hinweg zur Siedlung. Es war die Moosschenke, die brannte. Er lud Elisabeth bei einer Holzhütte ab, warf ihr die Zügel zu und rief: »Warte!« Die Leute schoben die kleine Feuerspritze heran, schlossen Schläuche an und begannen zu pumpen. Jedoch das Wasser im Graben stand kaum fußhoch. Ein dünner Strahl nur kam aus dem Schlauch. »Laßt es sein!« sagte der Major. Er legte die Hände als Schalltrichter um den Mund und schrie: »Magdalena!« Die Leute wichen zurück. Da sprang er in das brennende Haus. Jemand hatte versucht, ihn zurückzuhalten, doch der Major hatte ihn zu Boden geworfen. Die Leute waren verstummt.

Glühende Balken stürzten, und Funkengarben stiegen auf. Da erschien der Major in der Tür der Schenke. Auf seinen Armen trug er die Frau. Er ging langsam mit seiner Last und legte sie am Graben nieder. Die Leute wagten sich nicht heran. Der Major setzte sich neben die Tote, und der Regen rauschte auf sie nieder. Als die Flammen in sich zusammensanken, stand er auf und trug sie in den vom

Feuer verschonten Ziegenstall. Während er einigen Leuten Anweisungen gab, hörte Elisabeth hinter sich ein leises, scharfes Lachen. »Ja«, sagte der Bursche, »er hat kein Glück mit den Weibern. Die hat ihm der Teufel persönlich weggeholt.« Er legte seinen Arm um Elisabeths Hüften. »Sie aber, Fräulein, werde ich selber vor ihm bewahren.« – »Danke«, sagte Elisabeth, »und nun verschwinden Sie augenblicklich von hier.« Der Bursche faßte sie fester und flüsterte: »So, und du glaubst, ich werde schweigen? Hältst du mich für so dumm, daß ich dich hier mit seinem Pferd stehen, dich mit ihm aus dem Moorstadel kommen und mit ihm reiten sehe, ohne mir was dabei zu denken? Ich rate dir gut, mach mich dir nicht zum Feind. Er und du würdet es bitter büßen.« Er beugte sich zu ihrem Ohr: »Ich habe ihn nämlich in der Hand, verstehst du, von früher her. So, nun sperre dich nicht länger! Entweder du teilst oder du gehörst mir ganz; was dir lieber ist.« Er preßte sie an sich. Da fühlte er die Männerjacke, die sie noch trug. Er schlug eine laute Lache an: »Der zärtliche Liebhaber«, rief er höhnend aus.

Plötzlich wurde er von hinten am Rockkragen gefaßt, aufgehoben und mit einem Fußtritt in den Graben gesetzt. »Komm!« sagte der Major, »wir reiten.« Am Gehölzrand setzte er sie ab. Sie blickten auf die Siedlung zurück. Die Flamme war fast erloschen. Elisabeth fragte: »Ist sie tot?« Er nickte langsam. Dann umarmte er sie. Seine Kleider rochen nach Brand, seine Lippen schmeckten nach Rauch, und als Elisabeth über seine Haare strich, spürte sie versengte Stellen. Sie sagte leise: »Ich habe Angst vor dem Burschen.« Er ließ sie los und blickte sie scharf an. Dann umfing er sie noch einmal jäh und heftig und küßte sie abschiednehmend. Bald war er ihren Augen entschwunden. Langsam folgte sie ihm.

Am übernächsten Tag erwachte sie in der regnerischen Morgendämmerung vom Rollen eines Wagens im Hof. Der Major schob die alte schwarze Kutsche aus der Remise und begann sie zu putzen. Dann trug er einen Kranz aus rotbraunen Föhrenzweigen aus dem Stall. Der Kranz war ungeschickt gebunden, und manche Zweige lösten sich schon aus dem Verband. Der Major spannte das Pferd ein, setzte den schwarzen Filzhut auf und fuhr in den trüben Regenmorgen hinein. Elisabeth schaute ihm nach, bis ihn die Krümmung der Ebene ihren Blicken entzog.

Spät abends erst kam er zurück. Beim Ausspannen des Pferdes sang er rauh vor sich hin, was er noch nie getan hatte. Er schien betrunken zu sein. Später ging Elisabeth in den Hof. Das Stallfenster war schlecht verdeckt, und die vorgeschobenen Bretter ließen einen breiten Spalt offen. Sie sah ihn beim Pferd stehen. Er wischte mit dem Handrücken über seine Augen. Dann löschte er das Licht und ging in die Kammer nebenan.

Als Elisabeth langsam ins Haus zurückging, hörte sie Schritte, die sich vom Gehölz her dem Stall näherten. Eine bedrückende Ahnung überfiel sie, und sie blieb lauschend stehen. Jemand, den ihr die neblige Dunkelheit des Regenabends verbarg, pochte an die Stalltür und ging, da niemand öffnete, hinter die Scheune. Dort mußte er offenbar am Fenster geklopft haben; gleich darauf kam er wieder an die Tür, die sich nun alsbald öffnete. Eine Weile standen der Major und der Besucher sich schweigend gegenüber. Dann sagte der Bursche, den Elisabeth an seiner Mundart erkannte: »Nun, wie steht's? Der Fußtritt von neulich, was denken Sie darüber, Major?« Er bekam keine Antwort. Elisabeth verstand nicht, warum ihm der Major nicht die Tür vor der Nase zuwarf. »Wieviel willst du haben?« fragte der Major endlich. Der Bursche lachte und flüsterte etwas.

Der Major sagte: »Daß ich dich nicht schon lange erschossen habe …« »Ja«, fiel ihm der Bursche ins Wort, »das wundert mich auch. Sie sind ja sonst nicht so langsam bei der Hand, wenn's einen unangenehmen Kerl aus dem Weg zu räumen gibt. Aber Sie reichen, glaub' ich, hinlänglich mit dem einen, was?« Der Major sagte: »Wieviel willst du also?« Der Bursche sagte: »Ich habe den Preis genannt. Nicht mehr und nicht weniger. Aber wenn Sie nicht wollen, nun, dann gut. Ich lasse Ihnen, sagen wir, zwei Tage Bedenkzeit. Bis dahin viel Vergnügen.« Er schlug die Hacken zusammen und verschwand in der Finsternis.

Die Stalltür wurde geschlossen. Elisabeth zögerte nicht. Sie eilte zum Stall und klopfte an das Fenster. »Ich bin's, Elisabeth«, sagte sie. Das Licht in der Kammer wurde gelöscht und der Fensterladen geöffnet. »Du«, sagte der Major, »du! Was willst du? Was treibst du dich in der Nacht umher? Ich will das nicht, hörst du? Es gibt Wildschweine in den Wäldern, weißt du das?«

»Ach«, unterbrach sie ihn unwillig und erregt, »laß das. Sag mir, was will der Bursche von dir? Sag es mir. Du mußt es mir sagen.« Er hob sie zu sich auf die Fensterbank, küßte sie und streichelte ihr Gesicht. »So«, sagte er weich, »nun geh schlafen!« »Nein«, rief sie, »ich will es von dir hören, ehe ich's von jemand anderem hören muß.« Er sagte: »Laß mir Zeit!« Da ließ sie sich von der Fensterbank gleiten, sagte leise »Gute Nacht« und ging ins Haus. In dieser Nacht lag sie ohne Schlaf, Stunde um Stunde. Als das Fenster den grauen Morgen zeigte, war es ihr klar, daß sie nichts mehr zu erfahren brauchte. Den ganzen Tag war sie von jener kräftigen Heiterkeit erfüllt, die uns für einen kühnen Entschluß belohnt.

In der Abenddämmerung begab sie sich auf den Weg. Es regnete nicht mehr, doch zogen dichte Nebelschwaden über das Moor. Es war kühl, und die

Luft roch herbstlich. Aus der Ferne ertönten die Chöre der Sumpffrösche. Elisabeth schritt eilig dahin. Bald hatte sie die Siedlung erreicht. Brandgeruch stieg noch aus den feuchten, verkohlten Balken der Moosschenke auf. Elisabeth klopfte an den Laden der Krämerei, in der, wie sie wußte, der Bursche allein mit seinem Großvater hauste. Er öffnete. Als er Elisabeth sah, wich er einen Schritt zurück. »Was ist?« fragte er unsicher. Sie sagte ruhig: »Ich komme, um den Preis zu zahlen.« Dem Burschen verschlug es die Stimme. Dann sagte er verwirrt: »Hat er es Ihnen gesagt?« – »Nein«, sagte Elisabeth, »er hat mir nichts gesagt. Aber ich weiß alles, was ich wissen muß. Und nun bin ich gekommen. Wie viele Nächte verlangen Sie?« Er hatte sich gefaßt. »Eine Nacht«, sagte er, »wird genügen. Doch es ist eine Bedingung dabei über den Ort.« – »Und die ist?« – »Im Heuschober, im Moorhof.« – »Nein!« rief Elisabeth. Der Bursche machte Anstalten, ins Haus zurückzutreten. Elisabeth sagte: »Gut. Doch ich stelle auch eine Bedingung: Sie werden unbedingt schweigen, nicht nur über diese Nacht, sondern über alles, was Sie vom Herrn Major wissen, und Sie werden den Moorhof nicht mehr betreten.« Der Bursche lachte: »Scharf geht sie vor, die kleine Person. Aber gut. Und wann?« Elisabeth zögerte, dann sagte sie leise: »Heute nacht.« – »Es ist recht«, sagte er, »ich bin gegen elf Uhr da.«

Als Elisabeth kurz vor elf Uhr das Haus verlassen wollte, begegnete ihr auf dem Flur die stumme Magd. Sie betrachtete Elisabeth mißtrauisch, dann faßte sie sie am Arm, schüttelte beschwörend den Kopf und mühte sich verzweifelt, durch Gesten und Mundbewegungen etwas auszudrücken. Doch Elisabeth streichelte ihre eingefallene Wange, legte ihr den Finger auf den Mund, machte sich frei und eilte aus dem Hause. Weder aus dem Stallfenster noch aus der Nebenkammer drang Licht. Am Klirren der Ketten erkannte Elisabeth, daß die beiden Pferde im Stall waren. Der Major war also im Haupthaus und würde, wie es seine Gewohnheit war, nicht mehr in den Stall kommen. Sie atmete erleichtert auf. Sie stieg auf der Leiter zum Heuboden hinauf und setzte sich auf eine Schütte Stroh. Plötzlich hörte sie die Stalltür knarren. Die Pferde wurden unruhig. Jemand trat in die Scheune und leuchtete mit einer Laterne über den Heuboden. Sie glaubte, es sei der Bursche. Doch es war der Major. Elisabeth konnte sich nicht mehr verbergen. Der Major sagte: »Was soll das? Komm herunter!« Sie vermochte sich nicht zu bewegen. Da ging die Scheunentür auf und der hereinfahrende Windstoß löschte die Laterne. Der Bursche rief halblaut: »Hallo, Elisabeth, wo bist du?« Der Major entzündete die Laterne von neuem, und ihr Licht fiel hell über die Szene.

Nach einem Augenblick der Erstarrung trat der

Bursche auf den Major zu, nahm ihm die Laterne aus der Hand und sagte: »Wir brauchen hier kein Licht. Das Fräulein hat mich herbestellt. Wie?« rief er zum Heuboden hinauf, »ist's nicht wahr? Sag selbst, wie es ist!« »Ja«, sagte Elisabeth, »es ist wahr.« Da zog der Major sein Messer und warf es nach dem Burschen. Es flog scharf an seiner Schulter vorbei. Der Bursche schrie auf, warf die Laterne weg und floh. Der Major wartete, bis seine Laufschritte im Moor verhallten. Dann stieg er zum Heuboden hinauf, hob Elisabeth auf und trug sie hinunter. Er sprach kein Wort. Sie zitterte in seinen Armen. Er trug sie in seine Kammer, legte sie auf die hölzerne Pritsche und gab ihr scharfen Apfelschnaps zu trinken. Dann sagte er zärtlich, doch drängend: »Du mußt fort von hier. Möglichst bald.«

Sie rief: »Nein, ich bleibe bei dir. Du bist in Gefahr.« »Wenn ich in Gefahr bin, mußt du um so eiliger gehen.« Elisabeth wehrte ab und sagte: »Der Bursche wird dich anzeigen wegen versuchten Totschlags. Er wird alles sagen, was er von dir weiß.« Leise fügte sie hinzu: »Es wird schlimm werden für dich.« Er zuckte die Schultern und sagte lässig: »Nein, er wird nicht sprechen. Er braucht mich. Er lebt davon, mich in Schach zu halten.« Elisabeth rief: »Und das willst du noch länger ertragen?« Er schwieg düster. Von seinem müden Widerstand gereizt, sagte sie scharf: »Es bleibt dir keine Wahl. Entweder du fliehst oder du wirst hier verkommen.« Der Major blickte sie an mit einem Ausdruck, der ihr Grauen einflößte; doch sie fuhr hartnäckig fort: »Willst du nicht leben? Für mich?« Sie blickte von ihm weg, während er schwer atmend in der kleinen Kammer hin und her ging. Plötzlich blieb er vor Elisabeth stehen, öffnete den Mund zum Sprechen, schloß ihn jedoch wieder und nahm seine Wanderung von neuem auf. Elisabeth lehnte sich an die Holzwand, hinter der die Pferde schnauften, und sie schloß die Augen. Einmal war es ihr so, als höre sie ein Gespräch vor dem Fenster. Doch gerade in diesem Augenblick begann der Major zu sprechen. Er sagte ruhig: »Wir reiten weg, du und ich.« Elisabeth wiederholte stockend: »Reiten weg, du und ich?« Erst nach einer Weile rief sie jubelnd aus: »Ja, wir reiten weg!« Sie wollte auf den Major zueilen, doch er bemerkte ihre Bewegung nicht, sondern fuhr fort: »Wir reiten morgen nacht. Etwa fünf Reitstunden von hier wohnt ein guter Freund. Ich hoffe, er wird dich und mich aufnehmen, bis wir ein Häuschen gefunden haben.«

Er blieb stehen und streichelte abwesend Elisabeths Hand, die auf der Tischkante lag. Er sprach weiter: »Wir treffen uns hier eine Stunde vor Mitternacht. Dann haben wir die dunkelsten Nachtstunden vor uns. Bis zum Morgengrauen haben wir, wenn alles gutgeht, das Haus des Freundes erreicht.

Bis morgen abend werde ich alles geregelt haben, was hier noch zu tun ist. Packe du ein, was du nötig brauchst. Nimm meinen großen Rucksack. Er wird uns beim Reiten nicht hindern.« Elisabeth hatte ihm ihre Hand entzogen. Er beachtete es nicht und strich nun mit der gleichen mechanisch zärtlichen Gebärde über das Holz, auf dem die Hand gelegen hatte. Elisabeth rief aus: »Du sagst das, als sprächest du das Todesurteil über uns aus.« Er blickte sie bestürzt an, dann aber zog er sie mit einer verzweifelten und gewalttätigen Gebärde an sich. In diesem Augenblick hoben sie beide lauschend den Kopf. Doch schon war nichts mehr zu hören. »Der Wind«, sagte Elisabeth, aber sie schauerte zusammen. Beim Abschied sagte er: »Es wird besser sein, wenn wir uns nicht hier treffen. Weißt du die Brücke über den Großen Graben?« Sie nickte. »Und das Erlengehölz dahinter?« – »Ja.« »Dort bei den Büschen.«

Während des Unterrichts am nächsten Tage war Andrea von einer Freundlichkeit und Fügsamkeit, die Elisabeth bestürzt haben würde, wenn ihre Gedanken nicht so gänzlich von der nächtlichen Flucht erfüllt gewesen wären. Als es dämmerte, hatte sie einige Kleider, ihre Wäsche und ihre kleinen Kostbarkeiten in einem Rucksack verpackt. Sie blickte aus dem Fenster ihres Zimmers. Das Wetter war der Flucht günstig. Nebel stiegen aus den Wasserläufen und breiteten sich nach und nach über das Moor hin aus. Es war Neumond. Die Nacht würde sehr dunkel sein. Die Luft aber war warm. Auf einmal sah sie den Burschen aus dem Gehölz auftauchen und sich dem Hause nähern. Er trug einen Arm verbunden in der Schlinge. Da kam Andrea aus dem Hause. Der Bursche näherte sich ihr. Elisabeth konnte sogar sehen, daß er ihr unauffällig winkte. Andrea folgte ihm, und sie gingen am Gehölzrand auf und ab, meist verdeckt von niedrigen Gebüschgruppen.

Elisabeth ahnte nichts Gutes, und sie erwog, ob sie Andrea unter irgendeinem Vorwand zurückrufen sollte. Doch sie zog es vor, den Dingen nun ihren Lauf zu lassen. Bald darauf verschwand der Bursche im Wald, während Andrea langsam auf den Hof zurückkam. Als sie am Stall vorüberkam, knarrte die Haustür. Andrea stutzte und verschwand im Stall. Gleich darauf ging Sebastian über den Hof, blickte suchend umher und lehnte sich dann, wie er es manchmal zu tun pflegte, an den Zaun, der den Hof zwischen Haupthaus und Scheune gegen den Wald hin begrenzte. Er stützte die Arme rückwärts auf und blickte in den nebeligen Abend. Er war so schön in dieser zugleich nachlässigen und gesammelten Haltung, daß es Elisabeths Herz bewegte. Was würde aus ihm werden, wenn er hier zurückbliebe?

Plötzlich wurden die Pferde im Stall in auffälliger

Weise unruhig. Sie wieherten und scharrten wie beim Nahen einer Gefahr. Sebastian sprang zum Stall. Elisabeth, von einer schlimmen Ahnung getrieben, folgte ihm. Ein wüstes Geschrei scholl ihr aus dem Stall entgegen. Als sie auf der Schwelle stand, sah sie Sebastian und Andrea in wildem Ringkampf. Der Knabe hatte die Handgelenke der Schwester umklammert; sie stieß mit den Füßen nach ihm. Andrea hielt eine scharfe Sichel, die zum Abschneiden von Stroh im Stalle lag. Elisabeth wand sie ihr blitzschnell aus der Hand und riß die Kinder auseinander. Sie standen bleich und am ganzen Leibe zitternd vor ihr. Elisabeth blickte sie schweigend an. Dann sagte sie: »Was ist geschehen?« Sie schwiegen. Ihre gespannten, zuckenden Gesichter zeigten, daß es nicht ein Kinderstreit war, was hier ausgefochten wurde. Da sah sie, daß das Reitpferd des Majors seinen Hinterfuß hob und unruhig beschnupperte. Eine Stelle oberhalb der Fessel wies eine dunkle Rötung auf. Dünnes Blutgerinsel drang aus der Wunde.

Sebastian hatte sich abgewandt. Elisabeth sagte zu ihm: »Komm, wir gehen.« Sie legte ihren Arm um seine Schultern und führte ihn aus dem Stall. »Warte hier!« sagte sie und ging zurück zu Andrea. Sie lag nun regungslos auf dem Pflaster. »Andrea«, sagte Elisabeth und strich ihr über das Haar, doch das Mädchen schlug nach ihr und versetzte ihr eine scharfe Kratzwunde am Halse. Dann stürzte sie aus dem Stall. Elisabeth suchte Verbandzeug und Lysol, um das Pferd zu versorgen. Doch fand sie nichts im Stall. Es war kein Knecht im Haus, da der Bursche und der Alte, der den Botenwagen führte, nur Taglöhnerdienste auf dem Moorhof taten. So mußte Elisabeth den Major suchen. Auf dem Hof stand Sebastian an den Zaun gelehnt, aber als sie mit ihm sprechen wollte, wandte er sich ab und ging in die Dunkelheit. Elisabeth klopfte am Zimmer des Majors, doch er war nicht da. Als sie mit einem Tuche, das sie als Notverband benutzen wollte, wieder in den Stall kam, kniete der Major in der Pferdeboxe und bemühte sich um das verletzte Bein. »Wie konnte das geschehen?« fragte er. Elisabeth sagte: »Andrea muß von unserer Flucht wissen. Sie wollte sie offenbar verhindern.« Der Major hob die Sichel auf: »Mit dieser Sichel? Andrea?« Elisabeth sagte: »Andrea scheint alles zu wissen. Der Bursche war heute abend auf dem Hof, mit dem Arm in der Schlinge.« Der Major verband schweigend das Pferd. Dann sagte er: »Nun geh! Es soll dich niemand hier sehen. Um elf Uhr bei den Erlen. Wir werden langsam reiten müssen. Das Pferd lahmt ein wenig, und die Stute scheut in der Nacht.« Elisabeth ging hinaus. Als sie die Tür hinter sich schließen wollte, hörte sie, daß der Major ihr gefolgt war. Er sagte leise und dringend: »Du kommst doch sicher pünktlich?« Elisabeth fragte bestürzt: »Was hast du? Natürlich komme ich.« Er blickte sie scharf, fast drohend an, so daß sie kopfschüttelnd und lächelnd sagte: »Ich bin es doch, die fliehen will. Warum sollte ich nicht kommen?« Aber sein Gesicht bewahrte den düsteren Ausdruck. Die letzten Stunden wollte Elisabeth in ihrem Zimmer verbringen. Sie hatte einen Brief an ihre Mutter geschrieben, den sie nun noch einmal überlas. Dann setzte sie sich an den Tisch und legte das Gesicht in die Hände. Die Erregung des letzten Tages war von ihr gegangen. Langsam füllte die Dunkelheit den Raum. Sie hatte der Majorin sagen lassen, daß sie Kopfschmerzen habe und nicht zum Abendessen kommen wolle. Sie hörte, wie die Magd und die Kinder in ihre Zimmer gingen. Bald darauf war es völlig still im Haus. Sie wartete, bis der Lichtschein, der aus den Zimmern in den Hof fiel, erloschen war. Dann ging sie fort. Die Nebelschwaden, von einem leichten Nachtwind gestreift, bewegten sich sachte, doch war die Luft nicht scharf und feucht, sondern weich und fast wärmend. Es war schon sehr dunkel geworden. Elisabeth hielt sich an den Verlauf des Großen Grabens. Das schwarze Wasser floß leise plätschernd zwischen den steilen Dämmen, auf denen an dünnen Halmen die weißen Flocken des Wollgrases schaukelten. Weiden und Torfschuppen tauchten aus dem Nebel auf und verschwanden. Elisabeth ging langsam, denn sie hatte noch viel Zeit vor sich.

Je näher sie der Brücke und dem Erlengehölz kam, desto unruhiger wurde sie. Sie sah unaufhörlich Sebastian vor sich, wie er am Zaune lehnte, einsam und stolz. Er würde zurückbleiben. Dieser Gedanke tat ihr weh, und sie dachte, daß sie seinen Vater bereden wolle, ihn mitzunehmen auf der Flucht. Die Majorin und Andrea würden allein leben können. Sie hatten Geld, sie hatten die Magd und einen tüchtigen Vorarbeiter zur Hilfe, und sie konnten, wenn ihnen die Einsamkeit unerträglich wurde, den Moorhof verkaufen oder verpachten und fortziehen. Elisabeth war nun an der Brücke angelangt. Sie lehnte sich über das Geländer und starrte in das langsam und schwer hinziehende schwarze Wasser, das aus dem Nebel hervorzuquellen schien und jenseits der Brücke wieder im Nebel versank. Die hölzerne Brücke zitterte leicht unter dem Anprall des Wassers. Während Elisabeth unverwandt hineinblickte, fiel sie der Täuschung anheim, sie stehe auf einem Schiff, das langsam, doch unaufhaltsam und immer schneller und schneller rückwärts glitt, hinweg von dem dunkeln Land, dem sie verfallen war. Abschiednehmend hob sie ihr Gesicht, um noch einmal das im Nebel versinkende alte Ufer zu grüßen. Der Nachtwind trug ihr ferne Glockenschläge zu. Es mußte halb oder dreiviertel elf Uhr sein. Kurz darauf hörte ihr überwaches Ohr das Geräusch von Schritten. Voller Entzücken und

Erregung lief sie ihnen entgegen, doch plötzlich blieb sie stehen, von Schrecken gepackt. Wieso kam der Major zu Fuß? Wo blieb das Pferd? Lahmte es zu sehr, um geritten zu werden? Der Gedanke, die Flucht könnte auch nur um einen einzigen Tag verzögert werden, machte sie halb wahnsinnig. Die Schritte kamen näher. Es waren nicht die des Majors. Elisabeth kauerte sich lautlos in das feuchte Gebüsch am Weg. Als die Schritte dicht bei ihr waren, rief jemand: »Elisabeth!« Augenblicklich erkannte sie die Stimme. In dieser Sekunde wuchs ihr leidenschaftlicher Zorn über den Burschen zu einem Maße an, das sie jede Besinnung und Beherrschung verlieren ließ. Sie sprang auf und schrie: »Du Schurke! Hast du wieder spioniert? Kannst du uns nicht wenigstens in Frieden fortgehen lassen?« Sie stand dicht vor ihm, die Hand zum Schlag erhoben, aber sie konnte sein Gesicht in der Dunkelheit nicht sehen.

Er lachte kurz und heiser: »So meinst du? In Frieden wolltet ihr fortgehen? Fliehen? Das Liebespaar auf der Flucht! Schöner Frieden!« Er beugte sich zu ihr und flüsterte: »Weißt du eigentlich, mit wem du gehst?«

Sie wich einen Schritt zurück. »Nun?« fragte sie herausfordernd. »Nun?« äffte er ihr nach. »Sollten Sie es noch immer nicht wissen, Fräulein, daß er ein Mörder ist?«

Elisabeth sagte ruhig, während ihre Lippen zitterten: »Was Sie behaupten, ist für mich sehr uninteressant. Verstehen Sie?«

Er lachte: »So? Sehr uninteressant? Sieh da! Vielleicht wird es interessanter, wenn ich dir die ganze Geschichte erzähle.« Er packte sie bei den Armen und zwang sie stillzustehen und ihm zuzuhören. »Ja«, sagte er, »eine verflucht unangenehme Geschichte für den Herrn Major. Solche Geschichten, Fräulein, verjähren nämlich nicht. Wissen Sie das? Mord bleibt Mord. Und ein Mörder ist auch nach zehn und zwanzig Jahren noch ein Mörder. Es ist übrigens genau zwölf Jahre her. Wir waren noch nicht hier in dem gottverfluchten Moor. Wir waren in der Stadt, und der Major war noch Hauptmann, und ich war sein Bursche. Und die Majorin …« Er schnalzte mit der Zunge. »Verdammt hübsche Person. Die Leutnants waren wild hinter ihr her. Und schließlich Sebastian … na, der hat ja auch wirklich keine Ähnlichkeit mit dem Vater und mit der Mutter. Ein Schauspieler vom Stadttheater kam oft zu uns. Er hat der Majorin vorgelesen; ich weiß nicht, wie viele Bücher er ihr vorgelesen hat. Und wenn er gelesen hatte, dann ging er sofort weg. Ich konnte nichts anderes bemerken. Schade übrigens. Aber es ging auch so. Eines Abends … Hörst du gut zu, Elisabeth?«

Sie antwortete ihm nicht. Er fuhr fort: »Eines

Abends kam der Major heim. Ich sagte: ›Besuch ist wieder oben bei der Frau Major.‹ Und ich machte ein Gesicht; na ja. Er stürzt hinauf und schießt den andern über den Haufen. Mir nichts, dir nichts.« Der Bursche ließ Elisabeth los, um sich schallend auf die Schenkel zu schlagen, halb erstickend vor Gelächter: »Und dabei war gar nichts gewesen zwischen den beiden. Ich kann's beschwören. Es war ein Höllenspaß. Hinterher haben wir die Sache vertuscht. Wir haben ein Duell draus gemacht. Es ging alles glatt. Später hab ich's dem Major gesagt, daß er ein Narr gewesen ist. Er hat es nicht glauben wollen. Er hat die Frau und Sebastian, der nachher zur Welt kam, jahrelang nicht angeschaut. Mich wollte er fortjagen. Mich! Aber das ging nicht. Ich saß fest wie der Blutegel am Fleisch.«

Er lachte kurz und beinahe vergnügt. Dann fuhr er fort: »Das Lustige an der Geschichte ist, daß der Major nicht drüber weg kommt. Ein Mord, was ist das schon? Eifersucht, Notwehr sozusagen. Das Gericht spricht sowas manchmal frei. Jedenfalls ist nicht viel dabei. Aber er kommt und kommt nicht drüber weg. Na, ich bin ja schließlich der, der ihn immer wieder daran erinnert. Es ist gar nicht so leicht für mich. Man sieht mich nicht gern. Aber, mein Gott, ich leb' davon. Was soll ich sonst tun?« Elisabeth starrte ihn sprachlos an.

Dann schlug sie zu. Sie fühlte kaum, wie ihre Nägel sich in sein Gesicht gruben. Er schrie vor Schmerzen und wehrte sich. Schließlich hielt er sie fest, seine Beine wie einen Schraubstock um sie gelegt. Drei Schritte hinter seinem Rücken gluckerte das Wasser in einem tiefen, sumpfigen Moorgraben. »Wer da hineinstürzt«, überlegte Elisabeth fieberhaft, »der kommt nie mehr heraus.« Der Bursche hielt sie mit eisernem Griff fest. »Die Geschichte ist noch nicht zu Ende«, rief er. »Aber bald wird sie zu Ende sein.« Plötzlich hoben beide lauschend den Kopf. Das Getrappel eines Pferdes war zu hören. Es kam rasch näher. Verzweifelt suchte Elisabeth sich aus den Armen des Burschen zu reißen. Aber er zog sie, ohne den Griff zu lockern, ins Gebüsch. »So«, sagte er, »in fünf Minuten ist alles vorüber.« Halb ohnmächtig lauschte sie auf das Näherkommen des Getrappels. Plötzlich fühlte sie ihre Hände frei. Im selben Augenblick hörte sie ein metallisches Knacken. Da begann sie zu schreien. Ein Griff um ihren Hals warnte sie. »Schrei nicht!« flüsterte er, »du verdirbst ihm die Chance. Wenn du schreist, springt er ab, und ich treff ihn mitten ins Herz. Reitet er aber hier vorüber, kann es bei einem Streifschuß bleiben.«

Elisabeth versuchte sich zu wehren, aber der Griff um ihren Hals zog sich enger zusammen. Noch sechzig, noch dreißig, noch zwanzig Sekunden, sagte sie sich. In diesem Augenblick begann sie zu schreien, im nächsten knackte der Hahn am Revolver, und die Kugel pfiff durch die Nacht. Elisabeth schrie lauter. Plötzlich stand der Major neben ihr. Eine Sekunde später wälzte er sich mit dem Burschen am Grabenrand. Es dauerte nicht lange. Der Major stand auf, steckte den Revolver ein, faßte das zitternde Pferd am Zügel und ergriff Elisabeth.

»Komm!« sagte er, »es eilt.«

Elisabeth flüsterte: »Hast du ihn erwürgt?«

»Nein«, sagte er ungeduldig, »ich habe ihn nur geschlagen. Komm jetzt!« Der Bursche rührte sich nicht. Der Major stieß ihn mit dem Fuß an wie einen Sack, dann zog er Elisabeth hastig fort.

»Warte«, sagte sie, »warte einen Augenblick! Ich glaube, es ist nun nicht mehr so nötig zu fliehen.« Der Major stieß einen zornigen Laut aus, aber Elisabeth fuhr unbeirrt fort: »Höre mich doch an! Er wollte dich erschießen. Du hast seinen Revolver. Ich bin Zeugin. Das ist Mordversuch. Du wirst ihn verhaften lassen. Und dann bist du frei. Für immer!«

Er antwortete nicht. Es machte sie gereizt, daß er schwieg. Sie rüttelte an seinen Schultern: »Du, höre doch! Das ist doch der einzige Ausweg. Sprich doch!«

Er löste mit sanfter Bestimmtheit ihre Hände von seinen Armen. »Du glaubst also, daß damit alles aus der Welt geschafft wäre? Weißt du denn, was ich getan habe? Hat er es dir nicht gesagt?«

»Ja doch«, rief sie gequält, »ich weiß. Aber das ist längst vorüber. Und es war ja kaum deine Schuld. Vergiß es doch!« Er wiederholte drängend: »Glaubst du wirklich, daß dann alles gut wäre?« Verzweifelt rief sie: »Natürlich wäre dann alles …« Ihre Stimme versagte. Sie warf sich an seine Brust. Er hielt sie fest. »Ja«, sagte er beruhigend wie zu einem Kind, »siehst du? Siehst du es nun ein? Weißt du nun, was wir tun müssen?«

Kaum hörbar sagte sie. »Aber warum gerade jetzt? Jetzt, wo …«

Ihre Stimme versagte von neuem. Schluchzend rief sie:

»Warum hast du es denn nicht schon längst getan?«

Er streichelte sanft ihr Haar. »Um ihretwillen«, sagte er. »Sie wollte keinen Skandal damals. Später dann erschien es mir unmöglich. Aber jetzt …« Da spürte sie, daß er zu zittern begann, und es schien ihr, als ob er weinte. Sie lauschte bebend auf die kaum hörbaren Töne der sanft sich lösenden Qual. Es dauerte nicht lange, dann hatte er sich wieder gefaßt. »Was meinst du: soll ich jetzt gleich reiten? Gegen Morgen kann ich in der Stadt sein.«

Leise fragte sie, kaum ihrer Stimme mächtig: »Wieviel Jahre werden sie dir geben?«

»Fünf vielleicht, vielleicht mehr, vielleicht weniger.«

»Reite nicht«, rief sie plötzlich verzweifelt. »Nicht jetzt. Oder nimm mich mit!«

»Nein«, sagte er ruhig, »du weißt, das alles ist kein Ausweg. Laß mich reiten!«

»Mein Gott!« sagte sie, am Ende ihrer Kraft.

Leise fragte er: »Und du?«

Rasch sagte sie: »Ich? Ach – ich. Ich gehe fort von hier. Und wir sehen uns nicht wieder.«

»Nein«, sagte er, »das ist nicht wahr. Du weißt es besser. Wirst du bei den Kindern bleiben? Wirst du warten, bis ich komme? Oder doch so lange, wie die Kinder dich brauchen? Kannst du das für mich tun?«

»Ja«, sagte sie, »ja. Aber sprich nicht von morgen! Ich wollte, es gäbe kein Morgen mehr!«

»Mach es mir nicht so schwer!« sagte er, heiser vor Erregung.

»Nein, ich will … Mach dir keine Sorge! Ich bleibe ja hier. Aber nun mußt du reiten. Ich kann nicht länger …«

In diesem Augenblick richtete sich der Bursche auf. »So«, rief er wütend, »so also wird hier gespielt.«

»Ja«, rief Elisabeth, »und es wird gut sein, wenn Sie augenblicklich verschwinden. Wenn ich Sie morgen noch im Dorf finde, lasse ich Sie verhaften, ehe es Mittag ist. Verstanden?«

Er blieb auf den Knien liegen. »Das also wollen Sie?« Er keuchte. »Mit mir wollen Sie Schluß machen? Mich hinter Schloß und Riegel setzen? Und mir das Brot wegnehmen? Mich aus dem Dorf jagen wie einen Hund?« Seine Zähne schlugen klappernd aufeinander. Niemand antwortete ihm. Er sprang auf.

»Verflucht«, schrie er, »das habe ich dem Mädel da zu verdanken.« Der Major reichte ihm etwas. »Da«, sagte er, »das ist dein Revolver. Geh und schieß dich tot.«

Der Bursche nahm ihn und schleuderte ihn weit von sich. Klatschend schlug er im Wasser auf.

Dann rannte er stumm in die Nacht hinein.

»Was wird er tun?« fragte Elisabeth zitternd.

»Er wird packen und fortgehen. Hier ist nichts mehr zu verdienen. Er wird sich einen andern Herrn suchen, einen andern Verdienst.«

Sie lauschten schweigend darauf, wie die Hunde in der Siedlung anschlugen und nach kurzer Zeit wieder verstummten. Dann warf sich Elisabeth in die Arme des Majors. Das Pferd schnupperte an ihren Schultern. Die Wärme seines Atems umwehte ihre Gesichter.

»Ich bringe dich nach Hause«, sagte der Major.

»Nein«, sagte Elisabeth, »laß mich allein! Kehr du nicht mehr zurück!« Eine letzte Umarmung und das Pferdegetrappel, schwächer und schwächer werdend, dann war alles vorüber. Nach Mitternacht kam Elisabeth auf den Moorhof zurück.

Daniela

Daniela Gérard wurde am Nachmittag des 13. Oktober in das Untersuchungsgefängnis von T. eingeliefert. Wenige Minuten vorher hatte man ebenfalls eine Frau gebracht, und obwohl Daniela gewiß nicht dafür konnte, daß die Polizei sie nicht mit dieser Frau zusammen eingeliefert hatte, ließ die Aufseherin sie dafür büßen, daß sie schon wieder sechs oder sieben schwere Gittertore aufschließen und mit ihren krummen Beinen vier steile Treppen steigen mußte, um die Neuangekommene zur Hauptwachtmeisterin zu führen, nachdem sie soeben atemlos von diesem verhaßten, mühsamen Gang zurückgekehrt war. Sie stieß das junge Mädchen grob aus der Tür des Aufnahmezimmers und murmelte mürrisch: »Schon wieder so ein Weibsstück.« Doch Danielas kühler, erstaunter Blick verwirrte sie, und sie sagte außer einigen kräftigen Flüchen nichts mehr, bis sie die Verhaftete vor der Tür der sogenannten Effektenkammer abgeliefert hatte. Dann ließ sie ihren Ärger an zwei alten, mageren Frauen aus, die, auf den Knie rutschend und ohne aufzublicken, den Parkettboden des endlos langen Korridors bohnerten. Obwohl er bereits so blank war, daß er in düsterem Glanz das trübe Licht des verregneten Herbsttages spiegelte, schien es ihr doch noch nicht genug zu sein.

»Marsch, vorwärts, faule Weiber!« schrie sie so, daß Daniela es hören mußte, »nennt ihr das sauber? Zum Teufel, ich werde euch das Abendbrot entziehen.«

Obgleich sie wußte, daß sie dazu kein Recht hatte, war sie doch befriedigt darüber, vor dieser hochmütigen Gefangenen, die ihr trotz ihrer Jugend Respekt einflößte, ihre Macht gezeigt und ihre Autorität wiederhergestellt zu haben. Sie hörte nicht mehr, daß Daniela zwischen den Zähnen verächtlich »dumme Gans« murmelte, ehe sie an der Tür der Effektenkammer klopfte. »Warten!« knurrte eine grobe Stimme. Daniela zuckte die Achseln und lehnte sich an die Wand, deren Kühle ihr wohltat. Sie war erschöpft und betäubt von dem Verhör, das vom frühen Morgen bis zum Spätnachmittag ohne Unterbrechung gedauert und die schärfste Anspannung ihrer Klugheit, Besonnenheit und Schlagfertigkeit verlangt hatte. Nach dieser Anstrengung und den Aufregungen der plötzlichen Verhaftung war es fast angenehm, hier zu stehen in dem leeren dämmerigen Gang und nichts mehr denken zu müssen.

Sie hörte eine Weile schläfrig der unfreundlichen Stimme zu, die hinter der Tür irgend etwas redete, auf dessen Wortlaut sie nicht achtete, bis das Murmeln sich plötzlich zu einem zornigen Gebrüll erhob: »Hemd runter! Ja zum Teufel, glaubst du denn, ich hab' sonst nichts zu tun als drauf zu warten, bis es dir einfällt, dein dreckiges Fett herzuzeigen?«

Daniela zog die Augenbrauen hoch. Eine zweifellos völlig verschüchterte, heisere Stimme antwortete stotternd irgend etwas Unverständliches, dem erst eine lange Stille, dann ein erneuter, noch heftigerer Ausbruch folgte: »Was? Nicht ausziehen? Was? Das kennen wir. Diese Sorte Weiber kennen wir. Wird schon einen Grund haben, daß du dich nicht nackt zeigen willst, he? Wer solche Haare hat, feuerrot gefärbt ...«

Eine entsetzte Stimme gab einen Schmerzenslaut von sich; offenbar hatte man jemand an den Haaren gezerrt. Dann sagte sie leise: »Aber es ist nicht gefärbt. Es ist Natur.« Diese Beteuerung ging unter in dem groben Gelächter der Wachtmeisterin, das Danielas schwaches Lächeln in die Flucht schlug. Daniela hatte inzwischen bemerkt, daß die Tür nur angelehnt war, und sie benützte den Augenblick, in dem das Gelächter jedes andere Geräusch erstickte, um mit unendlicher Vorsicht den winzigen Spalt zu erweitern, bis er den Blick in die Kammer freigab. Sie sah die Rückseite einer ziemlich üppigen, nackten

Frau mit kupferroten Haaren, die ihr aufgelöst, nach irgendwelchen verbotenen Dingen durchwühlt, über Rücken und Schultern hingen. Sie errötete darüber, jemand ohne dessen Wissen nackt gesehen zu haben, und zog sich rasch zurück. In diesem Augenblick rief die Wachtmeisterin: »Die Nächste!« und Daniela trat rasch und finster ein. Im Vorbeigehen warf sie einen Blick auf die Rothaarige, die eben begann, mit fliegenden Händen sich wieder zu bekleiden, doch sie konnte deren Gesicht nicht sehen.

»Paß, Kennkarte, Ausweis?« schnarrte die Wachtmeisterin. Daniela übersah die fordernd ausgestreckte Hand und legte die Papiere auf den Tisch. »Ihr Name?«

Daniela sagte unwillig: »Es steht alles genau im Paß.«

Die Wachtmeisterin schaute sie wütend an. »Sie haben auf meine Fragen zu antworten, verstanden?«

Daniela zuckte die Achseln. Sie hatte inzwischen das Gesicht der Rothaarigen gesehen, ein Gesicht, das zweifellos in der Jugend schön gewesen, nun aber, welk und vom Weinen verschwollen, eher häßlich war. Die Tränen hatten scharfe Furchen durch den hellen Puder gezogen, und als sie mit einem heftig parfümierten Taschentuch ihr Gesicht trocknete, nachdem sie es vorher an den Mund gepreßt hatte, zogen sich karmesinrote Streifen quer über beide Wangen. Der Anblick entlockte Daniela ein leises

Lächeln, das sie rasch verbarg und lebhaft bereute, als sie die Wachtmeisterin eine höhnische Grimasse ziehen sah. Sie haßte sie dafür, und obwohl ihr die Rothaarige gleichgültig war, stellte sie sich von diesem Augenblick an entschieden auf deren Seite. Sie empfand, daß dieses Geschöpf, das wie ein Kind weinte, schutzlos gegen die Angriffe ihrer Feindin und hilflos gegen die Härte des Lebens war. Auf dem Zettel, der an ihren Mantel gebunden war, den sie nun nicht mehr brauchte, las Daniela ihren Namen: Johanna Huber.

Als beide, wieder angekleidet, doch aller übrigen Habseligkeiten beraubt, zu ihren Zellen geführt wurden, die nebeneinander lagen, ging Johanna mit schleppenden Schritten, betäubt und nichts begreifend, leise vor sich hinweinend, geduldig bis vor die Zellentür. Dort sträubte sie sich plötzlich mit der Störrigkeit eines Kalbes, indem sie sich mit Händen und Füßen gegen die Mauer stemmte, und sie rief laut, mehr weinerlich als rebellisch: »Aber man muß mich doch erst telefonieren lassen. Man kann mich doch nicht einfach hier einsperren, ohne daß ich wenigstens telefoniert habe.«

Sie drängte mit unerwarteter Kraft die verdutzte Wachtmeisterin beiseite, stürzte durch den Korridor und tat, was nur ein Kind in diesem Fall getan hätte: sie rüttelte verzweifelt an dem kräftigen Gitter, das den Gang vom Treppenhaus trennte. Die Wachtmeisterin ging ihr nach, wütend über die sinnlose Zeitvergeudung, ergriff sie am Arm und zerrte sie zurück, während Johanna leise und eifrig auf sie einsprach. Aber sie bekam keine andere Antwort als einen Stoß von geübter Hand, der sie unversehens in die Zelle beförderte. Dann wurde die schwere Eisentür so rasch hinter ihr zugeworfen, daß eine Strähne des aufgelösten roten Haares eingeklemmt wurde. Als die Wachtmeisterin fluchend noch einmal aufschließen mußte, sank Johanna lautlos zu Boden.

»Sie ist ohnmächtig«, rief Daniela erschrocken und wollte ihr zu Hilfe eilen, aber die Wachtmeisterin schob Johanna mit dem Fuß beiseite wie einen schweren Sack und sagte gleichgültig: »Diese Sorte Weiber macht das immer so. Marsch weiter!« Im nächsten Augenblick war auch hinter Daniela die Zellentür ins Schloß gefallen.

Daniela, zu erschöpft, um dem kahlen Raum auch nur einen Blick zu gönnen, warf sich auf die Pritsche, zog die rauhe Decke über ihr Gesicht und versuchte einzuschlafen. Aber bald beunruhigte es sie, daß es nebenan so still blieb. Wenn diese Johanna nun tot war, wer würde es wissen? Sie begann heftig an die Wand zu klopfen. Eine Weile blieb es totenstill. Dann begann Johanna, ohne auf das Klopfsignal zu antworten, laut zu schluchzen. Daniela, zwar beruhigt über das Lebenszeichen, aber überaus gestört durch dieses sinnlose, wilde Weinen, preßte die

Hände auf die Ohren, und als auch das nichts half, stand sie seufzend auf und begann aus Langeweile die Namen und Inschriften zu lesen, die mit Fingernägeln oder Blechlöffeln in die weißen Kalkwände eingekratzt worden waren, bis sie die obszönen Bilder sah, die eine ganze Längswand bedeckten, und sie sich geniert und angewidert abwandte. Den Rest des Spätnachmittags verbrachte sie damit, auf dem Rand der harten Pritsche sitzend, über Johannas mögliches Schicksal nachzudenken, um ihr eigenes, das augenblicklich heillos verwickelt und gefährdet schien, darüber zu vergessen. Keines der gewöhnlichen Verbrechen, die sie ihr zuzuschreiben versuchte, paßte auf sie. Vielleicht hatte sie irgendeines der kleinen, so schlimm bestraften Kriegsverbrechen begangen, etwa ein Stück Butter zu teuer verhandelt oder eine Liebschaft mit einem Kriegsgefangenen gehabt. »Wahrscheinlich irgend etwas Belangloses und Uninteressantes«, sagte sich Daniela schließlich gelangweilt und versuchte von neuem einzuschlafen, als das Rasseln von Schlüsseln und Gittern zu hören war, die Klappe in der Tür geöffnet und das Abendessen, ein kümmerlich kleines Stück Brot und ein Napf Wassersuppe, hereingeschoben wurde. Daniela benützte den Augenblick, um ihren Kopf aus der kleinen Öffnung zu strecken. Aus allen Löchern schoben sich blasse Gesichter, freche, traurige, stumpfe, trotzige und böse. Daniela rief leise nach

Johanna, und als diese endlich erschien, flüsterte sie beschwörend: »Hören Sie doch um Gotteswillen zu weinen auf.«

Keuchend, von Schluchzen unterbrochen, flüsterte Johanna zurück: »Aber ich sterbe hier, ich sterbe hier.«

»Ach was«, murmelte Daniela, zugleich ärgerlich und mitleidig. »Man kann vieles ertragen, ohne zu sterben. Kopf hoch!«

Johanna hörte nicht auf sie. Mehrmals wiederholte sie: »Ich sterbe hier.« Plötzlich rief sie laut und heiser: »Ich muß einen Brief schreiben. Sofort muß ich schreiben. Wo bekommt man denn hier Tinte und Papier?«

Viele lachten. Die Aufseherin, die mit dem Austeilen der kleinen blechernen Suppennäpfe beschäftigt war, schrie: »Was ist denn da los? Maul halten, oder es gibt Arrest.« Die meisten Köpfe fuhren hastig zurück, nur Johanna flehte noch einmal mit schwächerer, unsicherer Stimme um Papier, Feder und Tinte. Daniela flüsterte: »Seien Sie doch ruhig. Wir werden es uns schon beschaffen.«

»Oh, vielen, vielen Dank!« rief Johanna, als hätte sie es schon bekommen, und Daniela seufzte über so viel Unverstand. Gleich darauf schlug die Aufseherin eine Klappe nach der anderen zu. Während Daniela widerwillig, sich vor dem Holzlöffel ekelnd, doch vom Hunger getrieben, die dünne Suppe ausaß, hörte sie Johanna weiterweinen. Sie schien ihre Mahlzeit nicht anzurühren.

»Wie kann man so unvernünftig sein«, murmelte Daniela.

»Als ob sich hier jemand um uns kümmerte.« Trotzdem ging ihr das tränenreiche Leiden dieses weichen Wesens nahe, und sie sah sich plötzlich ergriffen von dem Wunsch, der Fremden wenigstens Papier und Bleistift zu verschaffen, wenngleich sie nicht wußte, wie sie dies anstellen sollte. Als die leeren Näpfe wieder abgeholt, die eisernen Ketten und Riegel vorgelegt waren und die tiefe und schwere Stille der langen Gefängnisnacht anbrach, schallte Johannas Schluchzen laut und schauerlich durch den hohen Gang. Schließlich wurde hier und dort von innen an die Zellentür gehämmert, und mürrische Stimmen schrien um Ruhe. Doch Johanna war offenbar nicht Herr über dieses Weinen, das sie wie eine Krankheit überfallen hatte. Erst gegen Morgen, als sich zwischen den schwarzen Kreuzen des dicken Fenstergitters der erste graue Schimmer der Dämmerung zeigte, wurde es still.

Kaum war Daniela eingeschlafen, wurde sie vom schrillen Läuten einer Glocke geweckt. Es war sechs Uhr früh. Notdürftig angekleidet, noch betäubt vom grob zerrissenen Schlaf, wurde sie abgeholt und in die Nähzelle gebracht. Hier saßen beim trüben Licht einer schwachen Lampe zwischen Körben voll hochgetürmter noch feuchter Flickwäsche mehrere Frauen, die Danielas Gruß kaum erwiderten und sie nur flüchtig musterten. Eine von ihnen schob ihr eine dicke, unheilbar zerrissene Häftlingsjacke zu, doch Daniela rührte sie nicht an. Sie spähte in die tief über die Arbeit geneigten Gesichter der Frauen und fand darin nichts als stumpfe Gleichgültigkeit. Daß Johanna nicht hier war, enttäuschte und erleichterte sie zugleich. Während sie den Rest ihres Frühstücksbrotes aufaß, wurde die Tür noch einmal geöffnet, und diesmal war es Johanna, die hereingeschoben wurde.

Ihr Gesicht war zerstört und vom Weinen aufgedunsen. Da die Schminke fehlte, zeigten sich deutlich die scharfen Krähenfüße um ihre Augen und die Falten in den Wangen. Ihr Haar war notdürftig hochfrisiert, die bunte Seidenbluse falsch zugeknöpft. »Weinen Sie doch nicht schon wieder!« sagte Daniela, »das ist sinnlos. Sie zermürben sich nur dadurch und bessern Ihre Lage um nichts. Kommen Sie, setzen Sie sich! Hier ist Arbeit.«

Johanna setzte sich gehorsam und begann mit flinken, geschickten Händen einen Flicken auf jene Jacke zu setzen, die Daniela mit Abscheu beiseite geworfen hatte. Es war eine Weile ganz still. Der Regen schlug an die blinden Scheiben. Im Hof schrie kläglich eine Katze. »Es ist nicht zu ertragen«, dachte Daniela, »Tag für Tag hier zu sitzen, Wochen, Monate …«

»Wie lange sind Sie schon hier?« fragte plötzlich Johanna eine der schweigsamen Frauen.

»Hier? Acht Monate«, erwiderte diese mürrisch und versank wieder in Schweigen.

»Acht Monate, acht Monate!« rief Johanna und ließ ihre Arbeit sinken. »Mein Gott, acht Monate!«

»Was schreist du denn so?« sagte eine magere Alte mit einem harten Gesicht, »ich bin schon über ein Jahr hier. Glaubst du, du kommst mit weniger weg?«

»Über ein Jahr«, wiederholte Johanna fassungslos; »aber warum denn? Warum denn nur?«

Die Alte gab keine Antwort, doch eine andere fragte:

»Warum bist du denn hier?«

»Ich? Ich … das kann ich nicht sagen«, murmelte Johanna erschrocken.

»Wir auch nicht«, sagte die Frau, und damit war das Gespräch beendet.

Johanna vergaß weiterzunähen. Ihre Hände lagen weiß und weich auf der feuchten, alten Jacke. An der Unruhe, mit der ihre Blicke immer wieder zu Daniela wanderten, war deutlich zu merken, daß sie mit dem schweigsamen jungen Mädchen ein Gespräch beginnen wollte; doch Daniela starrte so finster vor sich hin, daß sie es offenbar nicht wagte. Endlich sagte sie schüchtern: »Fräulein, sind wir nicht gestern mitsammen gekommen?«

»Ja«, sagte Daniela einsilbig.

»Und wie lange … für wie lange sind Sie hier?«

»Das weiß ich nicht. Ich bin noch nicht abgeurteilt.«

»Ich auch nicht. Ach, ich hab so Angst, so entsetzlich Angst.«

Daniela zuckte die Achseln.

»Sie nicht? Sie sind so ruhig«, flüsterte Johanna bewundernd. »Sie haben gewiß keine schwere Sache.«

»Nein; ich habe nur jemand umgebracht«, sagte Daniela, über so viel Zudringlichkeit seufzend.

»Jemand umgebracht? Ach, Sie haben jemand umgebracht …?« Johanna legte die Hände auf den Mund, die Gebärde eines erschrockenen Schulkinds. Dann rückte sie näher an Daniela heran. Mit wollüstigem Grauen betrachtete sie das hübsche junge Mädchen, das so viel finstere Gelassenheit zeigte. »Nein, wirklich, Sie haben jemand ermordet?« flüsterte sie gespannt.

»Ach was«, sagte Daniela gelangweilt.

Die böse Alte rief: »Das Geschwätz ist nicht zu ertragen. Wollt ihr nicht endlich weiternähen? Bis morgen abend muß der Korb hier leer sein, verstanden?«

Johanna begann gehorsam zu nähen, Daniela aber sagte ruhig: »Sind Sie hier Aufseherin?«

Die Alte warf ihr einen gehässigen Blick zu.

»Ich nähe nicht«, erklärte Daniela.

Die Frauen schauten sie erstaunt und empört an, doch keine sagte ein Wort. Johanna hörte auf zu nähen; ihr Blick blieb bewundernd an Daniela hängen. Wieder unterbrach nichts die tiefe beklemmende Stille als das Rasseln einer Nähmaschine, das Prasseln des Regens und hin und wieder das Klirren der Schlüssel einer Aufseherin. Der Tag war endlos lang, so lang, daß Daniela sich nach einem Gespräch zu sehnen begann. Sie schaute die Frauen der Reihe nach an. Außer der bösen Alten waren noch vier andere da. Die eine davon war offenbar krank, denn sie verbreitete einen üblen Geruch; die anderen waren eine junge, idiotisch aussehende Schwangere, ein verschüchtertes, blasses Dienstmädchen und ein freches, schwarzhaariges Geschöpf. Danielas Blick haftete an Johanna, die melancholisch ihre weißen Hände besah. Erstaunt beobachtete Daniela, wie plötzlich das welke, verweinte Gesicht von einem Lächeln überzogen wurde, das es fast bis zur Schönheit veränderte. Aber es dauerte nur einen Augenblick, dann nahm das Gesicht den Ausdruck eines wilden Triumphes an, der, als er schließlich hinwegschwand, eine schwache Grimasse hilfloser Betrübnis und tiefer Niedergeschlagenheit zurückließ. Dieses spielte sich ab auf einem breiten, weichen, alternden Gesicht, das in Daniela niemals eine Spur von Interesse erweckt hätte, wäre sie ihm nicht gerade hier begegnet.

Schließlich griff Johanna mit einem Seufzer nach ihrer Flickarbeit, doch nachdem sie einen raschen Blick auf Daniela geworfen hatte, die keinen Stich nähte, ließ sie die Hände wieder sinken. Daniela hatte den Blick aufgefangen, und sie ärgerte sich darüber, daß diese Johanna in ihrer Unselbständigkeit sie zum Maßstab nahm und ihre Rebellion nachahmte, ohne von Trotz, Überlegung und Verachtung dazu gezwungen zu sein. Fast ohne es zu wollen, fragte sie unfreundlich: »Warum nähen Sie nicht?« Johanna zuckte zusammen. Mit einem ängstlichen Blick fragte sie: »Muß man denn?«

Daniela schnitt eine Grimasse. Johanna sagte schüchtern:

»Es ist fast besser, wenn man arbeitet. Man ist weniger traurig, wenn man etwas tut.«

»Nun, so nähen Sie doch, wenn es Ihnen wohltut!« erwiderte Daniela schroff. Johanna begann zu nähen, während sie, gleichsam sich entschuldigend, sagte: »Es ist sowieso mein Beruf. Ich bin nämlich Schneiderin.« Mit einem Anflug von Stolz fügte sie hinzu: »Allerdings habe ich es noch nie nötig gehabt zu flicken. Ich nähe nur für die Hautevolée.« Sie seufzte bei der Erinnerung an die weichen, geschmeidigen Stoffe, die durch ihre Hände geglitten waren, an Seide, Spitzen, Batist, und sie warf einen betrübten, beleidigten Blick auf die grobe Jacke, die auf ihren Knien lag und deren Härte ihr bei jedem

Stich widerstand. Daniela, die Arme auf die Knie und das Gesicht auf die Fäuste gestützt, schaute ihr zu. Sie wünschte, Johanna möchte weitersprechen. Aber Johanna nähte. Schließlich, es war schon Nachmittag und das armselige Mittagbrot längst hinuntergeschlungen, schlief Daniela ein. Sie fühlte nicht mehr Johannas sachlich bewundernden Blick auf ihrem wohlgeformten, noch im Schlag gespannten Gesicht, in dem die Aufregungen der vergangenen Tage nichts als einen zarten blauen Schatten unter den Augen hinterlassen hatten. Ein kleiner Seufzer hob Johannas Brust bei dem Anblick von so viel Gesundheit, Frische und unversehrter Jugend, und nach einer Weile begann sie, mit dem Kamm, der in ihren Haaren steckte, sich zu frisieren, wobei sie das glänzende Metall eines elektrischen Bügeleisens als Spiegel benutzte. Dann massierte sie, hinter einem Stoß Flickwäsche verborgen, ihre Wangen und bearbeitete ihre vollen, blassen Lippen so lange mit den Zähnen, bis sie fühlte, daß das Blut sie rötete. Befriedigt von dieser Arbeit richtete sie sich auf, und nachdem sie sich dessen versichert hatte, daß sie unbeobachtet war, zog sie aus dem Ausschnitt ihrer Bluse ein kleines Papier. So leise das Geräusch war, erwachte Daniela davon, doch zu schläfrig, um die Augen völlig aufzuschlagen, versuchte sie noch eine Weile, die wohlige Empfindung des Schlummerns festzuhalten. Ohne Aufmerksamkeit fiel ihr

Blick unter den gesenkten Wimpern auf das Papier, das Johanna in ihrer Hand hielt. Es war ein kleines Foto. Daniela erkannte undeutlich das Gesicht eines jungen Mannes, das Johanna zärtlich betrachtete, während ihr langsam eine Träne an der Nase entlang lief, bis sie schließlich auf das Bildchen fiel. Daniela wunderte sich, wie es Johanna gelungen war, das Foto einzuschmuggeln, und sie dachte darüber nach, wessen Bild sie sich hier wünschte, aber es gab keinen Menschen, an den sie ihr Herz so sehr gehängt hatte, daß sie sein Bild entbehrte. Zum erstenmal in ihrem Leben empfand sie Bedauern, ja einen leisen Schmerz darüber, daß es so war, und für einen Augenblick beneidete sie Johanna um ihr Bild und ihre Trauer.

Plötzlich spürte Johanna, daß sie beobachtet wurde, und ohne noch gesehen zu haben von wem, schob sie das Bild hastig in ihre Bluse. Als sie erkannte, daß Daniela es war, errötete sie. Dann holte sie mit einer entschlossenen Gebärde das Bild wieder hervor, und froh darüber, ein wenn auch noch so schwaches Interesse in dem abweisenden Mädchen erweckt zu haben, reichte sie es Daniela, die es widerwillig nahm und so flüchtig betrachtete, daß kaum eine Erinnerung daran in ihr zurückblieb. »Danke«, sagte sie und gab es zurück. »Ist das Ihr Sohn?« Johanna wurde rot. »Ja«, sagte sie hastig, »mein Sohn.«

Von diesem Augenblick an sprach sie mehrere Tage nicht mehr mit Daniela, die betroffen sah, wie dieses Geschöpf von einem neuen Leiden ergriffen und verzehrt wurde, und so sehr sie sich vorher über Johannas geschwätzige Zudringlichkeit geärgert hatte, so sehr fühlte sie sich jetzt durch dieses stumme Leiden verwirrt und gegen ihren Willen zur Anteilnahme gezwungen. Von neuem entsann sie sich ihres Versprechens, Papier und Bleistift zu besorgen, und es quälte sie, daß ihr kein Einfall kam, sich beides zu beschaffen, bis ihr eines Tages der Zufall zu Hilfe kam.

Man hatte sie und das blasse Dienstmädchen in die Küche zum Kartoffelschälen beordert. Daniela ging widerwillig. »Ich bin kein Küchenmädchen«, murmelte sie, als sie mit einigen anderen Gefangenen in der großen, kahlen Küche vor einer riesigen Wanne mit schlecht gewaschenen Kartoffeln saß, mit einem Messer bewaffnet, das so stumpf war, daß es kaum in die harten, feuchten Knollen drang. Im Verlauf einer Stunde hatte Daniela nicht mehr als ein Dutzend Kartoffeln geschält; dafür hatte ihr aufmerksamer Blick eine Reihe kleiner, wertvoller Erfahrungen gesammelt. So sah sie, wie die Köchin, eine kleine, dicke Zivilperson, von dem für die Gefangenen bestimmten Fleisch, das sie durch den Wolf drehte, ein Stück nach dem anderen in den Mund steckte, hinter einem großen Kessel verborgen, nicht ahnend, daß sie sich im offenen Fenster spiegelte. Sie sah ferner, daß im Hof Männer Holz hackten, die, gefangen wie sie, doch ihr Los leichter zu ertragen schienen, da die frische, kühle Luft des Herbsttages und die Bewegung im Freien ihnen die schwache Illusion der Freiheit verschaffte. Einer von ihnen, Daniela sah ihn nicht, sang halblaut ein fremdes Lied, und es entging ihr nicht, daß sich in einem der Häuser, durch die hohe Gefängnismauer und einen schmalen Streifen Land vom Hof getrennt, ein Fenster öffnete und eine junge Frau sich herausbeugte, die, unendlich vorsichtig um sich spähend, genau den richtigen Augenblick abwartend, irgend etwas in den Hof warf. Diese Frau, sagte sich Daniela, wäre sicher bereit, auch ihr zu helfen. Wie aber in den Hof gelangen? Oder, so dachte sie weiter, man müßte sich dem Gefangenen nähern, für den sie den Wurf gewagt hatte. Aber auch dies schien unmöglich.

Der nächste Augenblick brachte sie unerwartet in den Besitz eines Bleistifts. Eine Szene, unvorhergesehen und unwahrscheinlich wie im Traum, rollte blitzschnell ab. Die Tasche der Köchin fiel zu Boden, öffnete sich, und der Inhalt verstreute sich auf dem Pflaster zu Danielas Füßen. Die Köchin, die in jeder Gefangenen die Feindin und eine Diebin witterte, stürzte sich auf die kleinen Gegenstände, sie zusammenraffend, ehe noch jemand den Versuch machen konnte, ihr zu helfen, wozu Daniela übrigens nicht die geringste Lust verspürte, bis sie plötzlich einen Bleistiftstummel sah, der hinter ihrem Stuhlbein verborgen lag. Rasch und vorsichtig gab sie ihm einen Stoß mit der Fußspitze, so daß er hinter die Wanne rollte und dort unter einem Häufchen Kartoffelschalen ein sicheres Versteck fand. Eine Sekunde später fragte die Köchin, die den Wert eines Stückchens Graphit für die Gefangenen wohl kannte: »Wo ist mein Bleistift?« Danielas Herz klopfte, als hinge ihr Leben am Besitz dieses kleinen Gegenstandes.

»Wir haben ihn nicht«, beteuerten die Gefangenen. Daniela zuckte mit der Miene unendlicher Langeweile die Achseln, während ihre Finger zitterten, als die kleinen, im Fett verschwindenden Äuglein der Köchin scharf von einer zur anderen blickten. Auf Daniela schien kein besonderer Verdacht zu fallen. Schließlich knieten alle unter der grimmigen Aufsicht der Köchin auf dem Pflaster, um noch einmal zu suchen. Einige Augenblicke später war der Bleistift in Danielas Schuh verschwunden, und selbst die Drohung, man würde ihn schon zu finden wissen und Arrest sei der Diebin sicher, lockte ihn nicht mehr hervor. In der Wölbung zwischen Ballen und Ferse wohl verborgen, machte er den Weg über die vier Treppen in die Nähzelle.

»Johanna«, flüsterte Daniela, »ich habe etwas für Sie.« Ihre Freude unter einer kühlen Miene verbergend, schob sie ihr den Bleistift zu. Johanna betrachtete ihn verwundert, als begreife sie nicht, wozu dieses Geschenk nützen sollte.

»Sie haben sich doch einen Bleistift gewünscht«, sagte Daniela erstaunt.

»Ich? Einen Bleistift?« Johanna drehte ihn zwischen den Fingern.

»Stecken Sie ihn doch um Himmels willen weg. Wenn man ihn findet …« Johanna ließ ihn gehorsam im Ausschnitt ihrer Bluse verschwinden, aber der Ausdruck des Erstaunens, das nichts begreift, wich nicht von ihrem Gesicht. Daniela begann sich zu ärgern.

»Nun können Sie doch einen Brief schreiben«, flüsterte sie unwillig drängend.

»Einen Brief?« Johanna schüttelte den Kopf. »Aber man kann ihn ja nicht hier hinausbringen.« Das war richtig. Danielas Ärger stürzte zusammen wir vorher ihre Freude. Sie zuckte die Achseln und beugte sich über ein zerknittertes Zeitungsblatt, das sie am Morgen beim Rundgang im Hof vor den Mülleimern gefunden hatte und das sie, obwohl es nichts enthielt als eine kleine Karte vom Kriegsschauplatz im Osten, wie einen Schatz hütete. Über dieses Blatt geneigt, verbarg sie ihre Enttäuschung, die größer und tiefer war, als es die Ursache erwarten lassen konnte.

Als hätte Johannas Begreifen erst viel später eingesetzt, legte sie plötzlich ihre Hand auf Danielas Arm. »Ich danke recht schön«, sagte sie herzlich und verlegen, und sie fügte hinzu: »Ich hätte ja auch so gern geschrieben, und vielleicht könnte man den Brief auch heimlich hinausbringen, aber es hat ja keinen Zweck. Es darf ja nicht sein.« Daniela stellte keine Frage, wenngleich es ihr schien, als wartete Johanna darauf.

Der gleiche Abend noch brachte eine Überraschung für beide. Sie wurden aus ihren Einzelzellen geholt und mit vier anderen Frauen zusammen in eine größere Zelle gebracht. Daniela, die unter der Einsamkeit der langen Abende und Nächte weniger gelitten hatte als unter der Nähe der meist zweifelhaften, lauten Geschöpfe, mit denen man sie zusammengesperrt hatte, räumte schweigsam und finster ihre Ecke auf. Auf ihrer Pritsche liegend, die Arme unter dem Kopf verschränkt, beobachtete sie unter halb geschlossenen Lidern, wie Johanna es so einzurichten wußte, daß sie den Platz neben ihr bekam. Ohne Anteilnahme hörte sie dem Streit zu, der zwischen Johanna und einer hübschen, streitsüchtigen Person entbrannt war, die aus irgendeinem Grund ebenfalls das Lager neben Daniela haben wollte. Johanna beendete den Streit, indem sie sich in ihrer breiten, weichen Fülle auf die Pritsche fallen ließ und schwieg. Die Streitsüchtige, die sehr zu Unrecht den sanften Namen Angela trug, verzieh ihr diesen Sieg nicht. Sie zog sich grollend zurück und begann mit den anderen zu flüstern, die bald in lautes Gelächter ausbrachen.

»Gebt acht!« sagte Angela laut mit einem Blick auf Johannas Haar, »morgen ist das Kissen rot. Die färbt ab.«

»Es lebe die Kunst!« rief mit schriller Stimme ein kleines, mageres Geschöpf namens Hermine.

»Na«, sagte Angela, »die wird schön aussehen in zwei, drei Monaten, wenn die grauen Haare nachwachsen.« Und mit plötzlich ausbrechender Bitterkeit rief sie: »Seht her, wie ich ausschaue! Hermine, du hast mich gesehen, als ich im Juni hier hereinkam. Wie sah ich aus, sag, wie?«

»Oh«, antwortete Hermine, »du warst recht üppig.«

»Na, hört ihr, was sie sagt«, fuhr Angela fort; »und jetzt? Eingefallene Wangen, Arme und Beine wie Stecken, und hier, da!« Sie öffnete mit einem Ruck ihr Sträflingshemd und zeigte ihre Brüste, die bereits schlaff herabhingen. Und dicht vor Johannas Lager stehend, rief sie schneidend: »Da liegt sie mit ihrem roten Haar und ihrer weißen Haut und denkt, das bleibt so, und wenn sie wieder hinauskommt, ist alles wie vorher. Nein, glaub mir: dann ist's aus mit der Liebe. Du bist ein altes Weib. Du erholst dich nicht mehr. Das Leben ist vorbei, und nie mehr kommt einer, der dich will.« Mit einem gellenden Gelächter, vor dem die anderen erschreckt verstummten, warf sie sich auf ihre Pritsche. Einmal ins Reden geraten, vermochte sie nicht mehr innezuhalten. »Warum«, schrie sie, »warum sitzen wir hier? Warum sperrt man uns ein? Weil das am bequemsten ist für den Staat. Weil er sich hier nicht weiter um uns zu kümmern braucht. Warum nennen sie mich eine Hochstaplerin? Weil ich gesagt habe, ich bin Ärztin. Habe ich die Kinder nicht kuriert? Warum haben sie mich geschnappt? Warum waren meine Eltern nicht reich genug, mich studieren zu lassen? Kein Teufel hat sich um mich gekümmert.«

Ihre leidenschaftliche Bitterkeit riß auch die anderen hin. Ein heftiger Tumult erhob sich. »Ja«, kreischte Hermine, »das ist es ja: Sie kümmern sich erst dann um einen, wenn man gezwungen ist, sich selbst zu helfen. Warum habe ich denn geklaut? Weil ich nichts zu fressen gehabt habe. Und warum hat die da abgetrieben? Weil sie ein Kind von einem Polen hatte und weil das verboten ist. Warum ist das verboten? Haben wir den Krieg gemacht?«

»Und was habe ich denn verbrochen?« schluchzte eine magere Verkäuferin: »Ich habe ein paar Lebensmittelmarken unterschlagen, weil meine Mutter krank war und was zu essen brauchte.«

Johanna hatte ihre Decke über das Gesicht gezogen und schwieg. Daniela hörte sie schwer atmen.

Spät beruhigten sich die Aufgebrachten. Die Dämmerung brach herein. Licht bekamen sie nicht. Allmählich erstarb das Geflüster. Die Nacht kam. Daniela hörte, wie Johanna leise weinte. Dann war außer dem rauhen Atemgeräusch der Schlafenden nichts mehr zu hören als der ferne Lärm der Stadt. Daniela lag wach. Über ihrem Bett war das kleine, stark vergitterte Fenster. Ein schwacher Lichtstrahl erhellte die beiden Scheiben.

Plötzlich flüsterte Johanna, zu ihr hingebeugt: »Fräulein, können Sie auch nicht schlafen?«

»Nein«, sagte Daniela, »ich schlafe nicht.« Daraufhin schwieg Johanna so lange, daß Daniela sie eingeschlafen glaubte. Doch schließlich fragte sie so leise, daß Daniela sie kaum verstand: »Fräulein, sagen Sie mir, bitte: Für wie alt halten Sie mich?«

Daniela sagte: »Fünfzig.«

Sie hörte einen erstickten Schrei. Dann fuhr Johanna zögernd fort: »Aber als ich hier hereinkam, als Sie mich sahen, für wie alt haben Sie mich damals gehalten?«

»Ach«, erwiderte Daniela, »da habe ich mich nicht um Ihr Alter gekümmert. Ist das denn so wichtig?«

Ein schwerer Seufzer antwortete ihr. Nach einer Weile fuhr Johanna fort: »Glauben Sie auch, daß meine Haare gefärbt sind?«

»Ach, ich weiß nicht. Vielleicht. Aber das ist doch gleichgültig. Jedenfalls haben sie eine schöne Farbe.«

»Ja, wirklich?« flüsterte Johanna entzückt, und sie fügte zaghaft hinzu: »Bin ich schon sehr häßlich geworden in diesen Wochen?«

»Mein Gott«, sagte Daniela, »ich weiß wirklich nicht, warum Ihnen das so viel Kopfzerbrechen macht. Mir scheint viel wichtiger, daß wir wieder hier herauskommen.«

»Ja, Sie«, sagte Johanna seufzend, »Sie sind jung, Sie gehen eines Tages hier hinaus, und das Leben liegt noch vor Ihnen. Aber für mich …«

Daniela blickte ratlos zu ihr hinüber.

»Sehen Sie«, fuhr Johanna fort, »ich bin jetzt fünfundvierzig. Das ist kein Alter, gewiß nicht. Aber … ach, Fräulein, werden Sie mich denn auch verstehen?«

»Ich weiß nicht. Reden Sie nur.«

»Ich hab' Ihnen das Bildchen gezeigt. Erinnern Sie sich? Sie glaubten, es ist mein Sohn. Es ist nicht mein Sohn.«

Daniela legte, mit einem Blick auf die anderen Gefangenen, unwillkürlich den Finger auf den Mund.

»Ach«, sagte Johanna, »die schlafen jetzt. Aber haben Sie etwas dagegen, wenn ich mich auf Ihr Bett setze?«

Daniela rückte an die Wand, und Johanna, im Hemd, eine Decke umgeworfen, ließ sich auf der Kante der Pritsche nieder. »Ich muß es Ihnen sagen.

Verstehen Sie das, daß man einmal reden muß, daß man es nicht so in sich verschließen kann?«

Daniela antwortete nicht. Es machte sie verlegen, daß sie ein Bekenntnis entgegennehmen sollte, aber sie begriff, daß es grausam gewesen wäre, sich zu verweigern. Widerwillig, mit halbem Ohr, hörte sie Johanna flüstern: »Denken Sie, er ist erst zweiundzwanzig Jahre alt. Ein Bub noch fast. Er will Maler werden oder vielleicht ein Dichter; das weiß er selber noch nicht so genau. Aber das macht nichts. Er ist ganz arm.«

»Sie frieren«, sagte Daniela. »Da, nehmen Sie meine Jacke.«

»Danke. Einmal, denken Sie, es war ganz am Anfang, da wünschte ich mir eine Locke von ihm. Er hat so feines dunkelbraunes Haar, ganz weich. Und da schnitt er sich einfach einen Büschel Haare ab, mitten über der Stirn.«

Sie lachte leise bei der Erinnerung. »Er sah aus, als hätte ihm ein ganz schlechter Friseur die Haare verschnitten. Aber das machte ihm gar nichts aus. Sehen Sie, so ist er. Aber ich erzähle Dummheiten, und Sie lachen mich aus, nicht wahr?«

»Nein, ich lache nicht.«

»Zwei Jahre lang ... langweile ich Sie auch nicht?«

»Erzählen Sie nur!«

»Zwei Jahre lebte er ganz bei mir. Wissen Sie, wie es in einer kleinen Stadt zugeht? Den Aufruhr können Sie sich denken. Es war zuerst nicht leicht. Die Kundschaft blieb aus, und wir durften uns kaum auf der Straße blicken lassen. Aber dann gewöhnten sie sich daran, und sie kamen alle wieder, weil ich eben die beste Schneiderin bin in der Stadt. Ach Fräulein …«

Sie brach betroffen ab, denn Daniela hatte gegähnt. »Mein Gott, Sie sind müde.« »Ein wenig. Aber erzählen Sie nur weiter.« Wirklich war Daniela einen Augenblick vorher eingeschlafen, von ihrer Müdigkeit wie von einem schweren Gewicht in die Tiefe der Bewußtlosigkeit gezogen.

»Ich bin nicht mehr jung«, fuhr Johanna fort. »Das ist wahr, aber er achtet nicht darauf. Er liebt mich so, wie ich bin. Er hat noch nie gefragt, wie alt ich bin. Er weiß es nicht. Ach, Fräulein, ich erzähle Ihnen das so, und für Sie bedeutet das gar nichts, und doch muß ich Ihnen das sagen. Haben Sie denn schon einmal geliebt?«

Daniela zog, im Dunkel ihrer Decke verborgen, die Brauen zusammen. »Natürlich«, sagte sie hastig. »Aber weiß Ihr Freund, daß Sie im Gefängnis sind?«

Johanna stieß einen leisen Klagelaut aus, kaum zu vernehmen, unähnlich allen Ausdrücken menschlichen Schmerzes, die Daniela je gehört hatte.

»Nicht? Sie wollten ihm doch einen Brief schreiben?« sagte Daniela.

Johanna antwortete nicht. Als Daniela nach ihr

blickte, sah sie, wie eine Träne nach der anderen langsam über ihr Gesicht lief. Ratlos und ein wenig ungeduldig über soviel Tränen fragte sie: »Und warum schreiben Sie ihm denn nicht?«

»Ich kann nicht. Ich darf ja nicht. Ich … nein, ich kann Ihnen das nicht erzählen.« Ihr Schluchzen im zusammengeknüllten Zipfel ihrer Decke erstikkend, stand sie plötzlich auf; doch als sie schon im Begriff war, sich auf ihre Pritsche zu legen, kehrte sie noch einmal an Danielas Bett zurück. »Sie werden sicher denken: Warum ist die denn im Gefängnis? Bitte, glauben Sie nicht, daß ich eine Diebin oder so etwas bin.«

»Das habe ich nie geglaubt. Sie brauchen mir nichts zu erzählen. Ich denke nichts Böses von Ihnen. Genügt Ihnen das?«

»Einmal«, flüsterte Johanna dicht an ihrem Ohr, »erzähle ich Ihnen alles. Ich habe Vertrauen zu Ihnen.«

Daniela errötete im Dunkeln und atmete befreit auf, als Johanna endlich auf ihrer Pritsche lag. Doch sie hörten beide von den Türmen der Stadt die Mitternacht schlagen, ohne daß der Schlaf sie erlöst hätte. Das Mondlicht fiel in einem breiten hellen Streifen über sie, so hell, daß Johanna der Versuchung nicht widerstehen konnte, das kleine Bild zu betrachten, das sie unter ihrem Kopfpolster verborgen hatte. Als hätte sie nur dieses Anblicks bedurft, sank sie gleich darauf in einen tiefen ruhigen Schlummer. Die Hand, die das Bildchen hielt, glitt langsam von ihrem Bett und über den Rand ihrer Pritsche, und nach einer Weile fiel es zu Boden. Daniela hob es auf, um es auf Johannas Bett zu legen. Doch während sie schon im Begriff war, es unter das Kopfpolster zu schieben, gab sie einer Regung der Neugierde nach. Sie nahm es wieder an sich und betrachtete es im hellen Mondschein. Es war ein sehr wohlgebildetes, schmales Gesicht mit ziemlich großen dunklen Augen. Mehr stellte sie nicht fest, denn fast im nämlichen Augenblick schon schämte sie sich ihrer Indiskretion, und sie schob das Bild rasch an seinen alten Platz. Kaum aber hatte sie sich wieder zurückgelegt, die Arme unter dem Kopf verschränkt, bereute sie, es so flüchtig angesehen zu haben, daß sie nun, wenige Sekunden später, nicht einmal wußte, wie Mund, Nase und Stirn beschaffen waren. Vergeblich versuchte sie mit geschlossenen Augen das Gesicht zurückzurufen. Nichts war in ihrem Gedächtnis geblieben als die dunklen Augen. Schließlich streckte sie zögernd ihren Arm aus, um mit unendlicher Vorsicht das Bild wieder zu holen. Aber sie legte es zurück, ohne einen Blick darauf geworfen zu haben, zuckte die Achseln und versuchte einzuschlafen.

Im Augenblick des Einschlummerns schreckte sie hoch. Sie hatte zwischen Wachen und Träumen das

Gesicht wiedergesehen, das sie vergessen glaubte. Es stand vollkommen deutlich und lebendig vor ihr, mit allen Zügen, die ihr beim flüchtigen Betrachten entgangen schienen: das Gesicht eines dunklen Knaben, träumerisch und herausfordernd, weich und heftig zugleich. Das Bild zögerte ein wenig vor ihr, ehe es zerging. Ihr Herz klopfte schwer und rasch. Mit einemmal hatte sie die unklare Empfindung, vom Fieber befallen und krank zu sein, das Gefühl eines plötzlichen, gewalttätigen Einbruchs von Schwäche und Dunkelheit, einer grausamen und zugleich unendlich wohltätigen Vernichtung. Nachdem sie eine Weile aufrecht, erschreckt und verwirrt auf ihrem Lager gesessen hatte, stand sie auf, tauchte den Waschlappen in das kalte Wasser ihrer Blechschüssel und legte ihn auf die heiße Stirn. Dann begann sie zu zählen, um den Schlaf herbeizurufen, aber bald verlor sie den Faden. Ihre Gedanken verwirrten sich, um gleich darauf, vollkommen wach und klar, zu dem Bild zurückzukehren. Jetzt, da sie es wiedergesehen hatte, wenn auch nur im Halbtraum, konnte sie es mühelos rufen, so oft sie wollte. Sie war unersättlich darin, es zu tun, obwohl sie nicht begriff, was sie dazu trieb. »Wenn ich doch seinen Namen wüßte«, dachte sie, ärgerlich über Johanna, die ihn nie genannt hatte. Der Wunsch, ihn zu erfahren, wuchs unversehens zu einer solchen Heftigkeit an, daß sie sich über Johannas Lager beugte und ihren Namen flüsterte. Aber Johanna schlief tief, und schließlich mußte sich Daniela sagen, daß es gut war so, denn wie hätte sie ihr dieses sonderbare Interesse erklären können! Sie warf sich, unwillig über ihre Aufregung, auf ihre Pritsche zurück. »Was geht mich dieser fremde Mensch an, dieser kleine Geliebte einer Schneiderin.« Eine Welle von sinnlosem Zorn stieg in ihr hoch. »Ach, ich bin überreizt«, sagte sie sich, »dieses Gefängnisleben macht uns alle entweder stumpf oder wahnsinnig.« Ebenso plötzlich wie der Zorn sie überfallen hatte, war er hinweggeschmolzen und ließ nichts zurück als Traurigkeit. Tiefe Schwärze erfüllte jetzt die Zelle. Der Mond war untergegangen. Daniela, das Gesicht in den Händen verborgen, weinte. Es war seit ihrer Kindheit das erstemal, daß sie es tat. Es schmerzte zunächst, dann aber begannen die Tränen leichter und freier zu fließen. Es war gut, so zu weinen, ungestört im Dunkeln, und aus dem Weinen glitt Daniela sanft hinüber in den Schlaf.

Als sie am Morgen die schlecht beleuchtete Treppe zur Nähzelle hinaufgingen, flüsterte Johanna: »Sie haben geweint heute nacht.« – »So?« sagte Daniela. »Möglich. Im Traum vermutlich. Vielleicht haben Sie sich getäuscht.« – »Nein«, erwiderte Johanna, »o nein, ich hab' mich nicht getäuscht. Ich hab' nie gedacht, daß Sie weinen können.«

Daniela ging hastig an ihr vorüber und setzte sich in der Nähzelle so, daß ein hochgetürmter Wäschekorb zwischen ihr und Johanna stand. Beschützt von der Dunkelheit, von niemand gestört, rief sie sich das Bild zurück, neugierig, ob es auch am Tag seine Kraft behalten hätte. Es kam leicht und deutlich, aber die Heftigkeit ihrer Unruhe vertrieb es schon im nächsten Augenblick. »Was geht mich dieser Fremde an?« begann sie sich von neuem zu fragen. »Was für ein Irrsinn ist das, stundenlang an ein Bild zu denken, das nicht einmal mir gehört, das Foto irgendeines jungen, zweifelhaften Burschen, der mir nie im Leben wirklich begegnet ist und den ich nie sehen werde.« Sie begann ärgerlich einige große Stiche zu nähen, ohne genau hinzuschauen. Dann ließ sie die Hände sinken, von einer tiefen Angst gepackt, die sie nicht begriff, denn der Gedanke, daß sie sich in das Gesicht eines fremden Burschen verliebt haben könnte, erschien ihr so absurd, daß sie ihn nicht zu Ende dachte. Sie hatte die Empfindung, in einen Wirbel geraten zu sein, in eine rasende Bewegung nach unten, nach innen; sie verlor dabei langsam die Besinnung, und jeder Widerstand erwies sich als zwecklos. Einige Augenblikke später rasselten die Schlüssel. Johanna wurde gerufen und von einem Polizisten abgeführt. Von der Schwelle aus warf sie einen Blick auf Daniela zurück, einen Blick, der um Hilfe flehte in einem Augenblick, in dem niemand mehr Hilfe geben konnte als ihre eigene Kraft und ein guter Stern.

»Was bedeutet das? Wohin führt man sie?« fragte Daniela erschrocken, als die Tür ins Schloß gefallen war.

»Sie hat ein Verhör«, sagten die Frauen trocken.

»Was die wohl ausgefressen hat?« meinte die Schwangere. Aber das stumpfe Schweigen, das dieser Frage folgte, zeigte, wie gleichgültig es ihnen allen war. Daniela zog sich wieder in ihren Winkel zurück, den Blick auf die Tür gerichtet. Sie wartete auf Johanna. Der Vormittag war endlos. Es wollte nicht Tag werden. »Es schneit«, sagte jemand, aber auch das war ihnen gleichgültig. Daniela sorgte sich um Johanna. Warum verhörte man sie so lange? Wie lautete die Anklage? Was hatte man vor mit ihr? Sie versuchte sich vorzustellen, wie sich dieses weiche, schwache, hilflose Geschöpf in einem scharfen Kreuzverhör verhalten würde. »Mein Gott«, dachte sie, »warum darf man ein Wesen angreifen, das sich nicht wehren kann?« Heftiges Mitleid bemächtigte sich ihrer. »Arme Johanna«, dachte sie.

Plötzlich fiel ihr ein, ob sie wohl das kleine Bild mitgenommen hatte, im Ausschnitt ihrer längst schmutzig gewordenen bunten Seidenbluse versteckt. »Natürlich. Sie trägt es ja immer bei sich«, dachte sie und wurde von einem verzweifelten, sinnlosen Gefühl der Eifersucht überfallen. »Sie hat mir das Bild genommen, sie gönnt es mir nicht. Weshalb hat sie es mir nie mehr gezeigt?« Diese Fragen, erbittert und böse an irgendeine unsichtbare Macht gestellt, blieben ohne Antwort. »Diese alte, katzenhafte Person«, sagte sie sich finster und gehässig, »nimmt sich den schönen Jungen zum Geliebten. Sie hat ihn mit Geld an sich gebunden, sie hat ihm die Freiheit genommen. Er hat sich verkauft.« Sie rief sich Johannas schon etwas verfettete Figur zurück, die gefärbten Haare, die von vieler Schminke zerstörten Wangen. »Nein«, sagte sie sich, »er liebt sie nicht. Er kann sie nicht lieben.« Und mit ingrimmiger, schlimmer Freude dachte sie:

»Eines Tages wird er sie verlassen, um wirklich zu lieben.« Sie starrte auf das blinde Fenster, auf dessen Außenbord sich der Schnee anhäufte.

Das Mittagessen kam. Stumm, appetitlos und gierig wurde es ausgelöffelt. Johanna war noch immer nicht zurück.

»Wenn Johannas Sache schwer ist, wenn sie noch lange im Gefängnis bleiben muß, vielleicht Jahre lang«, dachte Daniela plötzlich, »was wird er dann tun?« Mit tiefer Befriedigung sagte sie sich, daß er ihr nicht treu bleiben würde.

Plötzlich tauchte sie ernüchtert aus diesen Überlegungen auf. Der ganzen ungewohnten Empfindungen und Gedanken müde, warf sie die Jacke, an der sie arbeiten sollte, so heftig beiseite, daß die Frauen aufschreckten.

»Na«, sagte die böse Alte, »kriegt die auch mal den Koller? Darauf habe ich schon lange gewartet.«

Daniela antwortete nicht. Einige Minuten später kam Johanna. Ihre Haare waren halb aufgelöst. Aufregung und Müdigkeit ließen ihr blasses Gesicht noch älter erscheinen. Daniela betrachtete sie herzlos. Das häßliche Gefühl der Schadenfreude spiegelte ihr für kurze Zeit einen falschen Trost vor.

»Na, wie war's denn?« fragte die Alte. Johanna zuckte die Achseln und begann zu nähen. Sie nähte ohne aufzublicken bis zum Abend. Erst als sie schon in der Zelle waren, murmelte sie zornig: »Die halten mich für dumm! Oh, sie sind selber Dummköpfe, gemeine.« Zu Daniela gewendet, sagte sie verächtlich: »Was sie alles versucht haben, um mich zum Reden zu bringen! Es war ekelhaft.« Aber sie erzählte nichts. Sie legte sich sofort nieder, zog die Decke über den Kopf und schlief, zu Tode erschöpft, alsbald ein, ungestört vom Lärm der anderen. Nach einiger Zeit begann sie zu schnarchen.

Während die anderen, die an diesem Abend länger als sonst wach lagen, schwatzten, stritten, rauchten und lärmten, kämpfte Daniela einen sonderbaren, wahnwitzigen Kampf, dem sie schließlich erlag. Sie wußte plötzlich, daß sie das Bild des schönen Knaben vor der Nähe dieser alternden Johanna retten mußte, daß sie es in ihren Besitz bringen mußte. Johanna schlief tief. Sie würde nicht vor Mitternacht erwachen. Die Nacht war günstig. Wenn nur endlich die anderen zur Ruhe kommen wollten. Daniela kauerte in ihrer dunklen Ecke, die Beine angezogen, lauernd und wartend, mit finsterer Ungeduld jedes Wort, jedes Geräusch verfolgend, das sie von der Ausführung ihres Vorhabens trennte. Ihre Stirn bedeckte sich langsam mit kaltem Schweiß.

Schließlich war das letzte Wort verstummt. Eine Weile krachten noch die Pritschen und knisterten die Strohsäcke, kleine Geräusche, die verrieten, daß sich diese und jene noch schlaflos von einer Seite zur anderen wälzte. Die gewohnten harmlosen Abendgeräusche waren an diesem Tag ganz dazu geeignet, Danielas Ungeduld zum äußersten zu reizen. Endlich war auch die letzte eingeschlafen. Der Mond stand noch nicht am Himmel, doch sickerte schon die schwache Helligkeit, die seinem Aufgang vorausgeht, durch die blinden Scheiben. Es war höchste Zeit für Daniela, zu handeln.

Nichts war ihr leichter erschienen, als im Schutz der Nacht das kleine Bild an sich zu bringen. Aber sie hatte nicht mit den kleinen Tücken gerechnet, die mit einemmal auftauchten. Bald regte sich Johanna, als wollte sie aufwachen, dann wieder knisterte bei dem Versuch, sich von der Pritsche zu erheben, das Stroh ihres eigenen Lagers so laut, daß sie fürchten mußte, sich zu verraten, bald erschreckte sie irgendein undeutliches Geräusch in einer finsteren Ecke. Und sie hatte vor allem nicht mit jenem Widerstand gerechnet, der plötzlich aus ihrem eigenen Innern kam, mit der Scham, jemanden zu bestehlen, dieser alten, verliebten Johanna das Bild des Geliebten zu rauben, es heimlich zu tun, hinterrücks, einer Schlafenden, Wehrlosen das zu nehmen, was ihr das Teuerste war. »Ich kann nicht, ich kann es nicht tun«, sagte sie sich, um gleich darauf von neuem, besessen von dem verzweifelten Wunsch, das Bild zu besitzen, auf den günstigen Moment zu lauern. Sie begann vor Frost und Erregung zu zittern. Schließlich kamen ihr Zweifel, ob das Bild wie immer unter dem Polster versteckt war, und sie stellte mit heißem Erschrecken fest, daß ihr gerade an diesem Abend die kleine, vorsichtige Bewegung entgangen war, mit der es Johanna zwischen Polster und Pritschenrand zu schieben pflegte. Sie sagte sich, daß sie unbedingt einen Zeitpunkt abwarten müßte, an dem ihr die Schlafende den Rücken zukehren würde. Doch Johanna lag unbeweglich, breit und schwer in ihrer ganzen Fülle da, das Gesicht Daniela zugewandt.

Die Helligkeit des aufsteigenden Mondes nahm langsam und stetig zu. Schon waren die Schlafenden als schwarze Schatten zu erkennen. Es war die letzte Frist. Daniela stand auf. In der verzweifelten Heftigkeit ihrer Erregung verschmähte sie es, die gebotene äußerste Vorsicht anzuwenden. Das Blut sauste in ihren Ohren, als sie mit einer raschen Bewegung ihre Finger unter Johannas Polster legte. Das Bild war nicht an seinem Platz. Ein Einfall sagte ihr, daß Johanna es wahrscheinlich noch im Ausschnitt ihres Hemdes stecken hatte. Mit der Kühnheit und blinden Unvernunft einer Verrückten zog sie an der Wolldecke, die Johanna bis zum Hals verhüllte.

Leicht glitt sie zur Seite. Johannas Brust hob und senkte sich langsam und gleichmäßig. Aus dem Ausschnitt ihres Hemds ragte die Kante des kleinen Bildes. Daniela unterdrückte mühsam einen Ruf des Entzückens. Langsam ließ sie zwei Finger unter das Hemd gleiten und, obwohl es ihr fast unmöglich erschien, daß Johanna von dieser Bewegung nicht erwachen sollte, zog sie rasch und leicht das Bild heraus. Im nächsten Augenblick lag sie auf ihrer Pritsche. Johanna seufzte im Schlaf und drehte sich nach der anderen Seite.

Daniela zitterte. Sie hielt es nicht aus, ruhig zu liegen. Steil aufgerichtet, lauschte sie angestrengt, ob nicht irgend etwas verriet, daß sie beobachtet worden war. Angela hustete. In vielen schlaflosen Nächten hatte sie sie husten hören. Sie wußte, daß sie es im Schlaf tat. Aber in dieser Nacht erfüllte es sie mit Mißtrauen und Angst.

Der Mond schien nun voll in die Zelle. Die Schlafenden lagen ruhig und schwer unter ihren dunklen Decken. Ihre grauen Gesichter zeigten die Entspanntheit des tiefsten Schlummers. Daniela atmete auf. Endlich wagte sie es zu glauben, daß der Augenblick gekommen war, das geraubte Bild anzuschauen. Ihr Herz klopfte zum Zerspringen, als sie sich darüber neigte. Aber noch ehe sie, fast blind vor Erregung, irgend etwas wahrgenommen hatte, schreckte sie zusammen. Johanna hatte sich deutlich bewegt. Daniela ließ das Bild unter die Decke gleiten. Ihre Sinne waren aufs äußerste gespannt. Sie hörte, wie Johannas Hand unter das Polster tastete. Daniela hielt den Atem an. Aber Johanna, von ihrer Schlaftrunkenheit überwältigt, gab ihr Suchen bald auf, und kurz darauf verriet ihr leises Schnarchen, daß sie wieder eingeschlafen war.

Daniela fühlte die glatte, kühle Fläche des Bildchens in ihrer heißen Hand, die es vorsichtig umschloß. Das Mondlicht fiel nun in einem breiten Streifen auf ihr Lager, und es war fast taghell. Schließlich vermochte sie ihre Ungeduld trotz aller Bedenken nicht mehr zu bemeistern. Sie hielt die geöffnete Handfläche ins Licht, und, von brennender Erwartung gepeinigt, schloß sie einen Moment die Augen, um sich zu sammeln. Aber genau in diesem Augenblick stand Angela auf, um zum Eimer zu gehen. Daniela glitt unter die Decke, halb ohnmächtig vor Zorn. Eine Sekunde später, vom klappernden Geräusch des Blechdeckels gestört, erwachten auch die übrigen, und eine nach der anderen wankte schlaftrunken auf bloßen Füßen in die Ecke, in der der Eimer stand. Daniela stöhnte. Wie sie diese Geschöpfe haßte in dieser Nacht!

»Macht doch nicht solchen Lärm dabei!« sagte sie laut und böse.

»Wem's nicht paßt, der kann gehen«, sagte Angela.

Nun erwachte auch Johanna und begann, sofort nach ihrem Bild suchend, Decke, Polster, Strohsack und Kleider zu durchwühlen.

»Ach, Johanna«, seufzte Daniela verzweifelt, »was tun Sie denn? Man kann ja nicht schlafen.«

Johanna antwortete nicht, stellte aber gehorsam ihr Suchen ein. Doch sie schlief so lange nicht mehr, bis der Mond am Fenster vorübergewandert war und die Zelle in Finsternis versank. Es war zu spät für Daniela. Das Bild in der Hand geborgen, schlief sie endlich ein.

Kaum graute der Tag, wurde sie davon geweckt, daß Johanna ihr Suchen wieder aufnahm. »Was ist denn?« fragte Daniela schläfrig.

»Ach, mein Bild ist fort«, klagte Johanna. »Ich habe es verloren.«

»Aber warten Sie doch, bis es Tag ist«, meinte Daniela und zog die Decke über ihr Gesicht. Ein wildes Glücksgefühl erfaßte sie, doch wenige Augenblicke später schon wurde sie von der Qual der Überlegung gepeinigt, wo sie es verstecken sollte. Es bei sich zu tragen, schien ihr gefährlich; es konnte plötzlich aus der Tasche fallen oder bei einer der Durchsuchungen, die bisweilen stattfanden, entdeckt werden. Sie erwog, ein Versteck im Strohsack zu machen, den Überzug aufzuschneiden, das Bild zwischen das Stroh zu stecken und wieder zuzunähen. Aber wann konnte sie dies ungesehen tun? Und was nützte das geraubte Bild, wenn sie es nicht immer bei sich tragen und jederzeit anschauen konnte, so oft sie Lust dazu hatte. Schließlich fiel ihr ein, den breiten Saum ihres Rockes aufzutrennen und so festzunähen, daß eine kleine Tasche entstand. Hier würde es niemand finden. Mit einem dunklen Triumphgefühl drückte sie das Bild an sich, das die verstörte Johanna verzweifelt suchte, bis sie in die Nähzelle gebracht wurden.

»Ich kann mein Bild nicht mehr finden«, flüsterte sie Daniela unglücklich zu. Daniela beugte sich über den Saum ihres Rockes, den sie zum Versteck für ihr Bild zurechtnähte.

»Villeicht haben Sie es beim Verhör verloren.«

Johanna schüttelte den Kopf. »Ich weiß genau, daß ich es am Abend noch hatte, ehe ich einschlief.«

Daniela antwortete nicht, aber sie begriff, daß es keinen Augenblick geben würde, in dem es ihr gegönnt sein würde, das Bild zu betrachten. Mit der Lust an dem Besitz des Bildes vermischten sich Zorn, Schmerz und Enttäuschung. Doch so oft sie sich mit einer unauffälligen Gebärde dessen versicherte, daß es noch in seinem Versteck war, durchzuckten sie Glück und Erregung. Innerhalb von drei, vier Tagen, an denen sie Zeuge von Johannas verzweifelter Suche sein mußte, gewöhnte sie sich daran, das Bild nicht zu sehen, nur zu spüren. Genug, es war da, begleitete sie überall hin.

Endlich stellte Johanna ihr Suchen ein. Von diesem Tag an verfiel sie noch rascher als vorher. Daniela beobachtete sie bisweilen mit einem dunklen Gefühl von Mitleid, Verachtung und Besorgnis. Sie sprachen fast gar nicht mehr miteinander, bis eines Tages Johanna, vor dem Rest eines Spiegels sitzend, sich plötzlich an Daniela wandte.

»Ich glaube nicht«, flüsterte sie verzweifelt, »daß ich jemals wieder aus dem Gefängnis hinauskomme.«

»Aber warum denn nicht? Sie hatten doch keine Verhandlung. Es kann doch alles noch gut ausgehen.«

Johanna schüttelte den Kopf. »Darauf kommt es bei mir nicht an.« Plötzlich beugte sie sich zu Daniela, ergriff sie am Arm und flüsterte: »Ich will ja gar nicht mehr hinaus.«

Daniela blickte sie ratlos an.

»Nein«, sagte Johanna, »ich will nicht mehr. Sehen Sie: was soll ich draußen noch? Wenn ich freikomme, nach Monaten oder nach ein paar Jahren, bin ich alt. Und inzwischen …« Sie machte eine müde Handbewegung, die Geste eines Menschen, der ohne jede Hoffnung auf alles verzichtet hat. Lebhafter, verzweifelt fuhr sie fort: »Glauben Sie denn, daß mein Junge mir treu bleibt?« Sie schüttelte schwermütig den Kopf. »Und ohne ihn … Sie verstehen. Ich will nicht mehr.«

»Aber nein«, sagte Daniela etwas hilflos, »so dürfen Sie nicht denken. Sie erholen sich wieder, und wenn Sie sich wieder pudern und ein bißchen Rouge auflegen …«

Johannas Züge belebten sich schwach. »Ach, Puder und Rouge! Ja, ich glaube, wenn ich das hier hätte, würde ich denken können, ich bin noch kein ganz altes Weib.«

»Vielleicht können wir es uns beschaffen«, sagte Daniela.

»Ach Sie«, sagte Johanna, »Sie brauchen beides nicht.«

Diese Unterhaltung war zu Ende in dem Augenblick, in dem die Schlüssel der Aufseherin klirrten und die Zellentür aufgerissen wurde. »He, Gutzin und Maier, marsch, zum Wäscheaufhängen in den Hof!«

Während Angela und Hermine schläfrig und verdrossen aufstanden, ohne sich zu beeilen, trat Daniela rasch vor und sagte: »Ich möchte auch mit.«

Die Aufseherin schaute sie erstaunt an. »Was? Seit wann drängen Sie sich denn zum Arbeiten?«

Daniela zuckte die Achseln und wurde rot.

»Na, marsch also! Aber bloß zum Faulherumstehen da unten nehme ich Sie nicht mit, verstanden?«

Danielas Erwartung, die gefangenen Männer zu Gesicht zu bekommen, war so groß und sicher gewesen, daß sie es kaum fassen konnte, als sie den kahlen Hof, in den sie mit Angela einen schweren Korb nasser Wäsche schleppte, völlig leer fand. Aber noch blieb die Hoffnung auf die junge Frau am Fenster.

»Was starren Sie denn immer da hinauf?« rief die Aufseherin. »Ich schau' den blauen Himmel an«, sagte Daniela ruhig. »Ich werde Ihnen helfen«, schrie die mißtrauische Person, »das kennen wir schon. Wahrscheinlich ist ein Mannsbild irgendwo.«

Danielas Hoffnung, sie durch eine höhnische Miene zu einem Wutgeschrei zu bringen, erfüllte sich augenblicklich. Der Hof widerhallte vom Lärm der grellen Stimme. Hier und dort öffnete sich ein Fenster. Danielas Herz klopfte vor Spannung, während sie mit einer Miene völliger Gleichgültigkeit, die die Aufseherin rasend machte, die tropfende, graue Wäsche über die Leine hängte und dabei unablässig die Reihen der Fenster absuchte. Fast wäre ihr ein Ruf des Entzückens entschlüpft, als sie endlich die junge Frau entdeckte. Hinter einem großen Wäschestück verborgen, winkte sie ihr zu, legte die Hände zu einer flüchtigen Geste der Bitte auf der

Brust zusammen und machte dann die Geste des Schminkens. Die junge Frau lachte und nickte, ehe sie vom Fenster verschwand. In diesem Augenblick war auch das letzte nasse Tuch aufgehängt, und so sehr Daniela ihre Schritte verzögerte, bald dies und jenes an den Leinen zurechtrückte, schloß sich doch zuletzt die schwere Kellertür hinter ihr, ohne daß sie die Frau am Fenster wiedergesehen hatte. An der Qual der Enttäuschung, die ihr dieser kleine Fehlschlag bereitete, erkannte sie, wie erstaunlich heftig ihr Verlangen war, Johannas Wunsch zu erfüllen.

»Noch nichts«, sagte sie betrübt, als sie in die Zelle zurückkam. Johanna schaute sie verwundert an. »Nun, noch keinen Puder, kein Rouge«, sagte Daniela.

Johanna schüttelte den Kopf. »Ach Fräulein, wozu auch? Bemühen Sie sich nicht! Ich brauche das nicht mehr.« Leise fügte sie hinzu: »Nie mehr.«

»Ach was«, murmelte Daniela, »was für dumme Gedanken. Nie mehr, was soll das heißen?«

Aber Johanna antwortete nicht.

Der nächste Tag brachte Daniela dem Ziel ihres vagen Unternehmens ein ganzes Stück näher. Man hatte sie auf den Dachboden geschickt, um den Rest der Wäsche, die dort die Nacht über gehangen hatte, von der Leine zu nehmen. Sie war allein in einem abgetrennten Teil des Trockenbodens, und niemand beobachtete sie, als sie, auf den Rohren der

Dampfheizung stehend, sich aus dem Dachfenster beugte. Tief unter ihr lag der Hof, in dem die Gefangenen arbeiteten. Das Klingen der Äxte und das Fallen der gespaltenen Holzscheite drang laut zu ihr hinauf, aber die Männer konnte sie nicht sehen. Ohne zu überlegen, stieg sie aus dem Fenster und glitt langsam über das schneefeuchte Dach am Draht des Blitzableiters entlang abwärts bis zur Dachrinne. Sie wagte nicht zu rufen. So lockerte sie die brüchige Kante eines Dachziegels und warf sie in den Hof. Die Männer blickten erstaunt hoch, und da sie alle gelernt hatten, rasch zu begreifen, genügten einige stumme Gesten, um sich zu verständigen. Einige Sekunden später schlüpfte Daniela wieder zum Fenster hinein, von niemand bemerkt. Sie betrachtete ihre zerschrammten Hände mit wilder Befriedigung und empfand einen Augenblick lang für Johanna ein Gefühl der Zuneigung, das der Liebe glich. Sie tastete nach dem kleinen Bild in ihrem Rocksaum und, ohne sich ganz darüber klar zu sein, schien es ihr, als hätte sie das, was sie für Johanna tat, für den schönen Knaben getan. Von diesem Tage an wurde sie das Opfer einer Täuschung, einer vollkommen gelungenen Verwechslung. Sie blickte auf die verfallene, hilflose Johanna mit tiefer Teilnahme, und wo sie vorher nur die bemitleidenswerte und lächerliche Häßlichkeit des widerwilligen Alterns wahrgenommen hatte, sah sie jetzt deutlich die Spuren der früheren Schönheit. Sie sah in den von Kummer zerstörten Zügen den Abglanz der Liebe, die sie einmal zu wecken vermocht hatten, und in diesem traurigen Spiegel liebte sie, ohne sich Rechenschaft darüber zu geben, den, dem Johannas Liebe gegolten hatte. Daniela erlag dieser Täuschung so völlig, daß sie, nachts im Dunklen über die schlafende Johanna gebeugt, eine Zärtlichkeit empfand, die viel zu heftig war, um diesem Geschöpf zu gelten. Sie erlag ihr um so leichter, als sie, seitdem sie das kleine Bild besaß, kaum jemals mehr das Verlangen spürte, es anzusehen. Es gab sogar Tage, an denen sie glauben konnte, es vergessen zu haben, hätte der Anblick der trauernden Johanna sie nicht mit einem schmerzhaften Glücksgefühl daran erinnert, daß ihr Leben sich auf eine unfaßbare Weise verändert hatte. Sie war so tief versponnen in ihre Träume, in eine Art süßer Betäubung, daß selbst ein neues, scharfes Verhör, das viele Stunden dauerte, sie nur für kurze Zeit in die gefährliche Wirklichkeit zurückzureißen vermochte.

Als sie von diesem Verhör spät abends blaß und finster in die Zelle zurückkehrte, schob ihr Johanna schweigend mit einem Blick der Teilnahme das Stück Brot zu, das sie sich beim Abendessen vom Munde abgespart hatte. Daniela nahm es zögernd an, um es dann, unter der Decke verborgen, gierig zu verzehren. In diesem Augenblick fiel es ihr zum erstenmal schwer auf die Seele, daß sie diesem gutherzigen Geschöpf das einzige genommen hatte, woran es hing. »Aber«, so sagte sie sich trotzig, »sie hat doch die lebendige Erinnerung, und ich, ich habe nichts, nichts als ein Bild.« Mehrere Tage lang kämpfte sie einen verzweifelten Kampf, bis ihr schließlich ein Ereignis, das schon in den Beginn des neuen Jahres fiel, die Entscheidung abnahm. Eines Tages, während des schweigenden Rundgangs der Sträflinge in dem engen, nackten Hof, sank Johanna plötzlich um. Sie lag auf dem nassen Pflaster, das Gesicht in einer Pfütze. Das aufgelöste Haar schwamm auf dem trüben Wasser. Die meisten Sträflinge gingen gleichgültig weiter, nur wenige blieben ängstlich stehen. Daniela kniete erschrocken neben ihr. Die Aufseherin brüllte: »Was ist denn da los? Aufstehen! Marsch! Affentheater! Das kennen wir. Weitergehen!«

Daniela rief zornig. »Das ist eine schwere Ohnmacht, sehen Sie denn das nicht?«

»Was?« schrie die Aufseherin, »Ohnmacht? Eine hysterische Person ist sie, die Huber. Los, weitergehen! Ja, hören Sie denn nicht?«

Daniela blickte sie haßerfüllt an. »Ich sage Ihnen, daß es eine schwere Ohnmacht ist. Lassen Sie sie in die Zelle bringen, anstatt uns hier anzubrüllen. Ich bin Medizinerin, das wissen Sie.«

Die Aufseherin starrte sie eine Weile sprachlos an, ehe es ihr gelang, mit heiserer Stimme zu schreien:

»Was sind Sie? Sträfling sind Sie wie die anderen, verstanden? Und das hier ist meine Sache, verstanden? Sie stehen sofort auf und gehen weiter.« Daniela, ohne auf sie zu achten, rief zwei der kräftigsten Gefangenen, die, verblüfft und überrumpelt, augenblicklich herbeieilten, Johanna aufhoben und sie über den Hof trugen, während die übrigen mit scheuen, stumpfen oder neugierigen Blicken an der Wand entlang weiterschlichen. Aber noch ehe die Trägerinnen mit ihrer Kranken die Tür erreicht hatten, spielte sich eine kurze Szene ab. Die Aufseherin war ihnen nachgestürzt, versetzte ihnen mit ihren harten Stiefeln einige Fußtritte und stieß ihnen die Ohnmächtige aus den Händen, so daß sie mit dem Kopf auf die Steintreppe schlug. Im nächsten Augenblick erschien der Gefängnisverwalter in der Tür, hörte, daß eine Gefangene einen hysterischen Anfall hatte und eine andere widersetzlich sei, und nahm Daniela mit sich, ohne ihre Erklärung anzuhören. Eine Minute später saß sie in der kahlen, eiskalten und kaum erhellten Arrestzelle, betäubt, zornig, frierend und hungrig. Sie wußte nicht, für wie lange man sie hier eingeschlossen hatte. Es war im Augenblick gleichgültig. Ihre Gedanken beschäftigten sich eindringlich mit Johanna. Sie begann unruhig und voller Besorgnis um die Kranke in der schmalen Zelle auf und ab zu gehen. Sie hörte, wie auf dem Flur die Ständer mit den Suppennäpfen vorbeigetragen wurden, aber ihr brachte man nichts. Sie warf sich auf die hölzerne Pritsche, doch Frost und Hunger jagten sie nach kurzer Zeit wieder auf, und sie begann ihre wütende Wanderung zwischen Tür und Fenster von neuem. Mitleid mit Johanna und Haß gegen die Kälte und Ungerechtigkeit der Gefängnisse trieben ihr Tränen in die Augen.

Plötzlich entsann sie sich ihres kleinen Talismans. Sie zog das Bildchen behutsam aus dem Saum ihres Rockes. In dem Augenblick, in dem niemand und nichts mehr sie daran hindern konnte, es zu betrachten, wurde sie von einer tiefen Angst befallen. Sie fühlte, daß sie es nicht ertragen könnte, enttäuscht zu werden, und sie erkannte mit Schrecken, daß fast all ihr Gleichmut, ihre Kraft im Ertragen der Widrigkeiten des Gefängnislebens aus dem Bewußtsein der Nähe dieses Bildes kam, aus einem Traum also, dem nichts Wirkliches entsprach. Zögernd, verwirrt und traurig verbarg sie das Bild wieder in seinem Versteck.

Sie zitterte vor Kälte. Um sich zu erwärmen, begann sie auf und ab zu laufen. Plötzlich blieb sie stehen und zog in einem überstürzten Entschluß das Bild hervor, um es zu zerreißen. Aber das kräftige, glatte Papier widerstand dem ersten Versuch. Sie starrte es an, ohne etwas anderes wahrzunehmen als einen scharfen Knick. »Ich soll nicht?« flüsterte sie leidenschaftlich. »Ich soll also nicht?« Eine hastige

Empfindung von Glück überfiel sie, als sie das Bild, gleichsam vom Schicksal beschützt und ihr neu geschenkt, in den Saum ihres Rockes zurückschob. Aber noch ehe sie damit fertig war, zögerte sie. »Nein«, murmelte sie, »so geht das nicht weiter. Das muß ein Ende haben. Ich werde sonst verrückt.« Und laut und herausfordernd wie zu einem leibhaftigen Gegner sagte sie: »Nun komm!« Sie eilte an das Fenster, hob das Bild in das spärliche Licht und sah es an. Ihr Blick war kalt, nüchtern, kritisch und ganz bereit, die rettende Enttäuschung zu erfahren. Aber einen Augenblick später drückte sie das Bild stöhnend an ihre Augen. Sie hatte nichts anderes gefunden als das, was sie schon wußte und was sie so heftig zu vergessen wünschte. Ihre Vernunft erlag von neuem dem Zauber dieses Burschen, und es half nichts mehr, daß sie in einem letzten verzweifelten Versuch des Widerstandes sich sagte, daß ihre Niederlage nur eine Art von Gefängniskrankheit sei, nichts als eine Flucht in den tröstlichen, betäubenden Traum.

Gegen Abend wurde die Zellentür aufgeschlossen. Ihr Arrest war zu Ende. Steifgefroren, durchkältet, hungrig und erschöpft kam sie in die Zelle zu den anderen zurück, die sie mit einer Art Bewunderung empfingen. Johanna rief laut: »Die anderen haben mir alles erzählt, Fräulein. Und nun haben sie für mich Arrest …«

»Ach, Johanna, seien Sie still davon«, murmelte Daniela.

»Aber was fehlt Ihnen? Wir müssen sehen, einen Arzt zu bekommen.«

Angela schrie: »Einen Arzt! Ha! Hier kann man verkommen und verrecken, es kümmert sich kein Teufel um einen. Und wenn du zum Arzt mal kommst, dann heißt's: Dir fehlt nichts, du hast Gefängnispsychose. Und wenn du stirbst, dann bist du eben an Gefängnispsychose gestorben, und es ist deine eigene Dummheit. Na, lieber verrecke ich hier allein, als daß ich um einen Arzt bettle.«

Johanna legte ihre Hand auf Danielas Arm und flüsterte: »Ich brauche keinen Arzt. Mir hilft nichts mehr. Ich hab das früher schon gehabt.« Noch leiser fügte sie hinzu: »Wissen Sie, ich habe lange Zeit ein Mittel gehabt, das mich aufgepulvert hat. Sie verstehen. Und das ist aufs Herz gegangen. Das Herz ist fertig.« Und mit einer mütterlichen Zärtlichkeit, die sie nie vorher Daniela gegenüber zu zeigen gewagt hatte, sagte sie: »Aber Sie frieren. Hier, nehmen Sie meine zweite Decke. Mir ist so warm. Und im Schränkchen ist noch ein Stück Brot, und meine Suppe ist auch noch da. Ich hab sie zugedeckt. Ich glaube, sie ist noch warm. Dort ist sie, meine Jacke liegt darüber. Ich hab nur ein paar Löffel davon gegessen. Wenn es Sie nicht ekelt?«

Daniela wandte sich ab. »Danke«, murmelte sie,

»ich werde später essen.« Sie war unendlich dankbar dafür, daß in diesem Augenblick das Licht ausgeschaltet wurde. Im Dunklen, auf dem Rand ihrer Pritsche sitzend, löffelte sie hastig die lauwarme, dünne Suppe aus, und, schon unter ihrer Decke verborgen, verzehrte sie heißhungrig und schlechten Gewissens Johannas Brot. »Heute nacht noch«, dachte sie voller Scham, »werde ich ihr das Bild wiedergeben.« Noch ehe sie sich genau zurechtgelegt hatte, wo sie es verstecken wollte, damit Johanna es leicht und ohne Verdacht zu schöpfen finden konnte, war sie eingeschlafen.

Sie erwachte davon, daß jemand ihren Namen rief. Schlaftrunken fuhr sie hoch. Es dauerte eine Weile, bis sie begriff, daß es Johanna war, die neben ihr stöhnte. Es war stockfinster in der Zelle.

»Was ist denn, Johanna?« flüsterte sie erschrocken. Sie bekam keine Antwort. Mit bloßen Füßen und im Hemd kauerte sie sich neben Johanna und fühlte den Puls. Die Pausen zwischen den unregelmäßigen Schlägen wurden immer länger. Daniela weckte die anderen. »Johanna stirbt«, flüsterte sie.

»Wir müssen Hilfe holen.«

»Ach, was«, brummte Angela, »die stirbt schon nicht. Laß uns in Ruhe!«

Doch die übrigen standen entsetzt auf und begannen an die Tür zu hämmern und zu schreien. Hinter allen Türen wurde es lebendig. Erregte Rufe gingen von Zelle zu Zelle.

»Es kommt niemand«, sagte Daniela, bebend vor Zorn.

»Hab' ich dir's nicht gesagt?« schrie Angela. »Verrecken lassen sie einen, und je eher man es tut, desto besser, dann haben sie keine Scherereien mehr mit einem. Da seht ihr's.«

Sie drehte sich zur Wand. Daniela setzte sich an Johannas Lager, legte kalte Umschläge auf ihr Herz und verfluchte den Mangel an Medikamenten. Allmählich schliefen die anderen wieder ein. Die unendlich tiefe, bedrückende Stille der Gefängnisnacht schloß sich um die beiden Wachenden. Es war zwölf Uhr vorbei. Daniela hielt Johannas Hand und zählte mechanisch die Pulsschläge. Nach und nach verwirrten sich ihre Gedanken. Ihr Kopf sank herunter. Sie schlief ein.

Plötzlich schreckte sie hoch, von einer leisen Berührung geweckt. Sie war augenblicklich wach. »Was ist, Johanna?«

»Fräulein, Sie frieren, Sie haben im Schlaf gezittert. Sie können ruhig ins Bett gehen. Der Anfall ist vorbei.«

»Geht's besser?«

Johanna antwortete nicht. Daniela begann sich im Dunkeln anzukleiden.

»Was tun Sie, Fräulein?« Johannas Stimme klang ängstlich.

»Ich ziehe mich an, dann setze ich mich an Ihr

Bett, damit Sie Gesellschaft haben, wenn Sie nicht schlafen können«, sagte Daniela. Am Knirschen des Bettstrohs und dem Knacken der hölzernen Pritsche war zu merken, daß Johanna sich aufgerichtet hatte. Nach einer Pause angstvoller Spannung flüsterte sie: »Glauben Sie denn, daß ich sterben muß?«

In diesem Augenblick, in dem Daniela, bestürzt von der Schwere der Frage, den Atem anhielt, wußte sie, daß Johanna den Morgen nicht mehr erleben würde. Die nächste Sekunde, in der diese Ahnung durch die einsetzende Überlegung verdrängt wurde, machte sie unsicher.

»Nun?« fragte Johanna drängend.

Daniela setzte sich auf den Rand ihrer Pritsche. »So«, sagte sie, »nun wollen wir nicht vom Sterben reden.« Plötzlich aber drängte es die finstere, schweigsame Daniela, zu sprechen. Hunger, Kälte, Erschöpfung und die Erregung dieser Nacht lösten ihre Lippen.

»Ach, Johanna«, sagte sie leise und bitter, »das Sterben ist nicht so schlimm. Man entgeht allem Ekelhaften. Sehen Sie, wenn ich nun sterben würde – kein Verhör mehr, nie mehr diese Unsicherheit, kein Gefängnis, keine Drohungen und Erpressungen, nichts, ah, nichts als Frieden.«

Doch schon während sie dies sagte, dachte sie verwundert: »Aber will ich denn wirklich nicht mehr leben?« Als Johanna seufzend zustimmte, empörte sich Danielas kaum gebrochene Lebenskraft heftig dagegen, und in einer unendlich flüchtigen, doch überaus deutlichen Vision sah sie das Gefängnisgebäude weit hinter sich liegen, zu einem grauen Erdhügel zusammengeschrumpft, und sich selbst, frei und ohne Angst, auf einem Weg zwischen weiten, wehenden Grasfeldern forteilend. Mit einem tiefen Atemzug verzweifelter Hoffnung kehrte sie in die Wirklichkeit dieser Nacht zurück.

»Aber warum sollen Sie denn sterben?« sagte sie erregt, als gelte es in diesem Augenblick mit aller Kraft gegen eine Gefahr zu kämpfen, die möglicherweise sie selbst bedrohte. »Sterben? Man stirbt nicht so leicht. Nicht so mutlos, Johanna. Herzanfälle gehen vorüber. Leute mit Herzkrämpfen werden meist recht alt.«

An einer leichten Bewegung nahe ihrem Gesicht merkte sie, daß Johanna den Kopf schüttelte. »Ich nicht«, flüsterte die Kranke, »ich werde hier im Gefängnis sterben.« In einem plötzlichen Ausbruch von Verzweiflung und Angst warf sie sich zitternd an Danielas Brust. Ein neuer Anfall marterte sie. Er war kürzer und weniger heftig als der vorhergehende, so als hielte es die Krankheit nicht mehr für nötig, an dieses bereits gebrochene Geschöpf ihre ganze Kraft zu verwenden. Daniela blickte voller Mitleid und Sorge auf das Wesen, das sich in der tiefen Finsternis mit seiner ganzen Schwere an sie preßte. Plötzlich dachte sie: »Wenn sie nun stirbt, dann ist ihr Geliebter allein.« Und mit einer überstürzten Eile, die ihr die Schamröte ins Gesicht trieb, folgerte sie: »Dann ist er frei.« Sie führte diesen Gedanken gar nicht zu Ende, aber nichts konnte sie hindern, verzweifelt zu denken: »Aber Johanna nimmt das Geheimnis mit sich. Ich kenne seinen Namen nicht. Ich werde ihn nicht finden.« Einen Augenblick fühlte sie nichts als brennenden Haß gegen die Kranke, dann hatte sie sich wieder in der Gewalt. Die Ehrfurcht vor dem Tod, den sie dicht neben sich spürte, ernüchterte sie. Schließlich bewegte sich Johanna. »Es ist noch einmal vorübergegangen«, flüsterte sie. Dann schwieg sie erschöpft. Sie schien eingeschlafen. Diese Pause benützte Daniela, um mit äußerster Behutsamkeit das Bildchen aus ihrem Rocksaum zu lösen. Aber Johanna hatte ihre Bewegung bemerkt. »Nicht fortgehen«, flüsterte sie und klammerte sich mit aller Kraft an Danielas Arm. »Ich muß es Ihnen jetzt sagen, können Sie mich hören? Beugen Sie sich zu mir! Niemand darf uns hören. Es ist für Sie und für mich und für Michael gefährlich.«

Danielas Herz begann zu hämmern. Johanna fuhr fort: »Sie sind auch eine Politische, habe ich recht?«

»Ja«, sagte Daniela.

»Das dachte ich mir. Darum kann ich es Ihnen

erzählen. Ich sitze hier nämlich wegen Mithilfe zur Fahnenflucht. Ich habe nicht gewollt, daß er erschossen wird im Krieg. Als er einberufen wurde, habe ich ihm einen falschen Paß beschafft. Ich hab' ihm ein Häuschen gekauft im Gebirge. Da lebt er. Niemand hat ihn gefunden. Aber man hat ihn bei mir gesucht, und da ist der Verdacht auf mich gefallen. Darum sitze ich hier. Aber«, sie richtete sich auf und sagte triumphierend, »ich spreche nicht. Sie haben keine Silbe aus mir herausgebracht beim Verhör.«

»Still«, sagte Daniela, »die anderen wachen auf.« Johanna schwieg gehorsam und erschöpft. Aber ehe Daniela von neuem nach dem Bildchen tasten konnte, um es endlich zurückzugeben, fuhr sie fort: »Und wenn ich tot bin, Fräulein, dann sollen Sie es Michael sagen.«

Daniela fühlte, daß sie einer Ohnmacht nahe war. »Ich?« flüsterte sie, »aber ich sitze doch hier fest.«

»Sie werden freikommen eines Tages; und dann … es eilt ja nicht. Er hat Geld genug bis dahin und – warten Sie – hier – ich habe ein Testament.« Sie kramte ein Stück Papier aus ihrer Matratze. »Hier. Mit Unterschrift. Es ist gültig. Alles gehört Michael, auch das Häuschen. Und für Sie, Fräulein, hab' ich ein paar Ballen Seide, Rohseide; zu Ihrem dunklen Haar …« Sie mußte wieder eine Pause machen, und als sie weitersprach, tat sie es mühsam und stockend. »Auf dem Zettel steht sein Name und das Dorf, in dem er lebt. Sie werden ihn schon finden. Aber er heißt nicht mehr Michael, er heißt jetzt Franz Müller. Sie verstehen – der neue Paß – für alle Fälle. Und sagen Sie ihm … nein, sagen Sie nichts. Er weiß ja alles. Und Ihnen, Fräulein, danke ich tausendmal für alles.«

»Aber ich habe doch gar nichts getan für Sie. Im Gegenteil …« Mit einer wilden Bewegung riß Daniela das Bildchen aus ihrem Rocksaum und drückte es Johanna in die Hand.

»Was ist das?« flüsterte diese.

»Das ist Michaels Bild«, sagte Daniela, während Tränen der Scham und Erregung in ihre Augen schossen.

Johanna stieß einen leisen, entzückten Ruf aus. »Da ist es ja. Und Sie haben es gefunden.«

»Nein«, sagte Daniela finster, »ich habe es Ihnen weggenommen.«

»Weggenommen?« Johannas Stimme drückte grenzenloses Staunen aus. »Aber warum denn?«

Daniela starrte in die Finsternis, schlang die Hände ineinander und schwieg. Angela warf sich auf ihrer Pritsche herum. Ein Fuhrwerk rollte durch die schlafende Stadt. Die Uhr schlug dreimal. Dann war es wieder totenstill.

»Ja, warum?« flüsterte Daniela endlich, und verzweifelt fügte sie hinzu: »Ich weiß es nicht.« Während sie diese Worte sagte, befiel sie eine starke Verwunderung darüber, daß sie in der Tat nicht mehr wußte, warum und wozu sie es getan hatte, und sie wiederholte fassungslos: »Ich weiß es nicht.« Sie blickte auf Johanna, als erwarte sie von ihr die Antwort auf diese Frage. Sie fühlte, daß Johannas Blick aufmerksam auf sie gerichtet war, und obwohl sie im Dunklen nichts sehen konnte, drehte sich Daniela weg.

Nach einer langen, qualvollen Pause flüsterte Johanna so leise, daß Daniela die Worte mehr erriet als verstand: »Und wenn ich jetzt sterbe und Sie zu ihm gehen, dann …« Sie drückte das kleine Bild in Danielas Hand. »Hier«, sagte sie, »nehmen Sie es, und lassen Sie meinen Michael nicht allein!«

»Aber ich weiß ja gar nicht, ob ich ihn jemals sehen werde«, flüsterte Daniela so heftig, daß Johanna sie nicht verstand.

»Nein?« fragte diese aufgeregt, indem sie Danielas Arme umklammerte.

»Nein? Sie wollen nicht?« Sie stöhnte vor Enttäuschung.

Daniela fühlte sich am Ende ihrer Kraft. Mit einem Laut der Verzweiflung wollte sie aufspringen, aber Johannas Hand hielt sie mit ungeahnter Kraft zurück.

»Hören Sie doch«, flüsterte sie eindringlich, »Sie müssen zu ihm gehen. Jemand muß es ihm doch erzählen, dies alles, und daß ich tot bin. Und man muß ihm das Testament bringen. Wer soll es denn tun, wenn Sie nicht wollen?«

Daniela stand stumm vor ihrem Lager. Der Morgenwind hatte sich erhoben. Eine zerbrochene Fensterscheibe klirrte. Daniela fühlte, wie sie allmählich vor Kälte erstarrte. Aber ihre Stirn war mit Schweiß bedeckt.

»Gut«, sagte sie endlich, erschöpft von dem verzweifelten Kampf, »ich werde zu ihm gehen. Sie können ruhig sein, Johanna. Versuchen Sie jetzt zu schlafen.«

»Nein, ich will nicht mehr schlafen. Ich will Ihnen noch sagen, wie Sie gehen müssen. Der Weg ist schwer zu finden. Und wenn Sie jemand fragen, wo er wohnt, dann vergessen Sie nicht, er heißt nicht mehr Michael.«

»Nein, nein, haben Sie keine Sorge. Und wie muß ich gehen?«

»Vom Bahnhof aus erst die Chaussee, dann biegt links neben dem Bach ein Wiesenweg ab. Diesen Weg sind wir oft gegangen, Michael und ich. Es ist ein ganz schmaler Weg dicht am Wasser.« Sie schwieg. Daniela glaubte sie in Erinnerung versunken.

»Und dann?« fragte sie. Sie bekam keine Antwort. Erschrocken beugte sie sich über die Kranke. Daniela hatte noch nie einen Menschen sterben sehen, aber es schien ihr unwahrscheinlich, daß ein Wesen, das so schwer, so irdisch und körperlich war wie Johanna, sich so leicht, so heimlich und kampflos davonbegeben würde. Sie lauschte lange, ihr Ohr auf Johannas Brust. In diesem Augenblick fühlte sie nichts als Neugierde und Spannung. Plötzlich begann der Todeskampf. Die Hand, die noch immer Danielas Arm hielt, wurde zur eisernen Klammer. Jede der wilden Bewegungen der Sterbenden riß Daniela mit, aber sie versuchte nicht, sich zu befreien. Das rauhe Röcheln weckte die anderen.

»Was ist denn?« riefen sie angstvoll.

»Seid ruhig«, sagte Daniela, »Johanna liegt im Sterben.«

Sie verstummten. Nur Angela sagte laut und bitter: »Ich wollte, ich wäre soweit.« Dann warf sie sich auf ihre Pritsche zurück, drehte sich zur Wand, und bald verriet ihr Schnarchen, daß sie schlief.

Irgend jemand begann leise murmelnd zu beten, und jemand sagte: »Sollen wir nicht doch die Aufseherin wecken?«

»Nein«, erwiderte Daniela, »es ist bald vorüber.« Sie zitterte vor Kälte und Erschöpfung. Sie verwünschte die Länge der Nacht und die tiefe Finsternis. »Hat jemand eine Kerze?« fragte sie. Ein Streichholz flammte auf und beleuchtete für wenige Sekunden das armselige Lager. Daniela blickte bestürzt auf das Gesicht der Sterbenden. Es war ganz fremd geworden, von Qualen verzerrt. Das Streichholz erlosch. »Es ist keine Kerze da«, flüsterte jemand.

Es blieb dunkel. Kurze Zeit darauf war alles vorüber. Der erste Schein der Morgendämmerung zeigte sich hinter den blinden Scheiben, als Daniela vorsichtig die erstarrten Finger der Toten von ihrem Arm löste. Überwältigt von Mitleid und Trauer, legte sie das kleine Bild auf Johannas Brust, dann nahm sie es hastig zurück und verbarg es mit dem Testament zusammen in ihrer Matratze. Die beginnende Dämmerung zeigte ihr die anderen fünf als schwarze Schatten, wach und zitternd auf ihren Pritschen kauernd.

»Sie ist tot«, sagte Daniela. Ein paar weinten. Angela, die erwacht war, rief: »Was heulst du? Die hat's überstanden. Die hat alles hinter sich. Warum machen wir eigentlich nicht alle Schluß?« Niemand antwortete ihr. Daniela deckte ein Handtuch über das Gesicht der Toten. Dann warf sie sich, von Kälte, Müdigkeit und Aufregung zermürbt, auf ihr Lager. Kurze Zeit darauf schrillte die Morgenglocke, und eine Viertelstunde später erschien die Aufseherin. Daniela berichtete kurz und finster. »So«, sagte die Aufseherin gleichgültig, »ist sie tot? Na, dann geht raus hier. An die Arbeit, marsch!« Mürrisch brummte sie vor sich hin: »Diese Huber … nun hat man diese Schererei auch noch mit ihr.«

Angela sagte laut und scharf: »Für die da ist man

nur ein Stück Vieh. Die soll einmal genauso verlassen und armselig verrecken wie Johanna.«

»Halt's Maul!« schrie die Aufseherin wütend, doch ein Blick in das blasse, eisige Gesicht Danielas belehrte sie, daß es besser sei, hier zu schweigen.

Als sie abends in die Zelle zurückkamen, lag bereits eine neue Gefangene in Johannas Bett.

Daniela fand trotz ihrer Erschöpfung keinen Schlaf. Sie entbehrte Johanna, sie fühlte sich jenes Trostes beraubt, der darin gelegen hatte, das weiche Geschöpf zu beschützen. Es schien ihr, als hätte sie vorher, mit Johanna, die Tücken und Widrigkeiten des Gefängnisses weit weniger empfunden. Nun erst war dieses Leben unerträglich für sie, und zum erstenmal sah sie sich der vollen Gewalt der Verzweiflung ausgeliefert. Sie tastete nach dem Bild, das in ihrer Matratze verborgen war, und nichts hätte sie in diesem Augenblick davon abhalten können, es zu zerreißen, wenn sie es in der Dunkelheit gefunden hätte. Dieses Bild, das Vermächtnis Johannas, die Möglichkeit einer Begegnung mit Michael, dieser vorher so verlockende Traum, war jetzt nichts als ein böser Stachel. Nichts ließ sie den Verlust ihrer Freiheit schärfer empfinden als das Bewußtsein, durch sechs oder sieben eiserne Tore und ein unbeugsames, ungerechtes Gesetz von Michael getrennt zu sein. Sie erstickte ihr Stöhnen unter der rauhen Decke.

Als sie am nächsten Morgen, beordert, das Frühstücksbrot aus der Küche zu holen, die halbdunkle Treppe hinunterstieg, wurde sie leise angerufen. Hinter dem Gitter, das die Treppe von der Etage der Männer trennte, stand ein Gefangener. Sie konnte sein Gesicht nicht sehen, und sie begriff nicht, was er wollte, als er ungeduldig winkte. Zögernd nahm sie ein kleines Päckchen in Empfang. Das Nahen der Aufseherin scheuchte sie auseinander. Erst viel später, als Daniela schon wieder in der Nähzelle saß, wagte sie einen Blick in das Päckchen zu werfen. Es enthielt Puder, Rouge und Spiegel, für Johanna bestimmt. Daniela vergrub es nachts im Stroh ihrer Matratze bei dem Bild und dem Testament. Der Tod Johannas hatte den Zauber, der Daniela so lang gefangen hielt, mit einem Schlage zerrissen. Das Bild hatte seine Macht verloren, so, als hätte es nur zugleich mit Johanna zu leben vermocht. Daniela verspürte kein Verlangen mehr nach seinem Anblick. Sie trug es nicht mehr mit sich. Finster, aufsässig und hoffnungslos kauerte sie in ihrer Ecke, nähte keinen Stich und starrte auf die blinden Scheiben, hinter denen der Schnee schmolz und der Frühling begann, unbekümmert um die Gefangenen, die ihn nicht sahen.

Eines Morgens, fast genau ein Jahr nach ihrer Verhaftung, wurde sie aus der Nähzelle geholt. Die mürrische Aufseherin knurrte: »Sie können heute gehen.«

»Gehen? Wohin gehen?« fragte Daniela erstaunt.

»Dumme Frage. Hinaus, heim. Frei sind Sie, verstehen Sie das denn nicht?« Daniela starrte sie an, aber es wurde ihr keine Zeit gelassen, irgend etwas anderes zu empfinden als ein Gefühl dumpfer Betäubung wie von einem Schlag.

»Schnell, schnell! Ich hab' noch etwas anderes zu tun als Sie rauszulassen«, rief die Aufseherin, die es persönlich übelnahm, wenn eine ihrer Gefangenen freigelassen wurde. Sie warf Daniela ein Bündel Kleider und ihre Handtasche zu und schob sie in ihre Zelle. »In fünf Minuten haben Sie fertig zu sein!« knurrte sie.

Wie in einem unwahrscheinlichen, dumpfen Traum schlüpfte sie in ihre eigenen zerknitterten Kleider und warf die Gefängniswäsche in eine Ecke. Es war ihr fast unmöglich, ihre Bluse richtig zuzuknöpfen. Ihre Hände zitterten. Als sie schließlich, fertig angezogen, nach Monaten zum erstenmal sich wieder in einem Spiegel betrachtete, erschrak sie. Kummer, Zorn, Hunger und Mangel an Sonne und Licht hatten ihre bittere, gründliche Arbeit getan. Einen Augenblick lang war sie versucht, diese grauen, mageren Wangen und diese blassen Lippen zu färben, aber schließlich warf sie Lippenstift und Puder gleichgültig in ihre Tasche, steckte das kleine Bild und Johannas Testament ein und setzte sich wartend auf die Pritsche. Sie ließ ihre Augen durch den engen, armseligen Raum wandern, und sie sagte sich, daß sie zum letztenmal diese dicken, kalten Mauern, diese unbarmherzigen Gitter, diese harten, unsauberen Pritschen und abgestoßenen, rostigen Blechschüsseln, diesen verhaßten, nach Unrat und Chlor stinkenden Kübel sehen müsse. Aber sie empfand dabei keine Freude, sondern eine Art von Bedauern und Trauer. Sie stellte sich vor, daß sie in wenigen Minuten frei sein würde, aber diese Vorstellung bedrückte und ängstigte sie. Die Freiheit war unvorhergesehen, sie kam unerwartet, zu plötzlich und unvorbereitet. Sie war fast ebenso unerträglich für Daniela, wie es die plötzliche Haft gewesen war. Sie warf sich auf die Pritsche zurück, an die sie sich so sehr gewöhnt hatte, daß sie Schmutz und Härte kaum mehr empfand, und sie grübelte darüber nach, warum man sie ohne Verhandlung freigelassen hatte. War die Anklage gegen sie nicht schwer genug gewesen? Wozu hatte sie ihr Leben für eine so gefährliche Sache gewagt, wenn man sie nun so leichten Kaufes freigab? Ein Anfall von Scham, Trotz und Enttäuschung peinigte sie, bis sie die Schlüssel der Aufseherin klirren hörte. Sie sprang auf und lauschte mit Spannung, wie die schlürfenden Schritte sich ihrer Zelle näherten. Rasch durchwühlte sie noch einmal ihr Lager und versicherte sich mit einem Griff in ihre Tasche, daß sie nichts vergessen hatte. In diesem Augenblick durchzuckte sie das Gefühl des Lebens plötzlich, heftig und überraschend wie ein elektrischer Schlag. Sie blickte auf und sah mit Grauen die enge kahle Zelle. Voller Entsetzen preßte sie ihre Tasche an sich und drängte sich an die Tür. Wenn die Aufseherin vorüberginge! Wenn die Entlassung ein Irrtum wäre! Sie stöhnte vor Ungeduld und Angst. Es erschien ihr unmöglich, auch nur eine Minute länger in diesem schmutzigen, freudlosen Raum zu bleiben.

Wenige Sekunden später fiel die Zellentür hinter ihr ins Schloß. Sie stand auf dem langen Korridor, den zwei Frauen, auf den Knien rutschend, blank rieben, bis er spiegelte. Die eine der beiden war Angela, die widerwillig, nachlässig und ohne aufzublicken ihre Arbeit tat.

»Angela«, flüsterte Daniela, »leb wohl!« Angela blickte mürrisch auf. »Hast du Verhandlung?«

Daniela schüttelte den Kopf. Sie schämte sich, ihr zu sagen, daß sie frei war. Doch Angela erriet es. Mit einem unterdrückten Schrei sprang sie auf, umarmte Daniela und rief unter Schluchzen: »Du gehst! Ach, du gehst. Nun bin ich ganz allein. Kein Mensch …«

Die Aufseherin drehte sich um und schrie: »Was ist denn das für ein Affentheater? Marsch an die Arbeit, Gutzkin, und Sie, Sie schauen, daß Sie weiterkommen. Machen mir bloß die Leute rebellisch.« Daniela ging, die Wange naß von Angelas Tränen.

Sie flüsterte zurück, hilflos vor Schmerz: »Ich bring' dir was zu essen, Angela.«

Dann fiel das Gitter rasselnd hinter ihr zu. Rasch stieg sie die Treppe hinunter, hier und da tauchte eins der bekannten bösen, mageren, traurigen Gesichter auf und verschwand lautlos, vom Nahen der verhaßten Aufseherin verscheucht. Wie im Traum ließ sie die Formalitäten der Entlassung über sich ergehen.

Plötzlich kam der Aufseherin ein Einfall. »Sie waren doch mit dieser Johanna Huber befreundet, wie?«

Daniela erschrak. Ihre Gedanken arbeiteten rasch. Wenn man ihre Tasche durchwühlte, fände man Michaels Adresse.

»Nun, befreundet nicht gerade«, sagte sie vorsichtig und abweisend. Sie fühlte, daß sie erblaßt war. Der heftige Schrecken, den ihr die plötzliche Erinnerung an Michael bereitete, hätte sie darüber belehren müssen, wie wenig sie ihn vergessen hatte.

Die Aufseherin fragte hartnäckig weiter: »Aber Sie sind doch aus derselben Gegend wie die Huber? Da könnten Sie doch was mitnehmen, ihre Kleider und was sie sonst noch gehabt hat. Wir haben das Paket nämlich an ihre Adresse geschickt, und es ist wieder zurückgekommen. Sie hat wohl keine Angehörigen, diese Huber?«

»Ich weiß nichts davon«, sagte Daniela, während

sie mit erneutem Schrecken dachte: »Das muß ich Michael bringen.« Mit Begierde griff sie nach dem alten, schlechtverschnürten Karton. »Ich nehme ihn mit. Ich werde sehen.«

Die Aufseherin atmete auf: »Na also!« Und mit einem unangenehm vertraulichen Ton flüsterte sie: »Ich bin froh, wenn ich das Zeug los habe, wissen Sie. Ich will nichts zu tun haben damit. Solche Sachen machen einem bloß Scherereien.«

Daniela ging, ohne sie zu grüßen. Ein Polizist brachte sie über den Hof zur Tür. Er klopfte ihr väterlich auf die Schulter. »Glück gehabt, junges Fräulein! Und jetzt hinaus in die Freiheit, heim zur Mutter oder gar zum Bräutigam, hab' ich recht?«

Daniela starrte ihn verständnislos an. Der Polizist lachte.

»Nicht so ernsthaft, Mädel. Das Leben lernt sich schon wieder.«

Daniela lächelte gezwungen. »Vielleicht«, murmelte sie. In einem Anfall von verzweifelter Lustigkeit, rief sie: »Ja, ich fahre zu meinem Bräutigam, Sie haben es erraten.«

Das Tor öffnete sich. Daniela ging hastig hinaus. In einer unbewußten Gebärde der Angst wandte sie sich, unter dem Torbogen zögernd, nach dem Gefängnis um, als wollte sie dorthin zurückkehren. Gleich darauf fiel das Tor hinter ihr ins Schloß.

Daniela starrte auf das warme, besonnte Pflaster,

auf die spielenden Kinder, die blühenden Büsche, ohne etwas anderes wahrzunehmen als einen heftigen, schmerzhaften Anprall von Licht und Farbe, vor dem sie ihre Augen schützen mußte. Sie begann mechanisch zu gehen, in die Richtung, in der sie den Bahnhof vermutete. Zögernd und unsicher tastete sie sich durch das Gewühl der Passanten, das schlecht verschnürte Paket für Michael unter den Arm geklemmt. Gewohnt, erniedrigt und gequält zu werden, war es ihr unfaßbar, daß niemand ihr etwas Böses tat. Sie wich allen Leuten sorgfältig aus und bemerkte es nicht, daß sie sich unwillkürlich an die Mauern und Zäune hielt. Sie war hungrig, und niemand hätte sie daran hindern können, in irgendeins der vielen Restaurants zu gehen, an denen sie vorüberkam, aber sie konnte sich nicht dazu entschließen. Sie warf verlangende Blicke in die Schaufenster der Bäckereien, aber es war ihr, als wären diese verlockenden, frischgebackenen Brote nicht für sie. Es schien ihr unmöglich, irgend jemand zu sagen: »Dies möchte ich«, da sie eine Stunde vorher noch ihr Brot durch die Klappe in der Zellentür zugeworfen bekommen hatte. Sie fand den Weg zum Bahnhof nicht, aber sie wagte nicht, jemand zu fragen. Es war ihr nicht mehr möglich, die Worte zu finden, mit denen man zu diesen fremden Menschen sprechen mußte, zu diesen Geschäftigen, Gutgekleideten und Unverfolgten, von denen sie ihre Erfahrungen und ihr Leiden für immer trennen würden. Sie warf feindselige Blicke auf diese Leute in ihrer ungerechtfertigten Sicherheit, und sie sehnte sich zurück nach den müden, gequälten, bitteren, frechen, schamlosen und unendlich menschlicheren Wesen im Gefängnis. Sie ging immer schneller, als wäre es ihr möglich gewesen, aus der verhaßten Zone herauszukommen. Schließlich begann sie zu laufen, aber nach wenigen Sätzen hielt sie inne. Was mußte man von ihr denken, sah man sie in solch verdächtiger Eile. Langsam, bald ermüdet, ging sie weiter, vergeblich bemüht, ihre Miene, ihrem Blick und ihrer Haltung die ungebrochene, unauffällige Ruhe eines unverfolgten Menschen zu geben.

Schließlich fand sie sich in einer Vorstadt. Hier wagte sie es endlich, in eine Kneipe einzutreten. Erschöpft ließ sie sich in eine dunkle Ecke fallen. Die Stube war leer. Die dicke Wirtin warf von ihrer Theke her einen langen, prüfenden Blick auf Daniela, der sie in die Flucht geschlagen hätte, wäre sie vor Hunger nicht nahezu ohnmächtig gewesen. Sie verlangte stockend »irgend etwas zu essen«, einen Fahrplan und eine Auskunft nach dem Weg zum Bahnhof. Die Wirtin, die neugierig und mitleidig in ihr blasses, mageres Gesicht geblickt hatte, brachte ihr zu essen und ließ sich neben Daniela nieder, die nichts wünschte, als allein gelassen zu werden, um mit ungestörter Gier die ungewohnten, köstlichen

Speisen verschlingen zu können. Die Wirtin betrachtete seufzend den schweigsamen finsteren Gast, bis sie schließlich beleidigt fragte: »Das Fräulein ist wohl nicht aus der Stadt hier?« »Nein«, murmelte Daniela.

»Von auswärts, vielleicht auf der Durchreise?«

»Mhm«, machte Daniela. Die Wirtin stöhnte.

»Und wohin fahren Sie, wenn ich fragen darf?«

Daniela kaute hastig weiter. Die Wirtin ließ sich nicht abweisen. »Zu den Eltern vielleicht oder zum Bräutigam?«

Daniela warf ihr einen zornigen Blick zu und rief, außer sich vor Ärger: »Warum zum Teufel fragen mich denn alle Leute so dummes Zeug? Ich hab' keinen Bräutigam, keinen Mann, keinen Freund, keine Eltern. Und übrigens komme ich soeben aus dem Gefängnis. Sind Sie jetzt zufrieden?«

Die Alte starrte sie offenen Mundes an, als sie den Rest ihres Frühstücks in die Tasche warf, ein viel zu großes Geldstück auf den Tisch schleuderte und eiligst fortging.

Eine plötzliche, heftige Übelkeit belehrte sie darüber, daß man sich nicht ungestraft satt essen darf, wenn man monatelang gehungert hat. Von Schmerzen geplagt, irrte sie durch ein Gewirr von kleinen Gassen, bis sie endlich einen Weg fand, der zum Bahnhof führen mußte. Ernüchtert begann sie quälende Überlegungen anzustellen. Sie würde zu Michael fahren. Gut. Sie hatte es Johanna versprochen. Monatelang war sie dessen sicher gewesen, daß sie nichts anderes wollte und erwartete, als Johannas Auftrag zu erfüllen. Wie aber würde sie sich dieses Auftrags entledigen? Wie konnte sie Michael mit freundlichen, dürren Worten sagen, daß seine Geliebte tot war, während sie selbst ihn liebte? Hatte Michael seine Freundin vielleicht wirklich geliebt? Daniela war verwirrt und beschämt. Sie sagte sich, daß sie Johannas Vertrauen mißbrauchte. Sie erschien sich unsauber und schlecht und begann die Fahrt zu verwünschen. Es schien ihr tausendmal besser, ihm zu schreiben. Aber war es nicht unvorsichtig? Konnte sie Michael nicht dadurch in äußerste Gefahr bringen? Sie sah keinen anderen Ausweg, als die Fahrt zu wagen, um jeden Preis Michael selbst zu sehen und ihre Wünsche zu verbergen. Wie aber würde sie vor ihm stehen können, ohne ihm ihre Liebe zu verraten, diese stumme, geheime, verbissen gehegte und darum so gefährliche erste Liebe?

In der Stadt kaufte sie eine Tüte voll Brötchen, um sie Angela zu bringen. Als sich das schwere Eisentor zum Gefängnis öffnete, erlebte sie noch einmal, in einem qualvollen Augenblick zusammengedrängt, alle Angst, Verzweiflung und Armut ihrer Haft, und als das Tor zum zweitenmal hinter ihr zufiel, begriff sie für kurze Zeit, daß sie frei war;

doch erst später, als sie im Zug saß, als die Stadt, kleiner und kleiner werdend, weit zurückblieb, als schließlich auch das hohe graue Dach des Gefängnisses verschwunden war, fühlte sie, daß sie im Begriffe war, ins Leben zurückzukehren. Sie verbarg ihr Gesicht im Mantel und weinte vor Erschöpfung und Entspannung.

Diese Tränen schienen die quälende Last der Erinnerung hinweggeschwemmt zu haben. Es erschreckte sie nicht mehr, zu denken, daß sie Michael sehen würde. Sie beugte sich aus dem Fenster, um zu sehen, wie der Zug in ein tiefes, feuchtes, steilansteigendes Tal einbog, das ihn zwang, langsam zu fahren, so unendlich langsam zu fahren, daß Daniela vor Ungeduld fieberte. Hundertmal spähte sie durch Rauch und Funken vorwärts. Es schien ihr, als besäße sie nicht mehr die Kraft, auch nur eine Viertelstunde länger zu warten. Schließlich stand sie hinter dem kleinen Bahnhof, am Beginn der Chaussee, die in ein Seitental führte, dessen Ende sie nicht absehen konnte. Die Straße verlor sich fernhin im Schatten. Es war Spätnachmittag. Daniela las die Kilometerzahl von dem schiefen, morschen Wegweiser ab. Sie würde zwei Stunden zu gehen haben, vielleicht auch drei. Ein Gefühl der Schwäche in ihren Knien und die hämmernde Leere in ihrem Kopf sagten ihr, daß es vernünftig sei, vor Beginn des weiten Weges erst einmal in das kleine

Gasthaus neben dem Bahnhof zu gehen und zu essen. Als sie diesen Entschluß faßte, ahnte sie nicht, wieviel Schwierigkeiten es ihr bereiten sollte, ihn auszuführen. Sie ging geradewegs und entschieden auf die Tür zu, doch in dem Augenblick, in dem sie die Hand auf die Klinke legte, sah sie am Fenster einen Mann mit einer grünen Uniform. Ihre aufgeregte Einbildung sagte ihr sofort, es sei ein Gendarm. Mit einem angstvollen Blick ließ sie die Klinke los und flüchtete.

Die Sonne, eine noch sanfte Frühlingssonne, die auf die schattenlose Straße fiel, erschien Daniela, die nur die frostige Kälte zwischen den dicken Gefängnismauern kannte, fast unerträglich, und als sie endlich den kleinen Bach erreichte, von dem Johanna vor ihrem Sterben gesprochen hatte, fühlte sie sich versucht, zwischen den blühenden Uferweiden liegen zu bleiben. Der Weg begann bald steil anzusteigen. Hätte ihr jemand gesagt, sie gehe viel zu rasch und ihre Kraft würde vorzeitig erlahmen, so hätte sie ihn erstaunt und ungläubig angesehen. Das Tal tief unter ihr lag bereits im Schatten, als sie schließlich keuchend vor einer Wegkreuzung ohne Wegweiser stand. Nirgendwo war ein Mensch, den sie hätte fragen können. Unschlüssig und über die Verzögerung unglücklich, ließ sie ihre Augen über die Berghänge schweifen, bis sie endlich, zwischen blühenden Kirschbäumen, ein einsames Gehöft entdeckte, und obgleich es ihr scheinen wollte, als läge es weit ab vom Wege, blieb ihr nichts anderes übrig, als dort hinzugehen.

Es war ein großes verwahrlostes Haus mit schiefen Läden, morschen Schwellen und zersprungenen Scheiben. Ein magerer Kettenhund saß daneben mit halbblinden Augen, schläfrig, ohne anzuschlagen, als sie zögernd ins Haus ging. Die große Diele stand voll von halbgepackten oder schon vernagelten Kisten. Daniela hatte den Eindruck, als ob hier jemand ausziehen würde. Alle Türen standen offen. Von irgendwoher hörte man sprechen, aber es war nicht festzustellen, aus welchem Zimmer die Stimmen kamen. Kein Mensch war zu sehen. Daniela rief, aber niemand hörte sie. Schließlich stieg sie zögernd und ungeduldig über die Treppe. Nun konnte sie die Stimme eines Mannes und die einer Frau unterscheiden. Sie sprachen weder besonders laut noch besonders heftig, und doch blieb kein Zweifel darüber, daß sie stritten. Offenbar waren sie es müde, dies zu tun, aber sie vermochten dem Streit kein Ende zu machen. Zäh, erbittert und gewohnheitsmäßig fochten sie einen aussichtslosen Kampf, in dem beide, zum tausendstenmal, unterliegen würden. Daniela lauschte bedrückt. Schließlich rief sie laut und dringlich. Darauf wurde es still. Eine ganze Weile später öffnete sich knarrend eine Tür, und eine Frau in weiten, schwarzen Kleidern erschien auf dem obersten Absatz der Treppe. »Was ist?« fragte sie mürrisch. Daniela stellte hastig und unsicher ihre Frage nach dem Weg.

»So?« erwiderte die Frau. »Sie wollen also heute noch hinauf.« Sie schüttelte unwillig den Kopf und betrachtete Daniela strafend.

»Unmöglich!« fügte sie hinzu.

»Warum?«

»Warum? Weil der Weg zu weit ist, darum.«

»Wie weit?«

»Eine Stunde für Sie.« Die Alte stieß eine Art von schnaubendem Gelächter aus, als sie Danielas Schrecken sah.

Leise sagte Daniela: »Aber ich muß dorthin.«

»Muß, muß?« knurrte die Frau. »Sie werden sich verirren, über die Felswand stürzen, sich Hals und Bein brechen. Muß, muß ...«

Daniela war blaß geworden.

»Ja«, sagte die Alte befriedigt, »so ist es.« Und als ob die Qual der Ungeduld, die sich in Danielas Gesicht ausdrückte, sie besänftigt hätte, fuhr sie milder und fast schmeichelnd fort:

»Bleiben Sie hier über Nacht. Ein Bett ist da und zu essen auch. Nun?«

Sie schaute Daniela erwartungsvoll an.

»Nein«, sagte Daniela, »ich kann nicht. Ich muß heute noch hinauf.«

Die Alte stieg mit erstaunlich leichten und raschen

Schritten die Stiege hinunter. Ihre Gewänder rauschten, als käme sie geflogen. Sie ergriff das junge Mädchen am Arm, zerrte sie an ein Fenster und schaute sie aufmerksam prüfend an. Daniela erschrak. Was wollte die Alte von ihr? War sie in eine Falle gegangen? Sie versuchte, sich dem Griff zu entwinden, aber die Hände hielten sie fest.

»So«, sagte die Alte schließlich, »Sie müssen also heute noch hinauf. Ist da irgendwer, zu dem Sie müssen?«

Als Daniela, blitzschnell überlegend, schwieg, fuhr sie fort:

»Ist da der Liebste oben vielleicht?«

Daniela starrte sie einen Augenblick offenen Mundes an.

»Nein«, sagte sie bestürzt. »Wieso denn?« Die Alte lachte, bis ihr der Atem ausging. Daniela schaute sie betroffen an.

Die Frau, die sie für ein altes Bauernweib gehalten hatte, war keineswegs sehr alt. Sie mochte nahe an fünfzig sein. Ihr Gesicht war klug, scharf und erfahren.

»Nun«, sagte sie schließlich, »ich will nichts wissen. Mich interessiert nicht mehr viel. Es ist ja überall dasselbe.«

»Aber«, fuhr sie fort, während sie Daniela erneut am Arm ergriff, »das sage ich Ihnen, wenn Sie einem Mannsbild nachlaufen und sich dabei den Hals brechen, dann geschieht es Ihnen ganz recht, haben Sie mich verstanden?«

»Ja«, sagte Daniela, »aber ich gehe wirklich nicht zu …«

»Ach, schweigen Sie doch!« Und dicht an Danielas Ohr flüsterte sie: »Vor dreißig Jahren bin ich diesen Weg hier herauf zum erstenmal gegangen. Ich wollte, es wäre bei diesem erstenmal geblieben.« Laut sagte sie: »Lieben Sie?«

Daniela blickte sie ratlos und gequält an. »Nein«, murmelte sie, aber ein unvermittelter, kurzer und heftiger Schmerz belehrte sie, daß es nicht die Wahrheit war, was sie gesagt hatte. Entzückt und erschrocken genoß sie einen Augenblick lang ihr Geheimnis, dann sagte sie heftig: »Aber es wird spät. Ich muß gehen. Bitte, zeigen Sie mir nun den Weg!«

»Gut«, erwiderte die Alte spöttisch und erzürnt, »gut, gehen Sie. Aber eins will ich Ihnen noch sagen: wenn Sie lieben, dann lassen Sie es dabei bleiben, verstehen Sie? Vor dreiunddreißig Jahren …« Sie stieß eine Art verächtlichen Fauchens aus, bevor sie weitersprach. »Ehe!« sagte sie und schüttelte sich. Sie deutete mit dem rückwärts gekrümmten Daumen über die Stiege. »Das da oben. Dreißig Jahre. Morgen ziehe ich übrigens fort. Endlich habe ich mich entschlossen. Sie aber, Sie hören nichts, glauben nichts. Gut, gehen Sie!«

Zornig schob sie Daniela aus dem Haus und eilte durch den blühenden Kirschgarten. »Hier«, sagt sie widerwillig und verächtlich. »Der Weg da am Bachbett entlang bis zu den drei Häusern da oben. Dann durch die Schlucht. Aber Sie werden es nie finden. Gute Nacht!«

»Vielen Dank!« sagte Daniela verwirrt und sah der dunklen Gestalt nach, die rasch zwischen den Kirschbäumen davoneilte. Aber ehe sie noch ganz verschwunden war, blieb die Alte stehen, legte die Hände wie einen Trichter um den Mund und rief: »Das Beste, was Ihnen passieren kann, ist, Sie finden ihn nie.«

Daniela zuckte die Achseln und ging.

Der Weg führte sie eine Weile am Ufer eines Bergbaches entlang und war leicht zu finden, aber obwohl er nur sanft anstieg, war Daniela fast zu Tode ermattet, als sie endlich die drei Häuser erreichte, die ihr die Alte gezeigt hatte.

Der Weg verlor sich in der Schlucht, von der die Alte gesprochen hatte. Es war ein ehemaliges Wildbachbett, ausgefüllt mit Sand, Kies, Felsblöcken, entwurzelten Stämmen und Latschenästen, die, vom langen Liegen ausgebleicht, eine leichenhafte Farbe angenommen hatten. Die Mühe, die Daniela darauf verwenden mußte, zwischen den scharfkantigen Steinen nicht fehlzutreten, beanspruchte ihre Sinne und ihre Gedanken so völlig, daß sie kaum bemerkte, wie die Dämmerung anbrach. Der Abendwind hatte sich erhoben und rauschte in den Fichten oberhalb der Schlucht, die endlos zu sein schien. Plötzlich sah Daniela etwa einen Steinwurf weit vor sich einen Mann auftauchen. Er schien denselben Weg wie sie eingeschlagen zu haben. Vorsichtig folgte sie ihm. Als sie ihm auf Rufweite nahegekommen war, glaubte sie deutlich zu sehen, daß er eine grüne Uniform trug. Sie verlor vor Schrecken fast die Besinnung. Nun war ihr mit einem Schlage alles klar: Man hatte ihr im Gefängnis mit dem harmlosen Auftrag, Johannas Habe zu überbringen, eine Falle gestellt; man hatte ihre Fahrt überwacht; der Polizist am Fenster in der Wirtsstube hatte sie beobachtet und war ihr gefolgt bis zu dem Haus im Kirschgarten. Dort hatte er gelauscht und war, während sie von der Alten festgehalten worden war, vorangeeilt. Und nun ging er, um Michael zu verhaften. Eine lückenlose Kette. Ihre Knie zitterten. Im nächsten Augenblick wußte sie, was sie zu tun hatte. Sie mußte den Polizisten überholen, ohne daß er es merkte. Sie mußte vor ihm zu Michael kommen und ihn warnen.

Plötzlich erkannte sie, daß der grüne Lodenanzug eines Bergsteigers sie genarrt hatte. Aber sie vermochte nicht an die Harmlosigkeit dieses Mannes zu glauben. Es war allem Anschein nach ein junger Bursche. Sie sah sein Gesicht im Profil, aber die

Dämmerung verwischte die Konturen. Plötzlich versagten ihre Knie ihr den Dienst: Wer anders konnte der Wanderer sein als Michael? Kaum war ihr dieser Einfall gekommen, nahm er auch schon die Form fester Gewißheit an. Ehe sie überlegen konnte, was sie tun wollte, legte sie die Hände um den Mund, und, ihre ganze Kraft in den Schrei legend, rief sie: »Franz Huber!« Der Bursche schien nicht zu hören. »Michael!« Diesmal drehte sich der Bursche um und wartete. Daniela lief ihm nach, und die Steine schienen ihr von selbst den Weg freizugeben. Aber als sie vor dem Fremden stand, sah sie, daß es ein ungeschlachter, häßlicher Bursche war, ein Hirte wohl. Sie starrte ihn fassungslos an. Schließlich fragte sie ihn nach dem Weg. Er gab kurz und mürrisch Auskunft, und sie gingen eine Weile schweigend nebeneinander weiter, bis der Bursche seitlich abbog.

Bald darauf war die Schlucht zu Ende, und eben noch erkennbar im letzten Tageslicht lag eine sanfte Mulde vor Daniela, mit weißblühenden Bäumen und einigen kleinen Gehöften bestanden. Eine Wegtafel sagte Daniela, daß sie am Ziel war. Obwohl ihre Füße mit Blasen bedeckt waren und obwohl sie vor Erschöpfung schwankte, glaubte sie, das letzte Stück des Weges zu fliegen. Sie fühlte, wie ihre Empfindung ihr vorauseilte, und es schien ihr, als vermöchte sie mit der Kraft ihres Verlangens Michael zu beschwören, ihr entgegenzukommen.

Ihr Atem flog, als sie schließlich das kleine weiße Haus sah, das abseits von den Gehöften zwischen blühenden Pflaumenbäumchen lag. Ein Fenster stand offen. Im Zimmer dahinter brannte Licht. Daniela eilte darauf zu. Das weiche Gras des Wiesenwegs machte ihre Schritte unhörbar. Als sie dem Fenster so nahegekommen war, daß sie das leise Geräusch von Schritten im Zimmer deutlich hören konnte, schob sich der Schattenriß eines Menschen in das Fenster. Daniela verschwand, wie von einem Windstoß verjagt, im Gebüsch. Ihre Augen weiteten sich. Am Fenster, wenige Schritte von ihr entfernt, stand Michael. Sie erkannte ihn, noch ehe sie sein Gesicht völlig gesehen hatte. Dies war sein feines, weiches Profil, der schlanke, bewegliche Hals, die schmalen Schultern, Gesicht und Gestalt eines anmutigen, verwöhnten Knaben. Er beugte sich leicht aus dem Fenster. Der Lichtschein fiel auf sein dunkles Haar und ließ es glänzen. Daniela hielt unwillkürlich den Atem an. Sie kauerte stumm und regungslos und hatte doch die deutliche Empfindung, die Arme nach ihm auszustrecken, ihm entgegenzustürzen, seinen Namen zu rufen. Sie fühlte, dieser Augenblick enthielt die Erfüllung ihrer Sehnsucht. Aber sie hatte nicht die Kraft, ihn zu ergreifen, ihn festzuhalten.

Plötzlich hörte sie eine weibliche Stimme sagen: »Horch, schon wieder ein Geräusch! Ist da nicht doch jemand draußen?«

Michael, noch immer am Fenster, antwortete unsicher: »Ich weiß nicht. Ich glaube, es ist der Wind oder eine Katze.«

Einen Augenblick später stand ein junges Mädchen neben ihm. »Nichts«, flüsterte sie, »es ist nichts. Wir sind ängstlich, wir beide.«

Michael lachte gezwungen: »Wir werden es nie lernen zu begreifen, daß mich hier niemand sieht und niemand findet.« Er legte seinen Arm um das Mädchen, küßte es leidenschaftlich und flüsterte ungeduldig und zärtlich: »Komm jetzt, komm endlich! Du siehst doch, es ist nichts. Wir wollen das Fenster schließen.«

In diesem Augenblick knackte ein Ast unter Danielas Füßen. Das Mädchen am Fenster stieß einen Schreckensruf aus. Michael drängte sie sanft zurück und schloß, über ihre Furchtsamkeit seufzend, rasch das Fenster. Eine Sekunde darauf waren die Gardinen zugezogen, und eine Weile später, während der Daniela regungslos, zu Tode erschrocken und gelähmt, verharrte, ertönte fröhliches Gelächter, bis schließlich das Licht erlosch und das Lachen verstummte.

Langsam ballte Daniela die Hände. Die Lähmung, die sie beim Anblick Michaels befallen hatte, wich langsam einem ohnmächtigen Zorn. Ihre Zähne schlugen aufeinander.

Plötzlich sprang sie auf und war mit zwei oder drei raschen Sätzen am Fenster, alle Vorsicht außer acht lassend. Ohne zu überlegen, ergriff sie einen großen, kantigen Stein und holte aus, um ihn durch die Scheibe zu schleudern. Sie fühlte dunkel, daß es eine vorläufige Erleichterung wäre, irgend etwas zu zerstören, Scherben klirren zu hören, das Idyll zu stören, den beiden einen gründlichen Schrecken einzujagen. Aber in dem Augenblick, in dem sie die Hand öffnete, um den Stein zu werfen, befiel sie Ernüchterung.

Sie ließ den Stein fallen und blieb stehen, kalte Überlegungen im Kopf. Sie hatte das Testament in ihrer Tasche. Es würde sie nicht mehr kosten als eine kleine Bewegung, und das Dokument läge zerknittert, zerrissen, für immer ohne Gültigkeit und Wirkung unter einem Strauch. Es würde vermodern und zerfallen. Daniela fühlte für Sekunden die schlimme Wohltat der Schadenfreude, die darin lag, sich auszumalen, wie arm der Bursche sein würde ohne diesen Fetzen Papier.

Doch sie zögerte. Sie ahnte, daß es für diesen schönen Burschen ein leichtes wäre, eine zweite, dritte und vierte Johanna zu finden. Er müßte auf eine andere, härtere Weise bestraft werden, sagte sie sich. Der Gedanke, der in diesem Augenblick in ihrem überreizten Gehirn auftauchte, erschreckte sie kaum. War sie nicht Herr über sein Leben? Was hinderte sie daran, ihn zu verraten? Das Gefühl der Macht berauschte sie.

Sie konnte diesen Burschen dem Gesetz ausliefern. Es lautete auf Todesstrafe. Aber, so fragte sie sich, wen will ich rächen? Die arme, tote, betrogene Johanna? Sie war ehrlich genug, sich zu sagen, daß sie nichts anderes rächen wollte als den Wahnsinn ihrer eigenen ersten Liebe und Enttäuschung.

Einen Augenblick später wußte sie, daß sie hier nichts anderes zu tun hatte, als den Auftrag Johannas zu erfüllen und das Paket Johannas abzugeben. Was ging sie dieses Idyll hier an? Sie ging entschlossen zu dem Fenster zurück, das sie wenige Minuten vorher zu zertrümmern gewünscht hatte. Die schwache Empfindung eines kleinen Triumphs bereitete ihr ein kurzes Vergnügen: Wie würde sie die beiden mit der Botschaft bestürzen, wie würde das Mädchen die Nachricht von einer Geliebten ihres Michael aufnehmen!

Aber als sie vor der Tür stand, um zu klopfen, zitterte sie. Nun also sollte sie Michael gegenüberstehen, diesem Menschen, der monatelang nichts anderes als ein Traumbild für sie gewesen war und ihr Herz mit der leidenschaftlichen Kraft einer leibhaftigen Wirklichkeit erfüllt hatte. Ein sonderbares Gefühl, das ihr als Dankbarkeit erschien, lähmte sie. In einem Anfall von Trauer lehnte sie die Stirn an die Tür. Einige Sekunden später richtete sie sich auf, trocknete hastig ihre Augen und klopfte.

Es dauerte eine ganze Weile, bis Michael rief:

»Wer ist da?« Daniela zögerte, ehe sie rief: »Johanna.« Sie wußte später nicht, warum sie das getan hatte. Kurz darauf stand Michael an der Tür, einen Mantel umgeworfen, mit wirren Haaren, eine Kerze in der Hand, die im Wind flackerte. Sie starrten sich an. In diesem Augenblick erschien er Daniela so fraglos schön und so ohne Einschränkung begehrenswert, daß sie keine andere Möglichkeit mehr fühlte als die, um ihn zu kämpfen, ihn dem jungen Mädchen zu rauben, das, durch einen Türspalt spähend, die Szene belauschte.

Eine Sekunde später sagte sie laut: »Ich komme aus dem Gefängnis.« Das junge Mädchen stieß einen unvorsichtigen Ruf aus. Michael schaute sich erschrocken nach ihr um.

Daniela fuhr fort: »Ich war mit Ihrer Geliebten zusammen in einer Zelle. Sie saß wegen Mithilfe zur Fahnenflucht, wissen Sie das?«

Der Bursche starrte sie offenen Mundes an. Böse lauernd fuhr sie fort: »Ihre Geliebte ist im Gefängnis gestorben. Sie hat mir dieses Testament mitgegeben, in dem Sie zum Besitzer dieses Hauses und Johannas Vermögens gemacht werden – Michael.« Es kostete sie eine große Anstrengung, sich zu entschließen, seinen Namen auszusprechen. Als sie es tat, lag darin eine schmerzhafte Lust, die ihr den Atem benahm. Sie fühlte, daß sie am Ende ihrer Kraft war. »Nun?« fragt sie, um das zermürbende Schweigen zu brechen. Der Bursche nahm zögernd das Papier in die Hand, ohne es anzusehen und wandte sich hastig nach der Tür, aus der heftiges Schluchzen drang. Die Hand, die die Kerze hielt, zitterte.

Daniela begann sich an seiner Verwirrung und Angst zu weiden. Sie dehnte die Minute zur Unendlichkeit aus.

»Und hier«, sagte sie schließlich, indem sie ihm den halbaufgelösten Pappkarton reichte, »hier sind Johannas Kleider. Man hat mich im Gefängnis damit beauftragt, sie Ihnen zu bringen.«

Michaels Stimme versagte für eine Weile, ehe er, stammelnd vor Schrecken, ausrufen konnte: »Mir sollten Sie das bringen? Wer wußte denn …! Hat Johanna mich verraten?«

Daniela sah ihn verächtlich an. »Johanna! Nein! Haben Sie keine Angst! Ich verrate Sie nicht. Außer mir weiß niemand Ihr Versteck.«

In diesem Augenblick entfiel Michael der alte, schlecht verschnürte Pappkarton. Johannas Kleider und kleine Habseligkeiten lagen verstreut auf dem Boden. Der dumpfe Gefängnisgeruch der schmutzigen, ungelüfteten Wäsche, der Gestank nach Chlor und altem Bettstroh, dieser für Daniela so vertraute Geruch stieg atembeklemmend auf. Michael wich entsetzt zur Seite. Daniela lächelte voller Verachtung. Sie murmelte: »Nun gehen Sie hinein! Sie werden sich hier erkälten. Ihre kleine Freundin weint.«

Sie eilte fort. Als sie drei oder vier Schritte gegangen war, folgte er ihr nach. Die Kerze erlosch im Wind. Daniela blieb erstaunt stehen. Einen Augenblick später fühlte sie seine Lippen weich und heftig auf ihrer Hand. Sie zog sie, zu Tod erschrocken, zurück.

»Gehen Sie«, rief sie heftig.

Er murmelte: »Ich danken Ihnen. Oh, ich danke Ihnen tausendmal.«

Daniela blickte ihn haßerfüllt an: »Wofür?« fragte sie kalt.

»Weil Sie schweigen können«, flüsterte er.

Sie stieß einen zornigen Laut aus und ging fort, ohne sich umzuschauen. Erstaunt und angewidert betrachtete sie ihre Hand, auf der sie noch die Wärme seiner Lippen spürte. Sie schämte sich.

Am Morgen fand sie sich in einem Heuschuppen liegen, ohne sich daran zu erinnern, wie sie in der Nacht dorthin geflüchtet war. In ihrer Hand hielt sie das Bild Michaels.

Die rote Katze

Ich muß immer an diesen roten Teufel von einer Katze denken, und ich weiß nicht, ob das richtig war, was ich getan hab. Es hat damit angefangen, daß ich auf dem Steinhaufen neben dem Bombentrichter in unserm Garten saß. Der Steinhaufen ist die größere Hälfte von unserm Haus. Die kleinere steht noch, und da wohnen wir, ich und die Mutter und Peter und Leni, das sind meine kleinen Geschwister. Also, ich sitz da auf den Steinen, da wächst überall schon Gras und Brennesseln und anderes Grünes. Ich halt ein Stück Brot in der Hand, das ist schon hart, aber meine Mutter sagt, altes Brot ist gesünder als frisches. In Wirklichkeit ist es deswegen, weil sie meint, am alten Brot muß man länger kauen und dann wird man von weniger satt. Bei mir stimmt das nicht. Plötzlich fällt mir ein Brocken herunter. Ich bück mich, aber im nämlichen Augenblick fährt eine rote Pfote aus den Brennesseln und angelt sich das Brot. Ich hab nur dumm schauen können, so schnell ist es gegangen. Und da seh ich, daß in den Brennesseln eine Katze hockt, rot wie ein Fuchs und ganz mager. »Verdammtes Biest«, sag ich und werf einen Stein nach ihr. Ich hab sie gar nicht treffen wollen, nur verscheuchen. Aber ich muß sie doch getroffen haben, denn sie hat geschrien, nur ein einziges Mal, aber so wie ein Kind. Fortgelaufen ist sie nicht. Da hat es mir leid getan, daß ich nach ihr geworfen hab, und ich hab sie gelockt. Aber sie ist nicht aus den Nesseln rausgegangen. Sie hat ganz schnell geatmet. Ich hab gesehen, wie ihr rotes Fell über dem Bauch auf und ab gegangen ist. Sie hat mich immerfort angeschaut mit ihren grünen Augen. Da hab ich sie gefragt: »Was willst du eigentlich?« Das war verrückt, denn sie ist doch kein Mensch, mit dem man reden kann. Dann bin ich ärgerlich geworden über sie und auch über mich, und ich hab einfach nicht mehr hingeschaut und hab ganz schnell mein Brot hinuntergewürgt. Den letzten Bissen, das war noch ein großes Stück, den hab ich ihr hingeworfen und bin ganz zornig fortgegangen.

Im Vorgarten, da waren Peter und Leni und haben Bohnen geschnitten. Sie haben sich die grünen Bohnen in den Mund gestopft, daß es nur so geknirscht hat, und Leni hat ganz leise gefragt, ob ich nicht noch ein Stückchen Brot hab. »Na«, hab ich gesagt, »du hast doch genau so ein großes Stück bekommen wie ich und du bist erst neun, und ich bin dreizehn. Größere brauchen mehr.« – »Ja«, hat sie gesagt, sonst nichts. Da hat Peter gesagt: »Weil sie ihr Brot doch der Katze gegeben hat.« – »Was für einer Katze?« hab ich gefragt. »Ach«, sagt Leni, »da ist so eine Katze gekommen, eine rote, wie so ein kleiner Fuchs und so schrecklich mager. Die hat mich immer angeschaut, wie ich mein Brot hab essen wollen.« – »Dummkopf«, hab ich ärgerlich gesagt, »wo wir doch selber nichts zu essen haben.« Aber sie hat nur mit den Achseln gezuckt und ganz schnell zu Peter hingeschaut, der hat einen roten Kopf gehabt, und ich bin sicher, er hat sein Brot auch der Katze gegeben. Da bin ich wirklich ärgerlich gewesen und hab ganz schnell weggehen müssen.

Wie ich auf die Hauptstraße komm, steht da ein amerikanisches Auto, so ein großer langer Wagen, ein Buick, glaub ich, und da fragt mich der Fahrer nach dem Rathaus. Auf englisch hat er gefragt, und ich kann doch ein bißchen Englisch. »The next street«, hab ich gesagt, »and then left and then« – geradeaus hab ich nicht gewußt auf englisch, das hab ich mit dem Arm gezeigt, und er hat mich schon verstanden. – »And behind the church ist the marketplace with the Rathaus.« Ich glaub, das war ein ganz gutes Amerikanisch, und die Frau im Auto hat mir ein paar Schnitten Weißbrot gegeben, ganz weißes, und wie ich's aufklapp, ist Wurst dazwischen, ganz dick. Da bin ich gleich heimgerannt mit dem Brot. Wie ich in die Küche komm, da verstecken die zwei Kleinen schnell was unterm Sofa, aber ich hab es doch gesehen. Es ist die rote Katze gewesen. Und auf dem Boden war ein bißchen Milch verschüttet, und da hab ich alles gewußt. »Ihr seid wohl verrückt«, hab ich geschrien, »wo wir doch nur einen halben Liter Magermilch haben am Tag, für vier Personen.« Und ich hab die Katze unterm Sofa herausgezogen und hab sie zum Fenster hinausgeworfen. Die beiden Kleinen haben kein Wort gesagt. Dann hab ich das amerikanische Weißbrot in vier Teile geschnitten und den Teil für die Mutter im Küchenschrank versteckt.

»Woher hast du das?« haben sie gefragt und ganz ängstlich geschaut. »Gestohlen«, hab ich gesagt und bin hinausgegangen. Ich hab nur schnell nachsehn wollen, ob auf der Straße keine Kohlen liegen, weil nämlich ein Kohlenauto vorbeigefahren war, und die verlieren manchmal was. Da sitzt im Vorgarten die rote Katze und schaut so an mir rauf. »Geh weg«, hab ich gesagt und mit dem Fuß nach ihr gestoßen. Aber sie ist nicht weggegangen. Sie hat bloß ihr kleines Maul aufgemacht und gesagt: »Miau.« Sie hat nicht geschrien wie andere Katzen, sie hat es einfach so gesagt, ich kann das nicht erklären. Dabei hat sie mich ganz starr angeschaut mit den grünen Augen. Da hab ich ihr voll Zorn einen Brocken von dem amerikanischen Weißbrot hingeworfen. Nachher hat's mich gereut.

Wie ich auf die Straße komm, da sind schon zwei andere da, Größere, die haben die Kohlen aufgehoben. Da bin ich einfach vorbeigegangen. Sie haben einen ganzen Eimer voll gehabt. Ich hab schnell hineingespuckt. Wär das mit der Katze nicht gewesen, hätte ich sie alle allein gekriegt. Und wir hätten ein ganzes Abendessen damit kochen können. Es waren so schöne glänzende Dinger. Nachher hab ich dafür einen Wagen mit Frühkartoffeln getroffen, da bin ich ein bißchen drangestoßen, und da sind ein paar runtergekollert und noch ein paar. Ich hab sie in die Taschen gesteckt und in die Mütze. Wie der Fuhrmann umgeschaut hat, hab ich gesagt: »Sie verlieren Ihre Kartoffeln.« Dann bin ich schnell heimgegangen. Die Mutter war allein daheim, und auf ihrem Schoß, da war die rote Katze. »Himmeldonnerwetter«, hab ich gesagt, »ist das Biest schon wieder da?« – »Red doch nicht so grob«, hat die Mutter gesagt, »das ist eine herrenlose Katze, und wer weiß, wie lange sie nichts mehr gefressen hat. Schau nur, wie mager sie ist.« – »Wir sind auch mager«, hab ich gesagt. »Ich hab ihr ein bißchen was von meinem Brot gegeben«, hat sie gesagt und mich schief angeschaut. Ich hab an unsere Brote gedacht und an die Milch und an das Weißbrot, aber gesagt hab ich nichts. Dann haben wir die Kartoffeln gekocht, und die Mutter war froh. Aber woher ich sie hab, hat sie nicht gefragt. Meinetwegen hätte sie schon fragen können. Nachher hat die Mutter ihren Kaffee schwarz getrunken, und sie haben alle zugeschaut, wie das rote Biest die Milch ausgesoffen hat. Dann ist sie endlich durchs Fenster hinausgesprungen. Ich hab schnell zugemacht und richtig aufgeatmet. Am Morgen, um sechs, hab ich mich für Gemüse angestellt. Wie ich um acht Uhr heimkomm, sitzen die Kleinen beim Frühstück, und auf dem Stuhl dazwischen hockt das Vieh und frißt eingeweichtes Brot aus Lenis Untertasse. Nach ein paar Minuten kommt die Mutter zurück, die ist seit halb sechs beim Metzger angestanden. Die Katze springt gleich zu ihr hin, und wie die Mutter denkt, ich geb nicht acht, läßt sie ein Stück Wurst fallen. Es war zwar markenfreie Wurst, so graues Zeug, aber wir hätten sie uns auch gern aufs Brot gestrichen, das hätte Mutter doch wissen müssen. Ich verschluck meinen Zorn, nehm die Mütze und geh. Ich hab das alte Rad aus dem Keller geholt und bin vor die Stadt gefahren. Da ist ein Teich, in dem gibt's Fische. Ich hab keine Angel, nur so einen Stecken mit zwei spitzen Nägeln drin, mit dem stech ich nach den Fischen. Ich hab schon oft Glück gehabt und diesmal auch. Es ist noch nicht zehn Uhr, da hab ich zwei ganz nette Dinger, genug für ein Mittagessen. Ich fahr heim, so schnell ich kann, und daheim leg ich die Fische auf den Küchentisch. Ich geh nur rasch in den Keller und sag's der Mutter, die hat Waschtag. Sie kommt auch gleich mit herauf. Aber da ist nur mehr ein Fisch da und ausgerechnet der kleinere. Und auf dem Fensterbrett, da sitzt der rote Teufel und frißt den letzten Bissen. Da krieg ich aber die Wut und werf ein Stück Holz nach ihr, und ich treff sie auch. Sie kollert vom Fensterbrett, und ich hör sie wie einen Sack im Garten aufplumpsen. »So«, sag ich, »die hat genug.« Aber da krieg ich von der Mutter eine Ohrfeige, daß es nur so klatscht. Ich bin dreizehn und hab sicher seit fünf Jahren keine mehr gekriegt. »Tierquäler«, schreit die Mutter und ist ganz blaß vor Zorn über mich. Ich hab nichts anderes tun können als fortgehen. Mittags hat es dann doch Fischsalat gegeben mit mehr Kartoffeln als Fisch. Jedenfalls sind wir das rote Biest losgeworden. Aber glaub ja keiner, daß das besser gewesen ist. Die Kleinen sind durch die Gärten gelaufen und haben immer nach der Katze gerufen, und die Mutter hat jeden Abend ein Schälchen mit Milch vor die Tür gestellt, und sie hat mich vorwurfsvoll angeschaut. Und da hab ich selber angefangen, in allen Winkeln nach dem Vieh zu suchen, es hätte ja irgendwo krank oder tot liegen können. Aber nach drei Tagen war die Katze wieder da. Sie hat gehinkt und hat eine Wunde am Bein gehabt, am rechten Vorderbein, das war von meinem Scheit. Die Mutter hat sie verbunden, und sie hat ihr auch was zu fressen gegeben. Von da an ist sie jeden Tag gekommen.

Es hat keine Mahlzeit gegeben ohne das rote Vieh, und keiner von uns hat irgendwas vor ihm verheimlichen können. Kaum hat man was gegessen, so ist sie schon dagesessen und hat einen angestarrt. Und alle haben wir ihr gegeben, was sie hat haben wollen, ich auch. Obwohl ich wütend war. Sie ist immer fetter geworden, und eigentlich war es eine schöne Katze, glaub ich. Und dann ist der Winter sechsundvierzig auf siebenundvierzig gekommen. Da haben wir wirklich kaum mehr was zu essen gehabt. Es hat ein paar Wochen lang kein Gramm Fleisch gegeben und nur gefrorene Kartoffeln, und die Kleider haben nur so geschlottert an uns. Und einmal hat Leni ein Stück Brot gestohlen beim Bäcker vor Hunger. Aber das weiß nur ich. Und Anfang Februar, da hab ich zur Mutter gesagt: »Jetzt schlachten wir das Vieh.« – »Was für ein Vieh?« hat sie gefragt und hat mich scharf angeschaut. »Die Katze halt«, hab ich gesagt und hab gleichgültig getan, aber ich hab schon gewußt, was kommt. Sie sind alle über mich hergefallen. »Was? Unsere Katze? Schämst du dich nicht?« – »Nein«, hab ich gesagt, »ich schäm mich nicht. Wir haben sie von unserm Essen gemästet, und sie ist fett wie ein Spanferkel, jung ist sie auch noch, also?« Aber Leni hat angefangen zu heulen, und Peter hat mir unterm Tisch einen Fußtritt gegeben, und Mutter hat traurig gesagt: »Daß du so ein böses Herz hast, hab ich nicht geglaubt.«

Die Katze ist auf dem Herd gesessen und hat geschlafen. Sie war wirklich ganz rund und sie war so faul, daß sie kaum mehr aus dem Haus zu jagen war. Wie es dann im April keine Kartoffeln mehr gegeben hat, da haben wir nicht mehr gewußt, was wir essen sollen. Eines Tages, ich war schon ganz verrückt, da hab ich sie mir vorgenommen und hab gesagt: »Also hör mal, wir haben nichts mehr, siehst du das nicht ein?« Und ich hab ihr die leere Kartoffelkiste gezeigt und den leeren Brotkasten. »Geh fort«, hab ich ihr gesagt, »du siehst ja, wie's bei uns ist.« Aber sie hat nur geblinzelt und sich auf dem Herd herumgedreht. Da hab ich vor Zorn geheult und auf den Küchentisch geschlagen. Aber sie hat sich nicht darum gekümmert. Da hab ich sie gepackt und untern Arm genommen. Es war schon ein bißchen dunkel draußen, und die Kleinen waren mit der Mutter fort, Kohlen am Bahndamm zusammensuchen. Das rote Vieh war so faul, daß es sich einfach forttragen hat lassen. Ich bin an den Fluß gegangen. Auf einmal ist mir ein Mann begegnet, der hat gefragt, ob ich die Katze verkauf. »Ja«, hab ich gesagt, und hab mich schon gefreut. Aber er hat nur gelacht und ist weitergegangen. Und dann war ich auf einmal am Fluß. Da war Treibeis und Nebel und kalt war es. Da hat sich die Katze ganz nah an mich gekuschelt, und dann hab ich sie gestreichelt und mit ihr geredet. »Ich kann das nicht mehr sehen«, hab ich ihr gesagt, »es geht nicht, daß meine Geschwister hungern, und du bist fett, ich kann das einfach nicht mehr mit ansehen.« Und auf einmal hab ich ganz laut geschrien, und dann hab ich das rote Vieh an den Hinterläufen genommen und hab's an einen Baumstamm geschlagen. Aber sie hat bloß geschrien. Tot war sie noch lange nicht. Da hab ich sie an eine Eisscholle gehaut, aber davon hat sie nur ein Loch im Kopf bekommen, und da ist das Blut herausgeflossen, und überall im Schnee waren dunkle Flecken. Sie hat geschrien wie ein Kind. Ich hätt gern aufgehört, aber jetzt hab ich's schon fertig tun müssen. Ich hab sie immer wieder an die Eisscholle geschlagen, es hat gekracht, ich weiß nicht, ob es ihre Knochen waren oder das Eis, und sie war immer noch nicht tot. Eine Katze hat sieben Leben, sagen die Leute, aber die hat mehr gehabt. Bei jedem Schlag hat sie laut geschrien, und auf einmal hab ich auch geschrien, und ich war ganz naß vor Schweiß bei aller Kälte. Aber einmal war sie dann doch tot. Da hab ich sie in den Fluß geworfen und hab mir meine Hände im Schnee gewaschen, und wie ich noch einmal nach dem Vieh schau, da schwimmt es schon weit draußen mitten unter den Eisschollen, dann war es im Nebel verschwunden. Dann hat mich gefroren, aber ich hab noch nicht heimgehen mögen. Ich bin noch in der Stadt herumgelaufen, aber dann bin ich doch heimgegangen.

»Was hast du denn?« hat die Mutter gefragt, »du bist ja käsweiß. Und was ist das für Blut an deiner Jacke?« – »Ich hab Nasenbluten gehabt«, hab ich gesagt. Sie hat mich nicht angeschaut und ist an den Herd gegangen und hat mir Pfefferminztee gemacht. Auf einmal ist mir schlecht geworden, da hab ich schnell hinausgehen müssen, dann bin ich gleich ins Bett gegangen. Später ist die Mutter gekommen und hat ganz ruhig gesagt: »Ich versteh dich schon. Denk nimmer dran.« Aber nachher hab ich Peter und Leni die halbe Nacht unterm Kissen heulen hören. Und jetzt weiß ich nicht, ob es richtig war, daß ich das rote Biest umgebracht hab. Eigentlich frißt so ein Tier doch gar nicht viel.

Die kleine Frau Marbel

Frau Marbel war den ganzen Sommer über krank im Spital gelegen, und als sie zum erstenmal wieder das Mittagessen im Altersheim einnahm, in dem sie wohnte, war sie noch sehr schwach. Sie bemühte sich, es nicht zu zeigen. Sie saß ganz aufrecht am Tisch, obwohl ihre Knie zitterten, und sie gab ihrem Gesicht den Ausdruck höflicher Aufmerksamkeit, auch wenn ihr jedes laute Wort wehtat. Alles schwamm vor ihren Augen, die fleckigen Wachstuchtische, das große schwarze Kruzifix an der Wand, die zwei Dutzend verrunzelter Altweibergesichter, Schwester Martina in ihrer schneeweißen Flügelhaube und die gelben Kastanienwipfel vor dem offenen Fenster. Die Hand, die den Blechlöffel hielt, zitterte, und der Löffel klapperte am Tellerrand, so vorsichtig sie auch aß. Als sie schließlich ein paar Löffel Suppe verschüttet hatte, hörte sie auf zu essen und schaute verlegen in ihren Schoß. Eine sehr Alte neben ihr murmelte verwundert: »Sie ißt nicht«, und eine andre fragte lauernd: »Nun, schmeckt's nicht, Frau Marbel?« Die kleine

Frau Marbel zuckte zusammen. »Doch, doch«, sagte sie, »aber ich bin schon satt.«

»Sie ist schon satt«, wiederholten sie reihum, und darauf brachen alle in lautes Gelächter aus. Während dieses Gelächters beugte sich die Uralte, die neben Frau Marbel saß, zu ihr und flüsterte: »Geben Sie's mir.« Die kleine Frau Marbel schob ihr rasch den vollen Teller zu und nahm den leeren an sich. In diesem Augenblick verstummte das Gelächter und eine Stimme rief: »Sie hat ihre Suppe verschenkt.«

Die Uralte hielt ihre Hand schützend vor ihren Teller und löffelte ihn hastig aus, während sie boshaft und ängstlich um sich blickte. Eine Weile war es ganz still, so als horchten sie alle interessiert darauf, wie die Suppe vom Löffel geschlürft wurde und eifrig gluckernd durch den engen Hals der Uralten hinunterrann.

Nach einer Weile sagte jemand: »Der nackte Unverstand. Wenn hier Essen verschenkt wird, so hat es nach Gerechtigkeit zu gehen.« Die andern nickten beifällig.

Die Uralte wischte sich den Mund mit dem Handrücken und sagte eigensinnig: »Wer nicht ißt, stirbt.« – »Ja«, sagte jemand laut, »es gibt viele unnütze Esser in der Welt.«

Die kleine Frau Marbel wurde blaß und beugte sich über die Tischplatte. Aber niemand achtete auf sie. Alle schauten erbost auf die Uralte, die zäh, aufrecht und angriffslustig dasaß und mit ihrem zahnlosen Mund vor sich hinmahlte, bis sie schließlich sagte: »Jeder muß sehen, wie er am Leben bleibt. Lebendig ist lebendig, und tot ist tot.«

Dann kam Schwester Martina mit der Schüssel voll Kartoffelsalat, und alle verstummten. Frau Marbel aber stand auf. »Mir ist nicht gut«, sagte sie leise und ging rasch hinaus. Nach dem Nachmittagskaffee warf sie ihren taubengrauen Wollschal um und ging in den Garten. Als niemand in der Nähe war, schob sie sich rasch aus dem Tor. Draußen war eine lange Kastanienallee. Die kleine Frau Marbel schaute sich ängstlich nach allen Seiten um, denn es war ihr verboten, mehr als zehn oder zwölf Schritte zu gehen. Aber niemand kümmerte sich um sie. Der Weg an der Gartenmauer entlang war unendlich weit, aber schließlich kam sie doch dahin, wohin sie wollte: auf einen kleinen freien Platz vor einer alten Kirche. Sie lächelte den Kindern zu, die mit Stecken und Steinen nach den Kastanien warfen und sich mit Geschrei auf die grünen stacheligen Kugeln stürzten, die herunterprasselten. Sie setzte sich auf eine Bank, legte die Hände auf die Knie und ließ die Oktobersonne darauf scheinen. Manchmal fiel ein Kastanienblatt, spreizte im Fallen die gelbbraunen Finger und legte sich ergeben auf den Boden. Die kleine Frau Marbel schaute ihm nach, ohne den Kopf zu bewegen.

Später kam ein altes Ehepaar mit einem grauen Hund und dann ein einbeiniger Soldat in einer verwaschenen Uniform und zuletzt ein junger Mann mit einer schäbigen Aktenmappe. Es waren lauter schweigsame Leute, und selbst der graue Hund saß da und bewegte nichts als seine spitzen Ohren. Ein einziges Mal schnappte er nach einer Fliege, die vor seiner Schnauze herumtaumelte und ihn ärgerte.

Plötzlich rutschte der junge Mann von der Bank, fiel auf den Boden und blieb liegen, das Gesicht im Sand.

»Na, Kamerad«, sagte der Soldat ein wenig verlegen, »was machst du da für Scherze?« Er stieß ihn mit dem Krückstock an, schnaubte durch die Nase und sagte nichts als »tja«.

Der alte Mann fragte erschrocken: »Tot?«

»Nein«, sagte der Soldat, »bloß ohnmächtig.«

Die Kinder hörten auf, nach den Kastanien zu werfen, und kamen neugierig näher. Der Soldat verscheuchte sie mit seiner Krücke und sagte: »Der erholt sich schon wieder. Laßt ihn in Ruhe.«

Die kleine Frau Marbel preßte die Hände auf den Mund und starrte auf den Ohnmächtigen. Ein paar Minuten später richtete er sich auf, strich sich die Haare aus dem Gesicht und sagte mißbilligend: »Na sowas!« Dann wischte er seine Hände an der Hose ab, setzte sich wieder auf die Bank und lächelte die andern schüchtern an. »Komisch«, sagte er, »das passiert mir jetzt das dritte Mal.«

Der Soldat kramte in seiner Tasche und zog ein Stück Brot heraus. »Da«, sagte er, »iß. Dann wird's dir besser.«

Der junge Mann sträubte sich ein wenig, dann nahm er es und aß ganz langsam Bissen um Bissen. Der Soldat schaute weg und zeichnete mit seinem Krückstock im Sand. Als der junge Mann das Brot aufgegessen hatte, zog er eine halbe Zigarette aus der Tasche und gab sie dem Soldaten, der sie ohne Umstände nahm und ansteckte.

»Ja, ja«, sagte er, als er zugleich mit dem jungen Mann aufstand, »der Hunger!« Dann gingen sie zusammen fort.

»Was hat er gesagt?« flüsterte Frau Marbel, obwohl sie es genau gehört hatte.

»Der Hunger ist es«, sagte der alte Mann und nickte eine Weile vor sich hin. Die kleine Frau Marbel stand plötzlich auf und ging fort. Die Sonne war unter eine Wolke gekrochen, und es war auf einmal kühl.

Als Frau Marbel ins Altersheim zurückkam, zitterten ihre Knie. Schwester Hortense, die Pförtnerin, sagte ärgerlich: »Wer hat Ihnen denn erlaubt auszugehen? Jetzt haben wir die Bescherung. Das hält doch so ein altes Herz nicht aus.«

Sie griff nach Frau Marbels Puls.

Frau Marbel entzog ihr hastig die Hand. »Schwester«, sagte sie zögernd, »haben wir hier im Altersheim mehr zu essen als die andern draußen?«

»Warum?« fragte die Schwester. »Haben Sie Hunger?«

»Nein, nein«, sagte Frau Marbel und wiederholte hartnäckig ihre Frage.

»Ein bißchen mehr haben wir«, antwortete Schwester Hortense. »Ein Viertel Milch, wenn Sie über siebzig sind, und ab und zu kriegen wir von der Caritas was und so. Warum wollen Sie das denn wissen?«

Die kleine Frau Marbel preßte die Lippen aufeinander und zuckte die Achseln. Dann sagte sie entschlossen: »Da draußen ist einer ohnmächtig geworden.«

»So?« sagte Schwester Hortense gleichmütig.

»Ja«, flüsterte Frau Marbel, »er ist vor Hunger ohnmächtig geworden.« Sie schaute die Schwester verwirrt an.

»Na ja«, sagte diese, »so junge Leut. Da kommt das schon vor. Aber da können wir auch nicht helfen, Mutter Marbel. Das ist die Weltpolitik.«

»Die Weltpolitik«, flüsterte Frau Marbel und nickte. Plötzlich warf sie ihren Kopf zurück. »Und warum läßt denn das die Weltpolitik zu, sowas?«

Schwester Hortense lachte. »Da fragen Sie mich? Was weiß denn ich!?«

Frau Marbel zog die Stirn in Falten. »Ja, aber«,

fuhr sie fast zornig fort, »warum kriegen wir hier herinnen mehr?«

»Weil alte Leut besser verpflegt werden müssen«, antwortete die Schwester. »Alte Leut und kleine Kinder. Die dazwischen, die bringen sich schon irgendwie fort.«

Die kleine Frau Marbel schaute sie mißtrauisch an. »Ja? Bringen die sich fort?«

Schwester Hortense zuckte ein wenig ungeduldig die Achseln. »Ja, aber«, fuhr Frau Marbel fort, »ist denn das richtig?«

»Was?« fragte die Schwester.

»Sehn Sie«, sagte Frau Marbel, »ich zum Beispiel. Ich bin unnütz. Ich eß und eß und ...« Sie schwieg verwirrt.

»Ach, dummes Zeug«, sagte Schwester Hortense ärgerlich.

»Sie haben sich Ihr Leben lang geplagt; fünf Kinder haben Sie großgezogen und ein Pflegekind. Seit wann wirft man so eine Frau zum alten Eisen? Und jetzt marsch ins Bett. Das kommt von der Schwäche, so dumme Gedanken. Temperatur haben Sie auch.«

Zum Abendessen brachte Frau Marbel eine kleine Blechdose mit. Da hinein legte sie die Hälfte von dem Würstchen, das in der dünnen Suppe schwamm, und dazu legte sie noch ein Stück Brot. Sie tat, als ob sie die Blicke der andern nicht sähe. Nach dem Abendessen zog sie ihren Mantel an, versteckte ihre

Blechdose darunter und paßte einen Augenblick ab, in dem Schwester Hortense nicht an der Pforte war. Es war schon dämmrig, aber gerade noch hell genug, damit sie die Leute in der Kastanienallee sehen konnte. Zuerst kamen ein paar Arbeiter, die sich stritten. Dann kam ein halbwüchsiger Junge, der rauchte. Den mochte sie auch nicht ansprechen.

Dann kam eine Weile gar niemand, und Frau Marbel trippelte nervös und fröstelnd in der Allee auf und ab. Schließlich kam eine junge Frau, die schwanger war. Frau Marbel hielt ihr die offene Dose vors Gesicht. »Hier«, sagte sie schüchtern, »wenn Sie Hunger haben. Viel ist es nicht.«

Die junge Schwangere schaute neugierig in die Dose, dann lachte sie. »Nein, Mutterchen«, sagte sie gutmütig, »das essen Sie nur selber.«

Die kleine Frau Marbel schaute ihr enttäuscht nach. Dann kam ein Mann, der hinkte und viel hustete. Frau Marbel wagte es wieder. Aber er sagte nur kurz: »Jeder ist sich selbst der Nächste.«

Frau Marbel klappte die Dose zu. Dann drehte sie sich um und sagte laut: »Nein, nein!« Aber der Mann war schon verschwunden. Es begann neblig zu werden. Frau Marbel warf einen langen Blick die Allee hinunter, aber es kam niemand mehr. Da schlich sie traurig ins Haus.

Am nächsten Morgen gab es einen Becher Milch und drei kleine Roggenmehlsemmelchen. Sie ließ zwei davon in der Dose verschwinden und goß die Milch in ein Fläschchen. Um die andern kümmerte sie sich nicht mehr. Wenn man sie anredete, lächelte sie abwesend. Sie wußte, daß man sie für verrückt hielt.

Als die Sonne warm genug schien, ging sie fort, die Dose und das Milchfläschchen unterm Umschlagtuch verborgen. Sie trippelte durch die Kastanienallee und setzte sich auf die Bank vor der Kirche. Es dauerte nicht lange, da kamen die ersten Kinder zum Spielen. Frau Marbel zögerte ein wenig, dann rief sie ein paar von den kleinen mageren Burschen zu sich und zeigte ihnen die Schätze. Sie schauten neugierig in die Dose. Dann sagte der größere verlegen: »Danke, wir haben schon gefrühstückt.« Der kleinere schaute verlangend auf das Würstchen. Frau Marbel sagte lockend: »Nimm's nur, Bübchen, nimm's.« Aber der größere zog den kleinen weg und sagte im Fortgehen: »Wir dürfen von fremden Leuten nichts annehmen.« Sie liefen weg und spielten am andern Ende des Platzes, ohne sich um die alte Frau zu kümmern. Sie ließ die Dose offen neben sich stehen und verscheuchte die Fliegen, die sich darauf stürzen wollten.

Nach einiger Zeit kam der Soldat vom vergangenen Tag wieder. »Na, Großmutter«, sagte er fröhlich, »haben Sie sich das Frühstück mitgebracht?«

Frau Marbel schüttelte den Kopf und zupfte an

ihrem Tuch. Plötzlich fragte sie: »Kennen Sie den jungen Mann, dem gestern das passiert, ist, Sie wissen schon?«

»Nein«, sagte der Soldat, »den kenn ich nicht.«

Frau Marbel schaute ihn enttäuscht an, aber sie fragte hartnäckig: »Man kann doch wohl seine Adresse erfahren?«

»Ich wüßte nicht wie«, meinte der Soldat. »Solche wie den gibt's viele in der Stadt.«

Die kleine Frau Marbel rückte ein wenig von ihm ab. »Viele?« fragte sie. »Viele solche?« Dann stand sie auf und ging fort, so schnell sie konnte. Sie ging hinter die Kirche und läutete am Pfarrhof. Sie wurde in den Hausflur geführt, und dann kam der Pfarrer selber. Frau Marbel schaute ihn bestürzt an und schwieg, so daß er verwirrt und leicht ärgerlich fragte: »Nun, was ist denn?«

»Ja, ich … Sie müssen schon entschuldigen«, murmelte sie.

»Ich hab gemeint, hier wohnt unser evangelischer Pastor.«

»So«, sagte der Pfarrer seufzend, »der Herr Pastor, der wohnt dort drüben.« Er führte sie zur Haustür. Aber auf der Schwelle drehte sich Frau Marbel nochmals um und sagte entschlossen: »Aber es ist ja gleich. Ich kann das ja auch hier sagen. Ich brauch nämlich nur die Adresse von ganz armen Leuten, die Hunger leiden.«

»Soso«, sagte der Pfarrer und schaute auf sie herunter. »Aber wozu?«

Sie seufzte ungeduldig. »Weil … ich hab manchmal was zu essen übrig.«

»Das ist ja sehr schön«, sagte er nachsichtig, »aber Sie sehen nicht so aus, als ob Sie was entbehren könnten.«

Sie hob das Gesicht zu ihm auf und sagte eigensinnig: »Das kann ich ja wohl machen wie ich will.«

»Ja, ja«, sagte er begütigend, »freilich, freilich. Aber vielleicht tun Sie gar kein gutes Werk, wenn Sie Ihrem eigenen Körper das wegnehmen, was er braucht.«

»Ach, Herr Pfarrer«, sagte sie, »wozu soll ich das da noch füttern?« Sie schaute an sich herunter wie an etwas Fremdem.

»Liebe Frau«, sagte der Pfarrer ernst, »der Körper gehört Gott. Wir haben kein Recht darüber. Wir müssen auf ihn achtgeben und ihn ernähren, weil er Gott gehört.«

Die kleine Frau Marbel warf gereizt den Kopf zurück und sagte laut: »Das kann ja jeder sagen und dann kann er geizig sein wie er will.« Sie erschrak über ihre eigenen Worte und schaute den Pfarrer bestürzt, aber tapfer an.

»Wie Sie meinen«, erwiderte er gekränkt. »Wenn Sie auf meinen Rat nicht hören wollen …«

»Nein«, rief die kleine Frau Marbel zornig, »ich weiß schon, was recht ist.«

Sie lief eilig hinaus und murmelte noch lange heftig vor sich hin, während sie heimging.

Am Nachmittag war in der kleinen Blechdose neben dem Würstchen, dem Brot und den Semmelchen noch ein reifer Apfel. Diesmal ging Frau Marbel quer durch die Anlagen zum großen Kinderspielplatz. Sie breitete die Schätze auf einer Bank aus, auf einem weißen Taschentuch, und versteckte sich im Gebüsch. Aber die Kinder hatten ihr zugesehen, und als ein paar Vorwitzige sich der Bank näherten, riefen die andern: »Geht nicht hin, rührt's nicht an! Wer weiß, ist es verhext oder vergiftet.« Einer stieß den Fußball darauf, daß die Semmeln ins Gebüsch rollten und das Milchfläschchen auf dem Boden in Scherben zersprang. Die Milch bildete einen kleinen weißen Teich, der rasch im Sand versickerte. Die Kinder schauten hin und waren einen Augenblick still, dann wandten sie sich ab, spielten weiter und waren besonders laut.

Die kleine Frau Marbel schlüpfte aus dem Gebüsch, sammelte die Scherben und vergrub sie in einem Loch, das sie mit der Schuhspitze aufgescharrt hatte. Dann suchte sie die Semmelchen zusammen, legte sie in die Dose zurück und ging langsam heim.

Nach dem Abendessen trödelte sie so lange im Speisesaal herum, bis Schwester Martina fragte: »Was gibt's noch, Mutter Marbel? Haben Sie noch Hunger?«

Frau Marbel hob abwehrend beide Hände. »Gott, nein, Schwester.«

Schwester Martina räumte die Tische ab und ließ ihr Zeit. Frau Marbel stand am Fenster und sah hinaus, und ohne umzuschauen sagte sie: »Schwester, ist was an mir, ich meine was Unappetitliches oder so?«

Schwester Martina blieb erstaunt stehen. Frau Marbel drehte sich um und sagte fast drohend: »Sie müssen es mir unbedingt sagen, es ist wichtig für mich.«

»Ach wo«, sagte die Schwester verwundert, »Sie sind eine von den Saubersten im Haus. Nie ein Flekken auf dem Kleid und nie Trauerränder unter den Fingernägeln.« Sie lachte.

»Wie kommen Sie denn überhaupt auf so was?«

Aber Frau Marbel gab keine Antwort. Nach einer Weile fragte sie lauernd: »Und wenn ich Ihnen ein Stück Brot gebe, das ich in meiner Hand gehabt habe, würden Sie es essen?«

Schwester Martina schlug die Hände über dem Kopf zusammen: »Du lieber Gott«, rief sie aus, »was ist denn in Sie gefahren? Natürlich würde ich es essen, wenn ich Hunger hätte, warum denn nicht?« Sie trug die Teller in die Küche.

Als sie wiederkam, stand Frau Marbel immer noch da.

»Was noch?« fragte die Schwester geduldig.

»Wenn man so alt ist, daß man zu nichts mehr taugt, warum lebt man denn da noch?«

Schwester Martina ließ vor Erstaunen das Besteck fallen. »So eine Frage«, rief sie. »Weil kein Mensch weiß, ob er nicht doch zu was nütz ist, auch wenn er's nicht glaubt.« Kopfschüttelnd fügte sie hinzu: »Was Sie sich auch alles zusammendenken.«

Frau Marbel kaute an ihrer Oberlippe, dann sagte sie leise:

»Aber es sagt's einem keiner …«

»Was sagt keiner?« fragte die Schwester. Aber Frau Marbel ging aus dem Speisesaal und in ihr Zimmer. Sie öffnete die Dose, roch an dem Würstchen, befühlte die Semmeln und stellte alles unter eine Glasglocke vor dem Fenster, damit es frisch bleibe.

Am nächsten Vormittag wartete sie ungeduldig, bis der Nebel fiel. Kaum war die Sonne durchgebrochen, ging sie fort. Sie kam bis in die Stadt. Es begegneten ihr viele Leute und viele Kinder, und schließlich kam ein kleines blasses Mädelchen mit einem größeren. Frau Marbel bot der Kleinen das Würstchen an. »Oh, Wurst«, sagte sie und griff danach. »Danke.« Sie hielt das Geschenk fest. Die Große schaute verlegen beiseite. Dann gingen sie rasch weiter. Frau Marbel schaute ihnen nach, rot vor Glück und Freude. Da sah sie, wie die Große der Kleinen das Würstchen aus der Hand nahm und laut sagte: »Pfui, von einer fremden alten Frau. Wer weiß, wer sie ist. Wirf's weg, schnell, wirf's weg.« Die Kleine schaute erschrocken um und ließ das Würstchen rasch in den Rinnstein fallen.

Frau Marbel blickte zu Boden. Dann ging sie langsam weiter. Hinter einem Gebüsch in einem Höfchen ließ sie nacheinander die Semmelchen fallen, das Stück Brot, den Apfel und zuletzt die Dose. Dann ging sie heim.

Nach dem Mittagessen begann sie Papiere zu ordnen und ein paar Briefe, gelb vor Alter, zu verbrennen. Dann heftete sie mit Stecknadeln Zettelchen an alles, was im Zimmer war und ihr gehörte. »Für Schwester Martina«, stand an einem bunten gehäkelten Sofakissen, »für Schwester Hortense« an einem Klöppeldeckchen, »für Mutter Oberin« an einem Gobelinbild, das einen Schutzengel mit einem Kind darstellte, »für die Küchenmädchen« an zwei Bildern vom Meer mit echten kleinen, rosaschimmernden Müschelchen eingerahmt, und an der lila Steppdecke auf ihrem Bett stand: »Für den, der mich findet.« Zuletzt schrieb sie auf ein Zettelchen: »Geld für die Beerdigung ist in der Tischschublade links. Ich will bloß ein Holzkreuz, keinen Grabstein. Ich wünsche Euch alles Gute.«

Den Brief ließ sie auf dem Tisch liegen und beschwerte ihn mit dem Zimmerschlüssel. Nach dem Nachmittagskaffee ging sie fort.

Es war ein warmer Oktobertag. In der Kastanienallee fielen die gelben Blätter, und in den Vorgärten blühten Astern. Als eine Elektrische kam, stieg Frau Marbel ein und fuhr bis zur Endstation, die schon weit außerhalb der Stadt lag. Aus der glatten schwarzen Asphaltstraße wurde bald eine gewöhnliche staubige Fahrstraße, die hügelauf und hügelab lief und schließlich ins ganz weite freie Land führte. An einer Stelle zweigte ein Feldsträßchen ab und lief einen Hügel hinauf. Frau Marbel war feucht vor Schweiß, als sie oben war. Tief unter ihr lag die Stadt. Man hörte nichts mehr von dort, kein Straßenbahngeklingel, kein Autohupen, nichts.

Die Schatten wurden lang und schmal, und schließlich ging die Sonne unter. Frau Marbel wanderte weiter. Es wurde dunkel, und der halbe Mond kam herauf. Sie schaute ihn lange an, zog den Wollschal enger um sich, nickte und ging weiter. Gegen Mitternacht kam sie durch ein Dorf. Ein paar Hunde bellten, waren aber bald wieder still. Sie ließ das Dorf hinter sich und kam wieder auf freies Feld. Sie mußte immer langsamer und langsamer gehen, aber sie blieb nicht mehr stehen. Sie begegnete Rehen, die im Bodennebel grasten, als ob sie darin schwimmen würden, und einmal strich ein Fuchs dicht an ihr vorüber.

Sie kam von der Straße ab und fand den Weg nicht mehr. Da ging sie einfach weiter, immer über

Wiesen und abgeerntete Felder. Es wurde Tag und wieder Nacht, und der Mond kam, ein wenig später als tags zuvor, und ein paar Stunden nach Mitternacht konnte Frau Marbel nicht mehr weiter. Sie sah sich um, nickte und sagte: »So. Hier also.« Dann schlief sie ein, und als sie die Augen aufschlug, war es heller Tag und sie lag mitten unter vielem Lebendigen, das nach warmer, verfilzter Wolle roch und ein sanftes Geräusch von trippelnden Füßchen und kauenden Mäulern machte. Eine Schafherde weidete dicht um sie, und ein großer Hund schnupperte an ihr, ohne Laut zu geben, das sah sie noch undeutlich; dann schloß sie die Augen.

Als der Schäfer sie fand, begann sie eben kalt zu werden. Er beugte sich über sie und rief: »He, Mutter, eingeschlafen?« Als sie sich nicht rührte, schaute er in ihre halboffenen Augen. »Eine Tote«, sagte er zu seinen Schafen. Sie weideten ruhig weiter.

Ein alter Mann stirbt

Tante Emily starb ein Jahr nach ihrem Mann. Woran sie starb, war nicht festzustellen. Der Arzt schrieb auf den Totenschein »Altersschwäche«, aber er zuckte dabei die Achseln, denn Tante Emily war kaum sechzig. Aber was sonst sollte er schreiben? Er kannte sie nicht. Aber ich kannte sie, und darum weiß ich, woran sie starb.

Onkel Gottfried, zehn Jahre älter als sie, war sein Leben lang nicht krank gewesen. Darum waren wir mehr erstaunt als bestürzt, als uns Tante Emily auf einer Postkarte kurz mitteilte, daß er uns »noch einmal sehen möchte«. Es war Ende Februar, naßkalt und rauh, und ich erwartete unser erstes Kind.

»Du kannst unmöglich fahren«, sagte mein Mann. »Und im übrigen kennst du Tante Emily. Wahrscheinlich ist Onkel Gottfried nur erkältet, und sie weiß sich nicht zu helfen.« Aber an der Unruhe, die mich gepackt hatte, spürte ich, daß »noch einmal sehen« wirklich hieß: »noch einmal, und dann niemals mehr.« So fuhren wir denn ab.

»Weißt du«, sagte Peter, »ich hätte es Onkel Gottfried gegönnt, daß er sie überlebte. Umgekehrt wäre es nicht in Ordnung. Es wäre ungerecht.«

Es war bitter ungerecht. Onkel Gottfried hatte Tante Emily geheiratet, als sie fast noch ein junges Mädchen war. Sie soll sehr hübsch gewesen sein, und er vergötterte und verwöhnte sie. Er war es, der morgens aufstand, Feuer machte und das Frühstück an ihr Bett brachte. Er kaufte Gemüse und Fleisch ein, er verhandelte mit der Putzfrau, er schlug Nägel ein und nähte Knöpfe an, kurzum: er tat alles. Sie fand es zuerst hübsch, dann selbstverständlich, und dann langweilte er sie damit. Sie hatten keine Kinder, denn sie wollte keine, und er nahm Rücksicht darauf. So verging Jahr um Jahr, und schließlich lebten sie nebeneinander wie fremde Leute. Sie blieb tagelang im Bett und las und wurde dick. Er begann zu trinken und wurde ebenfalls dick. Sie zankten sich nie. Sie waren selbst dafür zu gleichgültig geworden, wie es schien. Einmal hatte ich Onkel Gottfried gefragt: »Warum laßt ihr euch nicht scheiden?« Er sah mich erstaunt an.

»Scheiden? Weshalb?« Ich wurde verlegen. »Ich meine nur so. Ich denke, du bist nicht recht glücklich mit Tante Emily.«

Er sagte gelassen: »So, meinst du? Darüber habe ich nie nachgedacht.« Nach einer Pause fügte er hinzu: »Wer A sagt, muß auch B sagen.« – »Mein

Gott«, rief ich, »man kann doch nicht zwanzig Jahre büßen dafür, daß man einmal falsch gewählt hat.« Er klopfte mir gutmütig auf die Schulter. »Doch«, sagte er, »man kann das. Bis zum Ende, bis zum Ende.«

Ich hatte ihn sehr lieb, den dicken alten Mann mit dem blauroten, aufgedunsenen Gesicht. Er flößte mir Mitleid und Respekt zugleich ein, und der Respekt überwog. Das ist um so seltsamer, als Onkel Gottfried Abend für Abend betrunken nach Hause kam, tagsüber Möhren schabte, Kartoffeln schälte, Geschirr spülte und Tante Emilys Launen mit einer Geduld ertrug, die wie Stumpfsinn erschien. Aber die Gelassenheit und würdevolle stumme Schwermut, mit der er sein Leben hinnahm, war imponierend. Als ich das Wort »hintergründig« zum erstenmal hörte, verband ich es augenblicklich mit dem Gedanken an Onkel Gottfried, und dabei blieb es.

Nun waren die beiden mitsammen schwerhörig und weitsichtig und alt geworden nach einem Leben, das so trist erschien wie ein langer Regensonntag, und es sollte Onkel Gottfried nicht mehr vergönnt sein, noch ein paar ruhige Jahre zu erleben ohne diese zähe Last, die seine Frau für ihn war. Was für eine Gerechtigkeit war das, die Tante Emily zum endgültigen Sieger machte?

Als Tante Emily öffnete, fiel ihr erster Blick auf mich. Sie schlug die Hände über dem Kopf zusammen. »Ach du lieber Gott«, schrie sie, »das auch noch.«

Peter schob sie beiseite. »Was fehlt Onkel Gottfried?«

»Dem«, sagte sie abwesend, noch immer auf meinen Leib starrend, »dem geht's schlecht. Der stirbt.« Sie sagte es ganz sachlich, so etwa, als erzählte sie, daß das Essen fertig sei. »Lungenentzündung«, fügte sie hinzu, dann öffnete sie die Tür zum Schlafzimmer. »Da«, rief sie, »da seht ihr selbst. Der macht es nicht mehr lang.«

»Still«, flüsterte ich entsetzt, »sei doch still.« Sie sah mich erstaunt an. »Warum denn? Er ist bewußtlos, er hört nichts mehr.« Ich streichelte Onkel Gottfrieds Hand. Er lag mit weit offenen Augen und blickte zur Decke, aber ich spürte, daß er mich erkannt hatte, wenn auch vielleicht nur für einen Augenblick.

»Spricht er nicht mehr?« fragte ich leise. Aber ich hatte Tante Emilys Schwerhörigkeit vergessen.

»Was meinst du?« schrie sie, die Hand am Ohr.

»Gehen wir hinaus«, sagte ich.

»Warum hinaus? Ich habe nirgendwo sonst geheizt. Wir machen uns einen Kaffee.« Kläglich fügte sie hinzu: »Aber zu essen habe ich nichts im Haus. Eingekauft hat doch immer er. Ich verstehe davon nichts.«

Peter ging fort, um einzukaufen, und ich schlug

die Büchsensahne, die ich mitgebracht hatte, zu Schlagrahm. Tante Emily kochte Kaffee, und sie redete laut und beharrlich. »Es ist der neunte Tag. Die Krisis. Der Arzt meint, er könnte durchkommen. Aber der Arzt ist ein Dummkopf. Das kann man doch sehen, daß da keine Widerstandskraft mehr ist; er hat ja auch zuviel getrunken in seinem Leben. Damit ist es jetzt aus.«

Sie goß den Kaffee durchs Sieb.

»Hat er nach mir gefragt?« sagte ich.

»Ja, gleich am ersten Abend, als er Fieber bekam.«

»Warum hast du dann nicht sofort geschrieben?« Ich war zornig.

Sie hob erstaunt die Schultern. »Was hätte das genützt?«

»Mein Gott, vielleicht wäre es ein Trost für ihn gewesen.«

»Meinst du?« fragte sie ungerührt. »Er hat ja mich.« Ich unterdrückte, was mir auf der Zunge lag, nahm das Schälchen mit Schlagsahne und ging zu Onkel Gottfried. Er lag noch genau so wie vorher. Ich strich ihm ein wenig Rahm auf die Lippen, die spröde und brüchig waren wie angesengtes Holz. Er hatte Schlagrahm fast ebenso geliebt wie seinen Wein. Jetzt aber konnte er ihn nicht mehr schlukken. Er lief ihm aus den Mundwinkeln über das unrasierte Kinn.

»Was tust du denn da?« rief Tante Emily, als sie

mit der Kaffeekanne hereinkam. »Schade um den Rahm. Du siehst doch: er behält nichts mehr.«

Aber ich hörte nicht auf, den kühlen Rahm in den ausgedörrten Mund zu streichen, und winzige Schluckbewegungen zeigten mir, daß doch ein wenig davon in den armen, verbrannten Hals gelangte.

Endlich kam Peter mit Brot und Butter. Gierig begann Tante Emily zu schlingen. »Ich habe nämlich zwei Tage nichts gegessen«, erklärte sie kauend. »Er hat ja immer für acht Tage Vorrat heimgebracht, und heute ist schon der zehnte Tag.«

»Wie kam es denn«, fragte Peter, »daß er so krank wurde?«

Sie zuckte die Achseln. »Es hätte nicht sein müssen«, sagte sie. »Aber er ist ja so eigensinnig. Er hat Schnupfen gehabt. Bleib daheim bei dem Wetter, sagte ich. Aber er wollte durchaus einkaufen gehen. Und da ist er mit Fieber heimgekommen.«

Peter konnte sich nicht enthalten zu sagen: »Warum zum Teufel hast du ihn gehen lassen, wenn er erkältet war? Konntest du nicht auch einmal gehen?«

Sie warf ihm einen gekränkten Blick zu. »Ich?« fragte sie gedehnt. »Wieso auf einmal ich, wenn er's doch vierzig Jahre lang getan hat?«

Peter seufzte.

»Jedenfalls seid ihr jetzt da«, sagte Tante Emily, »und ihr bleibt doch gleich bis zur Beerdigung, nicht wahr?«

»Tante«, sagte Peter wütend, »jetzt ist's aber genug. Sollen wir denken, daß du es nicht mehr erwarten kannst, bis er unterm Boden ist?«

Sie sah ihn seltsam an. »Denkt, was ihr wollt«, murmelte sie schließlich und ging hinaus. Sie kam erst wieder herein, als es dämmerte. »Atmet er noch?« sagte sie. Niemand gab ihr Antwort. Es wurde Nacht. »Geht zu Bett«, sagte Peter, »ich wache.« Aber wir blieben alle angekleidet sitzen. Stunde um Stunde verging. Schließlich waren Peter und Tante Emily eingeschlafen. Ich setzte mich an Onkel Gottfrieds Bett.

»Onkel Gottfried«, sagte ich dicht an seinem Ohr. Er schlug die Augen auf und sah mich an. Sein Blick war so klar, daß ich erschrak. Er versuchte zu lächeln, sein altes, schwermütiges, resigniertes Lächeln. Plötzlich begannen seine Augen umherzuirren. Mühsam sagte er: »Emily?«

»Sie ist da, sie schläft.«

»Laß sie«, flüsterte er. »Und verlaßt sie nicht.« Ganz leise und zärtlich fügte er hinzu: »Sie ist so ein Kind.«

Plötzlich sank er wieder zurück in die Bewußtlosigkeit.

»Mit wem redest du?« fragte Peter, der aufgewacht war.

»Still«, sagte ich, »schlaf weiter.« Dann war ich wieder ganz allein mit Onkel Gottfried, und ich fühlte, daß er begann fortzugehen. Obwohl mir die Angst fast die Kehle zuschnürte, hätte ich um keinen Preis einen der beiden geweckt. Der Todeskampf war kaum ein Kampf, sondern eher ein eigensinniges Verzögern der letzten Einwilligung. Stunde um Stunde ging hin. Im Morgengrauen wachte Tante Emily auf. »Lebt er noch?« fragte sie laut. Sie beugte sich über den Sterbenden, hob die Bettdecke und befühlte seine Beine. »Bald«, murmelte sie, »bald.« Sie ließ die Decke wieder fallen. Dann schlurfte sie hinaus. Ich hörte sie mit Herdringen und Töpfen hantieren.

Plötzlich richtete Onkel Gottfried seinen Blick auf mich und sagte erstaunlich laut und fest: »Seid gut zu Emily.«

Das waren seine letzten Worte. Einige Augenblikke später, noch ehe ich Tante Emily hatte rufen können, war er gestorben. Der Ausdruck geduldiger Schwermut war ihm verblieben. Ich rief nach Peter und Tante Emily.

»Tot?« fragte sie, und plötzlich stand in ihren Augen ein wildes Entsetzen. Dann begann sie zu weinen. Sie weinte haltlos und klammerte sich abwechselnd an Peter und mich. Plötzlich aber rief sie: »Und er hat mich einfach alleingelassen. Das war sein Trumpf: Einfach fortzugehen. Mag ich umkommen, ihm ist's gleich. Er ist fort, ihn kümmert's nicht mehr.«

Peter schob sie aus der Tür und führte sie in die Küche. Dort ließ er sie laut weiterweinen. Dann ging er fort, den Arzt zu holen. Ich blieb mit dem Toten allein.

Gegen Mittag war alles geregelt. Onkel Gottfried lag im Leichenhaus und Tante Emily blieb in der Küche sitzen und starrte vor sich hin. Wir wagten nicht, sie alleinzulassen.

Bei der Beerdigung regnete es in Strömen, aber das Wetter hatte nicht vermocht, die Leute abzuschrecken. Die halbe Stadt war gekommen, und viele weinten, auch Männer. Ich glaube, sie weinten nicht so sehr über den Tod des alten Mannes, als über ein Schicksal, das dem ihren glich: sie alle fühlten sich betrogen vom Leben, und als sie den alten Mann begruben, dessen Schicksal sie kannten, da waren sie alle selbst dieser alte Mann, dem das Leben so viel schuldig geblieben war und auf den sie nun schwere Brocken nasser Erde warfen.

Tante Emily, in vollem Staat, mit langen dichten Trauerschleiern, weinte nicht. Sie starrte regungslos auf den Sarg.

Als wir wieder daheim waren, warf sie den Hut mit dem Schleier ab, blickte mit funkelnden Augen um sich und rief: »So, jetzt werde ich die Zimmer neu tapezieren lassen, in Blau, alles in Blau, auch die Möbel lasse ich neu beziehen.«

Mit einem düstern und bösen Lachen fügte sie

hinzu: »Blau hat er nicht leiden können.« Dann holte sie einen Fahrplan aus dem Schrank. »Zeigt mir, wie man Züge liest«, befahl sie. »Ich verreise.« Peter begann verwundert, es ihr zu erklären. Plötzlich rief sie: »Aber er fährt ja nicht mit.« Und sie begann zu weinen, so leidenschaftlich und jammervoll und so unaufhaltsam, daß wir völlig ratlos wurden. Dieses Weinen dauerte Stunde um Stunde, es glich einem Naturereignis und hatte etwas von einem schrecklichen Geheimnis an sich.

Wir fuhren erst tags darauf ab, als sie beruhigt und sogar unternehmungslustig aussah und bereits den Tapezierer bestellt hatte.

Einige Tage darauf hatten wir einen Sohn und wir nannten ihn Gottfried. Ein paar Wochen später schrieben wir an Tante Emily, ob sie nicht zu uns kommen wollte. Aber sie kam nicht. Sie schrieb lakonische Karten, aus denen nicht zu entnehmen war, wie es ihr ging.

Ein halbes Jahr nach Onkel Gottfrieds Tod besuchten wir sie. Klein und völlig abgemagert saß sie in einem blauen Lehnstuhl am Fenster, trotz der Sonnenwärme in eine dicke Decke gehüllt. Das ganze Zimmer war blaugrün wie ein Aquarium.

»Ah«, rief Peter aus, »jetzt hast du dir dein Leben nach deinem Geschmack eingerichtet.« Sie hob abwehrend die Hände. »Bist du jetzt zufrieden?« fragte er unerbittlich weiter.

»Was verstehst denn du«, sagte sie müde.

»Aber du kannst doch jetzt tun, was du willst«, sagte Peter.

Sie gab ihm keine Antwort. Ich stieß Peter an, daß er schweigen sollte, dann sagte ich: »Das Blau ist schön.«

»So«, sagte sie, »schön. Schön sagst du.« Ihre Stimme wurde laut und scharf. »Seht es euch nur genau an, das schöne Blau. Habt ihr's gesehen?«

Es war bereits vom Licht ausgebleicht und fleckig.

»Versteht ihr?« rief sie. »Er hat Blau nie leiden können.«

Dann sah sie uns mit ihren trüb gewordenen Augen so scharf wie möglich an und rief: »Ihr denkt natürlich, ich bin verrückt. Ich bin so klar wie ihr. Aber ihr versteht nicht.«

Sie zuckte die Achseln. »Meinetwegen«, murmelte sie.

Dann zog sie eine Flasche Rotwein hinter dem Sessel hervor und hob sie gegen das Licht. »Leer«, sagte sie. »Es war die letzte. Ich habe sie alle ausgetrunken.«

»Du? Aber du hast doch Wein nie leiden können!«

»Richtig«, sagte sie. »Vielleicht ist jetzt Frieden. Er wollte immer, daß ich auch trinke.«

Sie wickelte sich fester in ihren Schal, und wir fühlten uns verabschiedet. Sie versank in einer Welt, zu der wir keinen Zugang hatten. Wir waren zu jung.

Einige Wochen später war sie tot. Sie war keine Stunde krank gewesen. Eines Abends hatte sie sich schlafen gelegt wie immer, und am Morgen fand die Putzfrau sie tot.

»Altersschwäche«, schrieb der Arzt auf den Totenschein. Ich aber begriff, woran sie gestorben war, und mich schauderte davor, zu sehen, was für unheimliche Formen die Liebe annehmen kann.

Eine dunkle Geschichte

Als mich heute der Konsul rief, um das Protokoll seiner Unterredung mit Captain Bantley aufzunehmen, ahnte ich nicht, was für eine verwickelte und traurige Geschichte ich zu hören bekommen sollte. Der Konsul hatte mir nur gesagt, er hoffe, daß nun endlich Licht in »diese dunkle Geschichte« komme.

»Diese dunkle Geschichte« beschäftigte uns seit Wochen. Anfang Juni hatte uns die Militärpolizei mitgeteilt, ein gewisser George Stonebridge, Angehöriger der Besatzungsmacht, amerikanischer Staatsbürger und Angestellter des War-Departments, sei in seiner Münchner Wohnung tot aufgefunden worden. Die leere Morphiumflasche auf seinem Nachttisch deute auf Selbstmord, während der Umstand, daß sich bei seinem Nachlaß weder Geld noch Wertgegenstände befänden, wie sie jeder amerikanische Offizier besitze, die Annahme nahelege, daß es sich um Mord handle. Man habe aber weder fremde Fingerabdrücke noch Fußspuren noch sonstige Zeichen gefunden, die diesen Verdacht bestätigen könnten. Angehörige, von denen irgendein Aufschluß zu erwarten gewesen wäre, schien der Tote weder in Deutschland noch in den Staaten zu haben. So habe man ihn schließlich begraben ohne zu wissen, woran und warum er gestorben war.

Heute nun meldete sich plötzlich ein Captain Bantley, der behauptete, er könne Aussagen über den Tod Stonebridges machen. Als mich der Konsul rief, saß Bantley bereits da.

Bantley ist einer jener Menschen, denen man auf den ersten Blick jedes Wort glaubt. Er ist achtundzwanzig, ein großer, mächtig breiter Junge mit einer rotblonden Bürste auf dem Kopf, schwerfällig, stark, zuverlässig und gutmütig und im übrigen das, was man »ein stilles Wasser« nennt. Er hat das Gesicht eines Farmers aus dem Mittelwesten, das sonst sicherlich frisch, gesund und rotbraun ist wie ein reifer Apfel, nun aber grau und verstört vor Kummer war.

Er saß da, ganz in sich zusammengesunken, die breiten Hände schwer auf den Knien. Als er mich sah, warf er dem Konsul einen verwirrten Blick zu, ohne seine Haltung zu ändern.

»Meine Sekretärin«, sagte der Konsul. »Sie wird Ihre Aussagen zu Protokoll nehmen.«

»Nein, nein«, rief Bantley entsetzt und sprang auf. »Das ist nichts, was … Nein, das darf man nicht aufschreiben. Wenn ich das gewußt hätte …«

»Ist es etwas, das die Ehre des Toten verletzt?« fragte der Konsul vorsichtig. Bantley schüttelte den Kopf und starrte auf den Teppich.

»Steckt ein Verbrechen dahinter, und fürchten Sie jemand zu verdächtigen?« forschte der Konsul weiter. Bantley schüttelte wieder den Kopf. Der Konsul betrachtete ihn aufmerksam, dann fragte er leise: »Oder belasten Sie sich selbst mit dieser Aussage?«

Wieder nur ein störrisches, aber seltsam unsicheres Kopfschütteln. Der Konsul zuckte die Achseln und sagte ungewöhnlich sanft: »Gut. Wir schreiben nichts auf. Sie können ganz frei sprechen.« Während er das sagte, warf er mir einen Blick zu, der bedeutete: »Hören Sie gut zu, und versuchen Sie sich das Wesentliche wörtlich zu merken.« Es hätte dieser stummen Order nicht bedurft. Was ich nun zu hören bekam, prägte sich mir unvergeßlich ein.

Es fiel Bantley schwer zu beginnen. Er setzte sich nieder und fing an, seine Knie zu reiben, als gelte es, sie blank zu polieren, und diese Bewegung behielt er während des ganzen ersten Drittels seiner Erzählung bei. Obwohl er, wie mir schien, heftig bereute gekommen zu sein, brannte er darauf zu reden, sich eine unerträgliche Last von der Seele zu reden. Warum er sich dazu gerade eine so offizielle Stelle wie das Konsulat ausgesucht hatte, wurde mir erst im Laufe des Berichtes klar. Er brauchte nicht einfach einen Menschen, dem er sich mitteilen und von dem er Trost erwarten konnte. Er brauchte eine Stelle, die für ihn das Gesetz verkörperte, das Gesetz oder einfach eine unpersönliche Macht, die er anklagen konnte. Denn, das begriff ich bald, seine Erzählung war eine Anklage, eine verzweifelte Anklage jener unbegreiflich harten und dunklen Gewalt, von der die Welt regiert wird auf eine Art und Weise, die uns glauben macht, daß sie nichts will als unsere Vernichtung. Die Bitterkeit dieser Anklage war gemildert durch eine schwere Trauer, die einem ganz persönlichen Leid entsprang, das sein argloses Herz betroffen hatte und das er ängstlich zu verbergen suchte. Aber es brach im Laufe seines Berichts immer wieder durch, auf eine männlich verhaltene Art, die sogar den Konsul ergriff, der ein nüchterner und zu Ironie neigender Mann ist.

»Ja«, murmelte Bantley schließlich und rieb seine Knie noch stärker, »ich weiß nicht, ob das alles noch wichtig ist. Er ist ja nun tot und begraben, und damit ist wohl alles in Ordnung.«

Er schwieg, und man hätte glauben können, er habe damit abschließend ausdrücken wollen, daß er nichts weiter zu sagen wünsche. Aber es war deutlich zu sehen, daß er mit äußerster Anstrengung nach Worten suchte, die weder zu wenig noch zu viel verrieten. Der Konsul ließ ihm Zeit. Er blätterte in seinen Papieren und fragte schließlich wie beiläufig: »Kannten Sie Mr. Stonebridge schon lange?«

Bantley hob erstaunt seine Augen, die Augen eines Knaben, die so offen und von einem so klaren hellen Grau waren, daß selbst die Verwirrung sie nicht zu trüben vermochte.

»Lange?« erwiderte er, verwundert darüber, daß man ihm eine so nebensächliche Frage stellte. »Lange ist das eigentlich nicht. Wir kamen mitsammen nach Deutschland. November 45. Auf der ›Thomas Barry‹.« Er schwieg aufs neue, aber plötzlich schien ihn die Erinnerung mit aller Gewalt zu packen, und er begann zu reden, langsam, mühsam, stockend, aber unaufhaltsam und mit aller Eindringlichkeit. Er hatte eine seltsame Gewalt des Ausdrucks, die wohl daher kam, daß er alles, was er erzählte, leibhaftig vor sich sah und daß ihm zu wenige der gewohnten, abgegriffenen, blaßgewordenen Ausdrükke zu Gebote standen, so daß er gleichsam neue Worte finden mußte, die, so schwerfällig sie aus seinem Munde kamen, dennoch einen dunklen und erregenden Glanz hatten. Manchmal, wenn er besonders heftig um eine Wendung rang, machte er eine Handbewegung, als müsse er sie mühevoll aus einem schweren Boden graben.

»Da war also dieser Stonebridge. George Stonebridge. Wir haben ihn auf dem Schiff ›Lord Stonebridge‹ genannt. Das war kein Spott. Wir glaubten, er sei Engländer. Aber er war Amerikaner. Und da fuhr er nun nach Europa. Mehr wußten wir nicht von ihm. Er war schweigsam, und immer war freier Raum um ihn, als hätte er Fußangeln gelegt rings um sich und Gräben und Ödland. Da ging keiner zu ihm, und er wartete auch auf keinen. Aber mit mir redete er. Ich weiß nicht, warum gerade mit mir.«

Er stieß eine Art Seufzer aus, der zu sagen schien: »Ich wollte, er hätte es nicht getan, dann ginge mich diese ganze Geschichte nichts an.«

Dann fuhr er fort: »Schließlich kam dieser letzte Tag auf der ›Thomas Barry‹. Stonebridge und ich, wir standen an Deck. Da sahen wir das Land. Er sah es zuerst. Er sagte kein Wort. Aber er hielt sich fest am Geländer, als habe er Angst, er könnte ins Wasser springen müssen.«

Bantley beugte sich vor, und seine Hände klammerten sich um seine Knie, als wären sie das Geländer, das Stonebridge davon abhielt, in seiner Ungeduld dem Land entgegenzuspringen, und seine Augen drückten genau jene grenzenlose, schmerzliche und mißtrauische Sehnsucht aus, die den armen Stonebridge in jedem Augenblick erfüllt haben mußte. Dann sagte er leise und hastig, als schäme er sich darüber zu sprechen, wenngleich nötig war, es zu erwähnen, damit wir verstehen sollten, was in Stonebridge vorging: »Da sah ich, daß er weinte. Und da ging ich weg.«

Er machte eine Handbewegung, als löschte er rasch und nachdrücklich diese Worte von einer unsichtbaren Tafel, ehe er weitersprach: »Als ich nach einer Stunde zurückkam, stand er noch da. Und nach zwei Stunden immer noch. Es war kalt, und es war dunkel. Aber er stand da, als ob er Wache hielte und als ob es von ihm abhinge, daß das Schiff die Küste erreichte. Aber er war wie ein Schatten. Und da …« Bantley unterbrach sich und warf einen Blick auf den Konsul, zögernd, etwas zu sagen, was dieser vermutlich nicht begreifen oder nicht glauben würde, aber er sagte es schließlich doch, rasch und verlegen: »Da erschien er mir wie ein Gespenst. Man hätte mitten durch ihn hindurchgehen können. Da wußte ich, was über ihn kommen würde.«

Er schwieg düster. Jetzt, nachdem ich die ganze Geschichte kenne, weiß ich, daß er in diesem Augenblick überwältigt wurde von dem Gedanken daran, daß er nichts getan hatte, um Stonebridges Tod zu verhindern, ja, daß er sogar, betört durch das süße und hinterhältige Zwielicht von Freundschaft und Leidenschaft, in jene Fallstricke geraten war, die ihm gelegt worden waren. Seine Hände umklammerten die Knie mit solcher Kraft, daß die Adern dick wie blaue Schnüre hervortraten. Plötzlich rief er eifrig, als müsse er sich vor einem unsichtbaren Ankläger verantworten: »Ich ging hin zu ihm. Ich wollte ihn nicht allein lassen wie einen Hund in der Nacht, wenn es regnet. Ich ging hin zu ihm. Aber er hörte mich nicht.«

Eindringlich wiederholte er: »Ich ging hin zu ihm. Aber er starrte auf die Küste.« Leise und reuevoll fügte er hinzu: »Da ging ich in die Kabine.« Er versank in der Erinnerung an jene Nacht. Niemand störte ihn, bis er von selbst weitersprach:

»Nach Mitternacht kam er zu mir. Er war blaß wie der Tod. Ich gab ihm einen Whisky. ›Bantley‹, sagt er, ›als ich 1938 dieses Land verlassen habe, da glaubte ich nicht, es je wiederzusehen.‹ Dieses Jahr 38 hatte er schon oft erwähnt. ›1938, als meine Frau noch lebte.‹ ›1938, als ich meine große Reise machte.‹ ›1938, als ich meinen Beruf wechselte.‹ Ich hatte mir nie Gedanken darüber gemacht. Aber jetzt wurde mir klar, daß dieses 1938 etwas Schreckliches für ihn bedeutet hatte. ›Bantley‹, sagte er, ›ich bin nicht Amerikaner.‹ Ich verstand nicht gleich. Er hatte doch unsere Uniform an, er war sogar Offizier. ›Ich war einmal Deutscher‹, sagte er. ›Ich hieß Steinbrück, und ich war ein reicher Mann, Bantley. Aber vor sieben Jahren war es aus damit. Für immer.‹ So sagte er. Es gab nicht viele Gründe, die einen Mann 1938 in die Fremde jagen konnten. Ich brauchte nicht zu fragen, welcher es war. Es sagte auch nichts weiter. Er saß da und starrte die Wand an.«

Bantleys Gesicht drückte in diesem Augenblick jene tiefe Hoffnungslosigkeit mit solch qualvoller Deutlichkeit aus, daß ich Stonebridge selbst sitzen sah in der engen Kabine, schweigend, sehnsüchtig und voll süßer und verzehrender Angst davor, jenes geliebte Land wiederzusehen, aus dem man ihn vertrieben hatte.

»Was soll man da sagen«, fuhr Bantley kummervoll fort. »Er saß eben da. Er war wie ein schwarzer Stein mitten auf dem leeren Feld. Da sagte ich: ›Sie kommen als amerikanischer Staatsbürger zurück. Da ist alles anders.‹ Aber er sah mich nur an, als wollte er sagen: ›Das ist es ja. Aber das kannst du nicht verstehen, mein Junge.‹ Aber ich verstand schon. Am Morgen waren wir in Bremerhaven. Da ging alles sehr schnell. Ich fuhr nach Berlin und Stonebridge nach München. Beim Abschied war er ganz munter, und ich dachte: ›Nun kommt alles in Ordnung. Er wird sich schon einleben.‹« Bei diesen Worten funkelte Bantley uns trotzig an und so, als hätten wir widersprochen, rief er lebhaft: »Warum sollte er es nicht? Er war doch nun Amerikaner.« Aber er senkte seine Augen sofort wieder, als schämte er sich vor dem toten Stonebridge, seinen Stolz auf Amerika so deutlich gezeigt zu haben, seinen kindlichen Stolz auf das große, reiche Land, in dem der andere so armselig hatte leben müssen. Der Konsul nickte, aber ich glaube nicht, daß er Bantleys Regung richtig zu deuten vermochte.

Als Bantley wieder aufblickte, glänzten seine Augen, und dieser Glanz verstärkte sich noch im Laufe der Erzählung. Offensichtlich begann er nun ein neues Kapitel seines Berichts, und es hatte den Anschein, als sei es frei von jener düsteren Schwermut, die den Anfang seiner Erzählung durchtränkt hatte.

»Dreiviertel Jahre später«, sagte er lebhaft, »wurde ich nach München versetzt. Ich rief sofort Stonebridge an.« Er betonte dieses »sofort« mit aller Kraft, als vermöchte es ihn zu entlasten, als wäre es der strikte Beweis dafür, daß er sein Bestes für Stonebridge getan hatte. Der Konsul schaute ihn leicht verwundert an, aber er fuhr schon fort: »Wir wollten uns gleich am ersten Abend treffen im Officers Club. Ich war ein wenig zu früh daran und ging vor dem Club auf und ab. Da fuhr ein großer schwarzer Wagen vor, und es stieg jemand aus, und der Mann, der den Wagen fuhr, brachte ihn auf den Parkplatz.«

Er hatte so lebhaft gesprochen, wie es ihm möglich war, während er aus dem Fenster blickte, wo ihm irgendein Bild erschien, dem er selbstvergessen zulächelte. Als er sich der verräterischen Art dieses Lächelns bewußt wurde, stieg ihm das Blut ins Gesicht, und er sprach hastig weiter: »Ich konnte natürlich nicht wissen, wer das war. Diese Frau meine ich, die aus dem Auto sprang.« »Diese Frau«, sagte er, und versuchte in seine Worte den Ausdruck von soviel Gleichgültigkeit und Uninteressiertheit zu legen wie nur möglich war, aber dabei errötete er nur noch mehr. Aufs höchste verwirrt fuhr er fort: »Ich hatte den Mann nicht gesehen, der den Wagen gefahren hatte, und wenn ich ihn gesehen hätte, dann hätte ich ihn nicht erkannt, und ich erkannte ihn überhaupt erst wieder, als er mich anrief.« Er sprach so schnell, daß er ganz außer Atem geriet. Der Konsul zog die Brauen hoch, – eine Bewegung, die besagte, daß er der Sache nun auf die Spur komme, und auch ich glaubte, den Kern der »dunklen Geschichte« zu ahnen.

Aber wir hatten uns getäuscht. Sie war weit verwickelter, weit zarter und schwieriger zugleich.

»Er war ganz verändert«, sagte Bantley. »Ein ganz anderer Mann war er. Beim Himmel: ich hätte nie gedacht, daß ein Mann sich so verändern kann. Er war mindestens zehn Jahre jünger, und da war nichts mehr von jenem Kummer in seinem Gesicht. Das heißt ...« Er stockte und suchte nach Worten. Endlich fand er den richtigen Ausdruck: »Es war wie bei einem Pferd, das ganz ruhig und fromm geht, solange nichts da ist, vor dem es erschrickt. Und erst wenn es nervös wird und scheut und hochgeht und unbrauchbar ist, denkt man, daß einem schon vorher etwas aufgefallen war, etwas im Blick oder in der Art, wie es die Füße setzt.« Er wandte sich direkt an den Konsul: »Ich weiß nicht, ob Sie Pferde kennen«, sagte er. »Aber wenn Sie sie kennen, dann wissen Sie, wie man sich täuschen kann. Ich habe ein Dutzend davon, ohne die Jungen. Nahe bei Kansas City habe ich sie.« Er schwieg und schaute mit glänzenden Augen über eine unsichtbare weite grüne Weide hin, auf der seine Pferde grasten, glänzend braun in der Sonne und übermütig vor Gesundheit. Es kostete ihn große Mühe, zu seiner Erzählung zurückzukehren.

»Ja, so war das«, fuhr er fort. »Es war etwas in seinen Augen, das störte. Ganz wenig, nicht mehr als eine Spur.« Er senkte seine Stimme, und sein breites, gutes Gesicht bekam plötzlich einen Ausdruck von Schuldbewußtsein. »Ich achtete nicht darauf«, murmelte er, um gleich darauf trotzig auszurufen: »Aber wie konnte ich das auch ahnen? Er war schrecklich glücklich. Er hatte eine gute Stellung bei der Militärregierung. Und da war doch diese Frau.« Wieder warf er diese Worte mit jener Miene hin, die man aufsetzt, wenn man nicht deutlich genug zeigen kann, wie sehr es einen langweilt, davon zu sprechen. Aber von neuem wurde er rot und verwirrt. »Sie war verdammt hübsch«, murmelte er lässig. »Er war verlobt mit ihr oder doch etwas Ähnliches. Und das schien alles in guter Ordnung. Es war übrigens ein lustiger Abend. Sie sprach nicht sehr gut Englisch, und das war sehr komisch. Hinterher fiel mir ein, daß es diese Unruhe in Stonebridges Augen war, die mich störte. Erst dachte ich, er sei einfach nervös. Oder er fürchtete, daß ihm jemand die Frau wegnehmen könnte.«

Der arme Bantley, er wurde dunkelrot bis zu den Haarwurzeln, als ihm dies entschlüpft war. Augenblicklich setzte er hinzu: »Das war selbstverständlich nur so ein Einfall von mir.« Er schaute uns beinahe flehend an, als er fortfuhr: »In Wirklichkeit war es etwas anderes.« Er rang heftig darum, einen Vergleich zu finden, der uns die seltsame Verfassung Stonebridges halbwegs deutlich machen konnte. »Wir hatten einmal einen Arbeiter auf der Farm, der stand nachts auf, wenn der Mond schien, und er ging über die Dächer, mit geschlossenen Augen ging er. Es war grauenhaft anzusehen. Er mußte das tun, das kam so über ihn. Und wenn man ihn angerufen hätte, so wäre er abgestürzt.«

Bantley schaute uns von der Seite an, zweifelnd, ob wir ihn begriffen hatten. Der Konsul nickte: »Ein Schlafwandler. Ich verstehe.«

Bantley lächelte ihn flüchtig und dankbar an: »Stonebridge ging irgendwo hoch oben. Man durfte ihn nicht anrufen, und tief unter ihm, da war sein Kummer und seine Hoffnungslosigkeit. Aber«, er wandte sich eifrig und lebhaft an den Konsul, »Sie dürfen nicht glauben, daß ich das damals so genau wußte. Es war nur so wie bei den Pferden. Sie sind manchmal schon am Morgen nervös, bei klarem Himmel, weil sie ein Gewitter vorausspüren, das vielleicht erst mitten in der Nacht kommt. Wir hätten es damals schon ahnen können, was kommen mußte.

Diese Frau, sie hat es mir später auch gesagt.« Bantley litt sehr darunter, daß er es nicht verhindern konnte zu erröten. Ebensowenig aber konnte er es seinem Mund verbieten, immer wieder jene Worte auszusprechen, die so verräterische Folgen hatten, jene süßen, von Trauer und Schuldgefühl vergifteten Worte.

»Damals«, sagte er, »damals waren wir glücklich.« Er verbesserte sich mit auffälliger Hast. »Stonebridge war glücklich. Und diese Frau war es wohl auch. Es war ein sehr hübscher Abend. Später sah ich Stonebridge öfter. Nicht sehr oft und meist nur ihn allein. Und einmal«, er stockte, blickte den Konsul mit unsicherer Herausforderung an und murmelte: »Ich muß das ausführlich erzählen, damit Sie alles Spätere begreifen können.« Der Konsul nickte ermunternd, und Bantley fuhr fort: »Einmal fragte er mich: ›Sagen Sie, Bantley, finden Sie mich lächerlich?‹ – ›Warum sollte ich Sie lächerlich finden‹, fragte ich. Er sagte: ›Sie ist sehr jung, nicht wahr? Zu jung für mich.‹ – ›Nein‹, sagte ich, ›was sind das wieder für Grillen, Sie sind doch kein alter Mann, Major. Sie sehen aus wie vierzig.‹ – ›Na, schon gut‹, sagte er. Aber er glaubte mir kein Wort. Und ein anderes Mal sagte er: ›Bantley, ich bin ein Narr. Aber ich bin glücklich. Zum erstenmal in meinem Leben wirklich glücklich, verstehen Sie?‹ Ich sah das. Er war glücklich. Aber hinter ihm her lief immer ein Wolf ziemlich weit entfernt und im gleichen Abstand, wie es schien. Aber der Abstand wurde in Wirklichkeit immer kleiner. Nun, damals war er noch weit genug. Ab und zu nahm Stonebridge mich mit zum Einkaufen, und immer kaufte er für diese Frau ein, das Teuerste kaufte er. Er verdiente ja seine dreihundertfünfzig Dollar im Monat, aber er gab so viel aus, daß mir manchmal angst wurde. Er hatte doch diesen verdammt teuren, großen Wagen gekauft, der seine fünfzehnhundert Dollar kostete. Da mußte er doch noch Schulden haben.« Murmelnd fügte er hinzu: »Den hatte er doch nur wegen dieser Frau gekauft.« In diesem Augenblick schien Haß aus ihm zu sprechen, aber es war vorüber, ehe ich mir dessen ganz bewußt geworden war.

Wenn ich mich jetzt frage, wen dieser Anflug von Feindseligkeit treffen sollte, so finde ich keine genaue Antwort. Wahrscheinlich galt er nur jener Schicksalsmacht, die alle Liebenden der Welt mit Arglist verfolgt, aus einem Grund und mit einer Absicht, gegen deren Unbegreiflichkeit der gute Bantley mit den unzulänglichen Mitteln seines einfachen, geradlinig laufenden Denkens vergeblich anrannte.

Nachdem er eine Weile geschwiegen hatte, stand er plötzlich auf. Er tat es mit einer entschlossenen Bewegung, als wollte er sich verabschieden. Aber er begann nur auf und ab zu gehen. Leiser als vorher, häufig stockend, sich verhaspelnd und mit Hemmungen aller Art kämpfend, sprach er weiter.

»Ein Jahr dauerte es. Das Glück meine ich. Sooft ich Stonebridge sah, sprach er von dieser Frau. Er konnte nicht anders.«

Bantley blieb stehen und starrte auf die Spitzen seiner mächtigen Schuhe. Das Folgende brachte er nur flüsternd über seine Lippen: »Er war ganz toll. Er war besessen davon. Aber Sie müssen begreifen: sie war wunderschön und klug und gut.«

Als er das gesagt hatte, warf er seinen Kopf zurück, und obwohl er mit Glut übergossen war, schaute er uns trotzig und stolz an. Dieser Blick, der dem Konsul ein kaum merkliches Lächeln entlockte, enthielt eine deutliche, eine knabenhafte Drohung.

Aber da Bantley weder beim Konsul noch bei mir anderes als freundliche Aufmerksamkeit bemerkte, gab er seine herausfordernde Haltung auf und begann wieder, mit gesenktem Kopf auf und ab wandernd, gleichsam nur zu sich selbst zu sprechen: »Es war nicht so, daß er einfach verliebt in sie war. Sie stand für ihn mitten im Sonnenschein, und ringsherum war Finsternis. Ein einziger Mensch – es war die Welt für ihn. Einmal war sie krank, ganz leicht nur. Da benahm er sich wie ein Wahnsinniger. Er war ganz gelb vor Kummer, er aß nicht, schlief nicht, lief durch die Stadt wie ein irrer Hund und nahm drei Ärzte, obwohl sie nur eine Magenkolik hatte.

›Bantley‹, sagte er, ›wenn sie stirbt, lebe ich nicht mehr weiter.‹ Ich habe ihn ausgelacht, aber da war etwas in seinen Augen, das erschreckte mich. Manch einer sagt so etwas in der Erregung, aber er denkt nicht daran, es wirklich zu tun. Das Leben ist stärker als der Kummer. Aber bei Stonebridge war es Ernst. Es war furchtbarer Ernst, und ich war heilfroh, als die Frau wieder gesund war. Als sie zum ersten Mal wieder ausging, lud er mich ein. Weiß der Teufel warum. Aber ich ging mit. Und da hatte sie ein neues Armband, Gold mit Brillanten. Das hatte er ihr geschenkt. Schrecklich kostbar, glaube ich.«

Er wandte sich wieder an den Konsul und sagte eifrig und eindringlich: »Sie werden denken, warum erzählt er das alles, das ist zu weitschweifig. Aber Sie müssen das wissen, Sie verstehen sonst wirklich nicht, was jetzt kommt.«

Er ging ans Fenster und blieb eine Weile dort stehen. »Es war gefährlich«, murmelte er, »wie Stonebridge lebte. Er war wie ein Hase, der ins Scheinwerferlicht eines Wagens geraten ist. Er läuft und läuft vor dem Licht her, ganz behext, er sieht nichts mehr als das Licht, und da, wo der dunkle Wald ist und das gute Gebüsch, in dem er sich verbergen könnte, da sieht er nur einen schwarzen Abgrund, vor dem er sich mehr fürchtet als vor dem hellen Licht, das ihm den Tod bringt. Ich glaube, er wußte das selbst. Ja, ganz bestimmt. Er wußte, daß das alles nicht von Dauer war. Er war ja schon ganz atemlos aus Angst vor dem Ende.«

Bantley drehte sich mit einem Ruck um und sagte laut, fast zornig, als müsse er sich gegen einen schlimmen Vorwurf verteidigen: »Es war nicht so, daß er Angst hatte, die Frau könnte ihm untreu werden. Sie hing sehr an ihm. Er fürchtete einfach, daß seine Kraft nicht ausreichen würde. Ich weiß nicht, ob Sie das verstehen.«

»Ja, ja«, sagte der Konsul behutsam, »gewiß, ich verstehe. Er hatte zuviel Schwieriges hinter sich. Er war erschöpft und über seine Jahre müde.«

Bantley nickte, aber es war ihm anzusehen, daß ihm dies keine befriedigende Erklärung erschien und daß leise Zweifel an ihm nagten, ob wir ihn ganz verstünden. Und es lag ihm doch soviel daran uns begreiflich zu machen, woran Stonebridge tödlich litt.

»Er hätte glücklich sein können«, murmelte er. »Aber er war es nicht, weil er nicht daran glaubte, daß er glücklich sein konnte. Ja, das war es.« Er stieß einen Seufzer der Erleichterung aus, als habe er in diesem Augenblick endlich die einzige, die vollkommen richtige Erklärung gefunden.

»Er glaubte überhaupt nicht an Glück. Für ihn war alles vergiftet. Und da war er nun voller Staunen darüber, daß diese Frau in sein Leben gekommen war und ihn liebte. Er glaubte es nicht. Er tat nur so, als glaubte er es. Er lebte wie im Traum. Es war ein Traum für ihn, und er hielt ihn fest, weil er sich fürchtete aufzuwachen. Aber er wußte, daß er träumte. Er wußte, daß er aufwachen würde, weil er nicht die Kraft hatte weiterzuschlafen. Er wußte, daß, wenn er aufwachen würde, das Leben für ihn zu Ende war, so oder so.«

Murmelnd, als wäre es nicht für unsere Ohren bestimmt, setzte er hinzu: »Und die Frau wußte das auch. Das war das Unheimliche in dieser Geschichte. Sie sahen beide das Ende, und sie verschwiegen voreinander, daß sie es wußten.«

Wieder zu uns gewandt, rief er fast verzweifelt aus: »Und deshalb war es ihnen ganz gleichgültig, ob sie früher oder später daran zugrunde gingen. Sie hatten alles auf diese eine Karte gesetzt. Die Frau auch.« Düster fügte er hinzu: »Und dabei liebte sie ihn wohl gar nicht wirklich. Ich weiß nicht, was es war.«

Er ließ sich schwer in den Sessel fallen, und nun sprach er rascher und ohne Hemmungen weiter. Es war, als habe er plötzlich seinen geheimen Widerstand aufgegeben und sich entschlossen, ganz offen zu sein, um jeden Preis. Es schien, als sei ein Damm gebrochen, und die Flut seiner Erinnerungen stürzte unaufhaltsam aus ihm, gleichsam über ihn hinweg. Von diesem Zeitpunkt an errötete er auch nicht mehr, wenn er von »dieser Frau« sprach.

»Eines Tages kam Stonebridge zu mir und sagte:

›Bantley, können Sie mir meinen Wagen abkaufen?‹ Das konnte ich nicht, woher sollte ich fünfzehnhundert Dollars nehmen.

›Dann geben Sie mir achthundert‹, sagte er. Das war ein verrücktes Angebot. Aber er blieb dabei. ›Nur eins‹, sagt er, ›Sie müssen mich mit dem Wagen fahren lassen, sooft ich will, und Barbara‹ – so hieß sie – ›darf nicht erfahren, daß er mir nicht mehr gehört. ‹ Ich wollte den Kauf nicht machen, aber er drängte mich so, daß ich schließlich ja sagte und ihm das Geld gab. Ich ließ ihm den Wagen.« Mit einer lässigen Handbewegung deutete er an, wie leicht es ihm gefallen war, achthundert Dollars zu geben für das Vergnügen, »dieser Frau« einen geheimen Dienst zu erweisen, ohne auf Dank zu rechnen. Ich bin überzeugt, er durfte nicht ein einziges Mal mit seinem Wagen fahren, solange Stonebridge lebte, und wahrscheinlich war auch nie mehr davon die Rede gewesen.

»Eine ganze Weile geschah nun nichts mehr dergleichen«, fuhr er fort. »Aber ein paar Monate später kam er wieder und wollte mir seinen Fotoapparat verkaufen. Es war eine wunderbare Rolleiflex. Ich hatte schon eine. Aber ich kaufte sie ihm ab. Und später eine goldene Uhr und einen Lederkoffer und noch einiges. Weiß der Teufel, was er mit dem Geld machte. Mir war nicht wohl bei diesem Geschäft. Ich hatte keinen Verlust, und einiges verkaufte ich sogar mit Gewinn weiter, aber es gefiel mir nicht, es war etwas Unheimliches dabei, und ich durfte gar nicht darüber nachdenken. Ich begann beinahe, verdammt, auch so zu leben wie die beiden, halb nur in der Wirklichkeit und halb im Traum. Und das ging noch weiter. Schließlich hatte er nichts mehr, was er verkaufen konnte. Da lieh ich ihm Geld. Einmal fünfzig Dollars, einmal zwanzig, ein anderesmal hundert und so fort. Er hatte damals für Barbara ein Haus gemietet im Gebirge, das war es, was soviel kostete. Ich wußte das. Ich gab ihm Geld und Geld.«

Mit einem resignierten Achselzucken deutete er an, daß er sich für einen Narren hielt, aber dennoch nicht bereute, was er getan hatte. Ich muß gestehen, es lag eine Großartigkeit in seinem Benehmen, die in ihrer klaren Einfachheit mir und auch dem Konsul Respekt abnötigte.

»Das dauerte wieder einige Monate«, fuhr er fort, »und dann ...« Er stockte und warf uns einen Blick zu, als flehte er uns an, diesem Kapitel seiner Erzählung besondere Aufmerksamkeit zu schenken, aber gleichzeitig schien er die dringende Bitte zu stellen, nicht zu fragen, nicht weiterzuforschen und nachzudenken, sondern uns mit den Tatsachen zu begnügen, die er uns zu berichten hatte.

»Eines Tages«, begann er von neuem, »kam Barbara zu mir. Sie wartete vor meinem Büro. Da stand sie eines Abends.« Er schwieg, überwältigt von der Erinnerung an jenen köstlichen Augenblick, und sein Gesicht drückte vollkommen jene Wirrnis von Empfindungen aus, in die ihn ihr Besuch gestürzt hatte: Überraschung, Entzücken, Mißtrauen, Verlangen, Angst – der Aufruhr machte ihm noch bei der bloßen Erinnerung zu schaffen.

»Da stand sie«, wiederholte er leise, als verriete er uns ein Geheimnis. »Sie sagte: ›Bitte, kommen Sie mit mir. Ich muß mit Ihnen sprechen. ‹ Wir gingen in den Englischen Garten und an der Isar entlang und immer weiter, und es dauerte lange, bis sie sagte, warum sie gekommen war. Es war ein Herbstabend, und es wurde früh dunkel, und der Nebel kam, und da gingen wir beide.«

»Wir beide«, sagte er, und die Art, wie er es sagte, verriet ihn mehr als alles andere.

Ich muß gestehen, daß mir dieser große Junge von jenem Augenblick an noch mehr gefiel als vorher. Ich entdeckte sogar den leisen Wunsch in mir, ihn näher kennenzulernen und einmal ganz privat mit ihm zu plaudern. Aber ich bin sicher, er ist so sehr erfüllt von seiner Empfindung »dieser Frau« gegenüber, daß er mich nicht einmal sehen würde.

Er sprach weiter: »Schließlich zog sie ein Päckchen aus der Tasche. Es war gerade noch hell genug, daß ich sehen konnte, was darin war. Es war ein Ring. Ich verstehe nicht viel davon, aber das konnte jeder erkennen, daß es ein sehr wertvolles Stück war. ›Bantley‹, sagte sie, ›nehmen Sie das.‹ ›Warum?‹ fragte ich. ›Er ist von meinem Großvater‹, sagte sie, ›ein altes Erbstück. Sie können ihn sehr teuer verkaufen, Bantley. Geben Sie ihn nicht unter zehntausend Mark her. Sie können aber noch mehr dafür bekommen.‹ – ›Aber warum?‹ fragte ich wieder. Sie steckte mir das Päckchen in die Tasche. ›Sie wissen es‹, sagte sie, weiter nichts.«

Er wandte sich wieder an uns. »Wie sollte ich das verstehen, bitte? Es war schwierig für mich. Es konnte alles mögliche bedeuten. Als ich sie nach Hause begleitete an diesem Abend, sagte sie plötzlich: ›Es ist furchtbar.‹ Ich wagte nicht zu fragen, was furchtbar war. Aber ich sah, daß sie zitterte.« Nach einer Pause setzte er hinzu: »Das war hart zu sehen.« Er sagte es so leise, daß es kaum zu hören war, aber er faßte sich sofort wieder. »Sie kam nun mehrmals zu mir, immer am Abend, und immer gingen wir an den Fluß, immer denselben Weg, als ob es für uns nur den einen gäbe. Jedesmal brachte sie etwas anderes mit. Sie mußte aus einem sehr reichen Hause stammen. Es war wunderbarer Schmuck.« Er unterbrach seinen Bericht, um uns rasch und eifrig zu versichern, daß er kein Stück davon verkauft habe. »Alles ist noch da«, sagte er, triumphierend darüber, daß er der Versuchung, sich daran zu bereichern, so kräftig widerstanden hatte.

»Und nun begriff ich auch, warum sie es tat. Aber wie sie dahintergekommen war, daß Stonebridge Geld von mir borgte, das weiß der Teufel. Er hat es ihr sicherlich nicht gesagt, und sonst wußte es keine Seele. Ich sagte ihr, sie brauchte das nicht zu tun, Stonebridge gebe mir das Geld immer wieder zurück. Aber sie lächelte nur. Sie glaubte mir kein Wort, soviel ich auch redete. ›Bantley‹, sagte sie, ›ich weiß es doch.‹ Und wieder sagte sie: ›Es ist furchtbar.‹ Aber das Sonderbare war, daß sie dabei nicht unglücklich war. Sie war einfach über alles hinweg, über Glück und Unglück. Weiß Gott, wo sie lebte.«

Er versank in Stillschweigen, bis der Konsul fragte: »Und warum hat sie – ich meine diese Frau – ihm nie verboten, ihr so kostbare Geschenke zu machen?«

Ich begriff sofort, daß diese Frage, so berechtigt sie war und so vorsichtig sie gestellt wurde, wie ein Schlag auf Bantley wirken mußte. Der Blick, den er dem Konsul zuwarf, sagte deutlich: »Können Sie denn die einfachsten Dinge nicht verstehen? Hat es überhaupt Sinn weiterzusprechen, wenn Sie nicht einmal dies begreifen?« Aber er überwand sich und antwortete nachsichtig: »Wenn sie es ihm gesagt hätte, was, glauben Sie, hätte er geantwortet?«

Der Konsul, gepackt von dem Bestreben ganz zu verstehen, fuhr, einmal auf die falsche Fährte geraten, hartnäckig fort: »Aber es war doch unverantwortlich von ihr, ihn in solche Schulden zu stürzen.«

Bantleys Gesicht wurde zu Stein. Mit einer Kälte und Härte, die ich ihm nie zugetraut hätte, rief er abweisend: »Ich sagte ihnen doch, daß er keine Schulden bei mir hatte. Sie bezahlte mir alles zurück.«

Der Konsul zeigte eine Spur von reuevoller Bestürzung und schwieg, während Bantley wie ein gereizter Hund vor sich hinknurrte: »Und als sie keinen Schmuck mehr hatte außer dem Brillantarmband, das sie nicht hergeben konnte, da fing sie an zu arbeiten. Das wußte nur ich.« Wir erfuhren nicht, welche Art Arbeit sie tat, und es blieb mir keine Zeit darüber nachzudenken, denn Bantley fuhr rasch fort: »Und dann kam, was Stonebridge schon lange gefürchtet hatte. Sein Vertrag wurde nicht mehr erneuert.«

Die Art, mit der Bantley seine Arme fallen ließ, als er dies gesagt hatte, zeigte stärker als irgendein Wort die ausweglose Verzweiflung, in die Stonebridge stürzte, eine Verzweiflung, die Bantley teilte – auf seine Weise und aus seinen eigenen dunklen Gründen teilte – und die ihn offenbar jedesmal von neuem überfiel, wenn er daran dachte.

»Da war es nun aus«, sagte er düster, mit einer Handbewegung, als schlösse er eine Tür nachdrücklich und unwiderruflich, für immer.

Der Konsul, den diese Geschichte mehr erregte,

als er zeigen wollte, fragte: »Und konnte er keine andere Stelle finden?«

Bantley schüttelte langsam den Kopf. »Zu alt«, murmelte er. »Und außerdem: sie wollten alle nur Leute, die schon ihre zehn Jahre amerikanischer Staatsbürgerschaft hatten.«

Nach einer Pause fügte er hinzu: »Aber das allein war es nicht. Vielleicht hätte er eine Stelle gefunden.« So, als müßte er Stonebridge gegen einen Vorwurf verteidigen, rief er plötzlich lebhaft: »Sicher hätte er eine Stelle gefunden, warum nicht? Andere taten es doch auch.«

Er schwieg, erschrocken über die Heftigkeit seiner Stimme. Dann zuckte er die Achseln und murmelte: »Aber er wollte nicht mehr. Es war jetzt soweit: er konnte nicht mehr.«

Der Konsul fragte beinahe ungeduldig vor Spannung: »Und nun?«

Bantley stand auf und trat ans Fenster. Alles, was er nun sagte, schien er diesem blanken bläulichen Fensterglas zu erzählen. »Ende Oktober sollte sein Schiff abfahren. Bis dahin konnte er bleiben. Er hatte keine Arbeit mehr. Er mußte nur auf das Schiff warten. Da hatte er nun vier Wochen vor sich. Vier Wochen ohne Arbeit. Aber das durfte Barbara nicht wissen. Er konnte es ihr nicht sagen. So fuhr er jeden Abend eigens an die Militärregierung, weil sie gewohnt war, ihn dort abzuholen. Abend für Abend.

Er hatte nichts mehr zu tun dort. Er fuhr hin, ging in die Vorhalle und wartete, bis es Zeit war. Dann kam er heraus, mit der Mappe unter dem Arm, und da wartete Barbara, bis er den Wagen geholt hatte. Vier Wochen.«

Der Konsul konnte nicht mehr an sich halten. »Aber warum zum Teufel hat er es ihr denn nicht gesagt? Wäre es nicht viel leichter für ihn gewesen?«

Bantley gab keine Antwort.

Ich dachte: »Warum ließ er sich nicht repatriieren, wie andere es taten, wenn ihm so viel daran lag, bei dieser Frau zu bleiben?«

Als hätte ich diese Frage laut gestellt, sagte Bantley: »Eines Tages kam er zu mir und sagte: ›Bantley, was meinen Sie dazu, wenn ich für immer in Deutschland bliebe?‹« Er wandte sich halb nach dem Konsul um und rief: »Was konnte ich ihm raten, ich?« Dieser Ausruf verriet mit aller Schärfe, in welche Gewissensqual ihn Stonebridges Frage gestürzt hatte und wieviel Selbstüberwindung es ihn gekostet hatte sachlich zu antworten: »Major, das ist schwer zu sagen. Wer gibt schon seine amerikanische Staatsbürgerschaft freiwillig auf? Wer weiß, was geschehen wird hier in Europa. Aber andrerseits, Major …« Er schwieg, so wie er damals seinen Satz abgebrochen haben mochte: mit einem Achselzucken, das einen Verzicht ausdrückte, von dem Stonebridge nichts ahnte, taub für die Leiden anderer Menschen, aufgezehrt von seiner eigenen Besessenheit, hart und unmenschlich in der Blindheit seiner Leidenschaft, verstrickt in seine tödliche Angst.

»Und wofür entschied er sich?« fragte der Konsul.

Bantley schüttelte stumm den Kopf, langsam und schwer, und überließ es uns, diese Antwort zu deuten.

Dann fuhr er fort, den Blick auf das Fenster geheftet, als wäre er allein: »Es war der schönste Herbst, den er sich wünschen konnte. Er erzählte Barbara, daß er eine Woche Urlaub habe. Sie fuhren weg, nach Garmisch oder sonst irgendwohin ins Gebirge. Als sie wiederkamen, waren noch drei Tage Zeit bis zur Abreise. Und da …« Er stockte und sagte dann so hastig, als fürchtete er, es könnte ihn plötzlich reuen, darüber zu sprechen: »Da kam Barbara. Sie brachte Geld. Es war ihr Monatsgehalt. Und da …« er schrie es fast: »Da sagte ich es ihr.«

Er wandte sich schroff um und schaute den Konsul düster und erwartungsvoll, ja herausfordernd an, so, als verlangte er sein Todesurteil. Aber der Konsul beugte sich tief über seine Papiere.

»Ich sagte es ihr«, wiederholte Bantley hartnäckig und laut. »Sie antwortete gar nichts darauf. Aber sie ging hin und sagte es ihm. Ich weiß nicht, was sie ihm sagte. Aber in der Nacht darauf starb er.«

Der Konsul richtete sich so hastig auf, daß er einen Stoß Papiere vom Tisch warf. »Also Selbstmord?« fragte er leise und gespannt.

Bantley stieß einen zornigen Laut aus. »Nein«, schrie er, »kein Selbstmord. So begreifen Sie doch!« Er verlor seine Fassung. »Sie hatte es ihm gesagt. Das war es. Das genügte. Er war doch auf dem Dach gegangen im Schlaf. Sie hatte ihn angerufen. Da stürzte er ab.«

Er machte ein paar Schritte auf den Konsul zu, so schwer, daß der Boden zitterte, und blieb dort stehen, mit schlaff hängenden Armen, den Kopf zurückgeneigt, die Augen geschlossen, das Ebenbild eines überführten Verbrechers. Der Konsul, zum erstenmal seit ich ihn kenne verwirrt und unschlüssig, warf mir einen fragenden Blick zu. Ich legte warnend den Finger auf den Mund. Man mußte diesen Mann zu Ende sprechen lassen; man mußte ihm gestatten, seine Schuld zu bekennen, eine Schuld, die kaum greifbar war, denn: was hätte sich an Stonebridges Lage geändert, hätte Bantley nicht zu Barbara gesprochen? Wäre nicht zwei oder drei Tage später ohnedies alles zu Ende gewesen? War es eine Schuld, daß Bantley dieses unwiderrufliche Ende um zwei oder dreimal vierundzwanzig Stunden beschleunigt hatte? Was für ein feines Gewissen steckte in diesem jungen Bären, daß er diese kleine Übereilung als Schuld betrachtete.

»Und ich«, murmelte Bantley, »ich habe das alles

kommen sehen. Auf dem Schiff damals, da wußte ich es schon. Ich hätte irgend etwas dagegen tun sollen.« Er krümmte sich beinahe vor Qual. Der Konsul stand auf und legte ihm seine Hände auf die Schultern. »Junge«, sagte er fast zärtlich, »seien Sie vernünftig. Was hätten Sie denn tun können?! Ein gebrochener Mann … Ihm war nicht mehr zu helfen. Ich kenne solche Fälle. Diese Emigranten. Wenn sie nicht sehr robust sind, dann sterben sie früher oder später an Heimweh. Aber …« Er schüttelte Bantley, der noch immer mit geschlossenen Augen dastand und nichts zu hören schien von dem, was der Konsul sagte: »Aber, mein Junge, Sie kennen das Wort aus der Bibel, ›lasset die Toten ihre Toten begraben‹. Wir können nicht jeden dieser armen Teufel bewachen, daß sie mit heiler Haut durch ein Leben kommen, das zu hart für sie ist. Es ist traurig, dies alles, aber Sie haben keine Schuld. Was für eine Grille haben Sie sich da nur in den Kopf gesetzt.«

Bantley entzog sich ihm finster. Diese gutgemeinten Worte trafen weit am Ziel vorbei. Vielleicht hatte er sie nicht gehört. Er sah den Konsul mit einem Blick voll schwermütiger und verachtungsvoller Nachdenklichkeit an. Dann griff er nach seiner Mütze und murmelte: »Ich denke, Sie wissen wenigstens, woran Stonebridge starb. Und wenn Sie später noch etwas darüber hören müssen – hier ist meine Nummer.«

Der Konsul war so verblüfft über diesen jähen Abschluß, daß er nichts tat, um Bantley am Fortgehen zu hindern. Nie werde ich vergessen, wie Bantley ging: ganz aufrecht, steif vor Trotz und Stolz, doch viel zu aufrecht, um nicht seine maßlose Enttäuschung zu verraten, die Enttäuschung darüber, daß weder das Bekenntnis seiner Schuld verstanden worden war noch die Anklage gegen das Schicksal, das ihm aus unbegreiflichen Gründen ein Netz von Gefahren ausgelegt hatte, in das er im Morgengrauen seiner Unerfahrenheit sich verstricken mußte. Wie er nun ging, schien er dieses Netz hinter sich herzuschleifen, eine allzu schwere, allzu gefährliche Last. Ich war nahe daran, ihm nachzulaufen, hätte mich meine Stellung nicht daran gehindert. Der Konsul nagte an seiner Lippe – eine Bewegung, die ihm für Sekunden das Aussehen eines gescholtenen Kindes gab. Dann gab er sich einen Ruck, zündete eine Zigarette an und sagte:

»Durchaus glaubhaft. Haben Sie die Hauptsache im Kopf behalten? Schreiben Sie es nieder, in kurzen Zügen. Wir geben den Bericht der Polizei weiter. Damit betrachte ich den Fall für abgeschlossen.«

Er warf mir einen unsicheren Blick zu. »Man könnte allenfalls die Frau noch vernehmen, diese Barbara.«

»Nein«, sagte ich, meine Befugnisse überschreitend, »das sollten Sie nicht tun. Sie würden nichts

Neues erfahren. Es wäre schlimm für diese Frau, wie Bantley sie uns geschildert hat. Übrigens würde Bantley ihren Namen nicht preisgeben, glaube ich.«

Der Konsul kritzelte sinnlose Linien auf einen Briefbogen. Dann fragte er zögernd: »Haben Sie eigentlich genau verstanden, warum sich dieser prächtige Junge solche Skrupel macht?«

»Ja«, antwortete ich, »das habe ich begriffen. Er liebte diese Barbara.«

»Nun, und?« fragte der Konsul erwartungsvoll.

Es fiel mir schwer weiterzureden, so als verbände mich mein Begreifen tief mit Bantley und als übte ich Verrat an ihm, wenn ich darüber sprach. Aber ich mußte es tun, um die letzte Klarheit in diese »dunkle Geschichte« zu bringen.

»Er hat sie geliebt«, fuhr ich stockend fort. »Und er mußte Stonebridges Abreise wünschen. In ihrer Verlassenheit wäre sie, wenn sie schon nicht seine Geliebte werden wollte, ihm doch sehr nahe gekommen. Er wünschte das mit aller Kraft. Und so war es keineswegs harmlos gemeint, als er ihr sagte, Stonebridge müsse abreisen. Er wußte genau, was geschehen würde. Er ist ein Junge. Er hat keine Erfahrung. Aber er hat irgendein Vermögen, Dinge vorauszuahnen. Und so wußte er, daß er Stonebridge töten würde. Er hat es getan. Er tat es, um die Frau zu gewinnen. Das ist es, was ihn quält.«

Der Konsul schüttelte den Kopf, verzweifelt über

seine Unfähigkeit, soviel dunkle, wirre, unbegreifbare Regungen zu verstehen. Dann zuckte er die Schultern. »Nun gut«, sagte er resigniert. »Jedenfalls wissen wir, daß es kein Mord war. Das genügt.« Er öffnete das Fenster und warf seine Zigarette in weitem Bogen hinaus.

»Arme Teufel«, murmelte er. Es war nicht für mich bestimmt, und es blieb mir überlassen herauszufinden, wen er damit meinte.

Jan Lobel aus Warschau

Im Herbst des letzten Kriegsjahres kam der Bürgermeister unseres Marktfleckens bei mir vorbei und sagte: »Sie müssen arbeiten.«

»Ja«, sagte ich, »das tue ich. Ich male.«

Er machte eine verächtliche Handbewegung. »Sie können sich in der Gärtnerei Olenski melden. Da ist Arbeit. Viel zu wenig Leute.«

Am nächsten Tag ging ich in die Gärtnerei. Sie lag dicht am See, ein ziemlich ausgedehntes Gelände mit einem weißen Wohnhaus zwischen zwei alten Blutbuchen, mit langen Beeten und ein paar Treibhäusern. Das Ganze sah ein wenig verwahrlost aus. Auf einem Beet stand ein großes, üppiges Mädchen. Sie schnitt verfaulte und welke Blätter von den Blaukrautköpfen, die zu einem Hügel aufgehäuft waren, der wie beschlagenes Metall schimmerte. Sie arbeitete flink und gelassen und sie erinnerte an ein schönes und starkes Pferd, wie sie so dastand mit ihrer braunen gesunden Haut und dem dichten rötlichen Haar. Ab und zu rief sie mit einer angenehm tiefen, ein wenig rauhen Stimme irgend etwas über die Beete zu den Treibhäusern hin, wo ein kleiner, vom Wind gegerbter krummer Bursche reife gelbe Melonen pflückte. Bei ihrem Ruf richtete er sich jedesmal auf, ließ ein langgezogenes, zugleich verdrossenes und verzücktes Ja hören und starrte eine Weile zu ihr herüber, ehe er weiterarbeitete.

Das Mädchen war Julia Olenski. Ich hatte sie schon manchmal im Ort gesehen mit einem großen hellen Strohhut auf dem Kopf und ihrem wiegenden, unbekümmerten Gang. Sie war etwa zwanzig Jahre. Man hielt sie für stolz und leutescheu, denn sie redete nur das Nötigste. Als sie mich jetzt kommen sah, blickte sie rasch auf, strich sich mit dem Handrükken die Haare aus der Stirn und schaute mich kühl an. Aber ihre Augen glitzerten feucht und lebenshungrig. Ich erzählte ihr, warum ich kam. Sie deutete mit dem Kopf auf die Rotdornhecke. »Sie müssen zu Frau Olenski gehen«, sagte sie kurz. Ich wunderte mich, daß sie ihre Mutter »Frau Olenski« nannte. Der Bursche sah mich von unten herauf an, als ich an ihm vorbeiging. Er hatte einen traurigen Tierblick, und er machte den Eindruck eines Buckligen, obwohl er keiner war, sondern nur verschrumpelt wie eine alte Baumwurzel.

Die Rotdornhecke hing über und über voll von leuchtenden Beerenbüscheln. Ich hörte das Klicken einer Schere und das Knistern dürrer Kräuter und rief aufs Geratewohl: »Frau Olenski!« Mit leichten Schritten kam sie um die Hecke. Sie sah aus wie ein Mädchen, und ich konnte mir nicht denken, daß sie Julias Mutter sein sollte. Später erfuhr ich, daß Julia ihre Stieftochter aus der ersten Ehe ihres Mannes war. Ihre aschblonden Haare drängten sich aus den aufgesteckten Zöpfen und standen wie eine zarte Krause um ihr schmales blasses Gesicht. Diese Haare schienen von einem geheimnisvollen, leichten Wind in dauerndem Aufruhr gehalten zu werden. Das gab ihrer ganzen Erscheinung etwas merkwürdig Wehendes. Als ich ihr erzählte, daß ich bei ihr arbeiten sollte, sagte sie zögernd und mitleidig: »Es ist keine leichte Arbeit.« Das wußte ich.

»Wann soll ich anfangen?« fragte ich.

Sie deutete mit der blinkenden Gartenschere über die Beete, die noch voll Spätkraut und roter Rüben standen. »Das alles muß noch herein vor dem Herbstregen.«

»Gut«, sagte ich, »ich komme morgen früh.« Ich sah ihr noch eine Weile zu, wie sie die dürren Phloxstengel mit einem leichten Griff der linken Hand zusammenhielt und sie abschnitt. Ich konnte sie mir nicht als die Frau des bärenhaften Karl Olenski vorstellen, der jetzt als Hauptmann irgendwo an der Front war.

Am nächsten Morgen um acht war ich wieder da.

Der verschrumpelte Bursche grub ein Beet um

und schlug mit dem Spaten die speckigen Erdschollen in Stücke. Julia kam eben aus der Tür. Sie biß in den Rest ihres Frühstücksbrotes, und ihre Zähne schimmerten. Sie blieb ein paar Augenblicke vor dem Haus stehen und schaute über den grünen See. Ihre Augen glitzerten, und ihre kräftige, ausgeruhte Gestalt sah aus, als wäre frischer Morgentau darauf gefallen. Aber ihr Gesicht war unfroh, als langweile es sie, immer das gleiche zu sehen: Gartenbeete, Blumen, den verrunzelten Burschen, schilfiges Ufer, eine leere Wasserfläche und einen Bootssteg, von dem nur mehr ein paar Pfähle aus dem Wasser starrten, schwarz und morsch wie faule Zähne. Sie gähnte und schlenderte zu dem Schuppen, in dem die Gartengeräte aufbewahrt wurden. Als sie mich sah, rief sie mich an und gab mir ein scharfes Messer und führte mich auf das Rübenbeet. Hier stand ich nun den Vormittag über, zog dicke dunkelrote Rüben, schwer von Saft, aus dem Boden und warf sie auf einen Haufen.

Nach ein paar Stunden kam Frau Olenski vorbei, mit ihrer großen Gartenschere bewaffnet. »Nicht so krumm stehen«, sagte sie, »sonst tut abends der Rükken weh.« Ihre Stimme war freundlich, aber ihre schmalen Augen sahen an mir vorbei, als wäre sie allein auf der Welt. Dann ging sie leicht und rasch hinter die Rotdornhecke.

Ich hörte manchmal Julias Rufe und das langgezogene Ja des Burschen; ich hörte Frau Olenskis Gartenschere, die sich durch das Gestrüpp der dürren Blumenstengel fraß; ich hörte die Schwingen unsichtbarer Zugvögel rauschen hoch über mir in der blauen Luft, und ich hörte das Knirschen der violetten und grünen Rübenblätter unter meinem blitzenden Messer. Es war schön, hier zu arbeiten. Aber als ich mittags mit den anderen an einem Tisch in der großen Wohnküche saß, kam ich mir vor wie in einem fremden Land. Sie sprachen nicht, und aßen, als wäre jeder ganz für sich allein. Alle meine Versuche, ein Gespräch zu beginnen, stießen auf müde Schweigsamkeit. Sie hatten verlernt, sich zu unterhalten.

So lebten wir Woche um Woche, ohne uns näherzukommen. Es wurde um nichts besser, als Ende Oktober Frau Olenskis zwölfjähriger Junge aus dem Internat nach Hause kam, das eines Nachts von den Bomben zerrissen worden war. Thomas war ein hübscher, dunkler, verschlossener Bursche, der meist allein herumstrich und im übrigen alles Papier, das er fand, mit Zeichnungen bedeckte, die er niemand zeigte.

Als im November die Beete umgegraben, der Wintersalat im Freiland mit Fichtenzweigen zugedeckt und Kartoffeln eingemietet waren, gab es keine Arbeit mehr für mich. Ich brauchte nicht mehr zu kommen. Aber wenn ich geglaubt hatte, es wäre gut für mich, wieder ganz frei zu sein, so hatte ich mich getäuscht. Ich entbehrte die frische Luft, ich entbehrte den kräftigen Geruch der fetten Erde, den durchdringenden Duft der Kräuter, die zum Trocknen im Schuppen hingen, und ich entbehrte diese schweigsamen Menschen, die kräftige braune Julia, die zarte wehende Frau Olenski, den dunklen streunenden Thomas und selbst den verdrossenen Burschen mit den traurigen Tieraugen. Oft ging ich an dem hohen Zaum vorbei, der die Gärtnerei gegen die Straße abschloß. Aber der Garten lag leer und kahl. Dann fiel Schnee, und die große Kälte kam, und ich dachte voller Sorge an den Wintersalat, den Spinat und die Blumenzwiebeln und Knollen, die erfrieren, ersticken, von Mäusen gefressen werden konnten. Ich dachte an Frau Olenski, die am Fenster sitzen und über den gefrorenen grauen See hinschauen würde, und an Julia, die, in einem alten Schafspelz vermummt, Holz hackte, um ihre überschüssige Kraft loszuwerden.

Anfang März erschien Thomas bei mir mit einem Gruß von Frau Olenski, ob ich nun wieder kommen wollte; die Arbeit in den Treibhäusern hätte angefangen. Thomas sah sich rasch und begierig in meinem Atelier um, stieß eine Art Seufzer aus und verschwand.

Die Gärtnerei war schneefrei, aber die Wege standen voll Wasser, die Erde glänzte vor Nässe. Es roch schon nach Gärung und Leben. Julia kratzte mit ihren kräftigen flinken Fingern in den Pflanzkistchen im Treibhaus und ließ vor Eifer die Zungenspitze zwischen den blitzenden Zähnen sehen. Frau Olenski zeigte mir das Pikieren der gebrechlichen Pflänzchen, und ihre krausen Haare vibrierten. Franz, der alles konnte, setzte eine neue Glasscheibe in das Dach, das der Schnee eingedrückt hatte. Sie nahmen mich auf, als wäre ich nie fortgewesen. Aber sie waren noch schweigsamer als früher. Oft war es so still während der Arbeit, daß wir die Wellen an den Strand schlagen hörten.

Eines Abends fragte mich Frau Olenski, ob ich in ihr Haus ziehen möchte; sie hatte zwei Zimmer frei, die sie vermieten mußte. In einem davon sollte ihre Schwiegermutter wohnen, in dem andern ich. Ein paar Tage später wohnte ich bei Olenskis, und bald darauf kam auch die Schwiegermutter, eine halbgelähmte, eisgraue Frau mit schweren Tränensäcken unter den verschleierten Eulenaugen. Das Haus war nun voller Menschen, aber man hörte sie kaum. Nur am Abend, wenn Julia in ihrem Zimmer sang, das neben dem meinen lag, wurde das ganze Haus von einer schwer erklärbaren Unruhe befallen. Frau Olenski wanderte mit ihren vogelleichten Schritten rastlos in ihrem Zimmer umher. Thomas huschte noch in der Dämmerung aus dem Haus und verschwand hinter Weiden und Schilf. Franz hockte hinter dem Schuppen, grau und so regungslos, daß ich einmal im Dunkeln einen Korb auf ihn stellen wollte, weil ich ihn für einen Baumstumpf hielt.

In der letzen Märzwoche kam der Südwind. Der See rauschte laut, und die Schindeln flogen vom Schuppendach. Und dann kam jene Nacht, die alles im Haus veränderte. Es war Vollmond, eine helle, vom fauchenden Wind zerwühlte Nacht. Ich wollte eben schlafen gehen. Da klopfte es an meine Tür. Es war Julia. »Kommen Sie«, flüsterte sie, »da geschieht etwas.« Sie zerrte mich, stöhnend vor Ungeduld, in ihr Zimmer und drängte mich ans Fenster. Auf der Straße hinter der Gärtnerei bewegte sich ein Zug von Menschen. Sie schoben sich in unordentlichen Viererreihen langsam und mühsam vorwärts wie eine Herde von erschöpften Tieren. Der Mond schien hell auf glattgeschorene Köpfe und grau-weiß gestreifte, schlotternde Anzüge. Wir preßten die Gesichter an die kalte Scheibe.

Plötzlich fiel ein Schuß, ein zweiter, dritter. Ein wildes Scharfschießen begann und war gleich wieder zu Ende. Die Menschen waren verschwunden, vom blauen, treibenden Bodennebel verschluckt. Es war wieder still. Julia zitterte wie ein Baum im Wind. Im nächsten Augenblick lief jemand vom Haus weg auf das Tor zu, zögernd erst und in den kümmerlichen Schatten der kahlen Sträucher geduckt, dann rasch und ohne alle Vorsicht quer über die helle Wiese.

»Die Mutter«, flüsterte Julia. Frau Olenski riß das Tor auf und verschwand hinter dem Zaun. Julia stampfte vor Aufregung mit dem Fuß und rief: »Warum läuft sie in die Gefahr?« Ich hielt ihr den Mund zu. Minute um Minute verging. Endlich kam Frau Olenski zurück, mit ihr ein großer, magerer Mann, an sie gelehnt wie ein dünner, abgeknickter Baum. Sie ging langsam mit ihm, Schritt für Schritt, als müßte sie ihn wie eine Holzfigur vor sich herschieben.

Julia rief: »Ich muß ihr helfen.«

»Nein«, sagte ich, »tun Sie es nicht.«

Sie warf mir einen Blick voll Mißtrauen und Verachtung zu.

»Haben Sie Angst?«

»Nein«, sagte ich, »nicht für mich wenigstens. Aber ist das nicht etwas, was uns nichts angeht? Wenn sie es uns sagt, gut. Aber so ...«

Sie zuckte die Achseln, und ich sah, daß sie zornig und wie elektrisiert war.

Als ich am frühen Morgen in die Küche kam, um mir heißes Wasser zu machen, hatte Frau Olenski schon Feuer im Ofen. Sie schnitt schweigend das Brot zum Frühstück. Ihre Augen lagen tief in dem übernächtig grauen Gesicht.

Sie sagte nichts. Eine Weile später steckte Thomas seinen zerzausten Kopf zur Tür herein. »Was war denn das für eine Schießerei heute nacht?« fragte er verschlafen.

Frau Olenski fragte leise: »Das hast du gehört?«

»Natürlich«, murmelte er. »Alles.«

»Was alles?« fragte Frau Olenski hastig.

»Das Schießen, was denn sonst?« sagte Thomas gähnend und verschwand.

Die nächsten Tage waren still und warm. Der Sturm hatte sich ausgetobt. Die Erde war leicht abgetrocknet. Wir konnten tagsüber die Salatpflanzen abdecken und das Winterlaub zusammenrechen. Mittags schob Frau Olenski ihre Schwiegermutter im Rollstuhl in die Sonne. Da saß die alte Frau, die Hände im Schoß, und schaute mit ihren trüben Eulenaugen in die Ferne, vom Leben und vom Tod vergessen.

Ich hob mit Julia die Fenster der Frühbeete hoch, damit die Gurkensämlinge Luft bekamen. Plötzlich murmelte Julia: »Sie sagt kein Wort.« Sie hatte nie mehr von jener Nacht gesprochen, aber ich spürte, daß sie unaufhörlich daran dachte.

Als ich ihr nicht antwortete, sagte sie gereizt: »Ich halte das nicht aus.« – »Aber warum denn?« erwiderte ich ratlos. Sie riß einen Büschel Unkraut aus. »Er ist noch immer im Haus.« – »Ja«, sagte ich so gleichmütig wie ich konnte, »sie wird ihn gesundpflegen.« Sie schnaubte zornig und nahm schweigend die Arbeit wieder auf. Nach einer Weile murmelte sie: »Finden Sie es denn nicht sonderbar, daß sie kein Vertrauen zu uns hat?« Sie schaute mich herausfordernd an.

Ich schüttelte den Kopf. »Sie will uns schonen.«

»Ach was«, sagte sie, »kein Mensch würde es uns glauben, daß wir nichts davon gewußt haben.« Sie kam ganz nahe her und flüsterte: »Er ist doch nicht mehr krank. Sie will nur ihr Geheimnis weiter haben. Das ist alles. Aber«, sie kramte fieberhaft in ihrer Tasche und zog einen Schlüssel heraus, »sie soll es nicht allein haben, ihr Geheimnis.«

Sie ließ den Schlüssel wieder in die Tasche gleiten und nestelte sie mit einer Sicherheitsnadel zu. Ich starrte sie verständnislos an. Sie murmelte, als redete sie zu sich selber: »Sie ist schuld. Warum sagt sie nichts. Das hält keiner aus.« Sie wandte sich mir hastig zu und sagte trotzig: »Hab ich nicht recht?« Ich sagte verwirrt: »Aber was wollen Sie tun? Ihn fortjagen? Wohin soll denn so einer gehen jetzt in diesen Tagen?« Sie klopfte mit der flachen Hand auf ihre Tasche. »Das da«, sagte sie leise, »das ist der Schlüssel zu dem Zimmer, in dem sie ihn versteckt. Sie sucht ihn schon seit heute früh. Einen Nachschlüssel wagt sie nicht machen zu lassen.« Sie schaute mich triumphierend an. »Einmal muß sie doch fragen, wer den Schüssel hat, wie?«

»Aber wollen Sie ihn denn verhungern lassen?« Ich war entsetzt und packte sie vor Schrecken am Arm. Sie schüttelte mich ab. »So schnell verhungert keiner.«

Ich sagte entschlossen: »Nein, Julia, das dürfen Sie

nicht. Das ist schlecht.« »Ja«, sagte sie, »ich weiß.« Dann warf sie mir einen traurigen Blick zu und murmelte: »Ich versteh das selber nicht.« Sie ging rasch weg und ließ mich die Arbeit allein tun, bis schließlich Franz auftauchte, um mir stumm und verdrossen zu helfen, und ich wunderte mich wieder einmal, wieviel Kraft in dem kleinen verrunzelten Burschen steckte, der mir nicht einmal bis zur Schulter reichte.

Ich bekam Julia den ganzen Nachmittag nicht mehr zu fassen. Sie ging mir aus dem Wege. Beim Abendessen sah ich, daß Frau Olenskis Hände zitterten, als sie die Suppe austeilte. Julia aß fast nichts. Franz ließ schiefe, bekümmerte Blicke von einem zum andern gehen und verschüttete mehr als einen Löffel Suppe auf das Tischtuch.

An diesem Abend sang Julia lauter und länger als sonst, brach aber plötzlich mitten in einem Lied ab, und das Haus sank unvermittelt tief in Stille.

Ich schlief schlecht in dieser Nacht. Einmal war es mir, als hörte ich meine Zimmertür knarren. Aber wer sollte schon kommen? Ich schlief wieder ein. Nach kurzer Zeit wachte ich von neuem auf, und nun sah ich in dem Sessel am Fenster jemand sitzen. Deutlich stand das Profil gegen die Scheiben, die der Mond erhellte. Es war Julia.

»Was ist denn?« fragte ich schlaftrunken. Sie versuchte zu reden, aber es fiel ihr so schwer, daß sie stöhnte. Endlich sagte sie leise und heiser: »Ich weiß jetzt alles.«

Als ich schwieg, fuhr sie fort: »Ja, ich war bei ihm.« Sie saß, die Hände im Schoß, unbeweglich, ohne mich anzuschauen, ohne ein einziges Mal den Kopf zu drehen. Sie redete wie mit sich selbst, unaufhaltsam, manchmal so leise, daß ich sie kaum mehr hörte, hartnäckig besessen von dem Bedürfnis, sich mir verständlich zu machen und sich selber zu verstehen. »Ich habe es nicht sofort getan«, sagte sie. »Ich bin lange auf der Kellertreppe gestanden. Aber es hatte ja keinen Sinn, zu warten. Ich wußte ja, daß ich es tun würde. Und da sperrte ich auf und ging hinein.«

Sie stockte, dann fuhr sie rasch fort: »Da lag er im Bett. Er hat einen Verband um den Kopf, mehr sah ich zuerst nicht. Dann hab ich gesagt: ›Wissen Sie nicht, daß Sie uns alle in Gefahr bringen?‹ Aber denken Sie, er hat darauf geantwortet? Nein. Kein Wort hat er gesagt. Er hat mich nur angesehen. Wissen Sie, wie er aussieht? Wie ein Vogel sieht er aus. Ein Vogel mit einem langen Hals und einem Schnabel. Und genau so schaut er einen an, ganz fremd. Da hab ich ihn noch einmal gefragt, was er sich denn dabei denkt, einfach uns allen den Tod an den Hals zu locken. Und da, da hat er gelächelt. Nichts als gelächelt. Und dann hat er gesagt: ›Sie haben keine Angst.‹ Er hat gesagt: ›Bitte, setzen Sie sich.‹

Und ich hab mich gesetzt, ganz mechanisch und gehorsam. Ich kann das jetzt nicht mehr verstehen. Können Sie es verstehen?«

»Ja«, sagte ich, aber sie fuhr schon fort: »Er war ganz und gar nicht überrascht, daß ich kam. Er hat gesagt: ›Ich kenne Sie schon.‹ Nein, hab ich gedacht, das ist unmöglich, er redet irr, und ich hab Angst bekommen.« Kaum hörbar flüsterte sie: »Ich hab seine Augen angesehen. Solche Augen hat er ... Man muß sie immer anschauen.« Einige Augenblikke blieb sie ganz in sich versunken, dann fuhr sie fort, noch immer flüsternd: »Er hat gesagt: ›Ich kenne Sie. Jeden Abend haben Sie gesungen. Den ganzen Tag habe ich gewartet auf Ihr Singen.‹ – ›Ach was‹, habe ich gesagt, ›so schön ist das doch nicht, und ich bin heiser.‹ – ›Nein‹, hat er gesagt ...« Sie zögerte, dann fuhr sie rasch und verlegen fort: »Er hat gesagt: ›Ihre Stimme ist die einer wilden Taube.‹« Sie lachte kurz. »Komisch, wenn einer so redet, nicht? Und noch dazu mit einem fremden Akzent. ›So‹, hab ich gesagt, ›wie eine wilde Taube? Haben Sie schon eine wilde Taube singen hören? Die schreien und gurren und was weiß ich, aber singen tun die nicht.‹ Aber er hat nur gelächelt. Das hat mich geärgert. All das hat mich geärgert, verstehen Sie? Und dann hab ich ihn auf einmal gefragt: ›Wieso dürfen wir nicht wissen, daß Sie hier sind?‹ Ich hab erwartet, daß er nervös wird. Aber nein. Er hat so eine Art, einen stumm anzusehen. ›Na ja‹, hab ich gesagt, ›ich weiß ja.‹ Und jetzt hätte ich eigentlich gehen müssen.«

Julia schwieg. Ich sah, daß ihre Hände sich stärker umeinanderlegten. Dann fuhr sie fort: »Aber ich habe ihn gefragt: ›Warum sind Sie damals im Sträflingsanzug gekommen?‹ Ich wußte es ja. Ich brauchte das nicht zu fragen. Aber ich wollte es von ihm selbst hören. Können Sie verstehen, daß ich ihn damit quälen wollte? Und ich habe ihn gequält. Ich hab es gesehen. Aber dann hat er es gesagt. Wie er es gesagt hat! Ich habe nie eine solche Stimme gehört. ›Ich bin Jude und Pole.‹ So hat er gesagt. Ganz einfach.«

Ich hörte, daß ihr Tränen in der Kehle aufstiegen, aber sie redete hastig und plötzlich leidenschaftlich weiter: »Und da bin ich gegangen und hab ihm zu essen gebracht, und ich habe ihm gesagt, daß ich den Schlüssel genommen hatte. Er hat nicht gefragt, warum. Er hat gelächelt.«

Plötzlich drehte sie sich nach mir um und sagte rauh: »Warum hab ich das alles getan? Können Sie das verstehen?« Eifrig und fasziniert von dem Verlangen, völlig zu begreifen, fuhr sie fort: »Ich hätte es nicht tun sollen. Ich war gemein, wenn man es auf die eine Weise ansieht. Aber auf die andere, da konnte ich nicht anders. Als ich ihn damals sah, da unten im Garten, da hatte ich so ein merkwürdiges Gefühl.« Sie brach ab und stand auf, preßte die

Stirn ans Fenster und flüsterte: »Gibt es das, daß man etwas tun muß, was man nicht will? Und wenn man sich den Hals bricht dabei – man muß es tun. Gibt es das wirklich oder bilde ich mir das nur ein?«

»Ja«, sagte ich, »das wird es wohl geben. Schicksal nennt man das. Vielleicht ist es auch etwas ganz anderes. Ich weiß es nicht.« Sie sah mich traurig an, als glaubte sie, ich hätte sie nicht verstanden. Ihre Stirn schimmerte feucht von winzigen Schweißperlen, die ihr das ungewohnt lange Reden über so schwierige Dinge ausgepreßt hatte. Sie schüttelte langsam den Kopf. »Ich weiß auch nicht«, sagte sie. »Warum sind wir denn so?«

Dann ging sie. Auf der Schwelle wandte sie sich noch einmal um und flüsterte: »Aber wenn sie es entdecken, daß wir hier einen von denen versteckt haben, und wenn sie mich fragen, ob ich es gewußt habe, dann sag ich: ›Ja, ich hab es gewußt, und ich war bei ihm.‹« Ihre Stimme klang triumphierend.

Es war nun Frühling geworden, und wir hatten die Hände voll zu tun mit Umgraben, Säen und Auspflanzen ins Freiland. Franz arbeitete wie ein alter, zuverlässiger Motor, von einer unverwüstlichen Kraft getrieben. Aber Julia war nicht mehr so, wie sie im Herbst gewesen war. Bald arbeitete sie, daß die Erde flog, dann stand sie plötzlich still und schaute über den See mit einem ganz verlorenen

Blick, bis Franz sich räusperte. Thomas war immer irgendwo im Schilf. Er hatte sich ein altes Boot zurechtgezimmert und fuhr oft auf den See hinaus, und meist kam er mit ein paar Fischen zurück, die er selbst schuppte und briet. Frau Olenski besorgte den Haushalt für all die vielen Leute. Sie war noch blasser als vorher, und sie hatte es sich angewöhnt, mit schiefem Kopf ängstlich auf irgend etwas zu lauschen. Franz beobachtete Julia unausgesetzt wie ein wachsamer Hund, aber sie war unerreichbar auch für jeden seiner Blicke, unerreichbar auch für alle meine Worte, für alles, was ich ihr zu sagen wünschte. So schwieg ich.

Es wurde immer schwerer für sie. Es kam die Karwoche mit warmen, stillen Tagen. Wir pflückten Freilandveilchen für den Verkauf, früh, wenn der Tau noch auf ihnen lag, bis zum späten Vormittag. Es waren große, dichtbewachsene Beete, überquellend von Duft, und unsere Hände rochen tagelang nach Veilchen.

Eines Morgens sagte Julia: »Ich wollte, es wäre endlich vorbei.« Ich sagte: »Der Krieg dauert nicht mehr lange. Ein paar Wochen noch, dann ist alles vorüber.«

Sie schüttelte langsam den Kopf, ließ die Veilchen aus der Hand fallen und schaute über den See, auf dem noch ein Hauch von Morgennebel lag. Endlich nahm sie die verstreuten Blumen wieder auf, und sie tat es mit der müden Bewegung eines kranken Tieres. Als Franz zum Treibhaus gegangen war, sagte sie laut und ganz unvermittelt: »Ich wollte, der Vater käme heim.«

»Ja«, sagte ich. Sie warf mir einen mißtrauischen Blick zu und schwieg.

Beim Abendessen fragte sie plötzlich: »Läßt man eigentlich die Gefangenen gleich frei, wenn der Krieg aus ist?« Sie blickte herausfordernd um den Tisch. Es war einige Augenblicke ganz still. Dann sagte Frau Olenski ruhig: »Das glaube ich nicht. Vielleicht schicken sie einen Teil nach Hause, aber nicht alle.«

»Ja«, rief Thomas, »ich weiß: nach dem ersten Krieg, da sind manche erst nach fünf Jahren heimgekommen, wie der Onkel Peter.«

»Richtig«, sagte Julia laut und rauh, »und manche Frau hatte inzwischen wieder geheiratet, und dann ist der erste Mann zurückgekommen.«

»Ach«, rief Thomas neugierig, »da hat sie dann zwei Männer gehabt? Komisch.«

Plötzlich tat Franz seinen verschrumpelten braunen Mund auf und lachte laut. »Dann hat sie einen davon zum Teufel gejagt.« Er verschluckte sich vor Lachen. Alle schauten ihn bestürzt an. Es war das erste Mal, daß er einen ganzen Satz bei Tisch sagte. Ganz plötzlich brach er sein Gelächter wieder ab, schielte erschrocken um sich und kaute hastig weiter. In die Stille hinein sagte die alte Frau deutlich: »Mein Sohn kommt wieder heim.«

Niemand hatte gedacht, daß sie jemals ein Gespräch verfolgen würde. Sie ließ ihre verschleierten Eulenaugen flüchtig auf ihrer Schwiegertochter ruhen, dann versank sie wieder in sich selber. Wir sagten nichts mehr und aßen in großer Hast zu Ende. Beim Aufstehen sah mich Julia bedeutungsvoll an, und ihr Blick sagte: »Da siehst du, wie recht ich habe.«

An diesem Abend bereute ich, daß ich in die Gärtnerei gezogen war. Ich kam mir vor wie in einem grauen, triefenden Fischnetz gefangen, und es war mir unerträglich eng zumute. Ich lief noch in der Dämmerung an den Strand und wusch mich mit dem kalten Wasser, bis meine Haut brannte. Aber auch das half nichts.

Als ich ins Haus ging, kam jemand vom Tor her gelaufen. Er sah in der halben Dunkelheit von weitem aus wie ein kurzer, wandelnder Weidenstrunk mit ein paar wehenden Ästen. Es war Franz. Er keuchte. »Sie kommen! Sie sind schon in der Stadt.«

»Wer denn? Die Amerikaner?«

»Nein, nein, eine deutsche Kampftruppe.« Er faßte mich am Arm mit seiner Hand, die sich wie heißes Holz anfühlte.

»Da, hören Sie doch!«

Der Wind trug einen verworrenen Lärm herüber.

Ich bemühte mich, ruhig zu bleiben. »Die ziehen eben hier durch, das ist alles.«

Er schüttelte mich stumm am Arm und bohrte seine Augen in mein Gesicht. Dann verschwand er im Dunkeln.

Als ich ins Haus zurückgehen wollte, stand Julia auf der Schwelle. Das schwache Licht vom Flur fiel auf sie, und sie warf einen Schatten wie ein Wolf. »Und jetzt?« sagte sie ruhig, fast kalt. Sie rührte sich nicht. Ich drängte mich an ihr vorbei. Sie hielt mich auf. »Was wollen Sie denn?« fragte sie. »Lassen Sie doch die Dinge laufen wie sie wollen.« Sie redete laut genug, daß jeder im Haus sie hören konnte. Ihre Stimme war heiser und hart. Wir maßen uns wie Feinde. Plötzlich sagte sie müde: »Dann hätte es wenigstens ein Ende, das alles.«

Da überfiel mich der Zorn, und ich schlug mit der Faust auf ihren Arm, der mir den Weg versperrte. Ich sah nicht mehr, was sie tat.

Frau Olenski stand am offenen Küchenfenster. »Was ist denn?« fragte sie. Ihre Haare zitterten. »Ein Lärm ist heute in der Stadt.« Sie schaute mich hilflos an. »Oder bilde ich mir das nur ein?«

»Nein«, sagte ich, »es ist schon so. Irgendeine Kampftruppe soll durchziehen.«

Sie bekam große Augen. »Ist das … bedeutet das Krieg hier?« – »Nein, Krieg nicht.« Sie tat mir leid. »Aber vielleicht nehmen sie Quartier in den Häusern.«

Sie kam einen Schritt näher. »Meinen Sie, sie finden auch hierher? Wir sind doch weit vom Ort.« Sie tat mir noch mehr leid. »Wir müssen damit rechnen, daß sie in der nächsten Stunde schon hier sind«, sagte ich. Sie legte die Hände vor Entsetzen auf die Brust.

»Ach«, sagte ich wie beiläufig, »im Kohlenkeller vom großen Gewächshaus kann man sich notfalls verstecken.«

»Ja«, sagte sie zögernd, und ich sah, wie sie versuchte, ihre Angst zu überwinden. »Man soll sich nicht fürchten«, setzte sie leise hinzu, »sonst zieht man nur das Unglück an.« Sie lächelte, und ich ließ sie allein, um Julia zu suchen.

Es war eine tiefe violette Dämmerung, und es wollte nicht Nacht werden. Die Luft war voller Stimmen und Geräusche. Ich rief vorsichtig nach Julia. Keine Antwort. Ich durchsuchte das ganze Gelände und fand sie nicht. Vielleicht saß sie längst in ihrem Zimmer. Frau Olenski kam mir entgegen. Einer ihrer blonden Zöpfe hing halb aufgelöst über ihre Schulter. »Wo ist Julia?« rief sie und war so verzweifelt, daß sie die Hände ringen mußte.

»Ach«, sagte ich so ruhig, daß es unnatürlich klang, »sie wird irgendwo im Garten sein.«

»Sie soll nicht«, schrie Frau Olenski. Sofort aber hatte sie sich wieder in der Gewalt. Verlegen sagte sie: »Gott, bin ich nervös.« Sie versuchte vergeblich, den Zopf aufzustecken. »Sie wird schon kommen.«

Als hätte ich einen Zweifel laut werden lassen, wiederholte sie eigensinnig: »Natürlich wird sie kommen.« Ich fühlte, daß sie in diesem Augenblick ganz nah daran war, mir das Geheimnis anzuvertrauen. Sie war so allein damit, daß sie es fast nicht mehr ertrug. Aber sie sagte nichts und ging rasch ins Haus zurück.

Ich lief noch einmal in den Garten. Der Mond ging über dem See auf, und es war ein wenig heller. Am Bootssteg kauerte jemand. Es war nicht Julia. Franz war es, der dort im feuchten Gras hockte, halb im Schilf versteckt. Er rührte sich nicht und saß da wie ein Nachtmahr. »Franz«, sagte ich unfreundlich, »was tust du denn da?« Er hob ganz langsam den Arm und streckte ihn aus, und der knochige, krumme Finger stach scharf in die Luft. »Da«, sagte er, »da draußen, da draußen!«

Es hörte sich an, als ob ein wildes Tier fauchte. Weit draußen, kaum mehr sichtbar, schwamm ein Boot mit Richtung auf die Bucht am anderen Ufer. Wir starrten beide über den See, der so still und schimmernd dalag, als sei er gefroren.

»Julia und er. Ich weiß es schon lang.«

Ich riß mich los, aber er griff von neuem nach meinem Kleid und hielt es fest wie ein Dornbusch. »Und Sie«, sagte er, »Sie wissen es auch.«

»Red nicht so viel dummes Zeug«, sagte ich ärgerlich. »Ich weiß nicht, was du meinst. Aber wenn du irgend etwas weißt, wovon du glaubst, daß es ein Geheimnis ist, dann behalt es gefälligst für dich.«

Er ließ ein dumpfes Knurren hören. »Hab ich gesagt, ich zeig's an?«

»Das solltest du auch noch«, schrie ich.

Er stieß ein schwaches Gelächter aus mit einem langgezogenen Laut am Ende, wie wenn ein Hund heult in der Nacht.

Und plötzlich fing irgendwo im schilfigen Sumpf eine Rohrdommel an zu rufen, sehr melancholisch, tief wie ein Orgelton. Das kleine Boot draußen verschwand im Schatten der Bucht. Franz gab einen hilflos klagenden Laut von sich. Er tat mir leid, aber ich konnte ihm nicht helfen und ging fort. Ich war noch keine zehn Schritte gegangen, da lief jemand über den Sand, und ich hörte eine helle herrische Stimme: »Wo ist mein Boot? Du hast es losgemacht, ja? Sag, daß du es losgemacht hast!« Die Stimme überschlug sich vor Zorn. »Du hast ihnen geholfen. Warum hast du das getan?« Ich hörte eine Ohrfeige klatschen, dann einen zweistimmigen Wutschrei, dann platschte etwas ins Wasser.

Thomas ging langsam an mir vorbei, ohne mich zu sehen, die Hände in den Hosentaschen. »Der Hund«, flüsterte er, »der gottverdammte Hund!« Er spuckte aus wie ein Mann, und sein Gesicht leuchtete vor Triumph.

Das Wasser neben dem Bootssteg war nicht tief.

Der Bursche arbeitete sich heraus, aber er ging nicht ins Haus. Triefend naß blieb er im Schilf kauern.

Als ich nach einiger Zeit ins Haus ging, ziemlich zerschlagen von alldem, was ich gesehen hatte, kam mir Frau Olenski entgegen. »Wo ist sie?«

Ich zuckte die Achseln. »Gehen wir schlafen.« Thomas, der am Fenster stand, drehte sich um und warf mir einen sonderbaren Blick zu.

Wahrscheinlich hat niemand von uns geschlafen in dieser Nacht. Gegen Morgen, es begann eben zu dämmern, knarrte die Stiege. Meine Zimmertür ging leise auf. Ich hielt den Atem an. Julia spürte, daß ich wach war. »Er ist fort«, flüsterte sie. »Ich hab ihn hinübergerudert.« Sie sah in der Dämmerung grau und verfallen aus. »Müde bin ich«, murmelte sie.

»Schlafen Sie, Julia«, sagte ich. Sie blieb zögernd stehen.

Stockend fragte sie: »Kann ich hier schlafen?« Sie ließ sich schwer in den Sessel am Fenster fallen und schlief fast augenblicklich ein. Etwas später, es wurde schon hell, hörte ich Lärm auf der Straße und das Rollen von Wagen. Ich begann mich hastig anzukleiden. Aber niemand kam ins Haus, und es wurde wieder still. Der Morgen brach an. Die erste Amsel fing an zu singen. Julia lehnte im Sessel, blaß und zerzaust, aber der alte verdrossene Ausdruck war aus ihrem Gesicht verschwunden. Sie sah fast zufrieden aus und atmete tief und gleichmäßig. Ich ließ sie schlafen, bis es Zeit war, zur Arbeit aufzustehen. Sie erwachte sofort und ging hinaus, ohne mehr als guten Morgen zu sagen.

Wir warteten Tag für Tag, Nacht für Nacht auf Plünderer, Einquartierung oder eine Haussuchung. Wir warteten, ohne darüber zu reden. Aber nichts ereignete sich. Julia sagte kein Wort über jene Nacht. Es schien fast, als würde sie langsam vergessen.

Es war Frühling geworden. Den ganzen Tag über kamen Leute, um Pflänzchen zu holen. »Zwanzig Kohlrabi, dreißig Frühkraut«, und eine Woche später: »Zwanzig Tomatenstauden, zehn Gurkenpflanzen, zehn Sellerie.« Julia und ich standen stundenlang über die Frühbeete gebeugt und kratzten die zarten, jungen Pflänzchen heraus. Frau Olenski zählte und verkaufte sie. Franz pflanzte unsere eigenen Beete voll. Nur Thomas tat nichts. Er lag in seinem Boot weit draußen auf dem Wasser und sonnte sich oder zeichnete.

Wir redeten wenig. Einmal deutete Julia über den Garten hin und sagte mit ingrimmiger Schwermut: »Da werden sie drüberfahren mit ihren Panzern.«

»Ach du«, sagte Thomas, der zufällig danebenstand, »was du schon verstehst. Was wollten die denn da unten am See auf dem weichen Boden?«

Franz murmelte: »Alles können sie meinetwegen zertrampeln.«

»Was sagst du?« fragte Frau Olenski.

»Nichts.« Er spuckte in seine Hand und hackte, daß die Erdbrocken flogen.

Julia war abgemagert. Ihre Augen glitzerten nicht mehr, aber sie hatten einen neuen starken Glanz bekommen. Jede zweite Nacht ruderte sie über den See. Niemand außer mir wußte das. Sie kletterte am Spalier hinunter und herauf. Manchmal beim Arbeiten atmete sie mühsam, und ein paarmal fielen ihr bei Tisch die Augen zu.

»Nach dem Krieg stellen wir drei, vier Leute ein«, sagte Frau Olenski. »Ich geh dann«, sagte Franz. Frau Olenski schaute ihn bestürzt an. »Aber Franz, ohne dich, nein, das geht nicht«, klagte sie. »Das kannst du uns nicht antun, Franz.«

»Werden's schon sehen«, knurrte er trotzig.

»Er geht nicht«, murmelte die alte Frau, ohne die Augen aufzumachen.

Am ersten Mai hängten wir die weiße Fahne heraus, am zweiten kam nachts ein versprengter Trupp unserer Soldaten vorbei und schoß eine Menge Löcher ins Fahnentuch und wir zitterten, aber am Morgen darauf war der Krieg für uns vorüber. Wir standen unter der Fahne und besahen uns die schmutzigbraunen Einschußlöcher. »Solche Teufel«, sagte Franz. »Solche gottverdammten Teufel. Schießen bis zum letzten Augenblick.« Er hielt seinen Kopf aufrecht, und seine Augen glänzten vor Stolz. »Wenn das der Herr gesehen hätte!«

»Ach, du Narr«, rief Julia. »Der Herr, der Herr hockt hinterm Stacheldraht und hat Zeit zum Nachdenken, ob das recht war, das alles.« Sie schaute ihn so böse an, daß er sich duckte. Frau Olenski zog die Brauen zusammen, aber sie sagte nichts. Thomas rief strahlend: »Und jetzt kann ich bald wieder in die Schule und weg von hier.« Seine Mutter schaute ihn traurig an, dann sagte sie zu mir: »Und Sie, Sie werden jetzt auch nicht mehr hier bleiben.«

Julia schaute mich erschrocken und erwartungsvoll an. »Doch«, sagte ich rasch, »ich bleib noch hier.« Julia seufzte erleichtert, und Frau Olenski sagte: »Das kann ich kaum annehmen.«

»Ich bin gern hier«, sagte ich. Es war nur die halbe Wahrheit.

Franz verzog das runzelige Gesicht zu einer Grimasse. »Jetzt kommt eine schöne Zeit«, knurrte er verzweifelt höhnisch, aber niemand achtete darauf.

Am zweiten Tag der Besetzung reichte mir der Gemeindebote einen Zettel, auf dem stand, daß wir unser Boot abliefern müßten. Ich gab ihn an Julia weiter. Sie wurde blaß.

»Das geht nicht«, sagte sie leise.

»Sie werden kommen und es wegnehmen«, sagte ich. Sie schüttelte den Kopf. »Das werden wir sehen.« Nach einiger Zeit warf sie den Rechen weg. »Ich komme gleich wieder«, sagte sie. Solange sie glaubte, man könne sie sehen, ging sie langsam, dann begann sie zu laufen, daß der Kies flog unter ihren Füßen. Ich hörte ein paar kräftige Axtschläge. Dann quietschte eine Eisenkette, und der Ufersand knirschte. Als sie zurückkam, sagte sie: »So! Das sollen sie nur holen.«

»Haben Sie es zerschlagen?« fragte ich erstaunt.

Sie lachte kurz und leise, ohne mir zu antworten, und arbeitete fast vergnügt weiter.

Gegen Mittag kam Thomas gerannt. »Mein Boot«, keuchte er, »wer hat das getan?«

»Schrei nicht so, du Dummkopf«, sagte Julia und zeigte ihm den Zettel des Kommandanten. Er schaute uns verständnislos an. Julia sagte: »Denke mal selber nach, ob es nicht besser ist, es fehlen ein paar Bretter und du kannst einige Zeit nicht rudern, als daß sie's uns ganz wegnehmen.«

»Uns?« rief er böse. »Es ist mein Boot, und wenn's jemand kaputtschlägt, tu ich's, verstehst du?«

Julia scharrte einen Stein aus dem Beet und warf ihn auf den Weg. »Wo die Steine nur immer herkommen?« murmelte sie.

Thomas blieb stehen, die Beine gespreizt, finster und angriffslustig. »Was geht dich mein Boot an?« fragte er hartnäckig.

Sie sagte, ohne aufzusehen: »Heute nachmittag müssen wir wieder Salat auspflanzen. Der Franz hat schon umgegraben.«

Thomas ging unentschlossen fort. Julia wischte sich den Schweiß von der Stirn. Als Thomas hinter der Hecke verschwunden war, sagte sie leise: »Heute nacht hole ich ihn.«

Ich war bestürzt: »Aber das Boot ist doch kaputt.«

»Ach was«, sagte sie, »ich hab nur ein paar Bretter aus dem Boden geschlagen, die setze ich wieder ein.«

»Julia«, rief ich, »das ist doch gefährlich. Wenn der Kahn leckt? Oder wenn Sie gesehen werden draußen auf dem Wasser? Überall sind Posten.« Sie machte eine Handbewegung, als verscheuche sie eine Fliege.

Ich schlief die ganze Nacht nicht. Bei jedem Geräusch sprang ich auf und beugte mich aus dem Fenster. Es war eine sehr stille Nacht. Nicht einmal ein Hund bellte. Kein Schilfhalm rührte sich. Der See lag spiegelglatt. Mitternacht kam und ging vorüber. Es wurde drei, halb vier Uhr, der Morgenwind wachte auf und fuhr durchs Schilf. Es wurde kalt. Endlich knarrte das Spalier, und bald darauf öffnete sich meine Tür unhörbar. Julia ließ sich in den Sessel fallen. »Er ist fort«, sagte sie tonlos. »Die Hütte ist leer. Alles ist fort.«

»Vielleicht ist er schon unterwegs hierher«, sagte ich. Sie zuckte die Achseln. Plötzlich warf sie den Kopf auf die Armlehne und fing an zu weinen. Sie gab kurze, harte Laute von sich, als wollte sie einen trockenen Husten unterdrücken. Ich verhielt mich ganz still und ließ sie weinen.

Als kurz nach fünf mein Wecker rasselte, schreckte ich hoch. Ich war eingeschlafen. Aber Julia weinte noch immer. Ich gab ihr Borwasser und Watte, um ihre Augen auszuwaschen. »Ach was«, sagte sie, »ist ja ganz gleichgültig.« Sie ging, wie sie war, hinunter. Wir frühstückten ohne Lampenlicht, so merkte niemand, wie sie aussah.

Am Vormittag, wir steckten gerade die dritte Aussaat Erbsen, Rille für Rille, hörten wir Thomas am Strand unten fluchen. Julia fuhr zusammen. Gleich darauf kam er gerannt. »Mein Boot liegt unten, aber es ist naß. Es ist jemand damit gerudert.«

»Mit dem kaputten Boot?« Julia lachte schallend.

»Lach nicht, du!« schrie er. »Es ist wahr. Die Ruder sind naß, alles. Am Kiel hängen Schlingpflanzen.«

»Es wird verhext sein«, sagte Julia. »Vielleicht können Gespenster mit einem Boot fahren, bei dem Bretter im Boden fehlen.«

Da sagte Franz vom andern Ende des Beets: »Drei Bretter sind schnell eingesetzt, wenn einer damit durchaus fahren will.«

Julia sagte gereizt: »Ihr seid alle beide verrückt. Laßt mich in Ruhe.« Thomas scharrte mit der Fußspitze in der trockenen Erde, warf uns einen zornigen, verwirrten Blick zu und ging.

Julia arbeitete mit zusammengebissenen Zähnen.

Ihre Augen waren entzündet. Es fiel ihren unruhigen Händen schwer, die kleinen trockenen Erbsen in die schnurgeraden Rillen zu legen. Immer wieder kollerten sie daneben. Es war ein guter Tag zum Pflanzen und Setzen. Am späten Nachmittag fing es an, leise und warm zu regnen. Frau Olenski kam aus dem Haus und ließ den Regen auf ihr Gesicht und ihre ausgestreckten Hände rieseln. Sie stand lange da und schaute über den See. Julia blickte zu ihr hinüber. Mir war es, als ob ihr verschwollenes Gesicht so etwas wie Hohn oder Triumph ausdrückte, nur für einen Augenblick, und ich war dessen nicht ganz sicher. In dieser Sekunde wünschte ich heftig, der Fremde möchte nie wieder zurückkommen.

Das Leben ging weiter, Tag für Tag, aber es war auf eine ungreifbare Weise verwandelt. Es gab natürlich einige Veränderungen, die man bemerken konnte. So blieb zum Beispiel jetzt, trotz der gefährlichen Zeiten, die Haustür Nacht um Nacht unverschlossen. Überdies ließ Julia das Licht im oberen Flur bis zum frühen Morgen brennen, so daß man es weithin sehen konnte. Auch war Julia selbst verändert. Sie war weniger hochmütig, aber launenhaft und reizbar, und sie behandelte ihre Mutter mit einer Art mitleidiger Überlegenheit.

Wie tief die Veränderung ging, das merkte ich, als in der zweiten Maiwoche eines Morgen Franz gelaufen kam, zitternd vor Kälte und Aufregung: »Die

Freilandgurken sind alle erfroren.« Es war ein großer Schaden für die Gärtnerei. Frau Olenski hörte ihm zu, als langweile er sie. »So, sind sie erfroren?« fragte sie abwesend. »Da müssen wir eben nochmal auspflanzen.« Julia hob kaum den Kopf. Franz schaute sie fassungslos an. »Wir haben sie doch so gut zugedeckt«, murmelte er verwirrt und schuldbewußt. »Ich weiß gar nicht ...«

»Ach, laß nur«, sagte Frau Olenski.

Er trat von einem Fuß auf den anderen und schlug die Augen nieder. Dann lief er rasch hinaus. Auf der Schwelle schaute er noch einmal um mit so entsetzter Miene, als ob ein Gespenst hinter ihm her wäre.

Plötzlich sagte die alte Frau laut: »Es wird Zeit, daß er kommt.« Sie klappte die schweren Lider auf und schaute uns durchdringend an. Dann ließ sie die Lider wieder sinken, wie man einen Vorhang fallen läßt.

Die kalten Tage gingen vorüber. Es wurde langsam wieder warm. Der Flieder blühte und verblühte. Als der Jasmin in voller Blüte stand, kam das erste Gewitter. Es donnerte zwei-, dreimal, dann ging ein wunderbar rauschender Regen nieder. Kaum war der letzte Tropfen gefallen, stürzte das Abendlicht in mächtigen Fächerstrahlen durch die Wolken. Der Garten leuchtete in einem tiefen, saftigen Grün, aus dem die abgeschlagenen Blütenblätter vom Jasmin schimmerten wie gelber Rahm. Bäume und Sträucher trieften von Nässe. Das Licht zitterte in tausend Tropfen an Zweigen und Blattspitzen.

»Es kommt jemand«, sagte Frau Olenski, »ich hör' das Gartentor.«

Wir schauten aus dem Fenster.

»Was ist denn das für einer?« rief Thomas.

Die alte Frau horchte mit halbgeschlossenen Augen. »Das ist er nicht«, murmelte sie. Aber außer mir hörte niemand auf sie, obwohl es ganz still geworden war. Frau Olenski und Julia schauten sich an, zwei hochaufgerichtete Schlangen, die sich regungslos fixierten. In Frau Olenskis Gesicht stand eine tiefe kummervolle Bestürzung.

»Schaut doch«, rief Thomas, »er steht draußen und traut sich nicht zu klingeln.«

»Geh du hinaus«, sage Frau Olenski leise und beschwörend zu Julia. Das Mädchen wurde dunkelrot und schüttelte den Kopf. Da nahm Frau Olenski sie sanft beim Arm, und sie gingen beide hinaus. Thomas und ich standen noch immer am Fenster. »Kennen Sie den?« fragte er mich.

»Nein«, antwortete ich. Es war die Wahrheit und war es auch nicht. Er stand unten, groß und mager, den Kopf ein wenig vorgebeugt, die schwarzen Augen erwartungsvoll auf die Tür gerichtet. Die nassen, dunklen Haare klebten ihm an der Stirn. Der Anzug troff vor Nässe. Selbst an den schwarzen Bartstoppeln hingen glitzernde Regentropfen. In der Hand trug er einen durchweichten Karton. »Was läuft der auch beim Gewitter herum«, sagte Thomas mißbilligend. Es dauerte lange, bis wir die Haustür knarren hörten. Der Fremde ließ seinen Karton fallen. Offenbar brauchte er beide Hände zur Begrüßung, und es war ihm gleichgültig, daß der Karton in eine Pfütze fiel.

»Kennen die ihn denn?« fragte Thomas.

»Es scheint so«, sagte ich.

»Ach«, rief er plötzlich und schlug sich mit der Hand auf die Stirn.

»Was ist denn?« fragte ich.

»Nichts«, murmelte er finster und glitt wie ein Wiesel aus dem Zimmer. Ich hörte ihn über die Stiege schleichen. Ich ging ebenfalls hinauf in mein Zimmer. Eine Stunde später wurden wir zum Abendessen gerufen. Der Tisch war gedeckt wie an Festtagen. Frau Olenski lief eifrig zwischen Herd und Tisch hin und her. Julia saß still neben dem Fremden. Er hatte trockene Kleider an und war rasiert. Aber er hatte noch immer etwas Verwildertes an sich, ohne daß man hätte genau feststellen können, woran es lag. Vielleicht waren es die großen, unruhigen Augen, die nichts ansahen und sich manchmal, beide zugleich, auf die Spitze der langen, gebogenen Nase richteten, ohne zu schielen. Julia hatte recht gehabt, als sie ihn mit einem Vogel verglich, einem ungezähmten, träumerischen Vogel. Wenn er den Kopf hob und den langen Hals reckte, konnte man sich gut denken, daß er im nächsten Augenblick die Flügel ausbreiten und davonrauschen würde. Seine schmalen Hände spielten nervös mit einem Jasminzweig. Er lächelte bald Julia, bald Frau Olenski an, flüchtig, leicht und wie um Entschuldigung bittend.

»Das ist Jan Lobel aus Warschau«, sagte Frau Olenski zu mir. Er warf auch mir sein freundlich verlegenes Lächeln zu, und ich fürchtete, ich würde rot. Dieses Lächeln, dieses ganze scheue und wilde Wesen verwirrte mich.

»Er wollte uns schon lange besuchen«, sagte Frau Olenski, und nun war sie es, die rot wurde.

»Aber ich hatte mich verirrt«, sagte Jan mit der tiefen weichen Stimme der Slawen. Er erzählte, wie er ins Moor geraten und endlich von Fischern gefunden und aufgefüttert worden war. Er streichelte dabei behutsam seinen Jasminzweig, und Julias Augen folgten selbstvergessen seinen Händen. Plötzlich hob er seinen Kopf und wurde unruhig. Auf der Straße waren laute Schritte zu hören. Sie gingen vorbei.

Er wischte sich mit der Hand über die Stirn.

»Mein Gott«, sagte Frau Olenski erschüttert, »Jan, es ist doch alles vorbei. Sie sind ein freier Mann, Jan.«

Er lächelte verlegen und kindlich. Julia schaute entzückt auf dieses Lächeln, und es trat wie ein Widerschein auf ihr eigenes Gesicht. Als es ihr bewußt wurde, schlug sie die Augen nieder. »Wohin gehen Sie, Jan?« fragte Frau Olenski. Er war aufgestanden und ging rasch hinaus. Wir sahen ihn über den Kiesplatz laufen, mit langen Schritten und wehenden Armen. Mitten auf dem Rasen blieb er stehen und legte den Kopf zurück. Wahrscheinlich ließ er sich die weiche, reine Luft um das Gesicht wehen.

»Mager ist er«, sagte Frau Olenski mitleidig. Julia nickte abwesend. Plötzlich sahen wir eine geduckte krumme Gestalt durch die Büsche schlüpfen. »Das ist Franz«, flüsterte Frau Olenski. »Warum kommt denn der nicht zum Essen? Und wo bleibt denn Thomas?« Sie lief aufgeregt herum. »Mein Gott«, klagte sie, »ich habe die beiden ganz vergessen.«

»Thomas hat Schnupfen«, sagte ich. »Er ist oben. Ich bring' ihm das Essen hinauf.« Sie ließ es geschehen. Thomas' Zimmer war von innen verriegelt. Er gab keine Antwort. Ich stellte den Teller vor die Tür wie für einen streunenden Hund.

Als ich in die Stube kam, saß Jan Lobel wieder am Tisch. Auch Franz hockte da, klein, finster und sprungbereit. Julia hatte den Jasminzweig, mit dem Jan zu spielen vergessen hatte, hinters Ohr gesteckt. Sie sah ein wenig keck damit aus, und obwohl sie nichts sprach, konnte man spüren, wie leidenschaftlich bewegt sie war. Jan Lobels Augen gingen immer wieder zu der alten Frau im Rollstuhl. Schließlich fragte er mit zögernder Freundlichkeit: »Warum schauen Sie mich so an, Mutter?«

»Mutter?« erwiderte sie mit ihrer brüchigen Stimme und schüttelte den Kopf. Dann sah sie uns durchdringend an und sagte laut: »Solche Leute kommen und gehen.« Franz nickte heftig Beifall, dann schielte er erschrocken zu uns her.

»Ja, ja«, sagte Frau Olenski sanft zu ihrer Schwiegermutter. »Willst du noch etwas essen?«

Aber die alte Frau ließ ihre schweren Lider zuklappen und rief: »Bringt mich zu Bett.« Frau Olenski schob sie hinaus. Gleich darauf drückte sich Franz hinaus. Als ich ebenfalls gehen wollte, hielten mich Julias Augen fest. Es fiel mir nichts ein, worüber ich hätte sprechen können. Auch die beiden schwiegen. Sie schwiegen auf eine so besondere, so heftige Art, daß ich zuerst daran teilnahm wie an einem Gespräch, dann aber, der Gewalt dieses Schweigens nicht gewachsen, wie betäubt dasaß. Als Frau Olenski zurückkam, war es spät, und Jan war müde. Ich schlief kaum in dieser Nacht. Neugierde, Spannung und ein tiefer, anhaltender Schrecken hielten mich wach. Aber das Haus lag in vollkommener Stille.

Die Wochen, die diesem Tag folgten, waren zauberhaft selbst für mich, die das alles im Grunde nichts anging. Es war Juni geworden. Das hohe stäubende Gras auf der Wiese bog sich im Wind. Unsere Gemüse gediehen wie sie sollten. Auch das Unkraut wuchs und machte uns unablässige Not. Aber wir taten das Übermaß an Arbeit leichter und rascher als je. Viel trug dazu bei das reine helle Frühsommerwetter, aber es war noch etwas anderes, etwas, das man wohl beschreiben, aber nicht eigentlich erklären kann. Es gab einige sonderbare Überraschungen. So sahen wir eines Tages, wie Jan Lobel den Rollstuhl der alten Frau in den Schatten schob. Sie drehte ihre Eulenaugen nach ihm und fragte streng: »Warum gehst du nicht zu deiner Frau und deinen Kindern?«

Er sagte freundlich: »Ich habe keine Kinder.«

Sie fragte hartnäckig weiter: »Und die Frau?«

Er bohrte mit der Schuhspitze im Rasen. »Sie ist tot.«

Die alte Frau ließ ihre runden, verschleierten Augen unbeweglich auf ihn geheftet und setzte ihr Verhör fort: »Wann ist sie gestorben? Was hat ihr gefehlt?«

Er antwortete nicht gleich. Sie wartete ruhig und aufmerksam. Plötzlich sagte er laut: »Sie ist vor vier Jahren gestorben in einem Lager.«

Die Alte dachte längere Zeit nach, dann fragte sie scharf:

»Hat man sie umgebracht?«

Jan nickte. Julia und ich sahen uns an. Mehr als Jans Antwort bestürzte es uns, daß die uralte Frau, die an nichts mehr Anteil zu nehmen schien, von solchen Dingen wußte.

»So«, sagte sie und ließ ihre schweren Lider fallen. Sie schien eingeschlafen, und Jan wollte eben fortgehen, als sie deutlich sagte: »Aber hier bist du wie der Fuchs im Hühnerstall.«

Als sie dies gesagt hatte, schlief sie wirklich ein. Sie schnarchte laut wie ein altes Uhrwerk im Kirchturm. Von diesem Mittag ab verging kein Tag, an dem die beiden nicht eins ihrer kurzen, eindringlichen Gespräche führten. Ließ er sie zu lange warten, saß sie mit weit vorgestrecktem Kopf, angestrengt lauschend. Hörte sie endlich seinen Schritt, so gab sie einen zufriedenen schnurrenden Ton von sich. Sie behandelte ihn streng wie einen Schuljungen. Aber er war der einzige Mensch, den sie überhaupt eines Gespräches würdigte. Gott weiß, worüber die beiden immer sprachen. Manchmal hörten wir etwas davon. So fragte sie ihn eines Tages: »Wovon lebst du?«

Er antwortete sanft: »Ich bin hier zu Gast.«

Sie fuhr hartnäckig fort: »Und sonst? Was arbeitest du?«

Er sagte schüchtern: »Ich schreibe Gedichte und Geschichten.«

Sie dachte ziemlich lange darüber nach. Dann sagte sie kurz und rätselhaft: »Aha.«

Ein andermal fragte sie ihn: »Wann gehst du?«

Er sagte freundlich wie immer: »Ich weiß nicht.«

»So, du weißt nicht.« Sie stieß einen Laut aus, der entfernt an das Fauchen einer Katze erinnerte. Nach einer Weile fragte sie: »Welche ist es?«

Er pflückte Blatt um Blatt von dem Buchenast, der

dicht über ihm hing, und antwortete nicht, er lächelte nur. Sie schlug mit der Faust auf die Lehne ihres Rollstuhls und sagte ingrimmig: »Das habe ich mir gedacht.« Dann schlief sie ein. Jan blieb unter dem Baum stehen und kaute junges Laub. Plötzlich fragte die Alte mit ihrer schnarrenden Stimme: »Wie machst du das, daß sie sich nicht totschlagen, die beiden?«

Er lachte leise. Julia war wie mit Blut übergossen. Sie beugte sich tief über das Beet und wagte nicht aufzuschauen.

Jan Lobel hatte es auch fertiggebracht, mit dem wilden und scheuen Thomas Freundschaft zu schließen. Eines Tages sah ich Jan am Strand sitzen, mit untergeschlagenen Beinen und seine Pfeife rauchend. Thomas kauerte neben ihm. Was sie redeten und ob sie überhaupt redeten, konnte ich nicht hören. Sie saßen über eine Stunde in der prallen Sonne. Dann stand Thomas auf und lief in sein Zimmer. Als er wiederkam, hatte er ein Bündel Papiere auf der Brust unter seinem Hemd versteckt. Eins dieser Blätter verlor er im Laufen. Ich fand es? Es war eine Zeichnung, mit einem ganz spitzen harten Bleistift gemacht, wie mit dem Silberstift: Schilfhalme und eine fliegende Wildente. Ich verwahre das Blatt noch immer. Wie Jan es zuwege gebracht hatte, dieses Kind zu zähmen in so kurzer Zeit, das ist mir unerklärlich.

Nur Franz und Jan gingen sich beharrlich aus dem Wege, und auch ich vermied es, mit Jan zusammenzusein. Warum ich es von Anfang an tat, darüber nachzudenken hütete ich mich.

Später fand ich einen Grund. Es war kaum mehr als der Windhauch einer Ahnung, einer Bangigkeit. Eines Tages im Juli sah ich Jan Lobel am Strand. Ich war allein in den dichten Bohnenranken verborgen und pflückte die ersten grünen Stangenbohnen. Es war ein trüber Tag, und es begann leise zu regnen. Jan fing an, sich auszukleiden. Es war kein Tag zum Baden. Er zog seine Jacke aus und hängte sie über einen Schilfhalm dicht am See. Der Schaft bog sich, und die Jacke fiel ins Wasser. Jan schien es nicht zu sehen. Er schlüpfte aus dem Hemd und legte es über den gleichen Halm, der sich wieder aufgerichtet hatte. Diesmal bog er sich ein wenig langsamer, aber schließlich glitt auch das Hemd ins Wasser. Er merkte noch immer nichts. Ich wollte rufen, aber eine tiefe, angstvolle Neugier verschloß mir den Mund. Stück um Stück hängte er mit langsamen, schläfrigen Bewegungen auf. Als schließlich alles im Wasser schwamm, sah er, was geschehen war. Er strich sich mit der Hand über die Stirn und schaute erstaunt ins Wasser. Langsam fischte er alles wieder heraus und hängte es sorgfältig wie zum Trocknen über den Rand des Bootes. Dies geschah alles wie im Traum. Alle Bewegungen flossen sanft ineinander, es war lieblich und schaurig, und mein Herz zog sich zusammen. Dann stieg er, nackt wie er war, in den Kahn und ruderte mit langen Zügen hinaus, und der Regen ließ einen dichten grauen Schleier um ihn fallen.

Am Abend saß er, umgekleidet und trocken, wieder ruhig und freundlich am Tisch. Ich erzählte Julia nichts davon, es war mein Geheimnis.

In den nächsten Wochen sah ich ihn nur selten und meist von fern. Er strich immer häufiger mit Thomas in den Auen herum, beide braun und verwildert, mit Papier und Bleistiften in allen Taschen. Der Junge war von einem wilden Glück erfüllt, und wäre ich eine der beiden Frauen gewesen, ich hätte ihn gehaßt. Aber sie alle waren verzaubert, verhext von einem heißen bunten Hochsommer, von einem Traum. Der Anblick des heftig blühenden Gartens, des dunklen, gefährlichen Fremden, der atemlos Liebenden, dies alles war betäubend und unvergeßlich stark.

Eines Tages hörte ich wieder einmal ein Bruchstück von einem kurzen Gespräch zwischen Jan und der Alten.

»Nein«, sagte Jan, auf irgend etwas antwortend.

Daraufhin rief die Alte zornig: »Du willst vom Hasen das Fell auch noch fressen, ja?«

Ich erwartete, daß Jan lachen würde über dieses Bild, aber er rief erregt, so wie ich ihn nie zuvor gehört hatte: »Warum sitzen Sie da und quälen mich Tag für Tag?«

»Dummkopf!« rief die Alte. »Kein Sommer dauert länger als bis zum Herbst. Steck du nur deinen Kopf in den Sand.«

Jan ging, ohne etwas zu entgegnen, rasch und ungewöhnlich finster an den See.

Manchmal kam Jan zu uns, um zu helfen. Julia und Frau Olenski verjagten ihn mit eifrigen liebevollen Vorwürfen Ich dachte, daß er nun kräftig genug wäre, um zu helfen, und daß die Blässe, die durch seine Sonnenbräune schimmerte, kein Zeichen für Schwäche zu sein brauchte. Als ich es in einem Augenblick der Übermüdung und des Ärgers zu Julia sagte, rief sie leidenschaftlich: »Aber wie können Sie das verlangen! Er hat so viel Böses hinter sich.« Ihr Gesicht sagte mir noch deutlicher als ihre Worte: »Laß uns doch dieses Glück. Wer weiß, wie lang es dauert. Sei sicher: es ist kurz.«

Aber öfter und öfter beobachtete ich jetzt, daß Jan bei Tisch plötzlich verloren vor sich hinstarrte. Einmal nahm er eine Kartoffel aus der Schüssel, aber auf dem Wege zu seinem Teller vergaß er, was er wollte. Lange hielt er sie in der Luft, dann, plötzlich erwachend, legte er sie auf den Tisch. Julia wurde rot und legte sie ihm rasch auf den Teller. »Jan träumt«, sagte sie entschuldigend. Wir sahen alle weg. Jan lächelte bestürzt und verlegen. Frau Olenski warf ihm manchmal rasch einen erstaunten und verwirrten Blick zu, aber sie wollte glücklich sein und sich nicht stören lassen. Julia beobachtete viel schärfer und kummervoll.

Eines Tages, als Jan uns im Garten helfen wollte, schickte ihn Julia zum Schuppen, um etwas zu holen, ich weiß nicht, was. Sie gab ihm den Schlüssel mit. Er kam aber so lange nicht zurück, daß es mir auffiel. Ich beugte mich über die Hecke und sah, daß er vor dem Schuppen stand, den Schlüssel auf der flachen Hand, vor sich hinstarrend. Auch Julia schaute hin, und unsere Blicke trafen sich.

»Ach Gott«, rief sie hastig, »das ist ja der falsche Schlüssel.« Sie lief zu ihm hinüber und nahm ihm sanft den Schlüssel aus der Hand. Er zog auf eine sonderbare Art den Kopf zwischen die Schultern, als ob ihn fröre, und ging mit langen Schritten ins Schilf.

Aber es blieb bei solch kleinen Störungen, und schließlich gewöhnte ich mich beinahe daran. »Er ist nervös nach all dem Erlebten«, sagte ich mir, »das ist alles.« In Julias Augen aber wuchs die hilflose Angst von Tag zu Tag, eine Angst, die mich rührte und auch reizte, und mehr als einmal dachte ich in diesen Wochen: Heute kündige ich. Aber ich tat es nicht.

Plötzlich schlug das Wetter um. Es wurde trüb und kühl, und dann kam der Regen, und schließlich kam der Tag, an dem wir alle mit einem Schlag begriffen, daß es zu Ende war, der Sommer, der Zauber, all das, was uns glücklich gemacht hatte und so vollkommen war, daß wir das Gefühl hatten, einmal im Leben nicht betrogen worden zu sein. Daß wir so fühlten, war sonderbar, denn wir waren im Grunde nicht wirklich glücklich gewesen oder doch nur auf eine sehr schwierige und atemlose Art.

Eines Abends begegnete mir Thomas auf der Treppe zur Waschküche. Er drückte sich ins Dunkle und wollte rasch an mir vorbeihuschen. Die Kleider hingen ihm in schmutzigen Fetzen vom Leib. Er blutete aus der Nase und war außer Atem.

»Thomas«, rief ich, »um Gottes willen, was ist denn passiert?«

»Ach, nichts«, sagte er rauh, »ich hab gerauft, was ist da Besonderes dabei?«

Ich versuchte, ihn am Ärmel festzuhalten, aber er kratzte wie ein wildes Tier. »Was geht das Sie an«, murmelte er trotzig, aber plötzlich fügte er kleinlaut hinzu: »Sie brauchen es niemand zu sagen.« Ein Kälteschauer schüttelte ihn, und er schlich zähneklappernd die Treppe hinunter. Ich lief rasch hinauf und holte ihm einen trockenen Anzug, und er duldete es mit zusammengepreßten Lippen, daß ich ihm das Loch im Kopf mit Arnikatinktur auswusch und mit Heftpflaster zuklebte.

»Wer war es?« fragte ich zwischendurch.

»Ich weiß es nicht«, sagte er finster, ohne mich anzuschauen. Ich merkte, daß ich nichts weiter von ihm erfahren würde. Er verkroch sich in sein Zimmer wie in einen Fuchsbau. Ich flickte rasch seinen Anzug und warf ihn zur schmutzigen Wäsche.

Beim Abendessen fragte Frau Olenski erstaunt: »Warum hast du dich umgezogen, Thomas?«

»Gerauft«, sagte er und beugte sich tief über seinen Teller.

»Ach du«, rief Frau Olenski ärgerlich, »wahrscheinlich hast du wieder angefangen.« Jan Lobel fragte leidenschaftlich interessiert und zärtlich: »Warum hast du denn gerauft?«

Thomas murmelte kauend: »Nur so.«

Ich weiß nicht, ob außer mir jemand das Gefühl hatte, daß er uns etwas Wichtiges und Böses verschwieg, das uns alle anging. Ich erinnere mich nur, daß Julia unruhig war und daß eine ganze Weile kein Gespräch mehr zustande kam. Ganz besonders deutlich erinnere ich mich, daß Franz einen Augenblick lang seinen Kopf hob wie ein witternder Hund und dann noch mehr als sonst in sich zusammenkroch. Ich schielte nach der Alten im Rollstuhl, aber sie schien zu schlafen.

Die nächsten Tage vergingen ruhig. Das Sommerwetter war noch einmal zurückgekehrt. Der verregnete Phlox schüttelte sich und flammte von neuem auf. Auf unseren Phlox waren wir besonders stolz.

Er war in zwei Reihen gesetzt, rechts und links des Mittelwegs, und so lief durch den ganzen Garten ein langes und breites, doppeltes buschiges Band von Rot, Lila, Blau und Weiß, alle Farben durcheinander, großblütig, halbmannshoch, eine aufregende, leidenschaftliche Pracht. Den ganzen Sommer über waren die Leute stehengeblieben und hatten ihn bewundert. Viele waren auch hergekommen, um ganz genau zu sehen und um den betäubend süßen Honigduft zu riechen, den der Wind weithin mit sich trug. Alle wollten einen Strauß davon haben, und manche boten viel Geld, aber Frau Olenski verkaufte nicht einen Zweig, obwohl sie das Geld gut hätte brauchen können zum Ausbessern der Treibhäuser. Auch für unsere eigenen Vasen durften wir nichts davon pflücken, und es wäre uns auch gar nicht eingefallen, dies zu tun. Oft am Tage sagte eins von uns plötzlich verzückt: »Riech doch!« Oder mit einem befriedigten Seufzer: »Das dunkle Lila ist doch das schönste.« Und jedes wußte sofort, wovon die Rede war.

Eines Tages kam Franz gelaufen, daß seine Holzpantoffeln flogen. Er keuchte: »Der fremde Herr«, so nannte er Jan Lobel hartnäckig, »der fremde Herr reißt den Phlox aus.«

»Ach was«, sagte Frau Olenski, »er soll sich ruhig ein paar Zweige pflücken.« Julia war blaß geworden. »Der Phlox«, flüsterte sie fassungslos.

»Jaja«, sagte Frau Olenski gereizt, »ich hab ihm gesagt, er kann von allem pflücken. Wie soll er da wissen, daß er den Phlox nicht anrühren darf?« Franz trat von einem Fuß auf den andern, dann zuckte er die Achseln, zog den Kopf ein und trottete fort wie ein geprügelter Hund. Julia stand steil aufgerichtet und schaute zu Jan hinunter, der selbstvergessen zwischen den flammenden Phloxreihen daherschlenderte, bald da, bald dort mit seinen langen Armen in die blühenden Stauden griff und ganze Büschel davon ausriß.

»Mit den Wurzeln!« entfuhr es mir. Julia warf mir einen verächtlichen Blick zu.

»Wir haben ja so viel davon«, sagte Frau Olenski ruhig und arbeitete weiter. Aber sie atmete kurz und heftig. »Der Reif wird ihn ohnehin bald verbrennen«, murmelte sie. Aber immer wieder wanderten ihre Blicke voller Qual zum Mittelweg. Jan konnte die Blumen jetzt kaum mehr mit seinen beiden Armen halten. Er drückte sein Gesicht tief hinein, während er langsam, wie träumend, näher kam.

»Jan«, sagte Frau Olenski, »stellen Sie den Phlox ruhig dort in die Wassertonne. Ich geb Ihnen nachher Vasen.«

Er schaute sie verwirrt an. »Vasen? Wozu Vasen?« Er hob die Arme mit den Blumen hoch über die beiden Frauen und schüttelte die Zweige, daß die Blüten sich loslösten und niederrieselten. Er tat es in so tiefem Ernst, daß es uns erschreckte. »Aber Jan«, sagte Julia leise und gequält.

Frau Olenski sagte eifrig und mit zitternden Lippen: »Ich habe nie schöneren Phlox gesehen als den hier. Nicht wahr, er ist schön dieses Jahr?« Jan ging fort, ohne etwas zu sagen. Julia bückte sich tief über das Beet. Frau Olenski sagte trotzig, als müßte sie jemandem widersprechen: »Warum soll er ihn nicht pflücken, wenn er will? Wozu sind Blumen denn da?« Ich sah Jan heimlich nach. Er stand am Strand, streifte die Blüten von den Stielen und streute sie ins Wasser. Dann starrte er die nackten Stengel an und ließ sie fallen wie etwas, wovor ihm graute. Lange stand er so, die Hände gespreizt und weit von sich gestreckt, dann scharrte er mit den Füßen Sand und Steine über die Stengel und ging rasch weg. Beim Abendessen fragte Franz mürrisch: »Dürfen wir jetzt den Phlox verkaufen oder nicht?«

»Nein«, sagte Frau Olenski kurz.

»So«, knurrte Franz erbittert, »ich hab gedacht, wir könnten jetzt. Das Wetter schlägt bald um.« Er deutete mit dem Löffelstiel über seine Schulter zurück aufs Fenster, hinter dem eine trübe, lavendelgraue Wand aufstieg.

Am nächsten Morgen regnete es, und ein paar Tage später schwammen die abgefallenen Phloxblüten verwaschen und angefault auf den Pfützen, die sich an den Wegrändern gebildet hatten. Ich sagte reumütig zu Julia: »Es ist wahr, man soll ruhig verschwenden.« Sie schaute mich dankbar an.

Eines Abends holte ich Reisig im Schuppen. Plötzlich hörte ich Thomas' helle Stimme: »Warum sitzt du hier? Die Bank ist doch naß vom Regen.« Ich wußte nicht, zu wem er sprach. Niemand antwortete.

Thomas rief: »Schläfst du?«

Es war Jans Stimme, die »nein« sagte.

»Warum sitzt du da und rührst dich nicht?« fuhr Thomas fort. »Es regnet doch!«

»Ja.«

»Jan«, rief Thomas verzweifelt, »warum redest du nicht mit mir? Bist du böse mit mir?«

»Nein.«

Ich hörte, wie Thomas auf den Boden stampfte. »So sag doch etwas, rede doch, ich halte das nicht aus.« Seine Stimme wurde flehend und heiser: »Ich hab doch niemand als dich, Jan.«

»Geh hinein«, antwortete Jan müde. »Laß mich hier sitzen. Ich habe Kopfschmerzen.«

»Oh, die Mutter hat ein Pulver«, rief Thomas erleichtert. »Ich geb dir's.«

Plötzlich schrie Jan: »Geh doch!«

Thomas ging, und ich hörte, wie er ein Schluchzen unterdrückte.

Es regnete eine Woche, und als es aufhörte, war es Herbst geworden, kühl und klar. Das Wetter tat Jan offenbar wohl. Wir fanden ihn fast fröhlich.

Eines Abends war Julia in den Ort gegangen. Es wurde dunkel, und sie war immer noch nicht zurück. Ich nahm meine Taschenlampe und ging fort, sie zu suchen. Ich brauchte nicht weit zu gehen. Sie kauerte in der Weißdornhecke, in einer ganz ungewöhnlichen Stellung. Sie kniete zwischen den Dornen, den Kopf in ihre Arme gelegt wie ein weinendes Kind. Ich ging näher. Sie bewegte sich nicht. Ich berührte sie an der Schulter. Sie zitterte wie ein krankes Pferd. Mit einer trockenen, harten Stimme sagte sie: »Ich geh fort.«

»Aber was ist denn geschehen?«

Sie ließ die Arme fallen. »Angespuckt haben sie mich.« Sie redete tonlos, wie mechanisch, es klang wie eine Litanei: »Die Burschen im Ort lauern mir jedesmal auf. Sie wollen uns die Fenster einwerfen. Sie haben schon mit Dreck nach mir geworfen. Heut haben sie einen Hund auf mich gehetzt. ›Faß die …‹, nein, ich kann's nicht sagen, was sie geschrien haben. Er hat mir den Rock zerrissen. Die ganze Straße hat gelacht. Ich bin gelaufen und gelaufen. Ich muß fort.«

»Julia«, sagte ich, »die Leute reden viel. So ein Gerede kommt und geht. Die Leute gewöhnen sich an alles. Man muß ihnen nur zeigen, daß man stärker ist als sie.« Ich redete lange und eindringlich. Ich weiß nicht mehr, was ich alles sagte. Aber ich wurde im Dunkeln rot und heiß, weil ich hier stand und predigte, unbehelligt, wie ich war, und daß ich es war, das war nicht mein Verdienst. Julia kauerte regungslos, wie aus Stein. »Sie sind so viele«, flüsterte sie und begann wieder zu zittern. Endlich konnte ich sie dazu bewegen, ins Haus zu gehen.

Aber schon der nächste Tag brachte eine neue Aufregung. Wir waren eben dabei, die Bohnenstangen herauszureißen, und Jan half uns dabei, als plötzlich ein Stein über die Mauer flog, zwischen Jan und Thomas hindurch, haarscharf an Jans Schläfe vorbei. Er schaute erstaunt auf, dann bückte er sich nach dem Stein, hielt ihn nachdenklich auf der flachen Hand und fragte: »Warum das?«

»Ach, Gassenbuben«, rief Julia rasch.

Jan sah uns an, lächelte hilflos und ließ den Stein fallen. Thomas war plötzlich verschwunden. Aber er kam gleich wieder. »Keiner zu sehen«, sagte er und spuckte aus. Jan legte ihm flüchtig die Hand auf den Arm, dann ging er fort, die Schultern hochgezogen. Ich flüsterte Julia zu: »Weiß Ihre Mutter von alldem?« Sie legte beschwörend die Hand auf den Mund.

Am Tage darauf war bei meiner Post ein anonymer Brief: »Wir raten Ihnen, dieses Haus zu verlassen. Gutmeinende Bekannte.«

Ich verbrannte den Zettel. Er hatte mich nicht wütend gemacht, ganz im Gegenteil. Ich hütete mich, über dieses sonderbare Gefühl nachzudenken.

Es blieb mir auch kaum Zeit dazu, denn nun kam der Tag, den wir alle lange vorausgefühlt hatten.

Es war Nachmittag, kurz vor Allerseelen, und wir hatten die Hände voll zu tun, um Winterastern und Chrysanthemen zu schneiden für die Friedhofskränze. Wir waren alle draußen vor dem großen Treibhaus. Es war einer jener überklaren Tage, wie sie der Föhn im Vorgebirgsland häufig noch spät im Jahr bringt: Der Himmel tiefblau, alles Ferne ganz nah gerückt, Vogelrufe in der warmen Luft, ein grüngoldenes Licht wie im März über den Wiesen. Jan half uns auf seine Weise. Er saß da, band einige Sträuße und verfiel dann in Träume. Selbstvergessen zerrieb er eine große gelbe Chrysantheme zwischen den Händen und roch nachdenklich an dem bittern Saft. Der Föhn bekam ihm schlecht. Ein ums andere Mal strich er sich über Stirn und Augen. Julia hielt sich dicht neben ihm und verdeckte ihn mit ihrer breiten Gestalt.

»Da kommt schon wieder jemand«, sagte Thomas mürrisch. »Und ich hab doch die Tafel hinausgehängt: ›Verkauf erst morgen‹.«

Frau Olenski sagte: »Wenn sich die Leute nur endlich an die Verkaufszeiten halten würden.« Sie seufzte: »Franz, geh du und sag ihm …« Sie unterbrach sich: »Was stehst du denn so da?«

Franz machte den verkniffenen Mund auf und wollte etwas sagen. Aber er schluckte nur, hob langsam die Hand und zeigte auf den Mann, der umständlich das Tor hinter sich zumachte und sich nicht im mindesten beeilte, näher zu kommen.

»Wer ist denn das?« fragte Thomas. »Soll ich gehen, ihn fragen, was er will?« Er bekam keine Antwort und schaute verwundert von einem zum andern. Sie standen alle da, als wären sie zu Stein geworden. Der Mann ging langsam auf das Haus zu und stellte seinen großen Holzkoffer vor die Tür. Dann beschattete er die Augen mit der Hand und schaute über den Garten hin. Eine ganze Weile stand er so, groß und breit wie ein Schrank, völlig regungslos. Dann ließ er die Hand schwer fallen und setzte sich in Bewegung. Er ging mitten durch den Garten. Ein paarmal bückte er sich. Einmal riß er ein Büschel Unkraut aus, das zweite Mal nahm er eine Handvoll Erde auf, zerrieb sie in der Handfläche und ließ sie durch die Finger rieseln, dann zog er einen vergessenen Winterrettich heraus, säuberte ihn mit der Hand, biß hinein und spuckte ihn wieder aus. Er ging auf uns zu, schaute aber nicht ein einziges Mal her.

»Der ist komisch«, sagte Thomas bedrückt.

Da sagte Frau Olenski leise: »Das ist doch der Vater, Thomas.«

»Ach!?« Thomas scharrte mit den Schuhen im Kies. Ich bemühte mich verzweifelt, einen Anlaß zu finden, um Jan fortzulocken. Aber mein Vermögen zu denken war gelähmt.

Der Mann kam immer näher, Schritt für Schritt, schwerfällig, als klebten seine Schuhe an der Erde. Sein Kopf steckte tief zwischen den mächtigen runden Schultern. Schließlich stand er vor uns. Er rieb sich mit der Faust das bärtige Kinn, daß es kratzte, und sagte langsam: »Ja, da bin ich, viel Arbeit habt ihr.«

»Ja«, sagte Julia, »aber es ist alles gut gewachsen dieses Jahr.« Sie wischte ihre Hand an der Schürze ab und gab sie ihm.

»Ja, ja«, murmelte Olenski. »Und das da ist Thomas. Groß geworden.« Thomas gab ihm scheu die Hand und bückte sich rasch nach einer Chrysantheme, die seiner Mutter heruntergefallen war. Olenski rieb sich wieder das Kinn, daß die Bartstoppeln knirschten. Es war eine mächtige, dunkelbehaarte Faust.

»Und der Franz«, sagte er, »der ist auch noch da. Grüß dich, Franz.« Der Bursche schob sich näher. »Ja, Herr, ich bin noch immer da.« – »Ja, ja«, wiederholte Olenski, »du bist noch immer da.«

Dann hob er seinen Kopf. Ruckweise hob er ihn und schaute seine Frau an. »Ja, ja, Anna«, sagte er unsicher. Sie erwiderte kein Wort.

»Na ja«, sagte er und zog seinen Kopf wieder ein. »Laßt euch nicht stören.« Er nahm eine Chrysantheme auf, drehte sie in der Hand und betrachtete sie. »Eine neue Sorte. In Amerika haben sie so ähnliche, aber noch größer.« Er legte die Blume wieder hin. Ohne aufzuschauen, deutete er mit dem Kopf nach Jan: »Ist er das?« Niemand antwortete ihm. Olenski preßte die Lippen aufeinander und nickte langsam.

»Komm ins Haus«, sagte Frau Olenski, »ich koch' rasch was.«

»Keinen Hunger.« Er ließ sich schwer auf die Bank fallen.

»Arbeitet nur weiter«, murmelte er. Wir taten es. Er saß da, die Ellbogen auf die Knie gestützt. Man hörte nichts als das Klicken der Scheren und das Knirschen der saftigen Blumenstengel, die wir abschnitten.

Plötzlich sagte Olenski: »Ich bin gestern angekommen.«

Frau Olenski legte die Blumen weg und sagte: »Ich mach' Kaffee.«

»Laß doch«, sagte er heiser.

»Willst du nicht die Mutter sehen?« fragte sie. »Sie wohnt bei uns. Sie ist fast blind und kann sich kaum mehr rühren.«

»Nachher«, murmelte er. »Ist es wahr, daß ihr Artischocken gebaut habt?«

»Ja«, sagte Franz, »versucht haben wir es. Aber sie bleiben ganz klein. Es rentiert sich nicht.«

»So, so«, sagte Olenski. »Sie haben es mir im Ort erzählt.«

»Komm ins Haus«, wiederholte Frau Olenski. Er schüttelte den Kopf. »Brauchst keine Angst zu haben«, sagte er. »Jetzt ist es eben so gekommen, wie ich's lang erwartet hab. Hast immer auf so was gewartet, Anna.« Er sprach ohne Bitterkeit, fast ohne jeden Ausdruck. Dann schaute er zu Jan hinüber: »Ist es wahr, daß er ein Jud ist?«

»Ja«, sagte Julia laut. »Es ist wahr. Und Pole ist er. Er war sechs Jahre im Lager, Vater. Seine Frau hat man ermordet.«

Sie schaute ihren Vater trotzig und leidenschaftlich an. Er hob abwehrend die Hand. »Ich brauch nichts zu wissen.«

In diesem Augenblick stand Jan auf und kam näher. Olenski zog den Kopf ein. Jan blieb vor ihm stehen. Olenski schaute ihn schief von unten an. »Erschlagen sollte man so einen«, murmelte er.

Jan beugte sich ein wenig vor. Olenski hob langsam die Faust und fuhr sich damit über das kratzende Kinn. »Na ja«, murmelte er, »ich tu's ja nicht.«

Jan setzte sich neben ihn. »Nein«, sagte er, »das tun Sie nicht. Wozu auch. Wir sind beide sehr lange von daheim fortgewesen.« Olenski schaute ihn unsicher an. Sie schwiegen eine Weile. Dann sagte Jan: »Sie sind heimgekommen.«

Olenski öffnete langsam seine Faust und ließ die langen Arme hängen. »Heim«, murmelte er bitter.

»Doch, ja«, fuhr Jan eindringlich fort. »Das ist

Ihr Haus, Ihr Garten.« Olenski fing rasch mit der Hand eine Fliege aus der Luft und zerdrückte sie zwischen den Fingern.

»Sie werden hier wieder arbeiten, niemand vertreibt Sie«, fuhr Jan fort. Olenski schleuderte die Fliege weg.

»Es ist Ihr Vaterland«, sagte Jan.

»Ich pfeif drauf«, murmelte Olenski. Jan schaute ihn bestürzt an. »Ja«, schrie Olenski laut, »ich pfeif drauf.«

Jan schüttelte den Kopf. »Sie wissen nicht, was Sie sagen. Ich habe nichts mehr von allem. Und von heute an – –« Er streckte seine Hände aus und kehrte die Handflächen nach oben. »Nichts mehr, nichts«, sagte er.

»Na ja«, murmelte Olenski verlegen. »Es wird ja nicht immer so bleiben.«

»Doch«, sagte Jan, »es wird so bleiben.«

Olenski räusperte sich. »Meinetwegen brauchen Sie nicht zu gehen. Ich jag Sie nicht fort. Ist ja auch gleich.«

»Nein«, sagte Jan nachsichtig. »O nein.«

Olenski warf ihm einen verwunderten Blick zu. »Dann würde das Gerede im Ort aufhören«, fügte er hinzu.

Thomas, auf den niemand geachtet hatte, rief leidenschaftlich: »Bleib, Jan, bleib da. Wenn Jan geht, dann gehe ich mit.«

Olenski drehte langsam seinen schweren Kopf nach ihm und schaute ihn lange an. Dann sagte er: »So, du gehst? Du gehst?«

»Ja«, schrie Thomas, mit den Tränen kämpfend.

»Sei still«, flüsterte Julia, »sei still, Thomas.«

»Laß ihn reden«, sagte Olenski, »Kinder sagen die Wahrheit.«

Thomas zuckte die Achseln und schwieg trotzig.

»Red weiter.« Olenski wurde allmählich bitter. »Sag's nur: es wäre besser, ich wäre nie mehr gekommen.«

»Vater«, rief Julia, »mach's uns nicht so schwer. Siehst du nicht, wie es uns zumute ist? Vor aller Welt sind wir im Unrecht. Aber … ach, ich kann das nicht erklären.«

»Laß gut sein«, sagte Olenski. »Jetzt ist's schon so. Von dir ist ja auch nicht die Rede. Und sie …« Er hob die Achseln und ließ sie wieder fallen. Dann drehte er sich langsam seiner Frau zu. Sie lehnte an der Treibhaustür mit blauen Lippen und geschlossenen Augen. Er schaute sie eine Weile an, und sein Gesicht drückte Staunen, fast Neugier aus. Dann fuhr er sich mit der Faust über das Kinn und sagte: »Na, laß dir Zeit, Anna.«

Sie schlug die Augen auf und ging.

»Komm, Franz«, sagte Olenski, indem er aufstand. »Zeig mir, was es in den Treibhäusern gibt.«

Franz trottete eifrig wie ein Hund neben ihm her

und schielte von unten forschend zu seinem Herrn auf.

Jan blickte Olenski nach und sagte: »Schade.«

»Was meinst du?« fragte Julia bestürzt. Er zuckte die Achseln.

»Jan«, sagte sie, »wenn du gehst, nimm mich mit.«

Er lächelte sie an. »Nein, nein«, sagte er.

»Aber mich, Jan«, rief Thomas, »mich nimmst du mit!«

Jan schüttelte den Kopf. »Wohin gehe ich denn?« Er streckte seinen Hals und hob seinen Finger in die Luft: »Woher kommt der Wind?«

»Von Südwesten«, sagte Julia. »Warum fragst du das?«

»Dann gehe ich nach Nordosten«, antwortete er ernsthaft.

»Aber Jan«, rief Julia, »du kannst doch nicht einfach gehen, wenn du nicht weißt, wohin.«

Er legte seine Hand auf ihren Arm und schaute sie eindringlich an. »Wohin bin ich gegangen damals, als ich zu euch kam?« Er schüttelte sie sanft. »Siehst du. Aber laß mich. Diesem Kopf hier fällt es heute sehr schwer, zu denken.«

Der Himmel hatte sich unvermerkt eingetrübt. Jan ging langsam an den Strand und verschwand im Schilf.

»Geht er fort?« flüsterte Thomas.

Julia nahm ihre Arbeit wieder auf. »Was weiß denn ich«, murmelte sie. Ich ließ sie allein und trug die fertiggebundenen Sträuße ins Haus. Als ich sie in den kalten Keller legte, hörte ich von oben die Stimme Olenskis. Er sprach mit der alten Frau, die in ihrem Rollstuhl an der Südseite des Hauses saß. Ich konnte die beiden nicht sehen, aber ohne es zu wollen, hörte ich einen Teil ihres Gesprächs.

»Nein«, sagte er, »schlecht gegangen ist es mir nicht.«

An dem Knistern des Rollstuhls merkte ich, daß sie sich ihm plötzlich zuwandte. »Schlägst du sie?« fragte sie ihn.

»Warum soll ich sie schlagen?« fragte er. »Sie hat gearbeitet, sie hat den Betrieb geführt, so gut es ihr möglich war, sie hat dich gepflegt, warum soll ich sie da schlagen?«

Nach einer Pause fragte sie: »Bist du so dumm oder bist du so klug?«

Er seufzte, und es klang, als ob dieser Seufzer aus einer Höhle käme. Dann sagte er: »Was kann denn so eine Frau dafür?«

Der Kies knirschte unter seinen schweren Schritten. Aber er blieb noch einmal stehen und sagte: »Was kann denn überhaupt ein Mensch dafür?« Ich sah seine mächtigen, müden Beine schwerfällig am Kellerfenster vorbeiwandern.

Als ich wieder zu Julia zurückkam, sah ich an den

kräftigen Bewegungen ihrer Arme, daß sie irgendeinen festen Entschluß gefaßt hatte. Sie schaute mir mit blanken Augen entgegen, aber sie sagte nichts. Als wir in der beginnenden Dunkelheit ins Haus gingen, warf sie lange, eindringliche Blicke über den Garten. Diese Blicke ängstigten mich.

»Julia«, sagte ich, »tun Sie nichts Übereiltes. Sie sind nicht dafür geschaffen, heimatlos zu sein.«

Sie zuckte die Achseln und schwieg. Ich versuchte es noch einmal. »Solche Männer wie Jan bleiben nirgendwo, Julia.« Sie sagte einfach: »Ich weiß.«

Sie blieb stehen. Ich sah in der Dunkelheit ihre Augen eindringlich auf mich gerichtet. »Wenn Sie an meiner Stelle wären, würden Sie ihn so gehen lassen? Sehen Sie denn nicht, wie schlecht es ihm geht?« Ich war ratlos. Sie fuhr fort: »Ich will sehen, daß wir mit dem Nachtzug fahren können. Sie können es den andern morgen früh sagen. Später schreib ich dann. Und wenn Sie können, bleiben Sie noch einige Zeit hier. Die Mutter braucht Sie.«

Das Abendessen verlief so schweigsam wie früher, ehe Jan gekommen war. Alle Köpfe waren tief über die Teller geneigt. Eine Stunde später war es still im Haus. Olenski ging mit seinen schweren Schritten durch den Garten, und ich hörte ihn nicht zurückkommen, obwohl ich lange wach war. Kurz vor Mitternacht kam Julia herein, reisefertig. »Er ist fort«, sagte sie fassungslos. »Nur ein paar Sachen hat er mitgenommen. Er ist gegangen, wie er gekommen ist.«

In einem jämmerlichen Versuch, zu trösten, sagte ich: »Vielleicht ist er nur draußen irgendwo?«

»Nein«, sagte sie, »er ist fort. Ich weiß es.« Plötzlich überfiel sie die ganze Verzweiflung: »Wie soll ich ihn finden in der Nacht?« Sie rang die Hände.

»Mit dem Rad«, sagte ich, »mit dem Rad könnten Sie ihm nachfahren.«

Sie schüttelte den Kopf. »In welcher Richtung? Und er wird nicht auf der Hauptstraße gehen. Ich werde ihn nie mehr finden.«

In diesem Augenblick empfand ich ein starkes Gefühl der Erleichterung. Aber ich schämte mich vor Julias Schmerz.

Sie starrte vor sich hin und sagte: »Einmal habe ich eine Katze gehabt, und sie war eines Abends verschwunden. Ich habe sie gesucht und gesucht, aber ich habe es von Anfang an gewußt, daß ich sie nicht mehr finden würde. Ich hab sie gefunden, aber sie war tot.«

»Aber Julia«, rief ich, »was für Gedanken! So krank ist er doch nicht. Er geht sicher in eins der Lager, und eines Tages wird er schreiben.«

Sie sah mich nachsichtig an. In diesem Augenblick war sie um viele Jahre älter als ich. Ich sah, daß sie es mit aller Schärfe begriff, was sie verloren hatte. Nie mehr würde ihr solch ein Mann begegnen.

Beim Frühstück war Jans Platz leer. Olenski fragte finster: »Wo ist er denn?«

Ich antwortete: »Er ist fortgegangen.«

Olenski murmelte: »Ich hab ihn nicht fortgejagt.« Er warf seiner Frau einen raschen Blick zu. Sie sagte ruhig: »Hast du es anders erwartet von einem Mann?«

Er zog den Kopf tiefer zwischen seine runden Schultern und löffelte seine Suppe aus. Franz schielte aus den Augenwinkeln nach seinem Herrn, und sein zerknittertes Gesicht drückte Kummer aus.

Die alte Frau hob ihre schweren Lider und ließ die Eulenaugen um den Tisch wandern. Dann nickte sie. »So einer kommt und geht.« Ihre Stimme klang ärgerlich, als sie fortfuhr: »Er hat mir so schöne Geschichten erzählt. Jetzt werde ich mich wieder langweilen.« Alle schauten bestürzt nach ihr. Sie schloß die Augen und murmelte Unverständliches.

Thomas unterdrückte sein aufsteigendes Schluchzen.

Olenski stand auf, warf sich die Mütze auf den Kopf und ging schweigend hinaus. Franz folgte ihm auf dem Fuß.

Thomas stopfte sich sein Brot in die Tasche und ging ebenfalls. Während Frau Olenski den Tisch abdeckte, sagte sie zu Julia: »Vergiß nicht, die Blumen in die Stadt zu fahren.«

Wir holten die Sträuße aus dem Keller, stellten

sie in hohe Körbe und luden sie auf den Karren. Julia faßte mich am Arm. »Bitte, gehen Sie mit. Ich kann heute nicht. Ich kann es einfach nicht.«

Franz stampfte wie ein krummes Pferd vor dem Karren. Auf halbem Weg blieb er stehen und warf mir einen Blick voll tiefen Kummers zu. Es war der Blick eines traurigen alten Hundes, den man geschlagen hat.

»Dreißig Jahre bin ich da«, sagte er. »Wie sie ganz klein war, hab ich sie herumgetragen durch den ganzen Garten.«

»Oh, Franz«, sagte ich, »jeder hat seinen Kummer.«

Er zog seinen Hut tief in die Stirn, spuckte in die Hände und nahm die Deichsel wieder auf. Aber ehe er weiterging, fragte er stockend: »Wird sie jetzt auch fortgehen?« Er wartete geduckt auf meine Antwort wie jemand, der einen Schlag fürchtet.

»Nein«, sagte ich, »das glaube ich nicht.«

»Wenn sie nur nicht krank wird«, murmelte er, schon im Gehen und kaum hörbar. Es war nicht für mich bestimmt.

Die Leute im Ort betrachteten uns mit Neugierde und Mitleid. Als wir wieder zurück waren, atmeten wir beide auf.

Beim Mittagessen fehlte Thomas. Es fiel nicht besonders auf, da er sich oft verspätete, wenn er mit dem Boot zu weit draußen war. Aber er war auch am Abend noch nicht zurück. Das Boot lag trocken auf dem Strand. In der Dämmerung begannen wir, das Haus, den Garten, den Strand und schließlich den Ort abzusuchen. Einer der Jungen erinnerte sich, ihn gesehen zu haben mit einem Rucksack, aber er wußte nicht, in welcher Richtung er ihn hatte gehen sehen. Gegen Morgen alarmierte Olenski die Polizei.

Julia sagte zu mir: »Thomas hat sein Wort gehalten. Und ich?« Sie stöhnte. Niemand arbeitete, und niemand aß irgend etwas an diesem Tag. Am späten Nachmittag brachten zwei Polizisten den Jungen zurück. Er ging zwischen ihnen mit steifen Schritten, den Kopf zurückgeworfen. Frau Olenski lief auf ihn zu, um ihn zu umarmen. Er schob sie finster und entschlossen beiseite wie ein Mann.

Olenski sagte heiser: »Da bist du also.« Thomas blieb vor ihm stehen und schaute ihn herausfordernd an. Olenski drehte sich um und steckte seine Hände in die Taschen. Thomas ging allein und schweigend an uns allen vorbei ins Haus.

»Ein gottverdammter Bengel«, sagte der eine Polizist lachend. »Vierzig Kilometer weit war er schon gelaufen.«

»Kommt rein«, sagte Olenski, »trinkt was.«

Das war mein letzter Tag in der Gärtnerei. Ich zog in die Stadt zurück und hatte länger als ein Jahr nicht den Mut, Olenskis zu besuchen.

Aber eines Tages, kurz nach Ostern 1947, fuhr ich endlich hinaus an den See. Schon von weitem sah ich, daß ein neues Treibhaus gebaut worden war. Diese weißgekalkten Wände, diese frischen Balken und spiegelnden Fensterscheiben erweckten ein unangenehmes Gefühl in mir wie etwas Schamloses. Ich wanderte ein paarmal am Zaun entlang, ehe ich das Tor aufzumachen wagte. Es war der Garten, den ich so gut kannte, und er war es doch nicht mehr. Die Hecke war streng gestutzt, der Strand vom Schilf gesäubert, das Buschdickicht verschwunden. Ein paar fremde Arbeiter gruben die schnurgeraden Beete um. Olenski, die Mütze im Nacken, steckte die Wege ab.

Frau Olenski kam mir entgegen. Sie war älter geworden und sehr blaß. »Ja«, sagte sie mit einem kurzen Blick über den Garten hin, »es ist alles anders jetzt. Wir bauen nur mehr Gemüse.« »Sehr sauber«, sagte ich, »sehr schön sieht das alles aus.« »Gefällt es Ihnen?« fragte sie nachsichtig. Ohne meine Antwort abzuwarten, sagte sie: »Julia ist im kleinen Treibhaus. Kommen Sie bitte nachher zum Kaffee.«

Mein Herz klopfte, als ich Julia wiedersah. Sie stieß einen kleinen Schrei aus. Sie war noch schöner geworden, aber ihre Augen hatte tiefe Schatten. Ich sah, daß sie geweint hatte.

Wir setzten uns auf eine Bank zwischen Kisten mit jungen Tomatenpflanzen und Geraniensetzlingen. Der bittere, scharfe und süße Geruch der Pflanzen und der nassen, fetten Erde erfüllte die warme, feuchte Luft.

»Ja«, sagte sie, »hier geht das Leben seinen Gang. Arbeit, Arbeit. Der Vater führt das Regiment. Wir fahren nicht schlecht dabei. Er hat den Grund von nebenan dazugekauft. Die Großmutter? Die ist jetzt ganz gelähmt und spricht kein Wort mehr. Thomas, ja, der ist wieder auf dem Gymnasium.« Sie redete unnatürlich eifrig und ließ mich kaum zu Wort kommen. Plötzlich brach sie mitten im Satz ab und zog einen Brief aus ihrer Bluse. »Da«, sagte sie, »lesen Sie.«

Es war ein schmutziger Zettel, die Schrift kaum noch leserlich. Das Datum lag ein halbes Jahr zurück.

> Ich habe Ihre Adresse in der Tasche von Jan Lobel gefunden. Ich möchte Ihnen mitteilen, daß Jan Lobel aus Warschau im August bei dem Versuch, sich illegal nach Palästina einzuschiffen, ertrunken ist. Wir haben ihn in Triest begraben.

Während sie den Zettel wieder einsteckte, sagte sie: »Jetzt weiß ich wenigstens, daß ihn keiner mehr verjagt. Aber Sie weinen ja, Sie weinen!« Sie war fassungslos. »Sie weinen um Jan!« »Nein, nein«, sagte ich rasch, »ich weine über alle Heimatlosen.« Sie schaute mich aufmerksam und dann tief erschrokken an, und aus diesem Blick sah ich, daß es nicht mehr nötig war, ihr die Wahrheit zu sagen.

David

Dies ist eines der seltsamsten, süßesten und gefährlichsten Kapitel aus der Geschichte meiner Kindheit, die Kindheit eines leidenschaftlichen, verträumten, dem Glauben und der Magie ergebenen kleinen Mädchens, das schon in seiner Lebensfrühe so schwere Worte wie Schicksal, Jude, Sakrament und Tod begriff.

Es war gewiß kein Zufall, daß ich es war, die zur Tür ging, um zu öffnen, und nicht, wie üblich, mein Vater. Unvergeßliches Bild, ein Bild aus dem Alten Testament: auf der steinernen Treppe vor dem Haus steht eine Frau, dunkel und fremd, sehr schön, ihren Arm um die Schultern eines Jungen gelegt, so groß wie ich, und ganz das Kind seiner Mutter: dunkel und fremd wie sie, beide regungslos und stumm.

Ich starrte das unbegreifliche Bild schweigend an, bis mein Vater kam, mit einigen Fragen die Lage klärte und den Bann löste. Die fremde Frau war Ausländerin, ihr Mann jedoch Deutscher. Sie wollten sich für einige Zeit in unserm Dorf niederlassen, und der Junge, der kaum drei Worte Deutsch sprach, sollte von meinem Vater unterrichtet werden.

Täglich zur bestimmten Stunde kam David, allein, eine aufreizend neue Ledermappe achtlos nachschleifend, und überaus scheu. Mein Vater klagte, wie mühsam es sei, diesen verträumten kleinen Ausländer zu unterrichten. Es schien, als habe der Kleine mit sanfter Bestimmtheit beschlossen, nichts zu lernen. Er lächelte ernst und höflich, und nur selten beliebte er zu antworten.

Eines Tages war mein Vater noch nicht da, als David kam, und das Kind blieb wartend auf der steinernen Treppe vor dem Haus stehen, klein, dunkel und verloren. Ich war eben dabei, für einen toten Vogel ein Grab zu graben. David sah eine Weile zu, dann kam er näher, und plötzlich sprach er. Er sprach, er sprach mit mir, und er sprach deutsch! Was er sagte, war etwa dies: ich sollte das Grab tiefer graben, da sonst Katzen oder Hunde kämen, die kleine Leiche auszuscharren.

Einige Tage später traf ich David wieder, diesmal auf der Straße, am Abend.

»Wohin gehst du?« fragte er in klarem Deutsch.

»Zur Maiandacht.«

»Was ist das?«

Sonderbares Kind: weiß nicht, was eine Maiandacht ist.

»Komm mit«, sagte ich kurzerhand. Ich hatte es eilig. Er folgte mir zögernd über die Schwelle der Kirche, tauchte wie ich die Hand ins Weihwasserbecken, betupfte seine Stirn, beugte seine Knie, tat alles, was er mir abschaute, und als er schließlich, von mir in die Reihen der Buben geschoben, dort kniete, das Gesicht unverwandt auf den Altar gerichtet, die Hände gefaltet wie wir alle, war er ganz einer der unsern. Nach der Andacht wartete ich vor der Kirche auf ihn. Er kam langsam, nachdenklich und verwirrt, lächelte mir flüchtig zu und wollte nicht sprechen. Aber am nächsten Abend war er wieder in der Kirche, und so viele Male. Eines Tages hatte ihn meine Mutter in der Kirche gesehen. »Was tut denn David in der Maiandacht?« fragte sie. Eine unverständliche Frage. Tat er nicht, was wir alle taten? »Aber er ist doch jüdisch«, sagte sie und fügte hinzu: »Ob seine Eltern wissen, daß er in unsere Kirche geht?«

»Darf er nicht?« fragte ich betroffen.

»Ich sagte dir doch: er ist Jude.«

Ich war neun Jahre alt, und solche Begriffe waren mir noch dunkel. »Jüdisch« bedeutete: aus dem Orient sein, aus dem Lande der Propheten, aus dem Volk der Apostel, der Muttergottes und Christi selbst. Kein Grund für David, nicht in die Kirche zu gehen. Ich fragte David. »Ich bin jüdisch«, sagte er, hob seine Schultern und ließ sie wieder fallen. Von da an gab es ein geheimes Gebot, nicht mehr über diese Frage zu sprechen. Aber an Fronleichnam, als wir Kinder festlich geschmückt unter den wehenden Fahnen, im Glanz von Kerzen und Gold, durch Dorf und Wiesen zogen, sah ich David in der Ferne folgen, und ich hätte ihn gern gerufen, so wie man einen fremden Hund zum Futternapf lockt.

Ich war ein frommes Kind, doch war meine Frömmigkeit heftig und ein wenig abwegig. Es gab in unsrer Kirche eine Seitenkapelle mit einer überlebensgroßen Figur Christi aus gemaltem Gips, so abscheulich, daß selbst ich es bemerkte. Doch ging es mir nicht um Schönheit, sondern um Glauben und Zauber. Diese Figur lebte. Wenn ich lange genug vor ihr kniete, ohne meine Augen auch nur einmal abzuwenden und ohne etwas anderes zu denken als an sie, dann begann sie leise zu atmen und mich anzusehen. Das war mein Geheimnis. Ein großes und hintergründiges Wagnis, den Freund einzuweihen. Er lächelte ungläubig, doch schon erlag er dem Verlangen nach Gebet und Wunder. Wie ich, so starrte auch er beschwörend auf das Bildnis. »Jetzt«, flüsterte ich, »siehst du?« In diesem Augenblick ging die Tür auf. Es war Davids Mutter, die atemlos kam. Sie, sonst so sanft, stürzte auf David zu, riß ihn wild an sich und schüttelte ihn. »Was tust du hier?« Dann schaute sie mich böse an: »Was geht dich mein Junge an. Wir sind Juden. Du verstehst? Wir haben nichts zu schaffen mit diesem allen da.« Damit zog sie David mit sich und warf die Tür hart hinter sich ins Schloß.

Am Abend sagte mein Vater zu mir: »Was sind das für Geschichten. David ist jüdisch. Das ist eine andere Religion. Du sollst ihn nicht verwirren. Ich verbiete dir, ihn mit in die Kirche zu nehmen. Spiel du nicht Schicksal. Hast du verstanden?«

Ahnungsweise hatte ich verstanden. Aber das, was ich verstand, tat weh: David, mein Freund, mußte ein Fremder für mich bleiben. Warum? Unsre Unbefangenheit war dahin. Wir gingen uns aus dem Weg.

Aber was half es, daß die Erwachsenen die Brükken abzubrechen versuchten? Es kam, wie es kommen mußte.

In der Fastenzeit begann für mich der Beichtunterricht, und leidenschaftlich bewegt von dem, was ich hörte, vergaß ich das offene und das geheime Verbot: wenn ich David irgendwo traf, beim Schlittenfahren auf dem letzten, kranken Schnee oder am See, wo die Fischer ihre Boote teerten, oder wo auch immer, erzählte ich ihm davon. Er hörte begierig zu und behielt alles im Gedächtnis, und als ich schließlich zur ersten Beichte ging, tief gesammelt und in feierlichem Ernst, da sah ich David hinter einer Säule stehen. Wir schauten uns lange an, dann ging er fort.

Einige Zeit später, kurz vor Ostern, war Mission

in unserm Dorf. Fremde Mönche kamen, predigten und hörten die Beichte von morgens bis abends, und die Kirche war voll von Betern, einen Tag von Männern, einen von Frauen, von Jungfrauen, von Jünglingen, und zuletzt kamen wir Kinder daran. Am Abend zuvor gingen wir alle zur Beichte. Da die Kirche von den Burschen besetzt war, hatte man für uns Beichtstühle in der Schule aufgestellt, in jedem der fünf Schulzimmer einen. Unvergeßlicher Abend: wir Kinder in den Korridoren schweigend wartend, der Bretterboden frisch gescheuert und noch naß, Halbdunkel, da und dort eine große Kerze, knisternd und schattenwerfend, das Gemurmel der Mönche hinter den geschlossenen Türen, und vor den Fenstern der Aprilabend, Karwoche, feucht und rein, und der Gesang einer Amsel. Fast zu viel für ein empfindliches Kind. Ich war die letzte in meiner Reihe. Plötzlich kam noch ein Kind. Ich war tief gesammelt und drehte mich nicht um. Erst als ich aus dem Beichtstuhl kam, sah ich, wer es war: David, und er ging nach mir zur Beichte, als müßte es so sein. In der Dunkelheit vor dem Schulhaus wartete ich auf ihn. Doch als er kam, legte er den Finger auf den Mund, schlug die Augen nieder und verschwand.

Was für ein Irrtum! David hatte gebeichtet, doch David, das wußte ich nun schon, war nicht getauft. Das Sakrament war ohne Kraft für ihn. Umsonst.

Er glaubte sich reingewaschen, doch war in Wirklichkeit nichts geschehen. Das Sakrament war mißbraucht, und ich war schuld. Ich hätte den Pfarrer um Rat fragen können, aber das wagte ich nicht. Ganz allein war ich mit meiner Unruhe und Verwirrung. Eines Tages ertrug ich es nicht mehr. »David«, sagte ich, »du hast gebeichtet. Aber du bist ja nicht getauft. Es war für nichts, das Beichten.« Er sah mich betroffen an, dann sagte er ruhig: »Dann muß man mich taufen. Was ist das?«

»Man schüttet geweihtes Wasser über deinen Kopf und fragt dich, ob du glaubst: an Gott, an Christus, an die Auferstehung, und du mußt widersagen: dem Teufel, der Sünde und dem falschen Glauben. Dann bist du ein Christ.«

»Taufe mich.«

»Ich? Das kann ich nicht. Das muß der Pfarrer tun.«

Wir wußten beide: er würde es nicht tun. Wir gingen traurig auseinander. In der Nacht aber kam mir der rettende Einfall: es gab etwas, das Nottaufe hieß. Jeder konnte jeden taufen, wenn Not war. Freilich meinte man mit »Not« den Tod. Wenn einer am Sterben war, konnte irgendeiner ihn taufen, und es galt als Sakrament. Doch war David nicht auch in Not? Am nächsten Tag taufte ich ihn.

Taufkapelle war eine alte einsame Badehütte am See. Das Taufwasser hatte ich in einem Fläschchen bei mir: echtes geweihtes Wasser aus der Kirche. Und da ich noch einmal genau mich unterrichtet hatte, vergaß ich auch nicht Salz und Öl, dies freilich ungeweiht. Den Ritus kannte ich, und die Gebetsformeln las ich aus dem Katechismus ab. Wir zitterten beide, und das heilige Geheimnis ergriff uns mit Macht. »Glaubst du an Gott, den Allmächtigen, den Vater Himmels und der Erde?« Und Davids bebende Stimme: »Ich glaube.«

Drei Fragen, und dann das Gelöbnis: »Widersagst du dem bösen Feind und allen seinen Eingebungen?« – »Ich widersage.« Wieder drei Fragen, drei tödlich bindende Versprechen. Dann goß ich das Wasser über Davids dunklen, gebeugten Kopf und salbte ihn. Weitab vom Spiel. Der Tod war mit dabei, wir wußten es nicht.

Einige Wochen später mehrten sich die zuerst kaum gezählten Fälle von Diphtherie in der Gegend, und bei den ersten, die sie in unserm Dorf ergriff, war David. Ich erfuhr es nicht sogleich, denn ich war ins Haus verbannt. Eines Abends aber zog jemand heftig an unserer Haustürglocke, und kurz darauf rief mich mein Vater, doch er ließ mich nicht in den Flur. Auf der Schwelle, weit weg von mir, stand Davids Mutter, naß vom Regen und mit wilden Augen. Sie zeigte mit ausgestrecktem Finger auf mich: »Die hat es getan«, rief sie. »Die hat ihn getauft.« Mein Vater sah mich an.

»Ja«, sagte ich laut und nahm all meinen Bekennermut zusammen. »Ich habe ihn getauft. Es ist gültig.« Mein Vater war finster. »Wie konntest du das tun ohne die Erlaubnis der Eltern?«

»Und jetzt will er beichten«, schrie die Frau. »Und sagt, er wird sterben und er will sein ein Christ, und ist getauft, und diese da …« Ihr armseliger Vorrat an deutschen Worten reichte nicht aus, ihre unermeßliche Verwirrung auszudrücken. Auch mein Vater war verwirrt, ich sah es. Da geschah es zum erstenmal in meinem Leben, was mir später in entscheidenden Augenblicken begegnete: eine große und kühne Klarheit kam in mich. »Er ist ein Christ«, sagte ich ruhig und fest, »er hat die Taufe gewollt, und wenn er jetzt beichten will, so muß man ihm seinen Willen tun.« Die Frau starrte mich an, dann hob sie den Arm wie zu einem Fluch, aber sie ließ ihn wieder sinken, schlug die Hände vors Gesicht und lief fort.

Ich weiß nicht, ob man dem Kleinen seinen letzten Wunsch erfüllte, doch wurde er bald darauf in unserm katholischen Friedhof begraben, und unser Pfarrer stand am Grab und weihte es. Kein Kind durfte dabei sein, die Epidemie hatte rasch und mächtig um sich gegriffen. Doch stand ich von ferne, in die regennasse Zypressenhecke gedrückt, und ich sah Davids Eltern lange allein am Grab stehen, im strömenden Regen, verstört und wild und starr vor doppelter Qual. Ich aber begriff nicht mehr, was ich getan hatte, und alsbald entschwand es für drei Jahrzehnte aus meinem Gedächtnis.

Ein Bündel weißer Narzissen

DER ENGEL Was suchst du?

DIE FRAU Meine Glocke. Ich muß meine Kinder wecken. Ich tu's nicht gern, sie brauchen ihren Schlaf, besonders in der Erntezeit. Wer weiß aber, was noch geschieht in dieser Nacht. Der erste Morgenwind fegt leicht die dürren Blätter in den Graben wie nichts. Es sterben viele in der Stunde vor Sonnenaufgang. Wenn ich nur meine Glocke …

DER ENGEL Laß. Es ist zu spät.

DIE FRAU Wer spricht mit mir?

DER ENGEL Der Engel.

DIE FRAU Ich habe wieder Fieber. Ich höre sprechen, und ist doch keiner da, der spricht, jetzt, mitten in der Nacht.

DER ENGEL Du hast kein Fieber mehr. Ich spreche, und du hörst.

DIE FRAU Du sagst, du bist ein Engel. Ich habe noch nie einen Engel gehört, nicht mit den Ohren, vielleicht ganz innen, als Kind, wenn ich etwas habe tun wollen, das unrecht war.

DER ENGEL Bald wirst du mich sehen.

DIE FRAU Du machst mir Angst. Du mußt verstehen: ich hab mir nie so etwas gewünscht. Das ist für Heiligenlegenden, ich aber bin eine Bäuerin, mir hat genügt zu sehen und zu hören, was auf der Erde heimisch ist. Ich will dich lieber nicht sehen. Vielleicht ist auch alles nur Trug und Versuchung, so etwas kommt vor, und man bildet sich leicht etwas ein, besonders wenn man krank ist und viel allein und an das Sterben denkt. Vielleicht vergeht es, wenn ich das Kreuzzeichen nach ihm schlage …

DER ENGEL Hier ist die Glocke.

DIE FRAU Du bist also noch da. Nun gut. Es ist jetzt ohnehin so vieles, das ich nicht verstehe … Die Glocke, sagst du. Ja, gib sie. Das tut gut, was Wirkliches halten, etwas Festes, das man kennt. Aber was ist denn mit der Glocke? Der Klöppel schlägt an, und das Metall bleibt stumm. Und meine Stimme ist zu schwach. Wie soll ich meine Kinder wecken?

DER ENGEL Ich sagte dir: es ist zu spät.

DIE FRAU Warum sagst du: es ist zu spät? Ich rede doch, ich höre, ich kann mich bewegen. Warum soll ich nicht mit den Kindern sprechen? Soll ich denn ohne Abschied dahingehen?

DER ENGEL Du bist schon auf dem Weg.

DIE FRAU Auf welchem Weg? Und auf dem Weg wohin?

DER ENGEL Zu SEINEM Angesicht. Warum schreist du? Es hört dich keiner mehr als ER und ich.

DIE FRAU Du sagst das leicht: nicht schreien. Ich habe Angst.

DER ENGEL Warum? Hast du nicht furchtlos dein Sterben bedacht seit Jahren und wartest du nicht seit Kindertagen auf die Begegnung mit IHM?

DIE FRAU Ich warte auf den Schlaf, den tiefen guten Schlaf für alle Müdigkeit. So leg mich schlafen, Engel, bring mich zur Ruh. Sing mir, was meine Mutter gesungen hat und meine Muttersmutter. Ich will meine Augen zutun und sie zulassen für immer.

DER ENGEL Es ist die Stunde nicht zum Schlafen. Höre! SEINE Tauben fliegen aus. Der Tag beginnt und es wird Zeit. Steh auf und komm.

DIE FRAU Ich kann nicht, ich bin müde, ich bin krank. Wenn ich aufstehen könnte, glaubst du, ich läge hier, jetzt wo die Ernte beginnt? Wir haben nicht Hände genug auf dem Hof, und nicht einmal zum Äpfelpflücken tauge ich mehr und nicht zum Rübenschneiden. Und du sagst: Steh auf und komm.

DER ENGEL Du bist erwartet.

DIE FRAU Von wem?

DER ENGEL Du weißt es. Komm. Du bist längst bereit.

DIE FRAU Hör zu, Engel, was ich sage. Ich bitte dich nicht für mich, du kannst mir's glauben. Ich bitte dich nur für meinen Hof und um der Kinder willen: laß mich noch eine Weile hier. Was wird, wenn ich jetzt gehe? Mein Sohn ist stark, er tut die Arbeit von zwei Knechten, aber zu jung, zu jung ist er, und es ist keine kleine Sache, einen Hof zu übernehmen so groß wie den. Das braucht Erfahrung. Und wenn ich auch hier liege, so kann ich doch noch manches tun und raten und verhüten. Meine Tochter, die ist dabei, eine Heirat zu machen, bei der nichts herauskommt als Unglück. Der Kerl taugt nichts, das sieht ein jeder, doch sie, sie hat die Augen verdreht im Kopf, und wenn ich jetzt geh, so rennt sie in ihr Unheil.

DER ENGEL Du solltest jetzt bedenken, was wichtiger ist.

DIE FRAU Das *ist* wichtig, Engel. Eine gute Hausfrau sorgt für das Ihre. Das ist ihr aufgegeben. Sie läßt nicht den Ofen im Stich, wenn das Brot darin bäckt, und nicht die Kuh, wenn sie kalbt, und nicht die Kinder, ehe sie nicht wieder Kinder haben. Aber vielleicht versteht das Euereins nicht.

DER ENGEL Schon bäckt das Brot ohne dich, schon wirft die Kuh ihr Kalb ohne deinen Beistand. Folge mir.

DIE FRAU Wie du das sagst. Das tut sich nicht so rasch. Geh du einmal über meine Äcker, wenn es geregnet hat. Du weißt nicht, wie schwer der Boden ist. Lehmboden. Fruchtbar ist er, aber wenn er feucht ist und du gehst darüber, denkst du bei jedem Schritt, die Erde hängt mit ihrem ganzen Gewicht an deinen Schuhen.

DER ENGEL Du redest viel.

DIE FRAU Immer wenn ich Angst habe, tu ich das.

DER ENGEL Höre!

DIE FRAU Hat da wer gerufen?

DER ENGEL Du sagst es.

DIE FRAU Wer? … Eilt es denn so? Nun ja. Was sein muß, das muß sein. Aber eines sag mir: was tut man vor IHM, wenn man so fremd ankommt? Wirft man sich zu Boden? Küßt man IHM den Ring wie dem Bischof oder die Füße wie dem Kruzifix, wenn es auf den Altarstufen liegt am Karfreitag? Und was sagt man? Ist es wie in der Beichte? Bin ich allein vor IHM? Muß ich meine Sünden sagen, alle, von Kindheit her? Aber ER weiß sie doch alle. Alle. ER weiß …

DER ENGEL Weine nicht. Bedenke SEIN Erbarmen.

DIE FRAU Ach, SEIN Erbarmen, das wendet ER denen zu, die SEINEN Blick auf sich ziehen mit Gewalt. Den großen Sündern gönnt ER SEIN Erbarmen. Großes muß man getan haben, damit ER einen SEINE Großmut fühlen lassen kann. Ich aber, ich habe nichts getan, was mich bei IHM in Erinnerung bringen könnte. ER kann nicht sagen:

Ach, das ist die, ich weiß, die hat das und das Gute, das und das Schlechte getan. Ich war nicht heiß und war nicht kalt. Die Lauen aber, die mag ER nicht.

DER ENGEL Das Urteil überlasse IHM.

DIE FRAU Das Urteil, ach Engel … ER wird mich ansehn mit einem Blick voll Langeweile, und wieder wegsehn und mich nicht erkennen. Bin ich IHM nicht wie ein Nähkorb voller Kram? Die kleinen Kümmernisse tagein tagaus und Arbeit, die Krankheiten der Kinder, und sogar in der Kirche, mitten im Beten, fings in mir an zu rechnen: Getreidepreise, Dienstbotenlohn und Steuern, und das ging wie ein Mühlrad herum, und weg war die Andacht. Ich habe nichts, von dem ich jetzt sagen könnte: Schau dies an und das, es glänzt von meinem Eifer. Spinnweben in der Ecke, die fegt man fort. Hinweg damit. Glaub mir: wenn man so alt ist wie ich, da weiß man selber, wohin man paßt und wohin nicht, man hat das Schickliche ganz im Gefühl und die Gerechtigkeit, und man erspart gern sich und andern alle Umstände.

DER ENGEL Wohin willst du gehen?

DIE FRAU Ins Fegfeuer, wohin denn sonst. Ich werde den Weg schön finden, ganz allein. Man wird sie sicher von weitem weinen hören, die armen Seelen, die im Feuer sind.

DER ENGEL Du warst bereits im Feuer.

DIE FRAU Ich? Ich war in keinem Feuer. Verwechselst du mich nicht mit einer andern?

DER ENGEL Wende dich um. Was siehst du?

DIE FRAU Meinst du das kleine Mädchen im weißen Kleid? Es wird ein Erstkommunionkind sein.

DER ENGEL Was tut es?

DIE FRAU Es legt weiße Narzissen nieder vor einem Altar in einer Kirche, in der es ganz allein ist. Das ist alles, was ich sehe.

DER ENGEL Der Geruch der Narzissen stieg süß auf zu IHM. Gebündelt in die Narzissen war ein Gelübde.

DIE FRAU Ein kindisches Gelübde, nichts weiter. Meine große Schwester hat damals den Schleier der Dominikanerinnen genommen, das hat mir Eindruck gemacht und ich habe es ihr nachtun wollen.

DER ENGEL Warum weinst du?

DIE FRAU Ich habe das Gelübde gebrochen.

DER ENGEL Du hast verzichtet, und ER hat deinen Verzicht gesehen, wie man ein Feuer auf einem Berg sieht in der Nacht.

DIE FRAU Eine Schande mehr zu allem andern … Wäre ich nur halb so störrisch gewesen wie ein Kalb, so hätte man mich gehen lassen. Trotzen hätte ich müssen oder mich winden wie eine Katze. Aber der Hof war verschuldet, mein Bruder tot, die Eltern alt, und da hieß es: Geld muß her auf den Hof, heirate einen, der Geld herbringt, und damit basta, und keine Flausen vom Kloster und dergleichen.

DER ENGEL ER hat deine Tränen gezählt und SEINEN Durst daran gestillt.

DIE FRAU Bei uns Bauern hat immer der Hof das erste Recht, und jede von uns tat das Gleiche, wenn's not ist. Wenn da ein Verdienst drin liegt … Zur Widerrede, ja, da hätte Mut dazu gehört, das wäre ein Verdienst gewesen und hätte IHN gefreut.

DER ENGEL Dein Maß ist nicht das SEINE. Wende dich nochmals um. Was siehst du?

DIE FRAU Eine Frau, die Kartoffeln schält, nichts weiter.

DER ENGEL Was noch?

DIE FRAU Eine, die Pflanzen setzt im Krautgarten.

DER ENGEL Und weiter?

DIE FRAU Eine, die ein Schaf schert, und eine, die Getreide abwiegt, und wieder eine, die Hühner füttert, und eine, die näht, eine, die Wäsche aufhängt, eine, die Wolle färbt, eine, die sich über Rechnungen beugt, und eine mitten im Küchenrauch und Dampf.

DER ENGEL Sind sie verdrossen? Sieh genau.

DIE FRAU Nein, keine. Soviel ich sehe, sind sie heiter.

DER ENGEL Erkennst du sie?

DIE FRAU Eine sieht wie die Zwillingsschwester der andern aus.

DER ENGEL Du bist's. Dein Tagwerk ist's, dein Leben und dein Lächeln.

DIE FRAU Wenn ich es sein soll, Engel, so kann ich dir nur sagen: das ist das Tagwerk und das Leben einer jeden von uns, und jede tut, was not ist, und was das Lächeln anlangt: das lernt man in der Ehe.

DER ENGEL Du hast gelächelt, auch wenn es keiner sah.

DIE FRAU Man ist nie sicher, daß nicht einer da ist, der einen sieht. Am besten, man läßt sich nicht bei übler Laune überraschen.

DER ENGEL Dein Lächeln war IHM wie der Duft von Myrten inmitten des Gestanks nach Mißgunst und Verdrossenheit, der von der Erde aufsteigt.

DIE FRAU Wie du sprichst. Ich bin eine Bäuerin, und solche Worte machen unsereins verlegen und auch ein wenig argwöhnisch. Man weiß auch gar nichts drauf zu sagen.

DER ENGEL So schweig und nimm es hin. Was hast du für ein Mal auf deiner Stirn?

DIE FRAU Das da? Das ist von nichts Besonderem. Ein dummer Sturz auf einer feuchten Kellertreppe, oder man rennt im Dunkeln gegen einen Balken im Getreidespeicher, oder die Kuh stößt einen beim Melken. Das vergißt man später.

DER ENGEL Es schlug dich einer mit seiner Hand.

DIE FRAU Es ist nicht Brauch bei uns, daß man über etwas redet, was vergessen sein soll.

DER ENGEL Erinnere dich.

DIE FRAU Meine Mutter hat einen Spruch gehabt, der hieß: für das Gute, das einem widerfährt, muß man ein Gedächtnis haben so lang wie die Straße nach Rom, und für das Schlimme, das einem angetan wird, eins so kurz wie ein Lämmersprung.

DER ENGEL ER will, daß du dich erinnerst.

DIE FRAU Was ist da viel zu sagen. Die Männer in unserm Land sind rasch im Zorn, besonders wenn sie trinken. Es reut sie nachher bitterlich. Aber so sind sie, und man muß sie nehmen, wie sie sind.

DER ENGEL Es hat den deinen nie gereut.

DIE FRAU Wer weiß denn, wie's im andern aussieht. Es war auch hart genug für ihn, das Kind zu verlieren.

DER ENGEL War es nicht auch das deine?

DIE FRAU Mein jüngstes und mein liebstes.

DER ENGEL Wer hat die Eichenbohle von der Zisterne geschoben, daß sie offen lag und daß das Kind, das sich darüber beugte … Schrei nicht. Du hast auch damals nicht geschrien. Wer hat den Brunnen geöffnet? ER nimmt das Siegel von deinen Lippen. Sprich.

DIE FRAU Nein.

DER ENGEL So wende dich ein drittesmal und sieh: es stehen zwei vor einem toten Kind. Was schreit der Mann?

DIE FRAU »Wer mir den Brunnen geöffnet hat, den schlage ich zum Krüppel.«

DER ENGEL Warum hast du geschwiegen?

DIE FRAU Wie du fragst! Hätte ich mit dem Finger deuten sollen auf unser ältestes Kind, das nicht viel älter war als das tote, und sagen: Der da, der war's, der hat's getan. Hätte auch nur eine einzige Mutter auf der ganzen Erde das Wort gesagt, das ein unschuldiges Kind zum Brudermörder macht fürs ganze Leben? Wie, denkst du, hätte der Vater seinen Sohn angeschaut sein Leben lang? Ebenso gut hätte ich mit eigner Hand Feuer anlegen können im Getreidespeicher. Friede muß sein zwischen dem Bauern und seinem Erben, daß der Hof gedeiht.

DER ENGEL Warum schlug dich dein Mann?

DIE FRAU Das ist leicht zu verstehen. Es war Kornernte wie jetzt, und alle auf dem Feld, ich war allein daheim und sonst gar niemand, die Kinder nicht gerechnet, und Fremde sind nicht gekommen in den Garten, da waren scharfe Hunde. Er hat ja nicht gesagt, daß ich es war. Er hat gemeint, ich hätte ein Auge haben müssen auf den Brunnen, und das ist wahr. Es trifft ihn keine

Schuld. Er war ein guter Bauer, gerecht und fleißig.

DER ENGEL Du hast deine Augen vertrocknen lassen an jenem Tag und deinen Mund versiegelt und dir geboten, dein Los zu tragen. Dein Herz aber hast du nicht verhärtet. Die Tränen hast du angesammelt, wie die Erde das Regenwasser bewahrt und sammelt, bis es zur Quelle wird. Jetzt weine. Weine das volle Maß der Tränen, das dir zusteht.

DIE FRAU Du sprichst sehr schön mit mir, und es fängt an, mir zu gefallen. Fast möchte ich wirklich weinen. Aber ich werde Zeit genug dazu haben, wenn ich erst dort bin. Gehen wir.

DER ENGEL Dein Geist ist gebunden. Was willst du leiden dort im Feuer? Ich sage dir: die Leiden dieses Orts sind dir vertraut wie eine alte Krankheit. Sie liegen hinter dir.

DIE FRAU Warum versuchst du mich? So könntest du nicht sprechen, wenn du mich wirklich kennen würdest. Was minder ist, bleibt minder, trotz schöner Worte. Ich kenne meine Fehler so gut wie die an Pferden, und kein Händler hat mir jemals ein Stück Jungvieh aufschwätzen können, das seinen Preis nicht wert war. Ich habe Augen, Engel. Und wenn jemand gekommen ist auf meinen Hof und hat ihn über den Schellenkönig gelobt und hat gesagt, es ist ein Musterhof, so hab ich doch den Schaden im Mauerwerk gewußt und daß Rattengift ausgelegt ist im Keller und daß der Holzwurm in der Täfelung ist, und ich hab die Achseln gezuckt. Lob, das nicht trifft, das mag ich nicht.

DER ENGEL Genug. Wir sind am Ende des Wegs. Dein Wort fiel durch SEIN Sieb. Das Urteil ist gesprochen. Erhebe deine Augen. Sei ohne Angst. SEIN Antlitz ist dir noch verborgen hinter einem Bündel weißer Narzissen, frisch vom Tau.

DIE FRAU Warum schlägst du mich auf meine Augen? Es brennt wie Feuer.

DER ENGEL Jetzt sieh.

Hinkela

Ende November des Jahres 1938 fand die Frau des Schreiners, als sie frühmorgens in den Schuppen ging, um Brennholz zu holen, dort in einem Haufen Hobelspäne etwas Lebendiges liegen, das sie zuerst für einen Hund hielt, dann aber als ein Kind erkannte, das zusammengerollt dort schlief. Als sie einen Schritt näher kam, erwachte es augenblicklich, sprang auf und zur Tür hinaus.

So blitzschnell das auch geschah, hatte die Frau doch den Kleinen wiedererkannt. Seit zwei Wochen begegnete sie ihm fast täglich, wenn sie in der Morgendämmerung aus dem Haus ging, um vor Beginn ihrer eigenen Arbeit die ihrer Schwester zu tun, welche ihr siebtes Kind erwartete; sie selber hatte kein Kind. Sie war aber noch nicht alt und eher hübsch als häßlich, doch nicht nach dem Geschmack der Einheimischen, denn sie war schwarzhaarig und dunkelhäutig, und sie hinkte stark von Geburt her. Doch hatte sie lustige grün und braun gepunktete Augen und war geschickt in allem, darum hatte der

Schreiner, der ein kräftiger Bursche war, sie genommen trotz des Hinkens. Er nannte sie Hinkela und meinte es zärtlich, solange sie beide jung waren.

Eines Morgens, genau am 15. November 1938, sah sie in der Dunkelheit in ihrem kleinen Garten auf einem Beet mit Winterkohl etwas kauern, das zu groß war, um für ein Kaninchen oder einen Wildhasen zu gelten, aber es war zweifellos etwas Lebendiges, das die bereiften, eiskalten Kohlblätter fraß. Sie schlug in die Hände, um es zu verscheuchen, und es sprang auch wirklich auf und davon, aber es war ein Kind.

Am nächsten Morgen sah sie den Kleinen wieder, als sie zu ihrer Schwester ging: er watete barfuß in dem Wassergraben neben der Straße und fischte die Holzäpfel heraus, die der Wind von den Bäumen gerissen und dort hineingeworfen hatte. Seine Schuhe standen am Straßenrand. Die Frau nahm sie auf, sie waren in einem jämmerlichen Zustand zwar, aber man sah, daß sie einmal, vor nicht allzu langer Zeit, teuer waren. Sie stellte sie wieder hin und ging gedankenvoll und hinkend ihres Weges. Den Kleinen anzurufen, hatte sie nicht gewagt, und sie hätte nicht sagen können, was es war, das ihr den Mund versiegelte.

Am dritten Tag traf sie ihn nicht, und sie vermißte ihn schon, und sie beschloß, beim nächsten Mal ihn anzusprechen. Zwei Tage mußte sie warten, dann sah sie ihn, wieder am frühesten Morgen, das war wohl seine Stunde, wie er an einer Kartoffelmiete auf einem der Äcker, die es damals noch am Rande der Stadt gab, kratzte, um zu den tief unter Erde und Stroh überwinternden Kartoffeln zu gelangen. Da rief sie ihn an. He du, komm her, hab keine Angst, ich geb dir Brot! Aber wie zu erwarten war, kam er nicht, sondern duckte sich zwischen die Ackerfurchen und war unsichtbar. Sie ließ ihn gewähren, das Stück Brot aber, das sie immer mitnahm, um bei ihrer Schwester, die ärmer war als sie, nichts zu verzehren, legte sie so, daß er es sehen mußte, auf einen Kilometerstein am Weg. Dann ging sie weiter, versteckte sich hinter einem Baum und sah, wie er aufstand, näher schlich, sich schließlich auf das Brot stürzte und hineinbeißend davonrannte. Sie lachte. Am nächsten Morgen legte sie, ohne sich um ihn zu kümmern, ein Brot und einen Apfel auf den Stein. Der kleine magere Schatten holte es sich, kaum war sie zehn Schritte entfernt. Dieses Spiel spielten sie schon zwei Wochen lang.

Und nun war er zu ihr gekommen, hatte die Nacht in ihrem Holzschuppen verbracht, aus dem Spiel war Ernst geworden. Denn es war ihr klar, daß er damit nicht nur sein Vertrauen zu ihr ausdrückte, sondern, indem er sich unter ihren Schutz begab, auch begann, sie in sein Geschick hineinzuziehen.

Als sie den Kleinen im Nebel untertauchen sah, seufzte sie, dann nahm sie ihre Schürze auf, füllte sie mit Sägespänen, Reisig und Kleinholz, trug alles ins Haus und machte Feuer. Als sie vor dem Herd kniete, sah sie sein Gesicht am Fenster. Sie sah es zum ersten Mal. Es war ein Kindergesicht und war doch alt. Sie winkte ihm stumm, aber er verschwand. Als sie das Fenster öffnete, sah sie ihn hinter einem Busch kauern. Sie legte ein Brot auf die Fensterbank und sagte: Warte, dann bring ich dir Milch. Sie wärmte die Milch rasch auf dem Feuer und stellte die Tasse ans Fenster. Ein magerer Arm holte sie alsbald, und auch das Brot verschwand. Als die Tasse, geleert, wieder auf dem Fensterbrett stand, sagte die Frau ins Dunkle hinein: Du kannst jeden Morgen um die gleiche Zeit herkommen!

In diesem Augenblick ging die Tür auf. Mit wem redest du denn? sagte ihr Mann.

Mit der Katze, antwortete sie.

Mit was für einer Katze? Seit wann haben wir eine Katze? Sie lachte nur. Er fragte nichts weiter, schaute aber die Tasse an, die die Frau rasch vom Fensterbrett genommen und ins Spülbecken gestellt hatte. Du hast schon gefrühstückt, sagte er verwundert, aber ließ es dabei bewenden.

Eine Woche lang holte der kleine Fremde in der frühesten Morgenstunde seine Milch und sein Brot, ohne daß er ein einziges Wort sagte. Als er zum siebten Mal die geleerte Tasse auf das Fenstersims zurückgestellt hatte, blieb er stehen und sagte leise:

Haben Sie ein Buch?

Was für ein Buch?

Irgendeines.

Da hörte sie ihren Mann aus der Werkstatt kommen.

Geh weg, flüsterte sie, geh jetzt, aber komm heut abend um acht, da bin ich allein.

Den ganzen Tag über war sie unruhig und hatte ein schlechtes Gewissen, fast so, als wäre sie dabei, ihren Mann mit einem andern Mann zu betrügen, aber nichts in der Welt hätte sie davon abbringen können, Punkt acht Uhr das Küchenfenster zu öffnen und aufs Geratewohl in die Dunkelheit hinein zu sagen:

Komm herein, die Haustür ist offen.

Aber er hatte sich schon auf das Sims geschwungen und glitt hinein. Sie schloß rasch hinter ihm Fenster, Läden und Vorhänge.

Da stand er nun, Haut und Knochen, verdreckt, feucht vom Nebel, die Kleider zerrissen, und vollkommen kahl. Nicht ein einziges Haar war auf seinem Schädel und auch Augenbrauen und Wimpern fehlten. Mitten auf der Stirn war ein rotes Mal: eine Brandwunde, noch nicht verheilt. Sie erschrak, aber sie fragte nichts, denn sie begann schon, alles zu erraten.

Setz dich, sagte sie, schob ihm einen Stuhl nah an den Herd, rückte den Tisch näher, stellte einen Teller Suppe vor ihn hin und ging hinaus. Als sie wieder eintrat, war der Teller leer. Der Kleine saß artig am Tisch. Willst du noch mehr? fragte sie.

Er sagte leise: Nein, danke, und stand auf.

Was willst du? fragte sie. Fortgehen? Wohin denn?

Er deutete mit dem Kopf unbestimmt ins Weite.

Wo schläfst du denn nachts?

Er zuckte die Achseln.

Du kannst ruhig im Schuppen schlafen. Ich wekke dich jeden Morgen früh genug. Aber wo bist du untertags?

Er zuckte wieder die Achseln.

Während sie kleine Holzscheite in den Herd warf, schaute er ihr zu. Als das Feuer hochschlug, stieß er einen Schrei aus, begann zu zittern und warf sich der Frau in die Arme. Sie schloß rasch die Ofentür mit der einen Hand, mit der andern hielt sie ihn fest und streichelte sein nacktes Schädelchen:

Armer Kleiner, sagte sie, so also stehts mit dir. Zu denen gehörst du also. Feuer haben sie gelegt an eure Häuser am Jakobsplatz; die Deinen, die sind tot, und du lebst und bist da und gehörst nirgendwo mehr hin und darfst nicht leben.

Dann kauerte sie sich neben ihn auf den Boden und zog ihn ganz in ihre Arme, drückte sein Köpfchen an ihre Brust und weinte. Der Kleine weinte nicht, aber er hörte allmählich auf zu zittern, und auf einmal war er eingeschlafen, stehend und in ihren Armen.

Mein Gott, flüsterte sie, was tu ich jetzt mit dir. So was kann man doch nicht fortjagen. Läufst ja den Henkern in die Hände. Armer Kleiner. O Gott, was tun. Aber fort lasse ich dich nimmer, nein, du bist zu mir gekommen, jetzt bleibst du.

Sie stand langsam auf, nahm den Kleinen, den sie auf zehn Jahre schätzte, der jedoch so leicht wog wie ein Sechsjähriger, auf ihre Arme und trug ihn über die Stiege. Dort, unter dem Dach, war eine kleine Kammer mit einem Bett. Da hatte früher einmal ihre Schwiegermutter gewohnt. Seit die alte Frau gestorben war, stand die Kammer leer. Damit sie das Bett aufdecken konnte, setzte sie das schlafende Kind auf einen Stuhl. Als sie zum Bett ging, krachten die Fußbodenbretter. Die Frau schüttelte den Kopf und blieb eine Weile ratlos stehen. Dann nahm sie alle Kissen aus dem Bett und trug sie in einen winzigen Verschlag daneben, unter dem kein Zimmer, nur die Speisekammer lag. In aller Eile bereitete sie dort ein Lager auf dem Fußboden, verstopfte die Ritzen im Dach mit alten Zeitungen, die in dem Verschlag aufgestapelt waren, ganze Jahrgänge des ›Völkischen Beobachters‹ von 1933 an, die ihr Mann eifrig gesammelt hatte, aber daran dachte sie jetzt nicht. Dann holte sie noch eine Decke aus ihrem eigenen Bett, einen alten Abfalleimer, eine Taschenlampe, einige Äpfel, einen Krug mit Wasser und ein Glas, und schließlich trug sie den Kleinen in dieses Versteck und legte ihn zu Bett. Da erwachte er. Wirr und wild blickte er um sich, aber als er die Frau erkannte, legte er sich still nieder.

Wie heißt du eigentlich?

Der Kleine gab keine Antwort.

Also gut, sagte die Frau, dann nenne ich dich so, wie ich will; wenn ich ein Kind gehabt hätte, dann hätte ich es, wärs ein Bub gewesen, Stephan getauft, des Namenspatrons wegen, den sie gesteinigt … Sie hielt erschrocken inne: Ach, du weißt ja nichts von diesen Sachen. Bist ja nicht getauft. Aber trotzdem sollst du Stephan heißen.

Er sagte nichts, er schaute sie nur an.

Also du, fuhr sie fort. Du, Stephan, hör zu: du mußt den ganzen Tag hierbleiben, darfst keinen Lärm machen, und wenn du aufs Töpfchen mußt, dann benütz den Eimer da. Ja, das geht nun einmal nicht anders jetzt.

Als sie den Blick sah, den er dem Eimer zuwarf, sagte sie rasch:

Ich bring auch einen Deckel dazu, und ich komm schon jeden Tag zum Ausleeren, keine Sorge. Und ich bring dir auch Bücher, bei Tag ists halbwegs hell, und hier hast du eine Taschenlampe, ich bring dir auch zu essen, und jeden zweiten Abend ist mein

Mann fort, dann hol ich dich. Übermorgen richt ich dir ein Bad, heut ists zu spät dazu. Sollst es gut bei mir haben, mein Gott, ja, so gut es geht, wie die Sache nun einmal steht. Aber jedenfalls findet dich hier keiner, hier bist du sicher, mein Kleiner.

Er schaute sie stumm an, während sie sprach, dann schüttelte er den Kopf und sah dabei aus wie ein Erwachsener, der sich kindische Reden eines kleinen Mädchens anhören muß, und dann sagte er leise, aber bitter weit über seine Jahre hinaus:

Sie sollten das besser nicht tun. Sie wissen doch genau, woher ich komme.

Ja, sagte sie, das kann ich mir denken. Aber das alles laß meine Sorge sein. Bleib du nur hier. Eines Tages … Sie unterbrach sich erschrocken, dann aber fuhr sie fort: Ach, mit dir darf ich ja reden, zu dir darf ich so was sagen; eines Tages, weißt du, ist das alles vorbei, wir müssen nur Geduld haben, warten, ganz still sein, du und ich. Und jetzt schlaf, schlaf, mußt keine Angst mehr haben. Sie kauerte sich neben sein Lager und sagte: Keine Angst haben, keine Angst …

Sie murmelte es wie ein Wiegenlied, und der Kleine schlief dabei ein. Dann stieg sie eilends hinunter, spülte den Teller ab, aus dem der Kleine gegessen hatte, leuchtete mit der Taschenlampe die feuchte Erde vor dem Fenster ab, ob nicht Fußspuren kleiner Schuhe geblieben waren, und setzte sich dann, die Wollstrümpfe ihres Mannes stopfend, an den Herd.

Kurze Zeit später hörte sie sein Motorrad, sie kannte es am Knattern, er kam vom Dienst, er war bei der SA. Sie ging ihm, wie immer, an die Haustür entgegen. Er war bedrückt, sie fühlte es sofort, und ihr Herz klopfte.

Hast du Ärger? fragte sie, aber er gab keine Antwort. Sie stellte ihm sein Bier auf den Tisch. Er rührte es nicht an. Sie stopfte Strümpfe und wartete, bis er sprechen würde, sie kannte ihn lange genug. Aber diesmal sprach er erst im Bett, als sie ihren Arm um ihn legte und er ihre Wärme spürte.

Jetzt haben sie den Doktor Fleckenstein auch …

Was haben sie?

Er sprach nicht weiter.

Fleckenstein? fragte sie, der Armendoktor? Was ist mit dem?

Hast du gewußt, daß der auch Jud ist?

Nein, sagte sie, aber was ist mit ihm?

Er gab keine Antwort.

Haben sie ihn auch umgebracht?

Er setzte sich mit einem Ruck hoch. Umgebracht? Wieso umgebracht? Und wer ›sie‹? Und wieso ›auch‹? Was redest du da?

Sie versuchte ihn sanft zurückzuziehen. Komm, sagte sie, darüber brauchen wir nicht zu reden.

Er blieb eigensinnig aufrecht sitzen und schüttelte

ihre Arme ab. Was geht das alles dich an, murmelte er.

Was es mich angeht? Wenns dich angeht, gehts doch wohl auch mich an. Also, sie haben den Fleckenstein erledigt. Umgebracht oder ins Lager geschickt.

Lager, Lager, was redest du da! Was weißt denn du?

Soviel wie du, sagte sie. Und jetzt leg dich endlich wieder hin, bist ja eiskalt.

Aber er legte sich noch immer nicht. Du, rief er, wenn du den Vortrag vom Gauleiter gehört hättest, was der alles gesagt hat, was die Juden unserm Volke angetan haben …

So, sagte sie, davon versteh ich nichts. Aber der Doktor Fleckenstein hat fast nie Rechnungen geschickt, den Armen nicht.

Ausnahme, murmelte er, und sie merkte, wie hilflos er war. Sie seufzte.

Wenn du bloß die Hände davon lassen könntest.

Wovon?

Von der Politik. Von dieser da, meine ich.

Aber …

Sie verschloß ihm den Mund mit der Hand. Du, sagte sie, ich weiß, daß dir nicht wohl ist bei alledem. Mir brauchst du nichts zu erzählen.

Er stieß ihre Hände weg. Wie du redest!

Sie lachte: Wie eine Volksfeindin.

Verdammt, ja. Wenn man dich so hört, könnte man meinen, du hältst es mit denen.

Mit wem?

Mit den Juden und Kommunisten.

Und Pfaffen, sagte sie und lachte. Geh, du redest wie ein Papagei. Komm jetzt endlich und schlaf.

Während er sich zu ihr legte, murmelte er: Wenn ich nur wüßte, Hinkela … Ich durchschau's noch nicht, das alles … Plötzlich fuhr er wieder hoch: Du, eines sag ich dir: ich bin bei der SA, ich hab den Treueid geschworen, ich gehöre nun mal zu ihnen, und du bist meine Frau und gehörst zu mir, verstehst du?

Endlich brachte sie ihn dazu, mit ihr zu schlafen, und er wunderte sich, daß sie, nach langer Zeit, es so dringend wollte und so leidenschaftlich dabei war. Als er eingeschlafen war, rückte sie von ihm ab, setzte sich hoch und lauschte lange nach oben. Es war nichts zu hören. Schließlich legte sie sich wieder hin und zog die Decke über ihren Kopf. Nach dieser Nacht redeten sie nicht mehr über so schwierige Fragen.

Der Kleine verhielt sich mäuschenstill, so daß sie manchmal, wenn ihr Mann in der Werkstatt war, die Stiege hinaufschlich, um nachzusehen, ob die Kammer nicht etwa leer sei. Aber er lag stets im Bett und las. Sie hatte ihm zuerst alle Bücher, die sie noch von ihrer Kinder- und Mädchenzeit her besaß, gebracht, aber er sagte, er wolle richtige Bücher und er nannte ihr Namen, die sie noch nie gehört hatte: Goethe, Schiller zum Beispiel. Sie wurde eifrige Benutzerin der städtischen Leihbücherei, in die sie vorher nie einen Fuß gesetzt hatte. An den Abenden, an denen ihr Mann SA-Dienst hatte, holte sie den Kleinen, dem sie einen Anzug und einen Mantel genäht hatte aus alten Kleidern, und sie führte ihn in der Dunkelheit im Garten spazieren wie ein Hündchen, das Bewegung braucht, manchmal sogar weiter hinaus, über die Felder, auf denen sie keinem Menschen begegneten zu dieser Stunde; später saßen sie neben dem Herd, und er las ihr vor, während sie strickte, und allmählich bekam sie Geschmack an dem, was er las; während der Wintermonate lernte sie auf diese Weise ›Die Jungfrau von Orleans‹ kennen und den ›Götz von Berlichingen‹, und sie regte sich sehr auf über die Ungerechtigkeiten in der Welt. Der Kleine nahm sie gelassener hin.

Ihm waren mittlerweile Augenbrauen und Haare nachgewachsen, spärlich erst, aber immerhin war sein Schädelchen jetzt dunkel und das Gesicht nicht mehr furchterregend. Nur das rote Mal auf der Stirn, das blieb. Sie wußte jetzt seinen richtigen Namen, aber sie nannte ihn beharrlich Stephan. Er nannte sie Hinkela, weil sie es so wollte.

Sie waren beinahe glücklich miteinander. Nicht öfters als zweimal in drei Monaten wurden sie durch unvermutete Besuche erschreckt: einmal kam spätabends eine ihrer Nichten, die irgendetwas entlehnte, sie ging gleich wieder, das andre Mal war es eine Nachbarin, die blieb länger, so lang, daß Hinkela auf glühenden Kohlen saß, denn der Kleine war in der Speisekammer versteckt, und dort war es eiskalt, Licht durfte er auch nicht machen, und er konnte hören, was in der Küche gesprochen wurde, das war nicht gut für seine Ohren. Die Nachbarin nämlich erzählte, daß man in den Flußauen die Leiche einer Frau gefunden habe, nur Haut und Knochen, verhungert wahrscheinlich, und einer von der Polizei habe sie erkannt. Hinkela schürte geräuschvoll das Feuer nach, sie klapperte mit Herdringen und Schürhaken und sagte: Still, still, ich mag so was nicht hören.

Ja, ja, sagte die Nachbarin, es ist besser, nicht über so was zu reden.

Endlich ging sie, und schon war ein Motorrad zu hören, der Schreiner kam nach Hause.

Hinkela hatte eben noch Zeit, den halberfrorenen Kleinen aus dem Versteck zu holen und ins Bett zu schicken, da kam ihr Mann auch schon zur Tür herein. Er roch nach Schnaps und Bier und war laut, er warf die Stiefel in eine Ecke und pfiff falsch, er war betrunken, das hatte Hinkela noch nie erlebt, in ihrer ganzen Ehe nicht. Sie zog sich erschrocken auf ihren Platz am Herd zurück und stopfte weiter

Strümpfe und beobachtete ihn aus den Augenwinkeln. Er ließ sich am Tisch nieder, stützte seinen Kopf mit den Fäusten und brütete vor sich hin und machte keine Miene, ins Bett zu gehen. Hinkela wartete. Sie fragte nichts. Sie tat, als wäre alles wie immer und ganz in Ordnung. Als er eine halbe Stunde so gesessen hatte, gähnte sie laut. Sie hoffte, er würde es hören. Aber er schwieg weiter. Sie gähnte noch einmal und lauter.

Da sagte er: Geh ins Bett. Ich komm dann schon.

Aber jetzt war sie es, die schwieg. Sie konnte gut warten. Allmählich wurde er nüchtern. Mach mir einen starken Kaffee, murmelte er. Sie tat es, ohne etwas zu fragen. Noch nie hatte er um diese Zeit, so spät noch, Kaffee gewollt. Er trank ihn, so heiß er war, in einem Zuge aus. So, sagte er, jetzt ist mir besser.

Sie fragte immer noch nichts, aber er legte seinen Arm um ihre Hüfte. Hinkela, sagte er, ich kanns fast nimmer mitmachen, was sie tun. Heut hab ich Dienst am Bahnhof gehabt, da hab ich gesehen, wie man sie fortgebracht hat, du weißt schon wen. In Viehwagen. Der Apotheker Siegel war auch dabei mit seiner Frau und der Schwiegermutter.

Der Siegel? rief Hinkela. Aber ist denn der ein Jud?

Hinkela, ich weiß nimmer, was recht und was unrecht ist. Mir grausts. Aber wenn ich daran denke, wie der Viehhändler, der Jud Finkel, meinen Vater hereingelegt hat, dann glaub ich doch, was sie sagen. Wie im Kleinen, so im Großen.

Geh, sagte Hinkela, als ob die christlichen Viehhändler besser wären. Viehhändler ist Viehhändler, ob Jud ob Christ. Aber wenn du nimmer mitmachen magst, dann tritt halt aus.

Tritt aus, tritt aus, das sagt sich leicht, aber das kann man doch nicht, das ist es ja, verstehst du denn nicht, da kann ich gleich hingehen zum Obersturmführer und die Uniform hinschmeißen: da habt ihr euern Dreck, ich bin dagegen, führt mich auch ab mit denen. Nein, Hinkela, das geht nicht. Und ich wills auch nicht, verstehst du, ich wills nicht. Ich hab einmal ja gesagt, jetzt bleib ich dabei. Und vielleicht haben sie doch recht und es ist nötig.

Was? Was ist nötig?

Er stand auf. Jetzt hab ich lauter dummes Zeug geschwätzt. Besoffen war ich. Ist schon vorbei. Bin wieder in Ordnung. Gehn wir schlafen.

Hinkela wagte nichts mehr zu sagen, sie seufzte nicht einmal, aber sie legte sich in dieser Nacht nicht zu ihm.

Ein paar Tage später bekam Hinkela einen großen Schrecken, als ihr Mann sich plötzlich erinnerte, daß irgendwo unterm Dach, in Zeitungspapier eingeschlagen und mit Mottenkugeln belegt, eine warme Wolljacke sein mußte; es fror ihn abends, wenn er Dienst im Freien hatte.

Hinkela sprang sofort auf. Ich hol sie dir.

Er wollte es selber tun: Ich weiß doch, wo sie ist, hab sie ja selber in den Verschlag gebracht.

Nein, rief Hinkela, ich hab aufgeräumt da oben, da ist sie nicht mehr, sie ist … ach, bis ich dirs erklär, hol ich sie gleich selber. Und schon flog sie die Stiege hinauf. Das Paket mit der Jacke war in dem Verschlag, hinter dem Lager des Kleinen. Am selben Abend noch brachte sie an der Tür zu diesem Verschlag ein Vorhängeschloß an, und innen auch noch einen Riegel, für alle Fälle. Sie verabredete mit dem Kleinen, daß er nur dann öffnen dürfe, wenn sie wie eine Katze schrie.

Aber wenn man das Schloß mit Gewalt abreißt und wenn der Riegel nicht hält? fragte sie sich selbst. Du, Stephan, sagte sie, wenn, was Gott verhüte, aber wenn einmal jemand andrer als ich an der Tür herummacht und wenn du fürchten mußt, daß die Tür aufspringt, dann … Sie deutete auf die Dachluke. Da kannst du ganz leicht durch. Draußen reichst du mit den Füßen bis zur Dachrinne. Da kannst du dich schon eine Weile halten, da sieht dich niemand, da ist der große Kiefernast. Vergiß aber nicht, die Dachluke hinter dir zuzumachen, und damit du sie von außen wieder aufbringst, steckst du ein Hölzchen dazwischen. Hast du verstanden?

Ja, sagte der Kleine, aber das hilft nichts.

Warum nicht?

Alles hier wird mich verraten.

Du hast recht, sagte Hinkela, und auch nicht recht. Man wird merken, daß da wer wohnt, aber deswegen weiß man noch lange nicht wer.

Der Kleine schwieg, aber er lächelte nachsichtig.

Als sie am nächsten Abend vor seiner Tür miaute, dauerte es ein wenig länger, als sie erwartete, bis er den Riegel zurückschob. Die Kammer war aufgeräumt, das Bett nicht mehr da.

Probealarm, sagte der Kleine, ohne zu lächeln. Er hatte eine alte Kommode unter die Dachschräge geschoben, so daß dahinter ein Hohlraum entstand, in dem er das Bett auf eins-zwei-drei verschwinden lassen konnte.

Hinkela fuhr ihm über das struppig nachwachsende Haar. Gott verhüte, sagte sie, daß du es einmal im Ernst tun mußt.

Es vergingen drei, vier, fünf Monate, und nichts Böses ereignete sich. Hinkela hatte nicht einmal mehr Angst. War so lange alles gutgegangen, würde es auch weiterhin gutgehen. Wie lange, das zu fragen hatte sie aufgegeben. Der Kleine hatte sich erholt, und Hinkela sagte, er dürfe nicht noch dicker werden, sonst passe er nicht mehr durch die Fensterluke; sie lachten. Er hatte sich still und schmiegsam an seine Lage gewöhnt, und er las und las und teilte mit Hinkela, was er lernte und dachte.

Es kam der Sommer, und in dem winzigen Verschlag unmittelbar unter dem Dach wurde es schier unerträglich heiß. Darum ließ der Kleine, wenn er den Schreiner in der Werkstatt arbeiten hörte, die Türe offen, um Durchzug zu bekommen. Auch nachts schlief er bei offener Tür. Wer auch sollte kommen, um nachzuschauen. Und doch kam eines Nachts jemand.

Hinkela war am Nachmittag zu ihrer Schwester geholt worden, die ihr siebtes Kind zur Welt brachte. Das Kind war geboren, aber Hinkela sollte danach noch die Nacht über dort bleiben. Der Schreiner war es nicht gewohnt, allein im Bett zu liegen, er konnte nicht schlafen. Er suchte etwas zu lesen, aber er fand nichts. Da fielen ihm die alten Zeitungen ein, die er im Dachverschlag aufbewahrte. So stand er auf und ging die Stiege hinauf. Es war zu spät für den schlaftrunkenen Kleinen, die Tür zu schließen, und auch zu spät, durch die Dachluke zu schlüpfen. So blieb er denn liegen, er zog nicht einmal die Decke über den Kopf. Mit weit offenen Augen schaute er dem Mann entgegen, der da, im Hemd, mit einer Taschenlampe in den Verschlag leuchtete. Für den Schreiner war es allzu überraschend, was er da sah, so daß er eine ganze Weile nichts tat, er blieb einfach stehen. Die beiden schauten sich an.

Endlich brachte der Schreiner den Mund auf: He

du, sagte er, was tust denn du da? Was bist denn du für einer?

Der Kleine schwieg, aber er setzte sich in seinem Bett hoch. Der Schreiner leuchtete ihm ins Gesicht, so daß er die Augen geblendet schloß. Ach so, sagte der Schreiner schließlich, ach so ist das. Er blieb noch eine Weile stehen, dann sagte er rauh: Schlaf weiter. Er vergaß, die Zeitungen mitzunehmen. Die ganze Nacht tat er kein Auge zu. Er wußte sich keinen Rat. Aber im Morgengrauen stand er auf, schrieb auf einen Zettel: ›Sag meiner Frau nichts‹, unterstrich das ›nichts‹ dreimal mit seinem dicken Schreinerbleistift, schlich die Stiege hinauf und legte den Zettel in den noch immer offenen Verschlag. Der Kleine sah es wohl, aber er rührte sich nicht.

Eine Woche schleppte der Schreiner das Geheimnis mit sich. Er schlief schlecht und stöhnte, und einmal redete er im Schlaf, und er sagte etwas von einem Kind, dann schrie er und wachte auf. Hinkela erschrak sehr.

Bist du krank?

Krank, sagte er, ja, krank von der Suppe, die du uns eingebrockt hast.

Ich versteh kein Wort. Wovon redest du bloß, Mann?

Er deutete mit dem Kopf nach oben. Hinkela setzte sich. Dann sagte sie: Soll ich ihn fortjagen? Er gab keine Antwort. Sie stellte sich neben ihn und rieb ihr Gesicht an seiner Schulter. Schau, sagte sie, wir haben kein Kind, und ich hätte so gern eins. Wen stört denn das da droben? Ich hätte dich herauslassen wollen aus der Geschichte. Aber jetzt, wo du es weißt, jetzt bist du mit drin, jetzt mußt du mir helfen, jetzt mußt du zu mir stehen.

Er schob sie ein wenig von sich weg. Zu dir stehen, rief er, was heißt denn das? Das heißt, dir und mir den Teufel an den Hals holen. Wie denkst du dir denn das? Wie soll denn das weitergehen?

So, sagte sie.

Was: so? So mit dem da droben versteckt jahrelang?

Ja, sagte Hinkela.

Er schaute sie an. Verrückt bist du.

Hilf mir, sagte sie.

Ja wie denn, wie denn? rief er. Weißt du denn, wer er ist? Ja, sagte sie. Dem Professor Frankenstein sein Jüngster. Die andern drei sind tot. Der Professor auch. Beim Synagogenbrand. Hörst du: alle verbrannt! Und die Frau Frankenstein, die hat man gefunden, tot, verhungert am Flusse. Und ich, ich hab den Buben gefunden, halb verhungert und halb erfroren. Wann? fragte er.

Ende November, sagte sie. So lang ist er schon bei uns. Und jetzt willst du ihn fortjagen?

Hab ich gesagt, ich wills? Aber sag mir jetzt du, was wir tun, wenn das eines Tages einer merkt. Ich bin bei der SA. Vergiß das nicht.

Grade deswegen! Das schützt uns doch. Keiner wird denken, daß wir so was tun. Sie rieb wieder ihren Kopf an seiner Schulter. Er duldete es.

Hinkela, Hinkela, sagte er, du holst uns den Tod ins Haus.

Aber geh, rief sie, was redest du: den Tod? Wenns doch keiner weiß.

Also gut. Aber ich, ich weiß auch nichts, verstehst du? Und daß er mir ja weiter da droben bleibt! Nicht daß du denkst, er könnte jetzt ungeniert im Haus herumgehen. Droben bleibt er, hörst du.

Aber ja, sagte sie, der bleibt schon droben. Hinkela hob sich auf die Zehenspitzen und gab ihm einen Kuß. Er nahm seine Mütze vom Haken und ging in die Werkstatt. Sie lief über die Stiege, miaute, die Tür ging auf.

Stephan, rief sie, er weiß es, mein Mann, aber du darfst bleiben. Jetzt ist alles gut. Aber woher weiß ers denn? Das hab ich ihn in der Aufregung gar nicht gefragt.

Er war da, sagte der Kleine ruhig.

Wann?

Vorige Woche.

Und du hast mir nichts davon erzählt?

Warum sollte ich. Es hätte Sie bloß aufgeregt. Und er hat mir auch verboten, es Ihnen zu sagen.

Ihr Männer, sagte Hinkela.

Zwei Monate danach, in den ersten Septembertagen, begann der Krieg; ein paar Wochen später wurde der Schreiner einberufen, und im Dezember marschierte er schon gegen Osten. Hinkela und der Kleine waren jetzt allein, aber das änderte gar nichts an ihren Gewohnheiten. Sie wurden eher noch vorsichtiger.

Aber eines Tages kam der erste Schrecken: zwei Männer von der Partei gingen von Haus zu Haus, um nachzuschauen, ob es einen sicheren Luftschutzkeller gab, und ordneten an, daß unterm Dach alles leicht Brennbare weggeräumt werde. ›Entrümpeln‹ nannte man das. Sie kamen unvermutet, stiegen in den Keller hinunter und unters Dach hinauf. Hinkela lief mit, plauderte und scherzte.

Und was ist da drinnen? fragte der eine Mann.

Da? Nichts, gar nichts. Da ist schon lang nichts mehr drin. Mein Mann hat vor Jahren einmal abgesperrt und den Schlüssel verlegt oder verloren, was weiß ich. Aber wir brauchen ihn ja nicht, weil nichts drinnen ist.

Als die Männer fort waren, mußte sie sich hinsetzen, ihr war schlecht. Als sie zu dem Kleinen hinaufstieg, zitterte sie immer noch.

Hinkela, sagte er ruhig, jetzt wird es Zeit, daß ich gehe.

Gehen, gehen, ja wohin denn gehen? rief Hinkela. Als ob es irgendeinen Fleck im ganzen Land gäb, wohin du gehen könntest. Nein, davon wird nimmer geredet. Wenn du wo sicher bist, dann hier.

Aber ein paar Wochen später kam der zweite Schrecken: einer der beiden Luftschutz-Warte, wie man sie hieß, stand eines Abends vor der Tür; einer allein. Ich muß Sie verwarnen, sagte er, da droben ist Licht.

Wo droben? Aber kommen Sie doch herein, ist ja so kalt vor der Tür. Wo droben? Ach so, ich war grad in der Dachkammer, hab was gesucht, hab ich vielleicht das Licht brennen lassen? Ich schau gleich nach.

Sie flog die Stiege hinauf. Ja wirklich, rief sie von oben, ich hab vergessen auszuschalten.

Und was ist mit der Verdunkelung? fragte der Mann streng.

Hinkela senkte schuldbewußt den Kopf. Ich habe gedacht, wenn dort nie jemand da droben ist, da braucht es das nicht.

So, sagte er, Sie haben das gedacht. Und da sehen Sie, daß Sie falsch gedacht haben. Wenn nun feindliche Flieger gekommen wären und hätten das Licht gesehen, da hätten sie ein schönes Ziel gehabt, und Sie hätten eine ganze Stadt verraten; begreifen Sie jetzt, daß auch da droben verdunkelt sein muß? Ich wills diesmal noch nicht melden, aber ich komme nächste Woche wieder und kontrolliere.

Als er fort war, eilte sie zu Stephan. Du, sagte sie,

daß du mir nachts kein Licht mehr machst. Einer vom Luftschutz war da. Er hats gesehen.

Hinkela, sagte er, wenn Sie es doch glauben wollten: es ist besser, ich geh fort.

So, sagte sie, du willst fort. Und ich? Ich bleib mutterseelenallein. Was hab ich denn, wenn ich dich nimmer hab? Nein, mein Kleiner, wir zwei, wir bleiben beieinander, was auch kommen mag.

Danach ging es lange gut, und Hinkela vergaß den Schrecken. Sie wagte es sogar, untertags für ein paar Stunden fortzugehen, um Bahnhofsdienst zu machen; wenn Züge mit Soldaten kamen, schenkte sie ihnen Kaffee ein aus einer großen Blechkanne, und alle freuten sich, weil sie so lustig hinkte und lachte. Aber nach Ostern lachte sie nicht mehr: ihr Mann war gefallen in Polen. Als sie den Brief bekommen hatte, auf dem Rand ›Gefallen für Groß-Deutschland‹, und als sie ihn gelesen hatte, blieb sie lange Zeit still sitzen, dann ging sie zu dem Kleinen.

Lies, sagte sie.

Als er gelesen hatte, schauten sie sich an. Ja, sagte Hinkela, so ist das. Jetzt hab ich nur mehr dich. Wenn du nicht wärst, hätte ich gar nichts mehr.

Nach diesem Tage ging das Leben weiter, weil es weitergehen mußte; aber es ging nicht mehr lange weiter, nicht mehr so; denn: eines Tages kam Hinkelas Schwager, der auch Soldat, Feldwebel, war, in Urlaub, und bei ihm zu Hause war das Kleinste krank, es schrie Tag und Nacht, und der Mann hielt das nicht aus, konnte nicht schlafen, kam also zu Hinkela und bat um ein Nachtquartier, sie habe doch die Dachkammer leer. Ja, sagte Hinkela rasch, da schlafe jetzt sie, seit ihr Mann tot sei, und der Schwager könne das Schlafzimmer unten benutzen.

Vierzehn Tage dauerte der Urlaub, dreizehn Nächte lang schlief der Feldwebel in Hinkelas Haus und merkte nichts. Die letzte Nacht wollte er wieder daheim und bei seiner Frau verbringen. Er hatte von Hinkela schon Abschied genommen, schon am Morgen, und so war denn kein Grund da, daß der Kleine den Abend nicht unten in der Küche sitzen und Hinkela vorlesen sollte. Wer konnte vermuten, daß der Feldwebel seinen Rasierapparat hatte liegenlassen irgendwo, wo Hinkela ihn übersah, und nun, spätabends, kommen würde, ihn zu holen? Er kam. Der Kleine konnte gerade noch in der Speisekammer verschwinden.

Mit wem hast du denn gesprochen? fragte der Feldwebel.

Ich? Mit wem sollte ich reden? Das Radio hat gesprochen.

Mehr wurde darüber nicht gesagt, und der Feldwebel war schon an der Haustür, da hustete der Kleine, er war erkältet; er hustete in sein Taschentuch, unterdrückte den Husten, aber der Feldwebel blieb stehen.

Da ist doch wer, sagte er.

Hinkela wiegte sich in den Hüften. Warum sollte da nicht wer sein? fragte sie schnippisch.

Der Feldwebel schaute sie schief an. So eine also bist du?

Ja, so eine bin ich.

Na, sagte der Feldwebel, dein Mann ist noch kein halbes Jahr tot, und du tröstest dich schon.

Ja, ich tröste mich, sagte Hinkela. Und du, gib nur acht da draußen, daß meine Schwester nicht auch Witwe wird und sich trösten muß.

Der Feldwebel schüttelte den Kopf. Wie du redest!

Eine halbe Stunde später war es Hinkela, als hörte sie im Garten ein Geräusch. Sie ging hinaus und leuchtete mit der Taschenlampe den Boden vor dem Küchenfenster ab.

Da waren Spuren von Männerstiefeln. Sie verschwieg es dem Kleinen, aber sie ließ ihn nun des Abends nicht mehr in die Küche kommen. Er begriff, und er sagte nichts.

Eine Woche, nachdem der Feldwebel abgefahren war, frontwärts nach Osten, standen eines Vormittags zwei Männer vor dem Haus, Männer in Zivil. Sie sagten, daß sie die Verdunkelungs-Vorrichtungen und Luftschutzkeller kontrollieren müßten.

Es waren schon zwei da, die alles kontrolliert haben, sagte Hinkela und stellte sich auf die Schwelle.

Da zog der eine seinen Ausweis aus der Tasche. Geheime Staatspolizei.

Ja dann, sagte Hinkela, bittschön. Sie gab die Schwelle frei. Der eine ging ins Haus, der andere in den Garten. Hinkela blieb im Hausflur stehen. Der Polizist hatte zuerst den Keller durchsucht, dann das Erdgeschoß, und zuletzt stieg er hinauf unter das Dach. Hinkela hörte, wie er an der Tür des Verschlags rüttelte. Sie, rief er hinunter, Sie, kommen Sie herauf, sperren Sie da auf.

Hinkela stieg langsam, ihr Bein nachschleppend, zu ihm hinauf.

Ich hab keinen Schlüssel, sagte sie, da hat mein Mann einmal abgesperrt und den Schlüssel mitgenommen, weil er immer Angst gehabt hat, jemand nähme ihm seine alten Zeitungen weg, er hat nämlich, wissen Sie, alle Jahrgänge des ›Völkischen Beobachters‹ gesammelt seit 1933. Sie waren ihm wichtig. Jetzt liegt der Schlüssel mit ihm in der Erde. In Polen. Ich laß das alles so, wie es ist.

Aufmachen, sagte der Polizist.

Ja wie denn? fragte Hinkela. Wie denn ohne Schlüssel?

Bringen Sie eine Beißzange und ein Stemmeisen, sagte er, und als sie zögerte, schrie er: Aber sofort, verstanden?

Sie hinkte langsam die Stiege hinunter und in die Werkstatt. Auf dem Weg über den Hof sah sie den

Kleinen auf dem Dach liegen. Den zweiten Polizisten sah sie nicht.

Als sie mit dem Werkzeug wiederkam, hatte der Mann das Schloß schon abgerissen. Aber die Tür ging nicht auf. Was ist das? schrie er, warum geht die Tür nicht auf?

Hinkela zuckte die Achseln. Sie klemmt halt.

Ein Beil! rief der Mann. Sie hinkte die Stiege hinunter und holte das Beil. Der Mann schlug auf das Holz ein, die Bretter fielen auseinander. Die Kammer war leer. Hinkela schaute den Mann freundlich an, eine Schulter hochgezogen. In diesem Augenblick hörte sie den anderen Polizisten im Garten schreien: Runter mit dir, oder ich schieße.

Hinkela flog die Stiege hinunter, der Polizist hinter ihr her. Da standen sie nun und sahen den Kleinen droben am Dach hängen.

Eine Leiter, schrie der Polizist.

Hinkela rührte sich nicht.

Komm sofort herunter, schrie der andere. Aber das war ein Befehl, dem der Kleine nicht folgen konnte ohne Leiter. Dann aber sahen sie, wie er das Sims losließ und auf der alten rostigen Dachrinne stand, einen Ast der Kiefer ergriff und sich daran hängte. Die Polizisten griffen nach ihm und holten ihn herunter. Er stand blaß und ruhig zwischen ihnen.

Aha, sagte der eine Polizist, da haben wir den Vogel. Und Sie da, wie kommen Sie zu dem Kind?

Das, sagte Hinkela, ist das meine.

Das Ihre? Sie haben nie ein Kind geboren.

Doch, geheim, sagte Hinkela.

Aber das da, das ist doch ein Judenbankert, rief der Polizist, das sieht man doch. Wie kommen Sie zu dem Kind, frag ich Sie.

Es ist das meine, wiederholte Hinkela.

Frau, rief der andere Polizist, ich hab Ihren Mann gekannt. Sie waren ihm doch treu.

Aber, sagte Hinkela, das da ist mein Kind, und es ist nicht von ihm.

Von einem Juden also?

Hinkela schwieg, aber sie ging auf den Kleinen zu und legte ihren Arm um ihn. Sei still, sag nichts, flüsterte sie ihm rasch zu.

Die Polizisten sahen sich an. Abführen, sagte der eine.

Der andere schüttelte bekümmert den Kopf. Wenn das Ihr Mann gewußt hätte.

Er hat es gewußt, sagte Hinkela, immer schon hat er es gewußt.

Was? rief der Polizist, er hats gewußt und nicht gemeldet?

Abführen, sagte der andere.

Sie sperrten das Haus ab und drängten Hinkela und den Kleinen in das vergitterte Auto. Man brachte sie ins Gefängnis, und es war ein Wunder, daß man sie nicht trennte.

Beim Verhör, das noch am selben Tage stattfand, erfuhr die Staatspolizei nichts weiter, als was Hinkela bereits ausgesagt hatte. Plötzlich sagte der SS-Mann, der das Protokoll aufnahm:

Aber der Bankert da, der sieht mir ganz so aus, als wäre er einer von den Frankensteins.

Ja, wirklich, rief der andere, das ist ein Judenbankert. Ist denn das Rattennest nicht ausgeräuchert worden?

Scheint nicht. Die Alte ist ja auch entkommen. Man hat sie doch gefunden, halb verfault am Fluß.

Der Kleine zitterte, aber er blieb standhaft; Hinkelas Hand hielt ihn.

Also, wie ist das nun: wollen Sie ein Geständnis ablegen oder nicht? Die Sache ist klar: Sie haben den Bankert bei sich versteckt, eineinhalb Jahre, obwohl Sie wußten, daß er ein Jud ist. Das bedeutet Widerstand gegen die Staatsgewalt. Verstehen Sie?

Hinkela sagte kein Wort. Sie hielt den Kleinen fest an der Hand und schaute geradeaus zur Wand hin.

Die Männer redeten eine Weile leise miteinander, und Hinkela hörte nur das eine und andre Wort, aber als sie diese Wörter aneinanderreihte, da wußte sie, was geschehen würde.

In der nämlichen Nacht noch ging ein Transport irgendwohin. Wohin er gehen sollte, hat Hinkela nicht mehr erfahren. Als sie eine Nacht und einen

Tag in einer Ecke des Viehwagens verbracht hatten, stumm und hungernd und durstig, aber eng beieinander, sie und der Kleine, und als es wieder dunkel wurde, blieb der Zug auf freiem Felde stehen. Er blieb so plötzlich stehen, daß die Menschen in dem Wagen heftig nach rückwärts gestoßen wurden. Ein Zugunglück, sagte jemand. Aber da hörten sie das Brummen der Bomber, es war dicht über ihren Köpfen, und sie hörten auch Einschläge weiter vorne. Idioten, schrie jemand im Wagen, solche Idioten, diese Engländer. Auf uns schmeißen sie Bomben, auf uns! Eine Frau sagte laut: Besser jetzt tot als auf den Tod warten müssen, dort. Und dann ging alles unter in einem großen Krachen, das sie taub und stumm machte.

Als Hinkela zu sich kam, waren die andern dabei, Bretter aus dem brennenden Wagen zu schlagen, und schließlich sprangen sie hinaus, einer nach dem andern, blindlings und wahnsinnig vor Angst. Auch Hinkela sprang, den Kleinen nachziehend. Sie stürzten auf den Bahndamm. Der Zug brannte. Graue Schatten rannten über die Felder in die Nacht hinein. Andere Schatten schossen nach ihnen.

Lauf, Stephan, lauf, rief Hinkela. Mach dich klein, kriech zuerst, dann lauf.

Der Kleine tat ein paar unschlüssige Sprünge vorwärts, dann kehrte er zurück.

Und du? rief er. Komm, komm!

Ich kann doch nicht, sagte Hinkela, du weißt doch: mein Fuß. Mit dem komm ich nicht weit. Ist ja auch gleich. Aber du, lauf, mein Bub, lauf um dein Leben. Gott wird dich schützen.

Nein, sagte der Kleine, nein. Ich bleib bei dir.

Hinkela wollte etwas erwidern, aber das konnte sie nicht mehr, denn eine der Wachen, die blindlings ins Dunkle schossen, traf sie mit einem Revolverschuß, und der zweite traf den Kleinen, aber nur am Bein, und er blieb liegen und verblutete; das dauerte lange.

Ein paar Tage später fanden ihn Bauern, die neugierig und ängstlich sich dem ausgebrannten und verlassenen Zug näherten; sie wollten das Kind nach Hause nehmen, aber es starb schon auf dem Hinweg, dreißig Kilometer vor Auschwitz.

Munjo, der Dichter

Er saß auf den Stufen des Stadtbrunnens und fuhr mit dem Finger die Buchstaben der Inschrift am Sockel nach. So fand ihn der junge Lehrer, der, weil er lungenkrank gewesen, nicht in den Krieg gemußt hatte und darum weder totgeschossen noch in Gefangenschaft geraten und also einer der wenigen Männer war, die in jenem ersten Sommer nach dem Zweiten Weltkrieg in der Stadt lebten. Das Schulhaus war zerbombt, und an Schulehalten war noch nicht zu denken, doch ging der Lehrer herum und suchte sich die Kinder zusammen. Den Jungen, der da am Brunnen saß, kannte er nicht. Er war keiner aus der Stadt. Was für einer war das überhaupt. Dreckig war er und zerlumpt und sehr mager. Das war damals nichts Besonderes. Es gab viele solche, die herumstrichen, elternlos und nirgendwo hingehörend. Sie waren mit den amerikanischen Soldaten gekommen, von irgendwoher, von den gutmütigen Amis geduldet und gefüttert, besonders wenn sie sagten, ihre Eltern seien im KZ umgekommen. Was oft, aber nicht immer stimmte, doch war immer nützlich, es zu sagen. Als die Amis weiterzogen, liefen die Kinder mit ihnen. Dieser da aber war geblieben. Der Lehrer schaute ihm eine Weile zu, wie er mit dem Finger die steinernen Buchstaben nachzeichnete, dann sagte er: Kannst du das lesen? Der Junge schaute zu ihm auf. Der Lehrer sah, daß das Dunkelbraun der Haut nicht vom Schmutz kam. Sprichst du Deutsch? fragte der Lehrer. Der Junge schwieg.

Verstehst du mich überhaupt? fragte der Lehrer.

Der Junge bewegte den Kopf, und das konnte so gut »ja« wie »nein« heißen. Der Lehrer nahm es für ein Ja und fragte weiter: Wo sind denn deine Eltern?

Eine Handbewegung, die hieß: weit fort. Dann wurde er deutlich: er nahm ein Hölzchen vom Boden auf und legte es an wie ein Gewehr, dann zuckte er die Achseln und legte sich die Finger um den Hals, als wollte er das Erdrosseln oder Erhängen andeuten.

Du bist ganz allein? fragte der Lehrer.

Der Junge antwortete nicht.

Der Lehrer gab nicht auf. Wo wohnst du?

Wieder diese unbestimmte Handbewegung.

Willst du mit mir kommen? Ja? Komm!

Der Junge stand sofort auf. Erst schien es, als wolle er flüchten, aber dann folgte er dem Lehrer, wenn auch in einigem Abstand. Ein streunender Hund, der einen neuen Herrn gefunden hat. Er hatte wohl schon mehrere Herren gehabt. Er vertraute dem Zufall, und er hatte Hunger. Der Lehrer, der allein lebte in einer Ruine, gab ihm Brot und den Rest der Suppe. Der Junge verschlang alles im Handumdrehen. Dann zog er eine Zigarette aus der Hosentasche, brach sie geschickt in zwei Teile und gab die Hälfte dem Lehrer, der verwundert sagte: Aber du bist doch zu jung fürs Rauchen, wie alt bist du überhaupt? Der Junge zeigte ihm beide Hände und dann noch zwei Finger eigens. Dann holte er die Zündholzschachtel vom Herd und zündete erst dem Lehrer, dann sich selber die Zigarette an. Wie er das tat, ließ den Lehrer denken, daß das kein gewöhnlicher Gassenjunge war, und er überlegte, wie der Kleine aussehen würde, wäre er sauber gewaschen und nicht in Lumpen. Aber irgendetwas hielt ihn davon ab, dem Jungen zu sagen, er sei schmutzig. Vielleicht, wenn man ihm saubere Wäsche und ein sauberes Hemd hinlegte, vielleicht käme er selber drauf, sich zu waschen. Woher aber saubere Kleidung nehmen. Niemand hatte mehr als das, was er auf dem Leib trug. Der Krieg hatte alles aufgefressen.

Aber der Lehrer hatte einen Einfall: er stellte ein Holzschaff mit Wasser in die Sonne, zog sich aus, stieg hinein und wusch sich. Der Junge schaute erstaunt zu, dann lachte er, denn er hatte begriffen. Er zog sich auch aus, und als der Lehrer herausstieg, tauchte er ins Wasser, das sofort schmutzig wurde. Er holte eine Handvoll Sand und rieb sich ab und tauchte wieder unter. Er hatte einen Heidenspaß. Als er endlich aus dem Schaff stieg, sah man, daß er eine schöne braune Haut hatte und blauschwarze Haare. Ehe er sichs versah, hatte der Lehrer seine Kleider ins Wasser geworfen und begonnen sie zu waschen. Dem Jungen gab er ein Handtuch. Die Sache mit dem Waschen der Kleider gefiel dem Jungen nicht. Er versuchte sie dem Lehrer zu entreißen, als sie noch naß waren.

Hab keine Angst, du kriegst sie bald wieder, sie trocknen rasch, dann sind sie sauber, und du ziehst sie wieder an.

Der Junge blieb mißtrauisch stehen. Was der Lehrer tat, das war ein Eingriff in seine Freiheit, denn nackt war er dem Lehrer ausgeliefert, nackt konnte er nicht davonlaufen. Schließlich fügte er sich, wikkelte sich ins Handtuch und rollte sich zusammen wie ein Hund.

Der Lehrer hängte die Kleider über den Zaun. Eine Nachbarin sagte: Was für Lumpen hängen Sie da auf?

Ich würde gern was Besseres aufhängen, sagte der Lehrer, aber der Junge hat nichts andres und ich auch nicht.

Aber ich, sagte die Frau, und nach einer Weile brachte sie Hose und Hemd, beides etwas zu groß, aber noch gut. Die Hose kann man abschneiden, die Hemdärmel schlägt er hoch, so gehts. Aber was für ein Junge ist denn das?

Was weiß ich. Er versteht Deutsch, redet aber kein Wort, und seine Eltern hat man erschossen oder sonstwie umgebracht, das hat er mir gezeigt.

Ist er ein Negerkind?

Nein, er ist doch nicht schwarz, was denken Sie.

Na ja, wär auch nicht schlimm. Könnt ein Mischling sein. Soviel seh ich: eine fremde Rasse ist das. Sie, ich sag Ihnen was: das ist ein Zigeuner. Schauen Sie mal seine Haare an: wie Rabenfedern, schwarzblau. Das sind Zigeunerhaare.

Na, und?

Gar nix: und. Mich interessierts nur. Haben Sie genug zu essen für ihn? Na was frag ich. So ein Bub will essen.

Ich bring was.

Der Lehrer ging zu dem Jungen, der so tat, als ob er schlief, aber er blinzelte, er war wach.

Also, sagte der Lehrer, du hasts gehört. Und wo sind die Deinen?

Der Junge schüttelte den Kopf. Er tat es auf eine Art, die deutlich sagte: sie sind fort, weit fort, für immer.

Haben sie dich verloren?

Wieder dieses Kopfschütteln.

Bist du ihnen weggelaufen?

Kopfschütteln.

Was ist passiert?

Da zeichnete der Junge mit dem Finger etwas in den Sand. Es war ein vergitterter Eisenbahnwaggon, und hinter das Gitter zeichnete er viele kleine Kreise, die alle drei Punkte hatten: zwei für die Augen und einen für den Mund, und die Münder waren offen. Und vor den Waggon zeichnete er einen Pfeil.

Alle?

Der Junge nickte.

Also dann, sagte der Lehrer. Aber er wußte nicht recht, was er sagen sollte. Jetzt fielen ihm die Augen des Jungen auf, die waren sehr groß und hatten eine blaue Umrandung.

Er ist wirklich ein Zigeuner, dachte der Lehrer, und er dachte weiter: Wenn er ein Zigeuner ist, bleibt er mir nicht, dann ist er das Herumziehen gewöhnt, aber ohne seine Sippe, was kann er da tun. Ich muß warten, bis einmal irgendwo Zigeuner auftauchen. Die lassen keinen der Ihren im Stich. Bis ihn jemand abholt, muß er eben hierbleiben. Wenn er will. Das ist die Frage. Am besten, ich lasse ihn tun, was er will.

Er richtete dem Jungen ein Lager in seinem Zimmer, dem einzigen heilen Raum im Haus, und sagte nichts als: Wenn du willst, kannst du da schlafen.

Der Junge nickte, und es schien, als freue er sich.

Aber die sauberen Kleider zog er nicht an. Er wartete, bis seine alten Fetzen in der Sonne getrocknet waren, dann zog er sie an, und der Lehrer mußte sich gestehen, daß sie ihm besser standen als die neuen.

Soll er tun, was er will, dachte der Lehrer.

Einige Augenblicke später war der Junge fort.

Ist eben ein Zigeuner, dachte der Lehrer, und es tat ihm leid, daß der Junge fort war.

Aber am Abend war er wieder da, und er hatte in einer alten Blechdose Himbeeren gesammelt, die bot er dem Lehrer an und wollte davon nichts nehmen.

Und jetzt sagte er deutlich: Dir!

Du kannst also Deutsch!

Weniges.

Aus welchem Land kommst du?

Viele Land.

Welche Sprache hast du mit den Deinen gesprochen?

Roman.

Willst du gutes Deutsch lernen bei mir?

Er zuckte die Achseln. Vermutlich wußte er nicht, wie dieses Lernen vor sich gehen würde.

Warst du irgendwann in einer Schule?

Er schüttelte den Kopf und zugleich den Oberkörper, als schüttelte er etwas Lästiges ab. Er schien zu wissen, was eine Schule ist.

Laß nur, sagte der Lehrer; du brauchst mir nur zuzuhören, dann lernst du's von selber, so ganz nebenbei.

Am nächsten Tag sah er den Jungen vor seinem Bücherregal stehen und ein Buch herausziehen.

Was da drin? fragte er den Lehrer.

Das ist ein Geschichtsbuch.

Wie erklärt man einem Zigeuner, was deutsche Geschichte ist.

Also: du gehörst zu einem Volk, ich zu einem andern, jedes Volk hat vieles erlebt, seit es besteht, und das steht da drin.

Von uns?

Nein, von euch nicht. Ihr müßt selber so ein Buch haben.

Habt ihr eins?

Der Junge schüttelte den Kopf.

Der Lehrer sagte: Aber ihr kennt eure Geschichte. Die erzählt euch die Großmutter. Ist es so?

Ist so.

Der Lehrer hoffte, mehr von ihm zu erfahren über sein Volk, aber der Junge schwieg. Er nahm das nächste Buch aus dem Regal.

Und da drin?

Das ist die Bibel. Da steht drin, wie Gott die Erde erschaffen hat und die Menschen.

Und die Juden.

Was weißt du denn davon?

Wie Roma.

Er zeigte auf die Zeichnung des Eisenbahnwaggons, die noch nicht verwischt war, und er zeichnete neben den Pfeil einen zweiten, der in dieselbe Richtung zeigte und dann einen dritten, der nach Nordosten zeigte.

Der Lehrer fragte nichts. Es gab nichts zu fragen.

Aber der Junge hatte doch noch etwas zu sagen: er zeichnete ein Männchen in den Sand, das dem Zug nachlief, dann wischte er es aus und zeichnete ein kleineres, und wischte es wieder aus, und ein immer kleineres, und zuletzt wars nur mehr ein Punkt, und der Junge deutete auf sich selber und wischte den Waggon aus.

Du bist dem Zug nachgelaufen?

Er sagte nichts. Er nahm ein Buch aus dem Regal.

Da drin?

Lauter Geschichten für Kinder. Willst du sie lesen?

Der Junge stellte das Buch rasch wieder zurück.

Im nächsten Augenblick war er fort. Er hatte die Gabe, lautlos zu verschwinden.

Als er gegen Abend wiederkam, schwenkte er etwas wie eine Fahne. Es war ein totes Huhn.

Für Essen, sagte er und strahlte.

Um Gottes willen, wo hast du das gestohlen?!

Er wiederholte: Für Essen.

Aber sein strahlendes Lächeln verschwand.

Komm, sagte der Lehrer, wir gehen dorthin, wo du's genommen hast, und ich bezahle es. Man darf nicht stehlen.

Der Junge zeigte fünf Finger und sagte: Hat Frau, wir kein.

Ja, aber wir müssen bezahlen, wenn wir was nehmen.

Warum? Hat viele, wir kein.

Ach du, sagte der Lehrer, ach du. Zeig mir, wo du es genommen hast.

Weit. Jetzt braten.

Und schon begann er geschickt die Federn auszurupfen.

Der Lehrer war ratlos. So also durfte das nicht gehen. So konnte er den Jungen nicht behalten. »Zigeuner stehlen.« Frau hat fünf, wir keins. Das war eine Moral. Aber sie galt nicht in diesem Städtchen, wo er Lehrer war. Lehrer! Ein Lehrer noch ohne Schule und ohne Schüler, gut, aber immerhin, bald wird alles wieder in die rechte Ordnung kommen. Die rechte. Ist es die rechte? Frau hat fünf, wir keins. Ja schon, aber hör mal, die Frau hat das Kükken gekauft und aufgezogen und das Huhn gefüttert, sie, nicht wir, dafür müssen wir ihr Geld geben, Geld müssen wir ihr geben, hörst du?

Der Junge sagte nichts, er rupfte, daß Federn und Flaum flogen.

Gerade in diesem Augenblick kam die Nachbarin mit einem Wecken Brot.

Ah, sagte sie, da haben Sie ja schon was. Wo treibt man denn heutzutage ein Huhn auf? Kartoffeln sind auch rar.

Im Hinausgehen sagte sie leise zum Lehrer, aber

doch so, daß es der Junge hörte: Aber das soll der Bub nimmer tun, sonst heißt es immer gleich, wenn was fehlt: das hat der Zigeuner getan.

Wir bringen Ihnen nachher Hühnersuppe, sagte der Lehrer.

Aber es gab keine Suppe. Der Junge hob ein Loch im Garten aus, schichtete Holz hinein, zündete an, steckte einen Eisenstab durchs Huhn, wartete, bis Glut genug da war, legte den Spieß über zwei Astgabeln und briet das Huhn. Der Duft war weitum zu riechen, und schon kamen Kinder und standen herum, und einige halfen dann den Spieß drehen und konnten es nicht erwarten, bis man essen konnte. Es war eine lustige Gesellschaft, und nicht alle Kinder waren aus dem Ort, und nicht alle waren Deutsche, es gab zwei Negermischlinge und einen Polen und einen, der auch ein Zigeuner sein konnte, aber keiner war, sagte der, der einer war. Fast lauter Waisenkinder, Heimatlose, Streuner.

Der Junge, der jetzt allen sagte, er heiße Munjo, fühlte sich als stolzer Gastgeber. Niemand fragte, woher das Huhn kam. Alle stahlen in jener Zeit. Warum sollte Munjo nicht stehlen, fragte sich der Lehrer.

Aber Munjo stahl nicht mehr. Warum nicht. Vielleicht wollte er, als Lehrers Munjo, besser sein als die andern Kinder. Oder er wollte zeigen, daß nicht wahr ist, was man sagt: Zigeuner stehlen.

Bisweilen verschwand er für einige Tage, aber er brachte nichts Gestohlenes mit, sondern nur Pilze und Beeren, und einmal einen Igel. Aber den durfte er nicht braten auf Zigeunerart: in Lehm eingeschlagen und im Feuer gegart.

Laß ihn laufen, Munjo, er ist nützlich im Garten.

Munjo schüttelte eigensinnig den Kopf und wollte den Igel nicht freilassen. Da sagte der Lehrer nichts mehr, sondern ging einfach weg. Er wußte, daß der Junge ihn nicht verstehen konnte. Warum soll man den Igel nicht essen. Er ist gut zu essen. Nie erfuhr der Lehrer, ob ihn Munjo nicht irgendwo, weit weg, gebraten hatte. Er fragte nicht, und es wurde nie mehr darüber geredet.

Was das Reden überhaupt angeht, so wunderte sich der Lehrer, wie rasch Munjo Deutsch lernte, einfach durchs Hören.

Dem Lehrer machte das Freude, er war eben durch und durch ein Lehrer, und er war stolz auf seinen Schüler, der vorläufig noch der einzige war, denn die Schule wurde erst wieder aufgebaut, und viele Kinder waren noch nicht aus ihren Fluchtorten zurückgekehrt. Der Sommer ging hin, und der Lehrer konnte sich sein Leben nicht mehr ohne Munjo vorstellen.

Eines Tages trat eine Störung auf: es kam ein Mann in einer abgerissenen Soldaten-Uniform, an den Füßen keine Stiefel, sondern nur Sohlen aus Autoreifen geschnitten und mit Schnüren gebunden. Der Lehrer erkannte ihn zuerst nicht, und doch war es sein bester Freund, der aus der Kriegsgefangenschaft sich durchgeschlagen hatte, vom Balkan bis in dieses Städtchen, und er wollte noch weiter, nämlich heim.

Wer ist der Junge da?

Mein Sohn, sagte der Lehrer.

Aber geh, das ist kein Deutscher, das ist einer von da unten, diese Gesichter kenn ich. Das ist ein Roma, ein Zigeuner, der kann Ungarisch, wirst sehen. Paß mal auf.

Er rief den Jungen auf ungarisch, und Munjo antwortete auf ungarisch, vermischt mit fremden Brokken. Der Lehrer hörte mißtrauisch zu. Der Besucher erfuhr offensichtlich alles, was ihm Munjo nicht hatte erzählen können oder erzählen wollen. Wie gut sich die beiden unterhielten. Der Lehrer war wütend vor Eifersucht, aber er zeigte es nicht, und andrerseits hoffte er, nun auch alles über Munjo zu erfahren.

Ob es alles war, ist nicht festzustellen, vielleicht ja, vielleicht nein, vielleicht verschwieg der Soldat manches, vielleicht verschwieg Munjo etwas, oder er log einfach das Blaue vom Himmel herunter, wer weiß. Was der Lehrer erfuhr, war dann dies: Munjos Sippe stammte aus der Nähe von Budapest, der Vater war Musiker, alle Männer der Familie waren berühmte Musiker, und sie verdienten viel und waren angesehen; Herrenzigeuner waren sie, bis die Deutschen kamen, da flohen sie von Ort zu Ort, von Land zu Land, über Jugoslawien nach Italien, dort wurden sie gefangen und nach Deutschland transportiert, da entkamen sie, das heißt einige von ihnen, aber sie kamen dann doch ins Lager, nach Polen, nach Treblinka, oder so. Andre kamen nach Auschwitz, da mußten sie der SS aufspielen, und dann hörte man nichts mehr, nie mehr. Das wars. Weiter nichts. Und das war sicher nicht gelogen, höchstens die Sache mit der Berühmtheit, aber auch das konnte wahr sein. Gelogen war vielleicht, daß die Zigeuner der SS aufspielen mußten, denn woher sollte Munjo das wissen, aber möglich war auch das.

Also, sagte sich der Lehrer, wenn Munjo aus einer Musikerfamilie kommt, muß er auch begabt sein.

Singst du mir was vor, Munjo?

Munjo gab keine Antwort, er lief weg. Aber am Abend hörte er, wie er dem Soldaten etwas vorsang. Dem singt er vor, nicht mir, dachte der Lehrer, aber er dachte auch: Sie kennen beide Ungarn und kennen dieselbe Sprache. Aber er war froh, als der Freund bald weiterging, der Heimat zu. Als er weg war, war auch Munjo weg.

Zigeuner, dachte der Lehrer und machte einen dicken Strich unter das Kapitel. Aber am Abend war Munjo wieder da. Er hatte den Mann ein Stück weit begleitet.

Du, rief der Lehrer und packte Munjo am Arm, du, lauf mir nicht weg, hörst du?!

Der Junge schüttelte ihn ab und verschwand.

Es war schon dunkel, da hörte er aus dem Garten eine Flöte, so eine, wie Buben sie sich schnitzen aus Holz. Aber wie sie gespielt wurde, so spielte keiner aus dem Dorf. Jetzt spielt er für mich, dachte der Lehrer.

Mein Sohn, dachte er, mein Kind. Und er dachte, er wolle ihn adoptieren, eines Tages, vorausgesetzt, daß Munjo blieb. Er wird nicht bleiben, dachte er und spürte den Schmerz voraus. Aber es wurde Herbst, und Munjo war noch bei ihm und machte sich nützlich. Er war geschickt in allem. Er half den Maurern beim Schulhausbau, er reparierte eine Wasserleitung, er holte Reisig aus dem Wald, er hackte Holz, er verdiente Geld und er brachte es dem Lehrer, den er immer nur einfach Du nannte.

Eines Tages sah er im Wirtshaus, wohin er Holz trug, eine Geige. Er nahm sie und zupfte sie an und stimmte sie, und als sich dann der Bogen dazu fand, spielte er. Es war eine schlechte Geige, und der Bogen hatte die Hälfte der Haare verloren, aber Munjo spielte, und die Leute kamen und klatschten. Es stellte sich heraus, daß es noch eine andre Geige gab im Dorf, die herrenlos war und für die niemand sich interessierte. Das war eine gute Geige, und Munjo spielte. Wenn er nur nicht immer so traurige Sachen spielen würde, sagten die Leute. Sie sangen ihm Tanzmelodien vor, und er spielte sie nach, und auf einmal war er berühmt im Ort, und wenn man von ihm redete als dem »Zigeuner«, so wars kein Schimpfwort, sondern so was wie »unser Künstler«.

Er fand bald einen weiteren Beruf, er wurde sozusagen Bibliothekar. Der Lehrer hatte herausgefunden, daß die Bücher der Stadtbibliothek gar nicht mit dem Rathaus zerbombt und verbrannt waren, sondern, zum Teil wenigstens, im Keller des Pfarrhofs versteckt. Da holte man sie heraus. Der Pfarrer wollte sie in seinem Haus unterbringen, aber der Gemeinderat war dagegen. Er wollte keine Pfarrbibliothek daraus machen. Die Leute hatten etwas gegen den Pfarrer, der, als die Juden der Stadt abtransportiert wurden, hinter dem Vorhang des Fensters stand und zuschaute und kein Wort sagte. Freilich: auch die andern standen hinter ihren Vorhängen, schauten zu und sagten kein Wort. Aber das waren eben die andern, und vom Pfarrer hatten sie das Signal zum Protest erwartet, von ihm wollten sie sich Mut holen, und als er selber mutlos dastand, verloren sie ihren eigenen Mut, und das nahmen sie ihm übel noch nach Jahren.

Also: die Bücher bleiben nicht im Pfarrhof, die kommen ins neue Schulhaus.

Den Umzug überwachte der Lehrer, oder eigentlich war es Munjo, der die Bücher auf Schubkarren lud, Buch um Buch, als wären sie zerbrechliche Ware, und er lud sie so auch wieder ab und reichte eins ums andre dem Lehrer, der sie in Regale ordnete. Das war eine Arbeit für Wochen, denn der Lehrer hatte im Spätherbst mit der Schule begonnen, zusammen mit drei Lehrerinnen, zwei älteren und einer jungen, die sich nach und nach einstellten.

Die junge Lehrerin übernahm die Bücherei, das heißt, sie sollte die Bücher ausleihen, aber noch hatte niemand Zeit und Lust zum Lesen, man hatte anderes zu tun, Handfestes: aufbauen, was der Krieg zerstört hatte. So blieb die Bücherei unbenützt.

Das stimmt so nicht: einen Benutzer gabs, einen heimlichen, das war Munjo. Den konnte man, wenn man ihn dort vermutet hätte, sitzen sehen, Tag für Tag, ein Buch in der Hand. Konnte er denn lesen?

Eines Tages kam eine junge Frau auf den Gedanken, sich ein Buch auszuleihen. Die Lehrerin war nicht da, wozu hätte sie auch in der Bücherei sein sollen, da kein Mensch ein Buch haben wollte. Aber Munjo war da. Die junge Frau verlangte ein bestimmtes Buch, und Munjo sagte, das gebe es nicht hier, aber es gebe andre schöne, zum Beispiel eines, in dem dies und das steht. Munjo erzählte in seinem komisch-eindrucksvollen Deutsch eine lange Geschichte, die der Frau sehr gefiel, und sie nahm das Buch mit, aber nach einigen Tagen brachte sie es zurück und sie sagte, das sei das falsche Buch, die schöne Geschichte, die Munjo erzählt hatte, stehe nicht da drin, er habe sich geirrt. Da gab er ihr ein anderes und erzählte wieder den Inhalt, und als die Frau das Buch las, war es wieder eine ganz andre Geschichte, lange nicht so schön wie die, welche Munjo ihr erzählt hatte. Als sie ihm das Buch zurückbrachte, fragte sie, ob er es denn gelesen habe. Da lachte er nur. Jetzt nahm sie kein Buch mehr mit, sondern blieb sitzen und ließ sich Geschichten erzählen, und von da an kam sie fast jeden Tag, und dann brachte sie auch andre Frauen mit, und die saßen nun in der Bibliothek und hörten Munjo zu.

Der Lehrer wunderte sich über die Besuche dort, und eines Tages kam er hinzu, als Munjo gerade mitten im Erzählen war. Da lachte Munjo und hörte auf zu erzählen, und so sehr ihn die Frauen bedrängten, er erzählte nicht weiter.

Als der Lehrer ihn hernach fragte, was für Geschichten er denn erzähle, sagte er: Wie sie mir einfallen.

Ob es denn Geschichten seien, die man ihm erzählt habe, früher. Nein, die erfinde er selber, einfach so.

Das ging nun den ganzen Winter über, den zweiten Nachkriegswinter, bis eines Tages Polizisten kamen und Munjos Papiere sehen wollten. Er hatte keine. Er mußte aber welche haben. Wer keine Papiere hatte, wurde abgeschoben. Wohin aber? Der Lehrer sagte: Das ist mein Sohn. Sie sagten, er solle nicht lügen. Er sagte, es sei sein Adoptivsohn, er habe Antrag auf Adoption gestellt. Sie sagten, das gehe nicht, denn ein Unverheirateter könne kein Kind adoptieren, und überhaupt: so einen Hergelaufenen adoptiere man nicht.

So, sagte der Lehrer, also dann heirate ich eben, und was das Hergelaufensein angeht: wir Deutschen haben seine Eltern und seine ganze Sippe umgebracht, in Auschwitz, jawohl.

Da gingen sie. Und jetzt mußte der Lehrer sich eine Frau suchen. Er dachte an die junge Lehrerin, in die er verliebt war. Sie sagte ja, das habe sie sich schon lang gewünscht, aber er habe ja nie Augen für sie gehabt, nur für den Zigeuner, aber der müsse dann aus dem Haus, ein Zigeuner ist und bleibt ein Zigeuner, ein Fremder, da weiß man nie, woran man ist, von Adoptieren könne sowieso keine Rede sein, und überhaupt, so jung er ist, verdreht er schon allen Mädchen den Kopf, sie finden ihn den Allerschönsten im Dorf, und er ist auch wohl älter, als man meint, dreizehn ist der nicht, der wird gefährlich.

Also dann nicht, sagte der Lehrer und drehte ihr den Rücken zu.

Von da an war der Friede dahin.

Eines Tages kam eine Vorladung zur Polizei: dieser Fremde sei nicht registriert und erfülle die allgemeine Schulpflicht nicht; so und so ist er illegal hier.

Der Lehrer stellte einen Antrag auf Einbürgerung

oder auf einen Fremdenpaß. Das Recht dazu wurde dem Lehrer abgesprochen. Das könne nur ein amtlich bestellter Vormund. Also dann sei er, der Lehrer, bereit, den Vormund zu machen. Ja, aber dazu müsse er eine Ermächtigung haben von den Verwandten des Jungen.

Herrgott, schrie der Lehrer, die haben wir doch alle umgebracht, in Auschwitz!

Da müssen wir erst Beweise haben. Papiere von dort.

Fotos, Daten. Die gibt es. Und überhaupt, Herr Lehrer, Sie laden sich nichts als Scherereien auf. Meinen Sie, die Leute hier wollen einen Zigeuner unter sich haben?

So, sie wollen ihn nicht? Sie hören ihm zu, wenn er singt und erzählt, sie tanzen, wenn er aufspielt, sie mögen ihn alle.

Das täuscht, Herr Lehrer. Wir raten Ihnen: lassen Sie ihn laufen; über kurz oder lang läuft er doch weg; sobald Zigeuner auftauchen, läuft er mit ihnen, Zigeuner bleibt Zigeuner, glauben Sie uns.

Er bleibt.

Das werden wir sehen.

Eine Woche später kam die Lehrerin zur Polizei: ihr fehle ein goldener Ring, und sie habe einen Verdacht; sie sagte nicht rundheraus, wen sie in Verdacht habe, aber die Polizei verstand, und sie fand schon recht bald den Ring unter Munjos Matratze.

Munjo wurde vorgeführt. Als man ihm sagte, er habe den Ring gestohlen, wurde er blaß. Das nahm man als Zeichen der Angst und des Eingeständnisses. Er war aber blaß vor Zorn. Ich stehle nicht, sagte er und weiter nichts. Der Lehrer schrie: Munjo stiehlt nicht, zwei Jahre ist er bei mir, und nie nie nie hat er etwas gestohlen; beweisen Sie es, daß er der Dieb ist! Ich habe einen ganz andern Verdacht.

Aber niemand wollte wissen, wen er verdächtigte. Die Polizisten zogen es vor, wieder zu gehen.

Aber schon ein paar Wochen später kamen neue Anzeigen: hier war ein Hemd von der Wäscheleine verschwunden, dort fehlte eine Geldbörse, dort eine Stange Zigaretten, und schließlich sprach es sich herum, daß man den Dieb kenne und daß es ihm nicht mehr lange erlaubt sein werde, sein Unwesen zu treiben.

Eines Tages fand man Munjo, wie er eine Zigarette rauchte, gerade so eine, wie sie in dem gestohlenen Paket waren. Munjo verstand nicht, was ihm geschah, als er sich plötzlich von den zwei Polizisten ergriffen und fortgeführt sah. Er ging einfach mit. Man sperrte ihn in einen Keller, da das Gefängnis noch nicht wieder aufgebaut war.

Als der Lehrer erfuhr, was geschehen war, lief er zur Polizei und erhob Protest: es fehle jeder Beweis für den Diebstahl. Man vertröstete ihn: die Sache werde sich schon aufklären.

In der Nacht endlich fand der Lehrer das Kellerfenster, hinter dem Munjo saß. Das Gitter war nicht sehr fest eingemauert, man konnte es mit einiger Mühe herausbrechen.

Als die Polizisten am Morgen kamen, war der Kellerraum leer, das Gitter aber an Ort und Stelle, und das Türschloß nicht berührt. Hatten Zigeuner Zauberkräfte?

Nun: der Zigeuner war fort, der Fall war erledigt.

Aber auch der Lehrer war fort.

Es seien in der Nähe Zigeuner gesichtet worden, hieß es; die haben ihn verschleppt: oder nein: mit denen ist er freiwillig gezogen; er ist Zigeuner geworden. Eine Weile wurde noch darüber geredet, dann vergaß man die Geschichte. Es gab nur eine einzige Person, die sie nicht vergaß: das war die Lehrerin. Man erfuhr, daß sie Nachforschungen anstellte, man wußte nicht, was sie damit wollte. Eines Tages zog sie fort, dann verlor sich ihre Spur, die ohnehin niemand aufgenommen hatte.

Es wäre gut, wenn die Geschichte so ausgegangen wäre: die Lehrerin fand die Zigeuner, sie fand Munjo, und sie fand den Lehrer, und sie blieben zusammen. Aber das wäre ein Märchen, so eines, wie Munjo sie erzählte: lauter Märchen mit einem glücklichen Ausgang, erfunden von einem, der nichts als Angst, Verlassenheit und Tod erfahren hatte.

Bitte, keine mildernden Umstände

Warum quälen Sie mich? Ich habe ein Geständnis abgelegt. Genügt das nicht? Ich habe Ida Raith umgebracht. Getötet. Ermordet. Erstochen mit einem Küchenmesser. Macht es Ihnen Spaß, das alles nochmal zu hören? Details bereiten Ihnen Genuß, nicht wahr? Interessant: eine Frau ersticht ihre beste Freundin am hellichten Vormittag in der Küche beim Kartoffelschälen. Sie glauben mir nicht? Was? Seh ich so aus, als wollte ich mich opfern und mit meinem Geständnis den wahren Mörder decken? Das wäre mir kein Mensch wert. Und wer sonst sollte sie umbringen? Sie hatte keinen Feind. Eine beliebte Frau. Allseits beliebt. Die reizende Frau Raith. Geliebt vom Metzger, vom Verkehrspolizisten, vom Steuerberater. Von meinem Mann? Nur mäßig. Sie ging ihm auf die Nerven, so wie ich Herrn Raith auf die Nerven ging. Zehn Jahre Freundschaft, jawohl. Herr Raith ist ein Kollege meines Mannes. Zwei Beamte im Justizministerium. Auf der Stufenleiter unten. Jeder wartet darauf, befördert zu werden. Dann nämlich wäre der Beförderte der Chef des andern. Die Chancen sind gleich. Drum wollte es sich keiner mit dem andern verderben, verstehen Sie? Weiter nichts? Doch: Raith ist der Pate meines Ältesten, und mein Mann ist der Pate von Raiths Ältestem. Wie es sich gehört. Es ist zum Lachen, zum Schreien ist es, wie normal das alles ist. Wie vernünftig. Wie überaus nett. Also die Raiths und die Zimmermanns, die kleben zusammen wie Pech und Schwefel. Ob die nicht überkreuz ins Bett gehen? Gingen sie aber nicht. Viel zu ordentlich, viel zu säuberlich auf guten Ruf bedacht. Ob nicht ich? Was? Ob ich eifersüchtig war, so herum oder anders herum? Lächerliche Vermutung. Ob ich Frau Raith gern hatte? Na ja. Gewohnheitssache. Ich habe nachgedacht über Ihre Frage von gestern. Also: vorgeplant war die Sache nicht, gewiß nicht, aber wahrscheinlich so wie Krebs, den trägt man auch in sich herum und merkt ihn nicht, und eines Tages ist es soweit. Vielleicht so. Ob ich nie vorher? Einmal, ja, da sagte ich: Jetzt geh, sonst. Was sonst? Ich weiß nicht. Aber es gab Augenblicke, da war sie unerträglich. Einfach so. Nein, Streit nicht. Nie. Immer freundlich und höflich. Wie zahme Katzen. Hauskatzen. Gezähmte, meine ich. Nein, keine Zigarette. Aber wenn Sie das Fenster aufmachen würden. Keine Angst, ich springe nicht hinaus, Sie können die Zellentür auflassen und das Gefängnistor, ich geh nicht hinaus, wohin auch, das ist alles vorbei, das da draußen, das gibt es für mich nicht mehr. Meine Kinder? Gibt es auch nicht mehr. Die können ohne mich leben. Auch das ist vorbei. Mein Leben ist gelebt, verstehen Sie nicht? Ob ich krank bin? Nein. Vermutlich nicht. Depressiv? Wer ist das nicht. Nein, keinen Selbstmordversuch. Nie. Drogen? Nie. Nein, keinen Psychiater. Nur das nicht. Mildernde Umstände? Will ich nicht. Hören Sie: will ich nicht. Keine Gnade. Von niemand. Ich habe gemordet und war bei klarem Bewußtsein. Glauben Sie nicht? Bei klarem Bewußtsein sticht man nicht auf seine Freundin ein? Haben Sie eine Ahnung. In so eine Freundschaft ist allerhand gemischt, das weiß man lange nicht, das lügt man sich hinweg, da schaut man nicht hinunter ins schwarze Loch. Einmal waren wir auf einem Ausflug, da kamen wir an einen Ziehbrunnen, an eine Zisterne, da griff sie hinein, wer, Frau Raith natürlich, und fing eine Kröte und schlug sie an eine Mauer, warum, weil sie sehen wollte, ob die Kröte ein Prinz würde wie im Märchen vom Froschkönig, hör auf, schrie ich und wollte ihr die Kröte wegnehmen, da warf sie sie in den Brunnen zurück, die Kröte war aber schon tot, und Frau Raith sagte zu ihrem Mann: soll ichs mit dir probieren oder mit Zimmermann, da hatten wir Angst vor ihr, das habe ich gestern nicht erzählt, nein, ich weiß nicht mehr, und einmal schnappte sie nach mir wie ein Hund, doch, das ist wahr, was hab ich gestern gesagt, sie biß nach meinem Mann, na ja, sie biß so zwischen uns durch, sie wollte immer alles essen, ich hab dich zum Fressen gern, das war so ihr Spruch, man wußte bei ihr nie, obs Spaß war oder was sonst, ob das der Anlaß war für meine Tat, nein, der Grund vielleicht, so von langer Hand her, aber das war immer schön zugedeckt, wer dachte auch, daß sie eine Hexe war, wenn man sie so sah, hübsch und rosig und blond und fröhlich und banal, wieso Hexe fragen Sie, nun eben, das ist es ja, daß sie eine war, und wir wußten es nicht, ich wußte es nicht, bis sie nach meinem Baby biß, doch doch, das ist wahr, Sie müssen mir das schon glauben, das ist die Hauptsache in der Geschichte, die dann kam, eines Tages, ja, freilich will ich sie erzählen, obwohl, ich habs Ihnen ja schon erzählt, ich versteh. Sie meinen, ich werde mir widersprechen, und Sie können mich entlarven und mir Fehler nachweisen, die mich entlasten, aber ich mach keinen Fehler, Fehler machen nur Leute, die sich entlasten wollen, ich werde keinen Fehler machen, weil ich mich nicht entlasten will, ist das klar? Ja, ich erzähle sofort, aber Sie sind ein Mann, darum werden Sie das Ganze nicht begreifen, weil Sie nämlich meinen, man kann alles auf einer Ebene erklären, aber es gibt mehrere Ebenen, zwei oder drei, und auf jeder … Hören Sie zu? Ich seh, Sie glauben nichts von dem, was ich sage, oder nur die Hälfte, nur ein bißchen, ich wills Ihnen leichtmachen, ich will versuchen, Ihnen die Szene zu malen, in der das alles geschah, also: das hier ist eine Küche in einer Mietswohnung, es ist elf Uhr vormittags, die Küche ist noch nicht aufgeräumt, das Geschirr vom Frühstück ungespült, und da steht eine Frau, so eine wie ich, die hat ungewaschene Haare und eine dreckige Schürze und Pantoffeln an den Füßen, und sie ist müd, weil sie um sechs aufgestanden ist, sie hat den zwei Großen und ihrem Mann das Frühstück gerichtet, sie hat die größeren Kinder zur Schule gefahren und auf dem Weg den Kleinen in den Kindergarten gebracht, dann ist sie zurückgerast, weil sie Angst hatte, das Baby ist aufgewacht und ist krank oder unterm Kissen erstickt oder geraubt, sie überfährt beinah einen Hund, sie fährt an den Randstein, sie hat eine Delle am Kotflügel, sie rast die Treppen hinauf, sie hört das Baby schreien, Gott sei Dank, es lebt, sie badet und füttert es, dann fährt sie mit dem Baby im Wägelchen zum Supermarkt, es ist Freitag, da kaufen immer alle ein, als gäb es nachher nie mehr was zu kaufen, dann fährt sie heim, alles immer im Laufschritt, macht das Bad sauber, überzieht die Betten frisch und fängt an, Kartoffeln zu schälen, was? Keine Kartoffeln, was hab ich gestern gesagt, doch es waren Kartoffeln, es ist halb elf, die Küche in Unordnung, ich in Unordnung, alles in Unordnung, ich hab Kopfweh vor lauter Unordnung, und da klingelt es, wer kanns sein, das ist sie, frisch vom

Friseur, schön in Ordnung, hübsch angezogen, rosig und heiter, sehen Sie sie stehen? Sie hat ein neues hellblaues Kleid an. Hellblau, himmelblau, wie ein junges Mädchen. Liebste, ich bin auf dem Weg zur Post, ich kann nicht vorbeigehen, ohne dich zu begrüßen. Kann sein, aber bei mir … Macht nix, aber dein Baby weint, ist es krank. Nein, er hat in die Windeln gemacht und stinkt, das ist alles, laß ihn in Ruhe, laß ihn im Bettchen, ich mach ihn gleich sauber. Aber er ist so süß! Schon, süß, vielleicht, ja, aber er stinkt. Sie hat den Kleinen schon auf den Armen und tanzt mit ihm in der Küche herum und singt was blödes Amerikanisches, my sweet baby, my angel und so fort, ich sag, leg das Baby ins Bett! Aber Liebste, laß es mir doch, bitte, du bist gern bei mir, Baby, nicht wahr, deine Mami hat ja keine Zeit für dich, warum habt ihr auch vier Kinder, das ist zuviel. Da, sag ich, du hättest auch gern mehr, ich weiß, na ja, tut mir leid, keine ist vor einer Totaloperation sicher, aber schließlich gibts ja heut andre Methoden, Kinder zu kriegen, so, und jetzt leg mein Baby ins Bettchen, los. Sie tut es, sie hat aufgehört zu singen, sie will jetzt einen Kaffee, machst du mir einen, mach ihn dir selber, dort ist die Dose, dort der Zucker, Milch im Kühlschrank, Wasser im Kessel, also bitte. Sehr gastfreundlich bist du heut nicht, nein, bin ich nicht, siehst du denn nicht, daß ich vor lauter Arbeit den Verstand verliere. Seh ich, sagt sie, du bist im Streß, du mußt mal raus hier, Ferien machen. Ja wie denn, mit vier Kindern, wo denn. Na, du hast doch eine Mutter, die kann dich vertreten. Meine Mutter, ha, die, die mag keine kleinen Kinder. Oder deine Schwiegermutter. Die mag mich nicht. Oder sonst Verwandte. Hab keine und brauch keine. Du machst dich kaputt. Ach was. Doch, und dein Mann hat nichts mehr von dir, du sollst zum Friseur, du gehst doch, nicht wahr, morgen ist die Einladung beim Chef, da mußt du hin. Muß ich nicht, kann ich nicht, hab keinen Babysitter. Ich besorg dir eine Studentin. Laß das. Aber was für einen Eindruck macht das, wenn dein Mann allein kommt, man könnte ja denken, daß. Laß die Leute denken, was sie wollen, geh mal weg, ich muß die Wäsche zusammenpacken, ich muß sie in die Wäscherei bringen noch vor zwölf. Was, du bringst die Wäsche weg, das tu ich nie, ich wasch sie selber, mit Kernseife, das ist das einzig Richtige, in der Wäscherei nehmen sie Waschmittel, die sind schädlich, da kriegen die Kinder Hautkrankheiten. Die meinen nicht. Aber wäschst du nicht gern, ich wasch gern, wenn die Waschmaschine läuft, sing ich, das animiert mich. So, du singst, na ja. Sag mal, Liebste, soll ich dir nicht mal deine Vorhänge abnehmen helfen, die sind schmutzig, warum sind die denn so braun? Weil mein Mann raucht. Was, du verbietest ihm nicht zu rauchen, wo das Baby da ist, der Meine raucht nicht, nur unbefriedigte Männer rauchen. So, der Deine ist also befriedigt, na ja, seine nette kleine Sekretärin hilft euch dabei. Sie lacht, sie ist nicht zu treffen, sie hat einen Panzer aus Selbstzufriedenheit, der ist undurchdringlich. Na, sag ich, mir sind verrauchte Vorhänge lieber als daß mein Mann einen Betthasen hat im Büro, wir haben immerhin vier Kinder, die sind alle von ihm, gewollt und ohne Verhütungsmittel, der kommt nicht zu kurz, der Meine. Ich erlaub dem Meinen alle seine Katersprünge, sagt sie, er kommt immer wieder zurück, reumütig, aber befriedigt, wir Frauen sollten auch. Was? Seitensprünge machen, das hält jung, du könntest zum Beispiel. Was? Na, der Doktor Petersen ist ja verliebt in dich. Wer? Der Kinderarzt. Du spinnst. War doch ein hübscher Flirt, ich hab auch einen. Was, du gehst fremd? Geh ich, ab und zu, das macht lustig. Das Baby fängt wieder an zu weinen, ich wills aufnehmen, aber sie hat es schon im Arm, sie hat es an sich gerissen, sie trägt es herum, sie preßt es an sich, sie wird ihm die Knochen zerbrechen, sie singt wieder, sie singt falsch, gib das Kind her, sag ich, nein, ich hab Zeit zum Herumtragen, du nicht. Gibs her, ich muß es wickeln. Ach was, das hat Zeit, siehst du, es lacht, es freut sich, es liebt mich, nicht wahr, mein Süßer, du liebst mich. Gib das Kind her. Sie springt herum damit, sie tanzt, sie singt, sie springt über den Wäschekorb, gib das Kind her, sie tanzt weiter, immer rund um den Küchentisch, der Kaffeekessel pfeift, das Kind kräht, sie springt auf den Tisch und lacht, sie ist eine Hexe, jetzt seh ichs, sie wird gleich wegfliegen mit dem Kind im Arm, oder nein, sie reißt ihren Mund auf, sie wird es fressen, ich springe auch auf den Tisch und reiße ihr das Kind weg, sie schreit, laß mir das Kind, aber ich brings weg, ich legs ins Bettchen, sie will mir nach, da pack ich das Küchenmesser und stech zu, das Blut kommt ihr aus dem Hals, sie schaut mich erstaunt an, dann fällt sie um, ich laß sie liegen und geh zur Polizei: ich hab jemand umgebracht. So war das. Und jetzt lassen Sie mich endgültig in Ruhe. Jetzt ist alles in Ordnung. Ein für alle Male. Wie? Das haben Sie gestern auch schon gesagt. Es ist alles erfunden, meinen Sie? Wie dumm Sie sind. Als ob das einen Unterschied machte. Ich hab sie umgebracht. Erledigt. Die Sache ist zu Ende gebracht. Wenn sie aber lebt und zur Tür hereinkommt? Das wäre ein Beweis? Daß ich nicht lache. Sie lügen. Wie dumm Sie lügen. Sie verstehen rein gar nichts. Sie ist tot, ganz und gar und für immer. Und jetzt gehen Sie endlich.

Wie in einem Spiegel

Maria Mühlbauer, Bankangestellte, vierzig Jahre alt, unverheiratet, hat am 20. März 1971 auf dem Viktualienmarkt in München Gott gesehen. Es war ein Samstag, und die Bank hatte geschlossen. Maria benützte den freien Tag dazu, für ihre zahlreichen Verwandten das Gemüse einzukaufen.

Sie hatte bereits alles besorgt, als eine Frau, die vor ihr ging, von einem Verkaufsstand eine Schachtel mit Eiern stieß. Die Frau, erschrocken und feig, deutete rasch auf Maria und rief: Die da hats getan. Das war gelogen, und andere Frauen beschimpften sie. Die Frau schimpfte wieder, es entstand ein kleiner Aufruhr. Maria, die schon als Kind nicht hatte leiden können, wenn andre gedemütigt und bestraft wurden und sich immer ein wenig mitschuldig fühlte, wenn andre Böses taten, trat jetzt entschlossen vor und sagte: Ich bin schuld, ich habe die Frau angestoßen, dann erst hat sie die Schachtel heruntergestoßen, den Schaden zahle ich. Sie legte das Geld für zwölf Eier auf den Ladentisch und ging still fort. Auch hinter ihr wurde es still.

Maria bog um die nächste Ecke und wollte dort die schweren Taschen für einen Augenblick abstellen. Aber mitten im Bücken hielt sie inne und vergaß, was sie hatte tun wollen. Sie sah nämlich etwas, was sie noch nie gesehen hatte: im Schaufenster eines Metzgerladens spiegelten sich die Blumen eines gegenüberliegenden Verkaufsstandes zwischen den aufgehängten Kaninchen mit starren Läufen und glasigen Augen und einem Lämmchen, schon abgehäutet, weiß und nackt und augenlos. Als Maria bemerkte, daß auch sie sich zwischen den toten Tieren und den eigentlich auch schon toten Blumen im Fenster spiegelte, fühlte sie einen Schmerz. Es war ein ganz bestimmter Schmerz, sie kannte ihn schon aus ihrer Kinderzeit. Immer, wenn sie ihn fühlte, drängte sie es, zu sagen: Ich bin schuld, ohne daß sie hätte sagen können, wieso und woran sie schuldig sei. Sie wäre jetzt gerne weitergegangen, aber etwas hielt sie. Und auf einmal sah sie, wie im Fenster etwas zu geschehen anfing: die Blumen und die Tiere bewegten sich. Vielleicht waren es vorüberziehende Wolken, die eine Bewegung spiegelten. Es war ungefähr so, wie wenn man ein Kaleidoskop schüttelt und die bunten Glassplitter immer neue Muster bilden. Maria schaute und schaute, und auf einmal blieb ein Muster ruhig stehen: es war Gott. Er war zusammengesetzt aus vielen Blumen und Tieren und ihr selber. Gott hatte große Augen. Es waren Menschenaugen und auch Tieraugen, und sie waren auch wie das Innere von Margeriten und Sonnenblumen, auch wie Querschnitte von Baumstämmen, die ihre Jahresringe zeigen. Sie waren auch wie offene Tore, durch die man eintreten konnte, ohne zu wissen, wie das enden würde. Maria trat ein und sie ging und ging und sah dabei immer die Augen vor sich, als wäre sie noch gar nicht eingetreten. Sie wünschte sich nichts als immer so weiterzugehen.

Auf einmal stieß jemand sie an, sie erschrak und ließ ihre beiden Taschen fallen. Das Gemüse rollte über das Pflaster. Jemand sagte laut: Jetzt stehen Sie schon eine Stunde so da, was ist mit Ihnen, sind Sie verrückt?

Maria kehrte von weit her zurück. Sie begann ihr Gemüse einzusammeln. Als sie noch einmal einen Blick auf das Spiegelfenster warf, sah sie, wie Gott sich wieder in Blumen und Tiere und sie selbst zurückzuverwandeln begann. Dann ging sie heim.

Da ihr Gott zum ersten Mal begegnet war, hätte sie gern mit jemand darüber geredet. So etwas möchte man mitteilen und klären. Es schien ihr sonderbar und unglaublich, daß Gott gerade ihr begegnet war, denn dafür lag kein Grund vor. Sie wußte nicht einmal, ob sie getauft war. Ihre Eltern hatten nichts zu tun mit Kirche und Religion, und Maria, die den Religionsunterricht in der Schule besuchen mußte wie alle Kinder, hatte dort nichts gelernt über Gott. Er mußte sich in ihrer Person geirrt haben. Maria wagte lange nicht, mit jemandem darüber zu reden. Aber eines Tages entschied sie sich, zu einem Pfarrer zu gehen. Sie stellte sich vor, daß er von Berufs wegen in derlei Dingen Bescheid wisse. Als sie am Pfarrhof geklingelt hatte, kam eine ältere Frau mit einem schwarzen Schwesternhäubchen, die streng fragte, was sie wünsche. Maria sagte leise, sie wolle den Herrn Pfarrer sprechen. Die Schwester schien sehr erstaunt über dieses Ansinnen. Sie rief: Den Herrn Pfarrer? Sie meinen den Herrn Geistlichen Rat? Und um diese Tageszeit, so früh am Morgen! Und ist es denn etwas Wichtiges, was Sie sagen wollen?

Diese Frage schüchterte Maria vollends ein. Sie schwieg, um nachzudenken, ob es wichtig sei, was sie sagen wollte. Aber die Pfarrschwester hatte keine Zeit abzuwarten, was Maria durch Nachdenken herausfinden würde. Sie fragte: Handelt es sich um etwas Charitatives, Finanzielles?

Jetzt konnte Maria rasch ausrufen: Nein, nein, im Gegenteil! Warum sie »im Gegenteil« sagte, wußte sie selbst nicht. Die Pfarrschwester, an schnelles Denken gewöhnt, sagte: Wollen Sie vielleicht beichten?

Diese Frage kam für Maria unerwartet. Beichten? sagte sie und fing an zu überlegen, ob man das Beichten nennen könne, was sie tun wollte. Die

Pfarrschwester deutete Marias Zögern in ihrem Sinne: Nun also, Beichten hat jedermann nötig, wir sind alle Sünder. Maria, die hier eine, wohl die einzige Möglichkeit sah, mit dem Pfarrer zu reden, sagte jetzt: Ja. Die Pfarrschwester seufzte erleichtert. Nun gut, warten Sie hier, Sie können gleich im Sprechzimmer beichten, wenn Sie wollen.

Maria sagte wieder ja und setzte sich. Die Schwester ging. Maria wartete. Nach einiger Zeit kam der Pfarrer. Er erinnerte Maria an den ersten Direktor ihrer Bank, und er roch auch nach demselben Rasierwasser.

So, sagte er mit einer wohlklingenden Stimme, Sie sind gekommen, um sich eine Last von der Seele nehmen zu lassen. Beginnen Sie! Er zog ein violettes Band aus der Tasche und hielt es sich vor das Gesicht und schloß die Augen. Maria dachte nach, ob es zutreffe, daß sie sich eine Last von der Seele reden wollte, und sie entschied, daß das nicht zutraf. Sie hatte das Gefühl, als handle es sich um Gegenteiliges, aber sie sah sich außerstande, das, was sie dachte oder fühlte, in Worte zu bringen.

Der Pfarrer wartete noch ein Weile weiter, dann sagte er: Es gibt keine Schuld, die nicht gesühnt werden könnte. Haben Sie Vertrauen!

Aber Maria schwieg weiter. Da nahm der Pfarrer das lila Band vom Gesicht und sagte ungeduldig: Also, was ist?

Maria entschuldigte sich, daß sie ihn habe warten lassen, aber es sei nicht so, daß sie beichten wolle, sie habe nur eine Frage.

Der Pfarrer sagte: Also fragen Sie, aber bedenken Sie, daß ich wenig Zeit habe. Können Sie sich kurz fassen?

Maria sagte: Ich möchte nur fragen, ob Sie schon einmal Gott gesehen haben.

Jetzt war es heraußen. Der geistliche Herr wich etwas zurück und begann, Maria scharf zu mustern. Was wollte die Person mit dieser Frage? Vermutlich war es eine naive Atheistin, die ihm zu verstehen geben wollte, daß, wenn er Gott nie gesehen habe, es Gott nicht gebe. Eine törichte kleine Materialistin, vermutlich eine verhetzte Kommunistin. Er beschloß, sich nicht provozieren zu lassen. Es lohnte nicht. So sagte er nachsichtig: Gott kann man nicht sehen, weil er reiner Geist ist, liebe Frau oder liebes Fräulein, aber Gott nicht zu sehen, bedeutet nicht, daß er nicht existiert.

Maria interessierte sich nicht für diese Schlußfolgerung. Sie rief: Man kann Gott nicht sehen? Niemals?

Im Gehirn des geistlichen Herrn begann es zu arbeiten. Die Person schien ihm befremdlich, jedoch ehrlich. Nun erinnerte er sich an einiges, was er über Mystiker gelesen hatte. Je nun, sagte er, es gibt Heilige, von denen fromme Legenden erzählen, daß sie Gott gesehen haben, aber das ist eine unzulängliche Ausdrucksweise für ihre innere Erfahrung von der Allgegenwart Gottes. Es ist nur ein Bild, verstehen Sie? Man sieht Gott nicht, denn was für ein Verdienst wäre unser Glaube, wenn wir Gott mit unsern leiblichen Augen sehen könnten?

Maria versuchte zu verstehen, wieso Glaube unbedingt ein Verdienst sein müsse und besser als richtiges Sehen. Aber sie fühlte sich dem geistlichen Herrn in solchen Gedankenführungen nicht gewachsen, darum schwieg sie. Der Pfarrer fuhr fort: Solange wir hier auf Erden sind, sehen wir Gott nur wie im Spiegel.

Ja! rief Maria laut und sprang auf, so heftig, daß der Pfarrer vor Schrecken selber auch aufsprang.

Ja, sagte Maria, genauso: wie im Spiegel!

Sie fühlte sich jetzt verstanden. Im Spiegel, genauso war es!

Nun wurde es dem geistlichen Herrn ungemütlich. WIE war es, und WAS war so? Setzen Sie sich doch!

Gott war im Spiegel, sagte Maria und setzte sich.

Jetzt wußte der geistliche Herr, daß er es mit einer jener frommen harmlosen Hysterikerinnen zu tun hatte, die er zur weiteren Behandlung an die Pfarrschwester verwies. Die wurde mit solchen Leuten im Handumdrehen fertig. In schweren Fällen, die ihn an Schizophrenie denken ließen, übergab er sie dem jungen Kaplan, der außer Theologie auch Psychologie studiert hatte. Im Augenblick war der Pfarrer noch nicht sicher, wen er als für diesen Fall zuständig wählen sollte. Nachdem sich die Sache als für ihn und die Kirche ungefährlich erwiesen hatte, konnte er sich leutselig geben. Er sagte: Soso, Sie haben also Gott gesehen. In einem Spiegel?

Eigentlich, sagte Maria nachdenklich, war es kein Spiegel, es war ein Schaufenster auf dem Markt, da spiegelten sich die Blumen zwischen toten Kaninchen, und ich war auch im Spiegel, und auf einmal, als ich an nichts dachte, da …

Sie bemerkte, daß der geistliche Herr auf seine Armbanduhr schaute und nicht zuhörte. Sie erinnerte sich daran, daß er gesagt hatte, sie müsse sich kurz fassen. So sagte sie geradeheraus: Herr Pfarrer, Herr Geistlicher Rat, ich muß wissen, ob Sie schon einmal Gott gesehen haben.

Der geistliche Herr stand auf: Liebe Frau oder liebes Fräulein, ich verstehe von solchen Dingen gar nichts, leider oder … Nun gut, Sie müssen mit dem Herrn Kaplan sprechen. Warten Sie hier, ich muß jetzt zur Pfarrgemeinderatssitzung.

Maria blieb allein und dachte darüber nach, wie seltsam es sei, daß der Pfarrer nie Gott gesehen habe, wo er doch sein Leben lang mit ihm zu tun habe.

Da kam der Kaplan. Er war sehr jung, schien es Maria. Er nahm alles noch ernst, auch das fühlte

Maria. Sie faßte ein wenig Vertrauen. Der Pfarrer hatte seinem Kaplan im Korridor in aller Eile gesagt, worum es ging. Weil der Pfarrer von solchen Dingen nichts verstand, freute es den Kaplan, daß er etwas davon verstand. Er war gleich sehr freundlich zu Maria. Das machte auf sie keinen besonderen Eindruck. Sie wollte nur einfach wissen, ob er oder andre Leute Gott gesehen haben. Der Kaplan schaute sie erwartungsvoll an. Sie sagte: Ich war auf dem Markt, da war ein Schaufenster von einem Metzgerladen, da haben sich Blumen drin gespiegelt und ich war auch drin, und auf einmal hat sich alles bewegt.

Wie schön! sagte der Kaplan, aber Maria ließ sich nicht unterbrechen mit etwas, was nicht zur Sache gehörte. Sie fuhr jetzt rasch fort: Und wie ich so dastehe und schaue und nichts denke, da … Der Kaplan beugte sich etwas vor und schaute Maria an. Das verwirrte sie ein wenig, aber dann fuhr sie schnell fort: Ja, und da, da war Gott im Spiegel.

Der Kaplan schien nicht erstaunt. Er sagte: Und wie sah er aus?

Eigentlich nur wie Augen, sagte Maria, wie Augen von den toten Tieren und auch wie das Innere von Sonnenblumen und wie abgesägte Baumstämme, wo man die Jahresringe sieht. So ähnlich. Ganz richtig kann ichs nicht sagen.

Aha, sagte der Kaplan und schaute Maria an, die

ihrerseits den Kaplan erwartungsvoll ansah. Dann fragte der Kaplan: Sie leben allein? Ja? Und Sie sind unverheiratet? Und wie alt?

Sie sagte es. Der Kaplan fuhr fort zu fragen: ob sie viel an Gott denke und bete, ob sie unter Depressionen leide, ob sie krank sei, ob in ihrer Familie Leute seien oder waren, die Ähnliches erlebt hätten.

Sie beantwortete alle Fragen getrost aber verwundert mit NEIN. Der Kaplan war jetzt nicht mehr so heiter. Dazwischen hinein kam ihm der Verdacht, die Person mache sich über ihn und Heiliges lustig, aber so weit reichten bei ihm natürliche Erfahrung und das Gelernte aus sechs Semestern Psychologiestudium, daß er sehen konnte: die Person war gesund, eher kräftig als zart, nüchtern, gutherzig, auch intelligent, wenn auch langsam im Denken. Da wußte er nicht weiter. Tja, sagte er, Sie haben also Gott gesehen. Das ist etwas Seltenes. Wissen Sie, heutzutage sind die feineren Sinne der Menschen verkümmert, und außerdem leugnet man die Möglichkeit unmittelbarer Gotteserfahrung. Man glaubt grundsätzlich nicht mehr an die Existenz von Metaphysischem, trotz aller PSI-Forschung.

Maria hörte ihm zu und verstand ungefähr, was er meinte.

Der Kaplan fuhr fort: Die Leute, verdorben von der Naturwissenschaft, glauben nur mehr, was sie beweisen können. Und Sie können doch nicht wohl beweisen, daß Sie Gott gesehen haben.

Doch! rief Maria, verbesserte sich aber sofort: Beweisen, das nicht, aber wenn der Herr Kaplan mit ihr auf den Markt gehen wolle, könne er Gott vielleicht selber dort sehen.

Der Kaplan, der noch neugierig war und auch gern etwas für eine parapsychologische Zeitschrift verfaßt hätte und plötzlich die Möglichkeit sah, bei dieser Frau die Rolle des Dichters Brentano bei der stigmatisierten Anna Katharina Emmerick zu spielen, sagte entschlossen: Gehen wir! Es war schon später Nachmittag, und es waren keine Blumen mehr da, und im Metzgerladen hing nur mehr ein einziges Lämmchen. Alles andre war verkauft oder schon in Tiefkühlwagen verstaut. Das Lämmchen hing nackt und kopfunter da und ganz allein. Maria und der Kaplan spiegelten sich in der Scheibe.

Da! rief Maria, denn sie hatte Gott zum zweiten Mal gesehen, wenn auch nur flüchtig.

Der Kaplan bemühte sich, das zu sehen, dem Maria zulächelte, aber er sah nichts als sich, Maria und das Lämmchen, da war nichts zu machen. Er hätte jetzt gern etwas gesehen.

Maria sagte: Sehen Sie?

Er sagte kleinlaut: Ja, ich glaube schon …

Und morgen, sagte Maria rätselhaft, morgen essen sie das Lämmchen, aber …

Der Kaplan erwartete das Ende des Satzes, aber Maria sagte nichts mehr.

Den Kaplan aber hatte etwas angerührt, er wußte nicht, was.

Maria schaute ihn an. Er sagte: Jetzt muß ich gehen.

Und bitte, reden Sie mit niemand über Ihre Erfahrungen.

Ist gut, sagte Maria.

Am Abend fragte der geistliche Herr seinen Kaplan, wie er mit der Hysterika fertig geworden sei. Der Kaplan erwiderte, er wisse noch nicht, was er von der Sache halten solle, aber eine Hysterika sei diese Frau nicht, sie habe ihm einen sehr guten Eindruck gemacht, und eigentlich: warum sollte man Gott NICHT sehen können?

Darauf wußte der Pfarrer keine Antwort.

Jakobs Kampf

Hallo! Ja, Sie meine ich. Wen sonst. Ist ja niemand unterwegs außer Ihnen. Ich hab Sie schon eine Weile beobachtet von der Terrasse aus. In einer sonntäglich leeren Vorstadtstraße fällt man auf, wenn man von Haus zu Haus geht und offenbar ein bestimmtes sucht. Schwierige Suche, wenn kein Name am Tor steht, nicht wahr. Kann ich Ihnen helfen? Kommen Sie herein, sonst muß ich so laut reden. Einen Augenblick: das Tor öffnet und schließt automatisch. Kommen Sie näher! Guten Tag. Wen also suchen Sie? Martin Weyden. Der wohnt tatsächlich hier, wenn er überhaupt irgendwo wohnt. Leider kann ich Ihnen nicht sagen, wo er im Augenblick ist. Er kommt, er geht und pflegt mir nichts zu sagen über seine Wege. Wer ich bin? Martins Vater. Ja doch, er hat tatsächlich einen Vater. Schauen Sie mich doch nicht so entsetzt an. Ich bin kein Wolf, auch wenn mein Sohn … Nun, was führt Sie her? Haben Sie eine Verabredung mit meinem Sohn? Nicht gerade das, aber was dann? Sie wollen mit ihm reden? Er gab Ihnen die Adresse, ohne zu sagen, daß Sie hier seinen Vater antreffen würden. Sie dachten, er habe eine Studentenbude, irgendwo, statt dessen finden Sie diese stinkbürgerliche Villa eines offensichtlich Reichen. Freilich eine Überraschung. Aber doch kein Grund, wegzulaufen. Vielleicht haben wir Glück, und der junge Herr dieses Hauses erinnert sich, daß er hier wohnt und kommt doch auf einen Sprung. Setzen Sie sich. Setzen Sie sich bequem. Das Sitzen auf der Stuhlkante ist auf die Dauer schmerzhaft. Das Warten ohnehin, nicht wahr? Einen Drink? Nein? Auf Ihr Wohl! Wie heißen Sie? Barbara. Einen Familiennamen haben Sie nicht? Nein? Weil Sie keine Familie haben? Wie? Nun gut, Barbara. »Barbara hieß sie und war verliebt, und treulos war ihr Schatz und lief davon, sie hatt' ein Lied von einer Weide, ein altes Lied, doch paßt' es für ihr Leid. Sie starb, indem sie's sang, singt Weide, Weide, grüne Weide. Heiß rollt' die Trän und erweichet das Gestein.« Schön, nicht wahr? Shakespeare, ›Othello‹. Ihr Name rief mir den Text ins Gedächtnis. »Barbara hieß sie und war verliebt.« Aber seien Sie doch nicht zornig, es ist doch nur ein Zitat. Ich liebe Zitate. Ich lese viel. Was sonst soll ich tun an freien Tagen in freien Stunden. Barbara. Sie sind die Freundin meines Sohnes, oder eine seiner Freundinnen? Verzeihung. Nun: bei meinem Sohn dauern solche bittersüßen Vergnügen meist nicht länger als von Vollmond zum nächsten Vollmond. Er läßt die

Kirschen nie reifen. Barbara. Ihr Name erinnert mich an vieles. Bleiben Sie sitzen! Was Sie da hören, ist nicht er, es ist Rosali, meine Haushälterin. Wir werden ihn schon nicht überhören, wenn er kommt. Er tritt nicht einfach ein, er bricht herein, als müsse er sich den Eintritt jedesmal von neuem erzwingen. Wie? Ob ich meinen Sohn hasse? Was für ein großes Wort. Die Ehre meines Hasses lasse ich andern angedeihen. Wie gut Ihnen der Zorn steht! Ihre Augen sprühen grüne Funken. Ich verstehe: Sie beginnen mich zu hassen. Gut, eins zu null, ein Bumerang: die Ehre Ihres Hasses verschenken Sie nicht an mich. Wem gilt er? Bleiben Sie sitzen. Sie interessieren mich. Man soll sich keine Gelegenheit entgehen lassen, zu lernen. Ich meine mich so gut wie Sie. Sie lachen? Sie lachen verächtlich. Oder bitter. Wie Sie es nennen wollen. Sie sind sicher, von mir nichts lernen zu können? Sind Sie wirklich so sicher, zu wissen, wer ich bin? Und sind Sie sicher, daß Sie, als Sie hier eintraten, wußten, wen Sie treffen würden: den Sohn oder den Vater? Sie verstehen nicht. Nun gut. Etwas anderes: wo haben Sie meinen Sohn kennengelernt? Falls ich diese Frage stellen darf, ohne daß Sie Funken sprühen. Am Kanal. Was tat er da? Wollte er sich ertränken? Ich sei zynisch? Ein alter Zyniker, wollten Sie sagen. Mag sein. Vielleicht wären Sie es an meiner Stelle auch. Also, mein Sohn … Warum ich immer mein Sohn sage? Gewohnheit.

Das »mein« reizt Sie? Laßen wirs weg? Und Sohn auch? Meinetwegen. Also: Martin saß am Kanal. Und? Er schaute das Wasser an. Weiter. Es sei Abwasser aus der Fabrik, giftiges Wasser voll toter Fische. Ja, ja, ich kenne die ganze hysterische Öko-Litanei: giftige Abgase, giftiger Rauch, giftige Luft. Und sonst sagte er nichts? Sagte er nicht, daß diese Fabrik die seines Vaters ist und daß er der Erbe ist? Sagte er nicht, was diese Fabrik für das Land ringsum bedeutet? Kommen Sie hierher ans Fenster. Schauen Sie: dort hinter dem Pappelwald liegt ein befestigtes Kastell mit Mauern, Toren, Wehrtürmen und wehenden Fahnen. Schauen Sie mich nicht so an, als sei ich verrückt. Lassen Sie mir meine Phantasie. Nein? Seien Sie fair. Versuchen Sie zu begreifen: diese Fabrik ist eine Festung, das Land beherrschend, uneinnehmbar, der Bevölkerung Schutz gebend vor Hunger und Kälte. Tausend Menschen, Barbara, bewahre ich vor Arbeitslosigkeit, rund tausend Familien leben von mir, das bedeutet: rund fünftausend Menschen leben in Sicherheit unter meinen Flügeln. Ich bin ihr Schirmherr, ihr Vater. Fragen Sie diese Leute, fragen Sie jeden einzelnen, ob es meinen Arbeitern nicht gutgeht. Was schauen Sie mich so an mit Ihren unbarmherzigen Augen? Sprechen Sie aus, was Sie denken! Nun? Was für ein Märchen? Von der Hexe, die Hansel mästet, damit er fett wird und sie ihn fressen kann. Braten und fressen, heißts im Märchen, Sie haben natürlich ein andres Wort dafür. Sie brauchen es nicht auszusprechen, es steht in Ihrem Gesicht. Ein dummes modernes Wort. Wer beutet wen aus, Mädchen? Bin ich nicht auch ausgebeutet? Bin ich mein eigener Herr? Ist mein Arbeitgeber nicht die anonyme Macht, Weltwirtschaft genannt? Saugt mir meine Fabrik nicht das Mark aus den Knochen? Raubt mir der Konkurrenzkampf nicht den Schlaf? Was habe ich vom Geld? Überlegen Sie: diese alte Villa, ererbt, diese Möbel, ererbt, wurmstichig übrigens, ich bin zu träge, um etwas dagegen zu tun. Wohlleben? Was ist das? Kaviar essen, Sekt trinken, in teuren Hotels wohnen? Es ödet mich an. Das Gefühl, Macht zu haben, ja, das ist schon etwas; im Aufsichtsrat großer Konzerne sitzen, angehört werden, in der Politik mitmischen: aber auch das greift sich ab.

Sie lächeln spöttisch. Was sagten Sie? Ich weiß, ich bin in Ihren Augen, diesen unbarmherzigen grauen Augen, ein kapitalistischer Verbrecher. Aber, liebe Barbara, können Sie mir sagen, worin mein Verbrechen besteht? Sie meinen, ich wisse das, und das schlechte Gewissen sei mir ins Gesicht geschrieben, immerhin, das sei schon viel. Angenommen, ich habe ein schlechtes Gewissen: beweist das, daß ich eine Schuld habe? Anfechtbare Logik. Hat nicht jeder ein schlechtes Gewissen? Sind wir nicht damit geboren? Vererbt es sich nicht von den Vätern auf die Söhne?

Wüßte ich nur genau, worauf es sich in meinem Fall bezieht. Bin ich schlechter als andre? Bin ich nicht vielleicht sogar ein wenig besser als viele? Zählt denn vor Ihren Richteraugen nicht, daß ich fünftausend Menschen ein menschenwürdiges Leben möglich mache? Was sagen Sie? Ach diese marxistischen Schlagworte. Was heißt das genau: Mehrwert? Einfach sei das? Meinen Sie in Unkenntnis ökonomischer Fragen. Nicht in Unkenntnis? Sie studieren natürlich Politologie, oder? Ist ja Mode. Sie studieren gar nicht? Nicht mehr? Eine Frage: kommen Sie aus einem reichen Haus oder einem armen? Doch, das zu wissen ist wichtig. So hart ist man nur, wenn man großen Reichtum oder große Armut kennt. Ach, daher kenne ich Ihren Namen. Pardo: das Kurhotel. Sie sind also das Gewissen Ihrer reichen Eltern. Zwei Kinder von reichen Leuten finden sich im Haß gegen ihre Eltern. Oder sagen wir: gegen jene Gesellschaft, die es ihren Eltern möglich und leicht macht, Privatkapital anzuhäufen für ihre Erben. Seien Sie froh, daß wir reichen Eltern euch die Möglichkeit geben, unsern Reichtum abzulehnen und sich gegen uns zu stellen unter dem Banner der Gerechtigkeit. Was tätet ihr denn ohne uns Feinde? Wir geben euerm Leben Inhalt. Wir geben euch Klassenbewußtsein und Selbstgefühl. Das ist unsre Schicksalsaufgabe. In meinem Fall kämpfen Sie und Martin gegen eine Windmühle, oder sagen wir: Sie rammen eine Tapetentür mit Eisenstangen. Wie das? Wollen Sie eine Geschichte hören, eine Kurzfassung der Geschichte von Martins Familie? Gut. Martins Ururgroßvater war ein kleiner Bauer, ein sehr kleiner. Sein Land war karg. Es gab nicht genug Futter für zwei Kühe. Da verkaufte er die Kühe und tauschte Schafe dafür ein. Die Schafe fraßen das magere Gras und düngten das Land und gaben Milch und Wolle, vor allem Wolle. Die Frau des Bauern schor die Schafe, spann und webte. Der erste Webstuhl stand dort, wo jetzt die Fabrik steht. Die Leute wurden wohlhabend, eigentlich schon reich. So meinen sie, gings weiter, immer bergauf? Vom Tellerwäscher zum Millionär? Mein Urgroßvater ruinierte das Geschäft. Ein Phantast. Er verschwand in den USA. Mein Großvater fing von vorne an. Er kaufte die ersten automatischen Webstühle. Er wurde reich und baute die ersten Fabrikhallen. Mein Vater spekulierte an der Börse und verlor. Ich begann von vorn. Jetzt ist mein Sohn an der Reihe. Wie? Er wird die Fabrik nicht ruinieren? Er wird sie gar nicht übernehmen? Sagt er das? Oh, das erspart mir die Brandstiftung. Schauen Sie nicht so entsetzt. Ich bin nicht verrückt. Ich rede von meinem Traum. Ich träume ihn immer wieder. Ich sitze, im Traum, vor meinem Kamin, in dem ein schönes Feuer brennt. Plötzlich reiße ich ein brennendes Scheit heraus, werfe es auf den Teppich, zerschlage Stühle und Bilder, werfe alles ins Feuer und gehe fort. Einfach fort. Hinter mir stürzt das Haus ein. Das Krachen weckt mich auf. Mein Wunschtraum. Brandstiftung ist keine Lösung. Ich weiß. Wie? Was wollen Sie damit sagen? Ich träume einen geraubten Traum? Wem geraubt? Meinem Sohn? Oder träumen wir beide denselben Traum? Handeln wir als geheime Komplizen? So wären Vater und Sohn sich einig? Einer wäre die Projektion der Geheimwünsche des andern? Und am Ende der Familienchronik reichen sie sich die Hände über einem rauchenden Trümmerhaufen? Nein? Wie denn? Hat er eine bessere Lösung? Zum Teufel, wer stört uns? Nein, es ist nicht Martin, es ist der alte Gärtner. Das bedeutet: es ist vier Uhr. Er kommt Punkt vier vorbei. Gleich wird die Kuckucksuhr schlagen, und bei eins springt der Holzkuckuck heraus, bei zwei kommen Schritte an die Tür, bei drei klopft wer, bei vier erscheint pünktlich Rosali wie der Kuckuck und fragt, ob ich den Tee will. Da! Ists nicht lächerlich? In diesem Haus ist alles geregelt. Da greift Rad in Rad, Rädchen in Rädchen. Wie in der Fabrik. Keine Lücke, keine Ritze, keine Möglichkeit des Eindringens von Unordnung. Jede Unordnung könnte den Bau zum Einstürzen bringen. Ich frage mich, wie Sie überhaupt in dieses Haus kamen. Legal durchs Gartentor. Das sagen Sie. Noch ist nichts geklärt. Sie fanden eine Ritze, Barbara, Sie wissen es nur noch nicht. Was meinen Sie? Schöpferische Phantasie? Ja, Rosali, den

Tee, für zwei Personen, und zwar im Gartenpavillon, was schauen Sie so verstört, als verlangte ich von Ihnen etwas Unanständiges? Kann ich nicht mal anderswo Tee trinken? Sie sehen, Barbara: die Norm, die kein Abweichen und Ausbrechen erlaubt. So gehen Sie schon, Rosali! Wie? Lange nicht benützt, jahrelang nicht, stimmt. Schmutzig? Efeu nicht geschnitten? Was tuts? Diese junge Dame, die Sie anstarren, ist die Freundin Herrn Martins, und wenn sie will, kann sie Herrin dieses Hauses sein. Ist Ihre Neugier befriedigt? Gehen Sie endlich, wir kommen in zehn Minuten. Bewundern Sie mich, Barbara! Bewundern Sie meinen ersten Schritt in den Traum. Aber wo blieben wir stehen im Gespräch? Ja, beim Auffinden einer andern Möglichkeit des Weiterlebens. Sie wollten etwas sagen, Sie sprachen von schöpferischer Phantasie. Was meinten Sie damit? Daß sie mir fehle. Und was könnte eine schöpferische Phantasie schaffen? Ich höre Ihnen zu, im Ernst, in vollem Ernst. Statt Brandstiftung die Gründung einer Kooperative. Sie meinen, ich sollte die Fabrik aus meinen Händen in die der Arbeiter geben? Ja? Und Sie meinen, daß das etwas am Lauf der Welt ändert? Da wäre ich lieber viel radikaler. Mein Vorschlag, Barbara: die Fabrik stillegen, die Werkshallen abreißen, Wohnhäuser bauen, das ganze Land wieder zu Ackerland machen, eine Agrarkommune gründen, die nicht auf Profit hin arbeitet.

Zufrieden mit meinem Traum? Nein? Sie bestehen auf dem Ihren. Er sei kein Traum? Ihr Vorschlag klingt so, als hätten Sie ihn mit Martin schon genau abgesprochen. Das heißt also, daß Sie sich als Besitzer dieser Fabrik sehen? Und das heißt, daß Sie mit meinem baldigen Tod rechnen? Nein? Aber womit sonst rechnen Sie? Mit meiner Einsicht und Zustimmung? So. Und sonst nichts. Das nennen Sie also schöpferische Phantasie. Und wenn die meine viel besser wäre? Sehen Sie: dort hinterm Pappelwald beginnen Getreideäcker und Wiesen, riechen Sie den Heuduft, und dort ist eine kleine Siedlung mit hübschen sauberen Häuschen und Blumengärtchen, und keine rauchenden Schlote mehr, keine Werkshallen, keine Abgase, keine Abwässer. Ist das nicht der schönere Traum? Die Leute sind ärmer, aber was tuts? Schauen Sie mich nicht so verächtlich an. Wenn ich will, ist dieser Traum in drei Jahren Wirklichkeit, während es der Ihre vielleicht nie wird, oder erst in zwei drei Jahrzehnten. Barbara: glauben Sie im Ernst, daß Ihr Traum der bessere ist? Aber gehen wir. Der Tee wartet. Sie wissen: die Pünktlichkeit, die Norm. Vorsicht, die Stufen sind glatt, ausgetreten von Generationen Träumender. Helle Träumer, schwarze Träumer. Schlafwandler alle. Langsam, ich hinke. Haben Sie das vorhin nicht bemerkt? Habe ich weniger gehinkt? Gar nicht? Sonderbar. Ein Sturz vom Pferd? Nein, eine ganz gewöhnliche Arthrose.

Progressiv. In zehn Jahren kann Rosali mich im Rollstuhl schieben. Nein, ich scherze nicht. Vorsicht, diese Platte liegt lose. Man sollte sie reparieren. Mein Gärtner wird alt. Ich kann ihn nicht entlassen, und einen jungen Gehilfen duldet er nicht. Nun ja, Sie sehen. Was Sie sehen sollen? Die Perfektion, die keine mehr ist. Die Lücke. Die Ritze. Kennen Sie übrigens die Bibel? Ich meine die Geschichte von dem Mann, der sich in einem nächtlichen Ringkampf mit einem Unsichtbaren die Hüfte verrenkte? Jakob hieß er, ja, so ist es. Und wer war der unsichtbare Gegner, wissen Sie das auch? Und worum gings denn bei diesem Kampf? Wissen Sie nicht. Ich weiß: Jakob wollte den Unsichtbaren dazu bringen, ihn zu segnen. Was das heißt? Denken Sie selbst, Barbara. Jakob kämpfte mit seinem Schicksal. Kann man sagen. Und wer war der Sieger? Es gibt keine Sieger, Barbara. Es gibt auch keine siegreiche Gesellschaftsklasse. Aber genügt es nicht, daß es immer wieder Narren gibt, die glauben, die Welt verbessern zu können, und sich dabei die Hüfte verrenken?

Vergib uns, wie auch wir vergeben

1. Tag

Und wie lange leben Sie in diesem Zustand?

Zustand, was für ein sonderbares Wort. Zustand, Verstand, Beistand, Abstand. Ja, Abstand, das ist besser.

Also: wie lange haben Sie diese Depression?

Oppression wäre besser, und Obsession noch besser.

Sehr gut. Wie lange also?

Drei Jahre.

Und was hat Sie in diese Stimmung gebracht?

Verstimmung, Umstimmung, Zustimmung, Abstimmung, Bestimmung. Ja, da war etwas, aber ich erinnere mich nicht. Das Kind war schon drei Monate tot. Das hatte ich irgendwie, ja irgendwie überwunden. Ich war traurig, natürlich, aber das Leben ging weiter. Und auf einmal …

Auf einmal?

Da war etwas. Ich träumte von einem Mord, einmal, nochmal, zehnmal. Als gäbs keine andern Träume. So was Langweiliges.

Wer wollte Sie ermorden?

Mich? Ich! Ich wollte jemand ermorden. Aber wen?

Wenn ich das wüßte. Wenn ich das wissen könnte.

Ist Ihre Ehe gut?

Ehe. Ehemals. Jetzt: nicht gut, nicht schlecht. Sie ist gar nicht.

Möchten Sie lieber ohne Ihren Mann leben?

Mit oder ohne, das ist gleich.

Wären Sie traurig, wenn Ihr Mann sterben würde?

Seit dem Tod des Kindes ist es mir gleichgültig, wer stirbt, jemand andrer oder ich.

Haben Sie je an Selbstmord gedacht?

Sag ich Ihnen doch, Doktor: es ist mir gleichgültig, ob ich lebe oder nicht. Wenn ich mich umbringen würde, müßte ich ja etwas wählen, also wäre mir nicht alles gleichgültig.

Die Person, die Sie im Traum töten, ist das ein Mann oder eine Frau?

Weder noch. Ich habe ein Messer und stoße zu, aber da ist dann nichts.

Zuerst aber ist da etwas.

Offenbar. Aber was ist etwas?

Vielleicht sind es Sie selbst? Besser gesagt: vielleicht ist etwas in Ihnen, das Sie töten wollen?

Derlei kann man doch nicht mit einem Messer töten, Doktor!

Das Messer ist ein Bild. Aber Sie sagten: derlei. Was meinen Sie mit: derlei?

Was in einem selbst steckt. Davon haben Sie geredet, nicht ich.

Sie auch. Da sind wir uns also einig. Sie wollen im Traum etwas töten, etwas in Ihnen, das nicht umzubringen ist.

Etwas in mir … In mir. In mir ist nichts. Rein gar nichts.

Nichts mehr. Niemals mehr.

Auch keine Erinnerungen?

Erinnerung, Eräußerung, Entäußerung …

Bleiben Sie bei der Sache.

Bleibe ich doch. Ich will mich erinnern, so sehr will ich es, daß mir der Kopf zerspringt.

Gut, hören wir auf für heute.

2. Tag

Haben Sie wieder geträumt?

Ja. Ich habe von einem riesigen Tier geträumt, das mich ins Wasser … Moment: Tier, Wasser … Jetzt ists wieder entschwunden.

Ein Tier? Was für ein Tier?

Irgendeins. Es war trächtig. Sein Bauch war dick, und ich stieß mit dem Messer direkt in diesen dikken Bauch.

Patsch.

War das Tier dann tot?

Nein. Oder ja. Ich glaube. Es kamen zwei Junge

aus dem Bauch gekrochen, die lebten, dann brachte ich auch sie um. Alle.

Sie waren dann sehr erleichtert?

Nein.

Es tat Ihnen leid?

Kein Gefühl. Ich ging einfach weg und ließ alles hinter mir. Ich ging weit weg in einen dichten Nebel hinein und verschwand.

Was für Junge waren es?

Hunde.

Warum zittern Sie jetzt? War das riesige Tier, das Sie ins Wasser stoßen wollte, ein Hund?

Es gibt keine riesigen Hunde.

Im Traum schon.

Nein nein nein. Kein Hund. Ein wildes Tier. Ein Raubtier. Ein Hund ist doch kein Raubtier.

Haben Sie Hunde gern? Was ist Ihnen? Bleiben Sie liegen. Hier, trinken Sie das. Ist Ihnen übel?

Ich will jetzt gehen.

3. Tag

Also, die Sache mit dem Hund. Ich habe wieder davon geträumt. Aber es war kein riesiger Hund. Es war ein ganz normaler Schäferhund. Eine Hündin, genau gesagt.

Und die wollte Sie ins Wasser stoßen?

Ja.

Aber es gelang ihr nicht. Sie haben sich gewehrt? Haben Sie sie mit dem Messer totgestochen?

Ich hatte kein Messer bei mir. Ich stieß die Hündin ins Wasser.

Also nicht der Hund stieß Sie ins Wasser, sondern Sie ihn.

Ich weiß nicht. Nein, ich weiß nicht. Er mich ich ihn.

Liegt Ihr Haus nicht am See?

Ja, warum?

Das Wasser spielt eine große Rolle in Ihrem Leben?

Rolle? Rollen. Hinunterrollen. Am Haus ist ein Abhang zum See hinunter.

Um Gottes willen, was ist Ihnen? Bleiben Sie ruhig liegen. Ganz ruhig.

Ist schon vorbei. Ich will jetzt heim.

Soll ich Ihren Mann anrufen?

Der ist nicht daheim. Der ist verreist. Ja, verreist. Immer. Ein Taxi, bitte.

4. Tag

Gehts Ihnen heute besser?

Besser, schlechter, ist ja gleichgültig.

Wieder geträumt?

Nicht geträumt. Gar nicht. Aber ich weiß jetzt etwas. Ich bin nämlich jener Hündin begegnet, das heißt nicht begegnet, ich hab sie von weitem gesehen, erkannt.

Die Traum-Hündin?

Nein, die andre, die richtige, die lebende. Ich habe sie damals verschenkt.

Damals?

Als das Kind tot war, wollte ich auch keinen Hund mehr.

Frau Berg: woran ist Ihr Kind gestorben?

Woran, woran. An … an nichts … an gar nichts … es ist einfach tot …

Was sagen Sie? Ich verstehe Sie nicht.

Wieso verstehen Sie mich nicht? Ich schreie doch! Es ist ertrunken! Im See! Ja.

Vor drei Jahren?

Vor drei Jahren und drei Monaten.

Und Sie sagten am ersten Tag, diese Ihre Verstimmung begann vor drei Jahren, also nicht sofort mit dem Tod Ihres Kindes?

Sagte ich so?

Stimmt es nicht?

Ja, vielleicht. Ja, ja.

Also: in dem Vierteljahr nach dem Tod Ihres Kindes waren Sie zwar traurig, aber Sie hatten das, was Sie Verstimmung nennen, noch nicht. Wie erklären Sie sich das?

Spätwirkung.

Und wodurch ausgelöst?

Ausgelöst, eingelöst, verlost …

Bitte.

Also: ausgelost, ausgelöst durch irgendwas.

Begannen Ihre Träume von dem riesigen Tier, das Sie ins Wasser stoßen wollte, damals oder gleich nach dem Tod Ihres Kindes?

Damals. Ja. Damals. Nicht gleich. Da war etwas. Da war etwas. Ja wenn ich das wüßte.

Hatten Sie da Ihren Hund, die Schäferhündin, noch?

Da hatte ich sie verschenkt, sagte ich doch, verschenkt, ausgeschenkt.

Warum verschenkt?

Kein Kind mehr kein Hund mehr.

Ich verstehe: der Hund erinnerte Sie an das Kind, Sie verschenkten den Hund, sie wollten die Erinnerung beseitigen.

Möglich.

Aber Sie verschenkten den Hund erst drei Monate nach dem Tod Ihres Kindes. Warum nicht gleich?

Als ich die Hündin verschenkte, war sie hoch trächtig.

Sie wollten keine jungen Hunde im Haus. Verständlich.

Verständlich. Zwei Junge hatte sie im Bauch. Ich habe sie abgetastet. Hab sie deutlich gespürt. Zwei. Eins und zwei sind drei. Drei gegen eins.

Drei gegen eins? Drei Hunde gegen ein Kind?

Das ist eine glatte Rechnung, oder? Branca hat das verstanden.

Branca?

So hieß heißt die Hündin.

Und was hat sie verstanden?

Drei zu eins. Ich habe es ihr gesagt und mit den Fingern gezeigt.

Was hat Branca mit dem Tod Ihres Kindes zu tun?

Nichts nichts nichts. Mir ist schlecht, Doktor.

Bleiben Sie liegen. Ich sage: liegenbleiben! Und jetzt erinnern Sie sich. Jetzt wissen Sie alles wieder. Ich helfe Ihnen ein wenig. Sagen Sie, wenn ich falsch rate. Ich nehme Ihre Wörter: See, Abhang, Kind ertrunken, trächtige Hündin, drei Hunde gegen ein Kind. Sie haben die Hündin gehaßt, weil sie Junge hatte. Warum wollten Sie kein Kind mehr, Frau Berg?

Ich? Wieso ich? Kann ich allein ein Kind machen?

Ihr Mann wollte keins mehr?

Nein, der wollte keins mehr, der hat schon das erste …

Ja, er wollte überhaupt kein Kind. Das erste sollte ich …

Aber lassen wir das. Als das Kind ertrunken war, sagte er: Siehst du jetzt, daß das Schicksal nicht wollte, daß wir ein Kind haben? Da wollte ich ihn …

Was?

Ach nichts, nichts.

Was ist mit dem Wort Abhang?

Abhang abhängen anhängen erhängen … Da ist etwas.

Wenn ich mich nur erinnern könnte.

Wie kam es, daß Ihr Kind ertrank? Lief es oder rollte es den Abhang hinunter zum Wasser? Und niemand bemerkte es?

Der Zaun der Drahtzaun die Lücke der Hund das Kind …

Da ist es, da ist es, Doktor. Halten Sie's fest!

Also: da war eine Lücke im Zaun, durch die Ihr Kind schlüpfte. Es war dem Hund nachgelaufen, der durch die Lücke …

Die Lücke, die hatte der Hund gegraben! Und da schlüpfte das Kind durch. Der Hund …

Kann es nicht anders gewesen sein: das Kind hat sich einen Durchschlupf geschaffen, der Hund folgt, das Kind fällt ins Wasser, der Hund will es retten. Warum nicht so?

Warum warum das hätte ich doch irgendwie … und die Hündin mit ihrem schlechten Gewissen …

Schlechtes Gewissen?

Warten Sie da taucht etwas auf. Schlechtes Gewissen ja … da war der Abend da wollte ich alles vernichten was an das Kind erinnerte vernichten nichten als ginge das: zu nichts machen. Geht ja nicht. Nichts gibts ja gar nicht. Aber ich wollte. Ich zog die Schiebladen im Kinderzimmer auf und nahm einen Schuh heraus ein Schühchen so klein und da kam Branca und sah das Schühchen und fing an zu zittern. Was ist denn frag ich komm her Branca aber sie gehorsamer Hund sonst kommt nicht sie zieht sich hinter den Schrank zurück und zittert was ist denn Branca was ist komm sofort her sie kommt nicht und da da fällts mir ein ich habs ja irgendwie die ganze Zeit gewußt aber nicht wissen wollen weil ich gar nichts mehr wissen wollte vom Kind und wie es hat geschehen können daß es ans Wasser kam da war doch der Zaun und eigens mit Stacheldraht zwischen den Latten und niemand konnte da durch und das Türchen zum Schiffssteg war mit dem Schloß versperrt also wie kommt da ein Kind durch aber da war dieses Loch im Boden da hatte wer aufgegraben gerade so weit daß ein Kind … ein Kind und ein Hund ein Kind gräbt ja nicht ein Hund gräbt und ich sage: Branca jetzt kenne ich endlich den Mörder so und jetzt kommst du dran mit deinen Jungen im Bauch drei gegen eins sie kommt nicht her da nehm ich die Leine und hänge sie an so jetzt zeig mir wie du es getan hast und sie winselt ein wenig aber geht mit den Abhang hinunter und unsre Haushilfe ruft noch Frau Berg der Hund hat noch nicht gefressen haha denk ich der wird nie mehr fressen aber die Haushilfe ruft die Hündin ist trächtig die braucht ihr Fressen jaja schon gut die Hündin die Hündin, und ich? Da sind wir an der

Lücke im Zaun. So sag ich jetzt zeig mir wie du's gemacht hast los sie will nicht sie zittert und sträubt sich ich sage wieder drei gegen eins ich schlüpfe durch die Lücke ich zerreiße mir das Kleid und schürf mir die Haut auf am Hals und im Gesicht und dann zieh ich die Hündin nach sie zittert bleibt aber stehen sie könnte sich losreißen und weglaufen sie tuts nicht sie bleibt stehen und läßt alles mit sich geschehen ich bind ihr einen großen Stein an die Leine und sag damit kommst du nimmer hoch Kindsmörderin du und geb ihr einen Stoß aber sie steht nur da mit einer Pfote schon überm Wasser und schaut mich an wenn sie sich gewehrt hätte oder geknurrt hätte ichs tun können aber so wie sie mich anschaut da bind ich sie los und sag lauf schnell bevors mich reut sie läuft aber nicht weg sie drängt sich an mich und legt die Schnauze an meine Hand ich stoße sie weg du Hündin sag ich du Hündin du.

Und dann?

Dann sind wir ins Haus zurückgegangen, die Hündin dicht hinter mir. Die Haushilfe sagt: Sie sind ganz weiß im Gesicht, sind Sie krank? Und was ist mit Branca? Warum schleicht sie so mit dem Schwanz eingezogen? Ich sage: Sie hat Hunger, geben Sie ihr das Fressen. Aber Branca hat nicht gefressen. Am nächsten Tag hab ich sie verschenkt.

Und Ihr Mann?

Der hat nicht mal gefragt, wo der Hund ist. Kind weg Hund weg. Jetzt gehört das Haus ihm allein.

Frau Berg, ist Ihnen klar, wen Sie im Traum ermordet haben?

Die Hündin natürlich. Jetzt ist mir alles klar.

Wirklich? Fühlen Sie sich jetzt erleichtert?

Ich weiß nicht.

Wenn Ihre Depression zurückkehrt, dann kommen Sie wieder, ja?

Ja, ja. Vielleicht. Leicht.

Ein halbes Jahr später.

Doktor, ich weiß jetzt alles.

Was denn?

Also: gestern sehe ich auf der Straße plötzlich Branca, sie geht an der Leine, neben ihr an der andern Leine ein jüngerer Hund, eine Hündin ebenfalls, sicher eins der beiden Jungen von damals. Und jetzt stellen Sie sich vor: Branca ist schon drei Jahre nicht mehr bei mir, aber was denken Sie: sie sieht mich und schlüpft mit dem Kopf aus dem Halsband und läuft auf mich zu. Mein erster Gedanke: sie wird mich beißen, sie wird sich rächen. Aber sie legt ihre Schnauze an meine Hand, wie sie es immer getan hat, und winselt. Branca, sag ich, Branca, guter Hund. Ihre jetzige Herrin kennt mich nicht mehr. Ich sage: Verkaufen Sie mir den Hund? Nein, sagt sie, aber wenn Sie den jungen wollen, den können Sie haben. Ich sage: Ich nehme beide, ganz gleich, was sie kosten. Ich biete ihr eine schöne Summe. Sie sagt: Also, dann nehmen Sie den alten da, der hat sich sowieso nie an mich gewöhnt. Sie gibt mir die Leine. Aber Branca, die alles versteht, stellt sich neben ihr Junges und geht nicht vorwärts und nicht rückwärts. Da sagt die Frau: Nun gut, nehmen Sie beide, aber es sind Rassehunde, die sind teuer. Jaja, teuer, ich zahle sofort. So, auf der Straße, machen wir den Handel. Und jetzt habe ich also zwei Hunde, und es geht mir gut, ja, wirklich.

Und Ihr Mann?

Wir sind geschieden.

Und wissen Sie jetzt, wen Sie im Traum ermorden wollten?

Äskulap

Ich fahre langsam, um die Ausfahrt nicht zu übersehen. Jene Ausfahrt. DIE Ausfahrt. Sie ist jetzt, bei meiner Rückfahrt, auf der andern Seite der Autobahn. Ich halte auf meiner Seite und schaue hinüber. Ein paar Anhalter. Mädchen. Sie stehen nicht lange. Jetzt ist die Stelle wieder leer. Ein plötzlicher Nadelstich: wenn er wieder dort stünde und in ein Auto stiege und mitführe, wenn das, was ich erlebte, gar nicht ein-malig wäre, wenn … Der jähe Schmerz wird überflutet und weggespült vom neuen, ganz neuen Gefühl. Ich fahre weiter. Ich höre Singen und wundere mich, daß ich es bin, der singt. Seit vielen Jahren habe ich nicht gesungen. Den Vogel, der zu früh am Morgen singt, frißt am Abend die Katze. Sagte meine Großmutter. Gelogen. Ich sage laut: Gelogen! Ich lache und singe weiter. Eine Melodie ohne Worte. Die fallen mir dazu erst später ein: »Mir ist so wunderbar, es engt das Herz mir ein.« ›Fidelio‹. Es engt das Herz mir ein. Nein, stimmt nicht: es weitet aus, es sprengt auf, es reißt Mauern ein. ›Mir ist so wunderbar‹. DAS ist es. Ich habe neue Augen, ich SEHE! Ich sehe die Landschaft, ich sehe sie zum ersten Mal. Hundertmal bin ich hier gefahren, sehr schnell, um heimzukommen zur Arbeit. Von Arbeit zu Arbeit, und blind. Jetzt aber: die Landschaft ist schön. Juniwiesen. Löwenzahn und blauer Himmel, so blau! Ich fahre langsam. Ich schaue. Noch zweihundert Kilometer. Ich habe keine Eile. Aber so langsam ich auch fahre: ich werde ankommen müssen. Unausweichlich. Und wenn ich nicht heimkehrte? Nie mehr? Wenn ich bei der nächsten Ausfahrt umkehrte? Irgendwohin führe, in dieses Blau und Gold hinein? Einfach verschwinden. Es gibt viele Männer, die das tun. Aber ich will es ja gar nicht. Was ich will, ach … Ihn wiederfinden, das ist es. Jedoch: ich werde ihn nie wiederfinden. Ich weiß es. Ich darf ihn nie wiederfinden. So ein Tag hat keine Wiederholung. Er ist das Ein-Mal, und in diesem Ein-Mal ist alles. Noch hundertfünfzig Kilometer. Wie aber jetzt weiterleben? Im Exil, und mit einem Geheimnis. Ich höre mich lachen. Wenn ihr wüßtet. Immer habt ihr mich für geheimnisvoll gehalten, mich, der kein Geheimnis hat außer Geschäftsgeheimnissen, die der halbe Betrieb ohnehin weiß. Der nur die Geheimnisse vieler andrer kennt. Geh zum Chef, dem kannst du dich anvertrauen, der schweigt. Beschwerden des einen über den andern, des andern über den einen. Der Chef sagt nichts weiter. Ängste, Bekenntnisse,

Belastendes. Der Chef hilft, der Chef schweigt. Als stünde er unter ärztlicher Schweigepflicht. Oder unter der des priesterlichen Beichtvaters. Vertrauenswürdig durch Schweigen. Nicht verdächtigt des Verschweigens von etwas, das er zu verschweigen hätte. Im Gegenteil: einer, der nichts zu verbergen hat, aber über alles schweigt, was andre vor andern verbergen wollen. Ein geheimnisvoller Mann, ein rätselhafter Mann, sagen die Frauen und versuchen, das Rätsel zu lösen. Frauen. Sie interessierten mich nicht. Nie. Eines Tages habe ich geheiratet. Warum? Man heiratet eben. Marta und ich. Das Muster-Ehepaar. Keine Skandale. Ein Haus voll ruhiger Freundlichkeit, verödet, seit die beiden Kinder fort sind zum Studium in den USA. Marta. Ich mag sie, denn sie ist mir nie eine Störung gewesen. Ja, das ists. Eben das. Keine Störung. Marta, die keine Ansprüche an mich stellt. Keine. Marta, so kühl, so unerschütterlich ruhig. Mir wird die Kehle eng. Ich denke an den Abschied vor einer Woche. Sie begleitet mich zum Auto. Wie immer. Alles wie immer. Aber dieses Mal eine Variante, unangenehm, peinlich. Sie legt die Hand auf das heruntergekurbelte Fenster. Ich will abfahren, aber diese Hand … Und dann: Bitte, fahr nicht. Aber Marta, was soll das, ich muß doch zu diesem Kongreß, wie kannst du … Bitte, fahr nicht. Was ist denn, hast du einen Alptraum gehabt? Sie schweigt. Bist du krank, Marta? Bedrückt dich etwas? Sag es mir doch, sag es mir rasch. So sagte ich: sag es mir rasch. Da nahm sie die Hand weg. Fahr nur, und komm mir heil wieder. Komm MIR heil wieder. Warum dieses MIR? Es ärgert mich, dieses besitzbetonende Wort. MIR. Als gäbe es nur sie, zu der heil heimzukehren wichtig sei. Ich fahre los, schärfer als sonst starte ich, aber ich muß das Gas zurücknehmen und langsam fahren, weil hier ein Kinderspielplatz ist. So bleibt die Straße lange im Rückspiegel, und so bleibt darin auch Marta, die immer noch vor dem Gartentor steht. Ich ärgere mich. Was steht sie so da. Eine Woche wird sie so dastehen. Immer wird sie dastehen und mich erwarten. Treu. Marta, die treue Ehefrau, die annimmt, daß auch ihr Mann treu ist. Und er ist es tatsächlich. Außer ihr glaubt es niemand.

Ich lache. Aber jetzt, Marta: ich habe ein Geheimnis, ich habe etwas gefunden! Was denn? Den Stein der Weisen: Mich-Selbst.

Komm MIR heil zurück. Marta, heil, ja. Geheilt. Von einer lebenslangen Krankheit geheilt, die Irrtum heißt.

Wenn ich es Marta erzählen würde?

Ich probe die Szene:

Gott sei Dank, da bist du ja.

Da bin ich. Heil zurück, ja. Dir heil zurück.

Du wirst Hunger und Durst haben. Ich richte den Tee.

Laß, Marta, ich will dir etwas erzählen.

Ja, gleich, ich setz nur das Teewasser auf.

Marta, bleib da.

Ist was passiert? Du bist so sonderbar. (Mir ist so wunderbar.)

Höre, Marta: als ich vor acht Tagen hier abfuhr, war ich ein alter Mann.

Du warst überarbeitet. Die Reise hat dir gutgetan, sehe ich. War der Kongreß also nicht anstrengend?

Nein, im Gegenteil. Marta …

Willst du einen Whisky?

Nein, danke.

Hast du Fieber? Deine Augen glänzen so. (Sie legt ihre Hand auf meine Stirn. Ich entziehe mich ihr. Diese Berührung nach jener andern: unerträglich. Sie zu dulden: ein Verrat.)

Aber du willst sicher erst mal unter die Dusche.

(Ja, deine Berührung abwaschen. Aber das sage ich nicht. Natürlich nicht.) Ich sage: Ja, du kennst meine Gewohnheiten.

Und Marta: Ja, ich kenn dich lang genug.

Ich lache. Ob sie mein Lachen deuten kann? Ja, ja, du kennst mich.

Wie du das sagst. Spottest du?

Wenn du's so nimmst.

Soll ichs so nehmen?

Ach Marta, laß doch.

Wie schaut sie mich an? Ihre Kaninchenaugen sind noch schräger als sonst.

Soll ich jetzt reden? Soll ich? Soll ich sagen: Also, dir fällt was auf an mir? Was denn?

Ich gehe den Tee machen. Bis du aus dem Bad kommst, ist er fertig.

Marta! (Ich schreie fast.) Marta, bleib da, ich will dir, ich muß dir etwas erzählen.

Ja? Hats noch Zeit bis nachher?

(Nein, Marta, nachher ist zu spät.)

Aber sie ist schon in die Küche gegangen. Ich gehe nicht ins Bad, ich bleibe sitzen, verstaubt und verschwitzt von der langen Fahrt. Sie hantiert in der Küche herum. Geschirr klirrt, irgendetwas, ein Teelöffel, fällt ihr hinunter. Sie ist nervös.

Ich probe die Szene weiter. Marta kommt herein, das Tablett mit Teegeschirr und Gebäck vor sich hertragend wie einen Schild, an dem alles abprallen wird, was immer ich ihr erzähle, Gutes, Schlimmes, Gleichgültiges. Alles Neue ist ihr Störung.

Sie gießt mir den Tee ein. Zwei Stück Zucker. Ohne zu fragen. Und drei Tropfen Rahm. Wie immer. Alles wie immer. Sie kennt mich ja.

Sie sitzt mir gegenüber und rührt in ihrer Tasse. Der Löffel klirrt. Sie schaut mich schief an.

Also mein Lieber, jetzt erzähl.

(Zu spät, Marta, zu spät. Wie immer. Für immer. Ich habe dir die Tür einen Spaltweit geöffnet. Du hättest deinen Fuß dazwischen schieben sollen, damit sie nicht zufällt. Versäumt. Wie immer, wie immer. Oder doch nicht? Jetzt, jetzt rede ich.)

Höre, Marta, ich habe entdeckt, daß ich … (Wie sage ichs, um sie nicht mit Worten zu schockieren? Ich muß mich ihrem Geschmack anpassen.)

Also: ich habe meine Fähigkeit entdeckt, einen Mann zu lieben.

Einen Mann? Wie das? Was heißt: lieben?

Sehr einfach: so lieben, wie man eine Frau liebt.

Das geht doch nicht. Das ist doch etwas ganz andres.

Ja, Marta, das ist etwas andres. Aber es geht.

Sie wird rot. Sie stellt sich etwas vor, flüchtig, dann wischt sie es weg. Sie ist ungemein beherrscht. Wohlerzogen.

Laß uns nicht darüber reden. Es ist deine Sache.

Nein, Marta, es ist auch die deine. Du mußt das wissen: ich habe nie eine Frau erotisch geliebt. Auch dich nicht. Dich vor allem nicht. Du gleichst zu sehr meiner Mutter.

Die liebst du doch?

Ja eben. Aber laß das.

Ja, lassen wir das.

Nein, das Ganze, das können wir nicht lassen, Marta. Du mußt wissen, daß ich mein Leben in einem Irrtum verbracht habe.

Aber wir haben doch … Ich meine, wir haben ja Kinder!

Ich bin ja nicht impotent. Schließlich kann man … Kurz und gut, Marta: ich habe nie Freude gehabt beim Beischlaf. Nie. Weil …

Sie schreit auf. Nein, sie schreit nicht auf. Sie fällt in Ohnmacht. Nein, sie fällt nicht in Ohnmacht. Sie gibt sich keine Blöße. Sie steht auf, räumt das Teegeschirr ab, trägt das Tablett hinaus. Sie wird nie mehr auf dieses Gespräch zurückkommen. Sie wird nie mehr eine Zärtlichkeit versuchen und erwarten. Sie wird das Gehörte verdrängen. Jetzt, in der Küche, denkt sie noch nach. Sie ordnet ihre Gedanken. Also: Er ist betrunken, oder er hat Fieber, seine Augen glänzen. Oder: Er will mich verletzen, wer weiß warum, vielleicht hatte er Ärger auf dem Kongreß und lädt ihn bei mir ab. Oder: Er will mich provozieren zu mehr Leidenschaft, aber das geht nicht bei mir, ich bin eben kühl. Oder: Er war bei einer andern Frau, vielleicht in einem dieser Häuser, und hat ein schlechtes Gewissen. Oder aber: Es ist sein Wunschtraum, einen Mann zu lieben; alle Männer sind bisexuell, sagt man.

Jedenfalls: dieses Gespräch findet nie statt. Mit Marta nicht.

Ich fahre weiter. Noch hundert Kilometer. »Es engt das Herz mir ein.« Ich kann doch nicht heimfahren. Heim ... Aber ich muß doch. Also muß ich das Neue einordnen. Wie aber? Ich muß mit jemand darüber reden. Ich, der Schweigsame, ich will reden. Darüber reden. Mit wem aber? Eine Reihe von Gesichtern. Nein, mit dem nicht, mit dem nicht, mit dem vielleicht, nein, doch nicht. Bleibt schließlich das Bild eines weißgekachelten Labors an der TH. Max, Biochemiker, Schulkamerad schon im Gymnasium, neun Jahre Internat gemeinsam. Und vor allem: Max, obwohl verheiratet, hatte Skandale. Mit Knaben. Er war schon einmal nahe dran, im Gefängnis zu landen. Das war ein Schock. Seither … Aber ich weiß ja nicht. Vielleicht waren es eben doch nicht nur Affairen. Da war doch mal eine längere Geschichte mit diesem Spanier, seinem Assistenten. Jedenfalls: wenn einer mich versteht, dann er. Falls er mich verstehen will. Falls es ihm nicht peinlich ist, über etwas zu reden, was für ihn Vergangenheit ist.

Ich probe die Szene. Das weißgekachelte Labor also. Max im schneeweißen Kittel. ›Es fiel ein Reif in der Frühlingsnacht‹. Max, mitten in der Arbeit, umgeben von Assistenten. Ich störe. Ich weiß. Bitte Max, kann ich mit dir reden? Jetzt? Ja, jetzt. (Jetzt oder nie.) Also, komm, hier nebenan …

Er zündet sich eine Zigarette an, schlägt die langen Beine übereinander, streicht sich die noch ganz schwarzen Haare aus der Stirn und schaut mich an, als schaute er durchs Mikroskop, ein Auge zugekniffen, so schaute er schon immer.

Nun?

Um Viertel nach fünf habe ich Vorlesung.

Ich werde ganz kurz sein. Eine Frage: Ist Ehebruch ein Scheidungsgrund, wenn … nun, wenn es sich um einen Mann handelt?

Wieso: um einen Mann? In einer Ehe ist immer ein Mann, drinnen oder draußen, und einer ist überzählig.

Versteh mich doch.

Du meinst, wenn es sich um zwei Männer handelt? Also, da mußt du mit einem Juristen reden.

Max, bitte, tu nicht so, als ob. Ich kenne dich. Ich kannte deine Affairen.

Max lacht. Er lacht gequält. Also, wenn du gekommen bist, die Seele eines alten Päderasten zu retten, da kommst du zu spät. Aber, sag mal, dich scheint das Problem mächtig zu interessieren. Was ist los?

Eben dies.

Also du hast endlich.

Ich habe endlich.

Na. Gott sei Dank. Mir schienst du immer wie eine virgo intacta. Hat dich endlich einer erweckt, Dornröschen?

Max, kannst du nicht ernst sein? Die Sache ist ernst für mich.

(Er singt aus dem ›Falstaff‹: »Alles ist Spaß auf Erden.«)

Hör auf, zum Teufel, du singst abscheulich falsch.

Er hört auf. Also, was willst du von mir? Absolution? Geh zum Beichtvater. Oder soll ich dir sagen, daß du immer schon schwul warst bis in die Knochen? Meinst du, ich hätte es sonst im Internat nicht immer wieder versucht, dich herumzukriegen. Du warst dafür geschaffen. Alle waren wir scharf auf dich. Aber du warst das Unschuldslamm, tabu. Deine Verdrängungen waren eine Mauer um dich. Wir gaben es auf. Und jetzt also –! Gut, gut. Ist dir wohler jetzt?

Max, du verstehst nichts. Es geht um etwas andres. Es ist keine Affaire.

Max lacht.

Laß dieses Komplizenlachen, Max. Wirf deine Affairen nicht in einen Topf mit dem, was ich erlebt habe.

Was für eine subtile Unterscheidung: ich habe Affairen, du hast ein Erlebnis. Bei dir ist immer alles einmalig und besser und höher und tiefer und geistiger und was weiß ich. Nie erträgst du, wenn man dir sagt, daß du nicht besser und nicht schlechter bist als andre. Bei dir ists kein Strichjunge, der dich ausnimmt, bei dir ists ein junger Prinz oder Gott; darunter tust du's nicht.

Sein Wort vom jungen Gott … Ich bins, der es ihm in den Mund legt, aber daß er oder irgendeiner es sagen *könnte,* macht mich rasend. Ich will den imaginären Max bestrafen, ich will ihn beleidigen. Ich schreie: Wenn du denkst, ich gehöre jetzt zu eurer miesen Schwulenclique …

Ich schlage die Labortür zu. In meiner Vorstellung. In meinen Überlegungen. Max. Nein nein. Gerade der nicht.

Wie empfindlich ich bin. Wie dünn das Gespinst aus Mondstrahlen. Daß mir nur ja keiner dran rührt.

Aber warum dann doch mein Bedürfnis, mein Drang, mich jemand mitzuteilen? Mich! Mich, indem ich diese Geschichte erzähle.

Als Junge im Internat, im katholischen, habe ich Sünden erfunden, um etwas zum Beichten zu haben. Fünfzehn war ich, als ich beichtete, ich habe mit einem Mädchen geschlafen. Sechstes Gebot. Und dann beim achten: Ich habe gelogen. Denn es war gelogen. Der Beichtvater, unser Internatspräfekt, ging überhaupt nicht darauf ein. Enttäuschend. Verwirrend. Später erfuhr ich, daß er ein paar peinliche Geschichten hatte mit Knaben im Internat. Man sagte, er sei krank, nervenkrank, geisteskrank, er kam in eine Nervenheilanstalt. Keine Sünde, nein, eine Krankheit nur. Damit war alles erklärt und abgewaschen.

Warum zum Teufel fällt mir diese Sache jetzt ein. Sie paßt nicht zu mir, nicht zu meinem Erlebnis. Sie ist schlechthin unpassend. (Martas Lieblingswort: »unpassend«.)

Noch achtzig Kilometer.

Da fällt mir Gregory ein. Natürlich. Aber warum erst jetzt? Es ist das Nahliegende, das Allernächstliegende. Gregory, der Psychotherapeut. Mein Freund seit der Studienzeit. Der Zuständige. DER Zuständige.

Also Gregory.

Die Rollenprobe:

Gregory, hast du eine Viertelstunde Zeit für mich?

Der Blick auf die Armbanduhr. Der nächste Patient kommt in einer halben Stunde.

Der nächste Patient. Gregory, ich bin doch kein Patient.

Nein? Gibt es Leute, die keine potentiellen oder virtuellen Patienten sind?

Er lächelt. Er nimmt sich und alles was er sagt immer sofort in diesem sanften Lächeln zurück. Aber in seinen Augen, da lauert der gewiefte Seelenarzt. Der wittert ein Opfer, der nimmt die schwächste Spur auf. Der bleibt vor dem Mausloch sitzen, bis die Maus herauskommt, und wenns Tage und Wochen dauert.

Also, du hast ein Problem.

Er fügt sofort hinzu: Wer hat keins.

Ich habe kein Problem, Gregory.

Wie schön. Du hast kein Problem. Ist das dein Problem, keins zu haben? Weshalb kommst du?

Einfach, um dir etwas zu erzählen, was ich keinem sonst anvertrauen möchte. Etwas Schönes, Gregory!

Darf ich raten? Du bist verliebt.

Ver-liebt. Was für ein sonderbares Wort. Diese Vorsilbe VER. VER-loren. VER-spielt. VER-gessen.

VER-fahren … Also: VER-liebt. Na, meinetwegen so.

Du warst nie einer, der sich rasch verliebte. Es hat lang gedauert, bis du Marta geheiratet hast.

Hätte ichs doch nicht.

Ist die Ehe brüchig? Ist eine andre Frau da?

Nicht das eine, nicht das andre.

Wie: aber du bist verliebt?

Ja. Kurz und gut, es ist keine Frau, es ist ein Mann.

Ein Mann. Jung?

Ja, jung.

Ein Knabe?

Keine Angst. Kein Knabe. Ein junger Mann, über zwanzig.

Von hier?

Nein. Von irgendwoher. Vom Himmel gefallen.

Wo hast du ihn getroffen?

Unterwegs, an der Autostraße.

Ein Anhalter?

Einer, der kein Anhalterzeichen machte, sondern nur so dastand, vielmehr einfach auftauchte. Er hatte übrigens kein Gepäck, nicht einmal eine Tasche.

Und den nahmst du mit? Du, der so Vorsichtige? Wars ein Ausgeflippter?

O nein. Er sah kerngesund aus und fröhlich. Übrigens, er war schön. Sehr schön.

Wie?

Wenn du dir eine Figur von, sagen wir, Praxiteles vorstellst. So.

So. Ein junger Grieche?

Blond. Stirnlocken wie ein Stier. Und das Hemd vorn offen, ein blondes Vlies. Ich hielt ihn für einen Ausländer. Trotz seiner Blondheit. Als ich hielt, stieg er ein. Ganz einfach. Wortlos. Ein Stummer. Dachte ich. Wohin wollen Sie? Er deutete in die Richtung, in der ich fuhr. Da saß er dann neben mir, schweigend, die Hände auf die Knie gelegt, Handfläche nach unten, auf Bauernart, die langen Beine angezogen. Brav saß er da. Artig. Und kein Wort. Er schaute geradeaus. Ich liebe das, wenn man nicht redet beim Autofahren. Er schwieg, als wüßte er das. Aber stell dir vor: dieses wohltätige Schweigen, es machte mich nervös. Ich versuchte ein Gespräch: Wollen Sie nach Frankfurt? Er schüttelte den Kopf. Wo soll ich Sie absetzen? Er nahm eine Hand vom Knie und beschrieb einen Kreis in der Luft. Was soll das heißen? Er schwieg. Er wollte einfach von irgendwo weg, anderswohin, gleich wo. Lang konnte er noch nicht unterwegs sein. Er hatte ein frisches Hemd an, weiß, blütenweiß, vielleicht neu.

Gregory unterbricht mich: Also, kein Gepäck, und ein neues Hemd. Sag mal: ist dir nie der Verdacht gekommen, der Stumme …

Er war nicht stumm, später sprach er.

Also: dieser Mann sei eben aus dem Gefängnis

entlassen worden, oder er sei aus einer Klinik geflohen?

Nein, nicht einen Augenblick. Aber jetzt, im nachhinein, scheints mir so unmöglich nicht. Vielmehr: es scheint mir denkbar. Ja, denkbar schon; was ist nicht alles denkbar. Aber es trifft nicht.

Gregory sagt: Hätte es nicht, wenn schon kein Irrer und kein Häftling, doch ein potentieller Krimineller sein können, einer, der dich hätte umbringen wollen? Er hatte kein Gepäck, sagst du. Das hätte seine Flucht erleichtert. Ein Mann ohne jedes Gepäck, das muß dir doch verdächtig scheinen.

Ach was. Ein Mörder tarnt sich. Und überhaupt: als ob Herren mit Mappen und Köfferchen keine Gangster und Mörder sein könnten. Das ist kein Argument. Überhaupt: was geht mich seine Vergangenheit an.

Also gut. Aber was ist denn an dieser Geschichte? Warum erzählst du sie mir? Du hast einen Anhalter mitgenommen mit Stirnlocken und einem goldenen Vlies auf der Brust und ohne Gepäck. Und dann?

Dann sind wir ausgestiegen. Und dann … Also, wir haben uns ausgeruht. Im Wald. Und dann ist er verschwunden.

Wie das: verschwunden?

Nun eben: verschwunden. Aber er hat mir etwas zurückgelassen. Schau mal.

Ein Anhänger an goldener Kette? Diebsgut?

Gregory, er hats vorher offen getragen am Hals. Das Hemd stand offen. Der Stern war auffällig genug.

Davidsstern? Nein. Fünfzackig. Geheimzeichen. Drudenfuß. Magisch.

Ja eben, Gregory. Jetzt kommst du der Sache näher.

Und er war einfach aufgetaucht, so aus dem Nichts?

Ja, er stand plötzlich auf dem Notstreifen. Ich ärgerte mich, daß er da stand. Vielmehr: daß er da stand und an einen Unfall denken ließ. Wer steht denn auf freier Strecke auf dem Notstreifen. Aber es gab kein Auto und kein Unglück. Ich fuhr ihn an: Was stehen Sie da, so irreführend? Ihretwegen hab ich scharf gebremst. Er aber schaut mich nur an, entschuldigt sich nicht, kein Wort, macht kein Zeichen. Na, sage ich, jetzt halte ich schon, jetzt können Sie auch einsteigen. Er steigt ein, er setzt sich artig hin, das Hemd offen, der goldene Fünfstern auf seinem goldenen Vlies.

Und goldene Stirnlocken.

Gregory, du hältst mich für verrückt?

Nein, o nein. Im Gegenteil.

Wie das?

Also, er ist aufgetaucht, sozusagen aus dem Nichts, ohne Gepäck, stumm zunächst, ziellos unterwegs, und den magischen Stern auf der Brust, und dann seid ihr in den Wald gegangen.

Ja, in den Wald. Da war ein Bach, nein, eine Quelle, ganz vermoost, nein: ein Forellenbach.

Und am Wasser, was geschah da?

Was da geschah? Wir haben uns ausgeruht. Wir haben die Hände ins Wasser getaucht. Dann haben wir darin gebadet. Der Tag war heiß.

Gebadet. In einem Forellenbach. Einem Fischwasser. Im tiefen Wald. Und der Mann war jung und schön und stumm wie ein Fisch. Und du warst glücklich mit ihm?

Wir waren glücklich.

Und dann ist er einfach verschwunden?

Aber nicht spurenlos. Hier, der Stern.

Hab ich den nicht schon mal bei dir gesehen?

Gregory! (Ich schreie.) Du Mörder! Du vorsätzlicher Töter! Du Gegenzauberer! Du Schwarzmagier! Du glaubst mir das alles nicht?

O doch, doch. Ich sagte es schon. Was du erzählst, ist alles wahr.

Na also.

Nur ist es nicht im Außen geschehen, sondern im Innen.

Quatsch, schreie ich. Was heißt da Innen, was Außen?

Geschehen ist geschehen. Und du zerstörst es. Du zerstörst mich, du mordest den einzigen Freund, den ich je hatte. Du mordest mich, mich, mich!

Ich stürze aus dem Zimmer.

Ich komme zu mir. Ich fahre noch immer auf der Autobahn. Noch vierzig Kilometer. Also zu Gregory nicht.

Zu dem nicht. Würde er wirklich so reagieren? Ja, so. Ziemlich genau so. Er würde mich seinem System einpassen: Der Fremde, das war natürlich eine Frau; hätte er sonst so ausdrücklich von ihrer Brust geredet, natürlich war sie eine Prostituierte oder jedenfalls »so eine«; natürlich ging er mit ihr in den dichten Wald, zur Waldquelle, zum Fischbach, was für ein deutliches Bild! Kein Gepäck hatte sie. Natürlich nicht: sie hat ihm nichts erzählt von ihrer Huren-Vergangenheit. »Was geht die Vergangenheit mich an«, hat er gesagt. Und das plötzliche Verschwinden? Natürlich, da gabs keine Fortsetzung der Geschichte. Da gabs nur ein schlechtes Gewissen. Da wars dann plötzlich gar keine Frau gewesen, sondern ein harmloser Mann und eine harmlose Begegnung. Keine Ursache zu schlechtem Gewissen.

Aber nein, nein: so primitiv ist Gregory nicht. O nein. Er würde sagen: Nun, der Mann, der da so plötzlich auftaucht, ist ein Teil von dir, ein Teil, dem du keine Vergangenheit und keine Zukunft zuschreibst. Ein junger schöner blonder Mann? Kein Mann, sondern deine Anima!

Endlich triffst du auf deine andre Seelenhälfte, Mensch! Endlich entdeckst du, daß du nicht einfach der erfolgreiche Direktor der großen Firma bist und der brave Ehemann und der Mann ohne Eigenschaften, ohne Geheimnis, und vor lauter Kein-Geheimnis-Haben der große Geheimnisvolle. Und jetzt taucht aus dem Nichts die Seele auf, mit der du in den Märchenwald gehst, an den Lebensquell, der dich verjüngt, und der Bach voller Fische, was für ein deutliches Bild. Da wäre ja alles klar, nicht wahr?

Zum Teufel mit Gregory, zum Teufel mit der Psychoanalyse. Her mit den Fakten! Her mit der wirklichen Wirklichkeit.

Ich biege von der Autobahn ab und fahre auf einer Seitenstraße, die in einen Wald führt. Ich halte. Ich steige aus. Mein Herz bleibt stehen. So ein Waldrand war es. Genauso. Und hier ist der Trampelpfad im Unterholz. Und dort muß der Bach sein. Nein, Bach ist da keiner. Es ist ja nicht derselbe Platz. Der ist auf der andern Seite der Autobahn. Es war ja auf der Hinfahrt. Aber hier ist doch ein Wasser, ein Bächlein, ein Entwässerungsgraben. Ich lege mich daneben ins Moos. Das Geheimnis, das Geheimnis. Keinem werd ichs erzählen. Keinem. Nur mir selber. Ich, der einzige Vertrauenswürdige, der große Schweiger, der die Geheimnisse weiß und sie wahrt.

Es stimmt schon, was ich Gregory sagte: der Fremde tauchte plötzlich auf. Ohne Gepäck. Stimmt. Ich schimpfte ihn aus. Stimmt. Er sagte nichts. Er lächelte. Er stieg ein. Er saß artig da. Er sagte weiterhin nichts. Stimmt. Er machte mich nervös. Er sollte etwas reden. Wohin wollen Sie? Seine Geste: geradeaus. Bei welcher Stadt wollen Sie aussteigen? Die Gebärde der Unbestimmtheit. Ich bin ärgerlich. Also meinetwegen, ich fahre nach Frankfurt, wenn Sie dorthin wollen, können Sie mitfahren bis dorthin. Jetzt lächelt er wieder. Wie denn? Kindlich? Spöttisch? Überlegen? Wie alt ist er eigentlich? Auf jeden Fall etwa so alt wie mein Sohn. Er könnte mein Sohn sein. Im Weiterfahren rufe ich mir das Bild meines Sohnes ins Gedächtnis. Es gelingt mir nicht. Vielmehr: es wird überlagert vom Gesicht dieses Menschen neben mir. Das erweckt ein Vatergefühl in mir. Eine Art hilfloser Zärtlichkeit. Dann aber eine dunkle Scham. Als hätte ich an einen Inzest gedacht. Das schiefe Vatergefühl hält nicht vor. Aber ich merke, ich fahre zu schnell. In einer zu scharf genommenen Kurve legt mir dieser Mensch zwei seiner langen schönen Finger aufs Lenkrad. Er sieht aus wie ein Vater, der seinen unvorsichtigen Sohn stumm tadelt. Niemand hat je gewagt, meine Fahrweise zu korrigieren oder an meiner Seite Angst zu zeigen. Der da wagt es. Nach der Kurve nimmt er seine Hand vom Lenkrad und legt sie wieder artig auf sein Knie.

Ich bin ihm nicht böse. Dem nicht. Aber für idiotisch gutmütig soll er mich nicht halten. Ich sage: Wenn Ihnen meine Fahrweise nicht paßt, können ja Sie fahren. Er sagt höflich: Ich fahre nicht Auto.

So, Sie fahren nicht Auto. Ich brauche das nicht, sagt er. Na ja, wenn man so aussieht wie Sie, findet man immer jemand, der einen mitnimmt; mich nähme keiner mit. Das klingt verbittert. Er sagt: Haben Sie es schon versucht? Nein, sage ich. Sehen Sie, sagt er. Ich habe das Gefühl, getadelt worden zu sein. Ich bin gereizt, ich sage: Sie brauchen kein Auto weil Sie mitgenommen werden Sie brauchen kein Gepäck weil Sie alles geschenkt bekommen mir schenkt keiner was ich muß mir alles hart erarbeiten. Warum zum Teufel sage ich das, warum diese Schärfe in meiner Stimme? Und die seine, sehr sanft: Ja eben. Was heißt hier: ja eben? Es heißt, Sie haben sich nie etwas schenken lassen, Sie sind sehr hochmütig. Kann sein, sage ich, und er: Ich werde Ihnen etwas schenken. Ich denke: Du hast ja nichts außer der Kette; oder hast du was in deiner rechten Hosentasche, in der linken ist nichts. Ich spüre Erbitterung, sie wächst, das ist wie ein Kampf, nein nicht WIE, es IST ein Kampf: dieser Fremde hat etwas Autoritäres. Was der sich einbildet! Ich wiederhole meine Frage von vorhin: Wo soll ich Sie absetzen? Es klingt deutlich so, als wollte ich sagen: Kann ich dich um Himmels oder Teufels willen nicht bald losbringen? Er sagt: Ich fahre mit Ihnen. So, Sie fahren mit mir. Einfach so. Ins Blaue. Ein Abenteuer. Aber bilden Sie sich nur ja nicht ein, daß ich ein Abenteurer bin, ich bin auf der Fahrt zu einem Fachkongreß, ich bin Direktor einer großen chemischen Fabrik, ich bin verheiratet, habe zwei erwachsene Kinder. Blödsinnig, diese Erklärung. Er lächelt. Natürlich lächelt er, und dann lacht er. Er lacht! Er lacht heiter und voller Unschuld. Dann sagt er: Versuchen Sie doch einmal im Leben, in den Strom zu springen, er trägt! Ich sage: Das geht Sie gar nichts an. Doch, sagt er sanft. Ich sage: Überhaupt müssen Sie sich anschnallen. Er schaut verwundert. Er weiß nicht, wie man das macht. Ich tu's für ihn. Dabei berühre ich seine Brust. Das offene Hemd. Das goldene Vlies. Einen Augenblick das Gefühl, meine Finger verbrannt zu haben. Wir fahren weiter. Nach einer Weile löst er den Riemen wieder aus der Schnalle. Na, sage ich, auf Ihre eigene Verantwortung. Nichts als ein Lächeln. Und immer dieser Blick geradeaus. Und die Hände auf den Knien. Bäuerlich. Aber Bauernhände sind das nicht. Musikerhände eher. Ich unterdrücke die Frage nach seinem Beruf. Ich unterdrücke jede Frage. Zum Beispiel: Wo sind Sie zu Hause, in welchem Land? Deutscher? Nein. Skandinavier? Nein. Südländer? Es gibt blonde Sizilianer, blonde Griechen, blonde Zigeuner. Unsinn. Überhaupt: was gehts mich an. Er ist schön. Ja, das ist er. Ich schaue in den Rückspiegel: ich bin, im Vergleich zu ihm, ein alter Mann. Diese grauen Schläfen, diese heruntergezogenen Mundwinkel. Überarbeitet. Freudlos. Lustlos. Und der da neben mir, der hat, was mir abhanden kam: Jugend, Gesundheit, Schönheit, Heiterkeit. Ich hasse ihn. Ich könnte ihn umbringen. Ich werde jetzt gleich explodieren. Ich werde halten und ihn anschreien: Hinaus mit Ihnen! Er wird erstaunt sein, oder auch nicht, dann wird er wieder am Straßenrand stehen und warten, ich werde ihn im Rückspiegel sehen, gleich wird ein Wagen kommen, bereit, den Schönen mitzunehmen, ein Sportwagen, eine Frau am Steuer, sie öffnet den Wagenschlag, und er wird einsteigen, was einsteigen, aufspringen wird er, in den Wagen springen wie ein junger Stier, und ab mit ihm und ihr, in die nächste Stadt, ins nächste Hotel, oder in den nächsten Wald, sie legen sich ins Gras, er ist ein Faun, unter seinen Stirnlocken sind kurze Hörner versteckt. Ich stöhne. Hat er mein Stöhnen gehört? Er dreht sich mir zu. Wie er mich anschaut. Mütterlich zärtlich, beschützend. Zum Teufel mit diesem Blick. Und dann: seine linke Hand auf meiner Schulter, eine Weile, und dann, dann auf meinem Geschlecht, mit sanftem Druck, sehr flüchtig. Was ist denn nur: meine Augen füllen sich mit Wasser. Verdammt, ich weine. Süße Tränen, bittre, süße. Blind vor Tränen, so kann ich nicht weiterfahren.

Da greift er nach dem Lenkrad und zieht es nach rechts, dann nimmt er auch die andre Hand zu Hilfe, und so, von seinem Platz aus, steuert er, allein und sicher, den Weg von der Autobahn bis zur nächsten Ausfahrt und von dort zum Waldrand. Er *kann* Auto fahren. Er bremst, er hält, er zieht den Zündschlüssel heraus. Stille. Plötzliche Stille. Sie schlägt über mir zusammen wie eine starke Brandung. Er zieht mich an der Hand tiefer in den Wald. Moos. Pilze. Farnkraut. Brombeergesträuch. Ein Wildrosenstrauch in voller Blüte. Waldmäuse, Haselmäuse. Ein flüchtendes Reh. Licht- und Schattenspiel im Laub und auf dem Boden. Der junge Mann hat sich gesetzt, mit dem Rücken an eine Buche gelehnt. Jetzt sitzt er bequem. Nicht wie im Auto. Sein Sitzen mit gespreizten Beinen hat etwas unerzogen Knabenhaftes. Ein Knabe, der im Wald zu Hause ist. Ein Faun. Doch ein Faun? Er streckt die Hand nach mir aus, er zieht mich neben sich. Ich zögere. Er läßt mir Zeit, er sagt nichts. Dann lasse ich mich fallen. Er zieht meinen Kopf an seine Brust. Ich spüre das Vlies, es riecht frisch und gesund. Der Geruch eines vollkommen gesunden Jungen. Aber er ist kein Junge. Wie er mich so hält: wie eine Mutter, wie ein Vater. Er läßt mich weinen. Meine Tränen fallen in sein Vlies. Nach und nach versiegen meine Tränen. Ich schaue hoch. Ich sehe sein Gesicht über mir. Er hat graue Augen, goldgesprenkelt. Er läßt mich aus seinen Armen ins Gras sinken. Schlaf, sagt er, schlaf. Er streckt sich neben mir aus. Ich fühle eine tiefe Erschöpfung. Ich schlafe ein.

Ich wache davon auf, daß Wassertropfen auf mich fallen. Regnet es? Jemand lacht. Der junge Mensch steht nackt im Bach, schöpft Wasser mit seinen Händen und besprüht mich. Ich springe auf.

Komm, ruft er. Der junge Mensch legt sich längelang in den seichten Bach. Das klare Wasser spielt über die grünen Steine und über seinen braunen Körper. Komm, sagt er noch einmal. Ich will nicht. Das Wasser ist kalt, mitten im heißen Sommer. Da springt er auf, zieht mich ins Wasser und taucht mich unter. Die Taufe. Die Wiedertaufe. Gib mir einen neuen Namen, fremder Täufer. Er lacht. Ich friere jetzt, dann beginnt meine Haut zu brennen, und das Blut schießt heiß durch meine Adern. Ich höre mich einen Schrei ausstoßen, einen Vogelschrei, Freudenschrei, über mir ist der blaue Himmel zwischen Fichtenwipfeln, ein goldner Durchlaß, ein offenes Tor, der Weg frei, wohin, wohin denn. Wir steigen aus dem Wasser, wir lassen uns ins warme Moos fallen, wir liegen still, wie lange so, als wir von der Autobahn abbogen, war es früher Nachmittag und heiß, jetzt sind die Schatten schräg, es geht gegen Abend. Wo war ich in diesen Stunden? Mir ist so wunderbar. Und was jetzt? Muß ich nicht am Abend bei diesem Kongreß in Frankfurt sein? Muß ich? Ja doch. Und der Junge wird mitfahren. Drei Tage, drei Nächte haben wir vor uns. Eine Ewigkeit.

Komm! Er schüttelt den Kopf. Wie, du willst nicht mitfahren? Aber wir können uns doch nicht einfach so trennen. Er sagt: Wir werden uns nicht trennen. Also, sage ich, dann komm jetzt. Er schüttelt wieder den Kopf. Ich verstehe dich nicht. Du wirst verstehen. Fahr jetzt. Nein, schreie ich, nicht ohne dich. Ich ziehe ihn an der Hand mit bis zum Auto. Er steigt nicht ein. Fahr! Seine Stimme ist streng und im Gesicht keine Zärtlichkeit mehr. Dies war es, sagt er, und eine Wiederholung gibt es nicht, denn du bedarfst ihrer nicht. Wer bist du, Fremder? Sag mir deinen Namen, damit ich dich wiederfinden kann. Äskulap, sagt er, und schickt sich an, in den Wald zurückzugehen. Seine Schritte sind leicht, als gehe er auf Zehenspitzen. Ich laufe ihm nach, ich falle über eine Wurzel, ein Brombeerdickicht hält mich auf, ich sehe ihn nicht mehr. Ich kehre zum Auto zurück, meine Hände sind verschrammt vom Fall in die Dornen, ich blute, die Bluttaufe, Dornen in meinem Fleisch, Blutstropfen, Tränentropfen, bittre Tränen, süße Tränen, der Sturm legt sich, mir ist so wunderbar, ich fahre in den Abend hinein, in die Nacht, und mein Glück bleibt. Jetzt fahre ich zurück. Noch zwanzig Kilometer. Noch zehn. Der Stadtrand. Der Waldrand. Der freie Weg. Niemand mehr wird mich behindern. Niemand wird mein Geheimnis erfahren.

Marta sagt: Du wirst todmüde sein, ich mach dir

gleich den Tee. Nein, Marta, ich bin nicht müde, ich bin doch kein alter Mann, ich habe mich nie so frisch gefühlt wie jetzt. Sie schaut mich schräg an, sie nimmt eine Spur auf, jedoch die Spur verliert sich dort, wo Marta sie nie suchen wird.

Angewandte Physik

Beneidet hast du mich? Ja, ich hielt mich selber für beneidenswert, als diese Einladung kam: zwei Sommermonate lang eine Wohnung in Rom hüten, weil die Marinettis nach Kanada gingen. Zwei Monate Rom. Eine schöne Wohnung in der Nähe der Piazza Navona. Und Zeit für mich. Ferien. Einmal richtige Ferien ohne Job, um Geld fürs Studium zu verdienen. Die Leute bezahlten mich sogar fürs Haushüten und Pflanzengießen, stell dir vor. Ein bißchen Staub wischen und die paar Oleander gießen und was sonst noch da auf der Dachterrasse in Steinvasen gedieh oder auch nicht. Es wird heiß werden, sagten die Bewohner, ehe sie abflogen in den Norden, aus dem ich gerade kam. Ich lachte. Heiß? Mir kanns nicht warm genug sein. Ich sagte: warm, sie sagten: heiß. Ich hörte da keinen Unterschied. Es war Ende Juni, es hatte 29 Grad. Das war herrlich für mich. Ich ging frühmorgens aus dem Haus, trank in der nächsten Bar einen Capuccino, aß mein Cornetto, und dann los: straßauf straßab, ich war ja zum allerersten Mal in Rom, stell dir vor. Zuerst ging ich nach dem Romführer und sah, was eben Touristen sehen, Sankt Peter und das Vatikanische Museum und das Forum, und dann ließ ich den Führer zu Haus und ging meine eigenen Wege und da fand ich Gassen und Winkel, die viel aufregender waren als die bekannten Schönheiten, ich trabte und trabte, ich lief Tag für Tag meine acht Stunden, mittags aß ich einen Bissen in irgendeiner Bar, und abends leistete ich mir ein richtiges Essen mit Wein dazu, und alles war genauso, wie ich mirs erträumt hatte. Die Museen sparte ich mir auf für den August. Die waren aber dann freilich geschlossen, bis aufs Vatikanische, das voller Touristen war, die von ihren Reiseführern von Saal zu Saal getrieben wurden. In der ersten Woche wohnten noch ein paar Familien im Haus, es ist ein alter Palazzo, der außen wirklich alt ist, wunderschöner Barock, und innen ausgebaut, lauter moderne Wohnungen, da wohnen reiche Leute, wer sonst kann sich so was leisten, ich las die Türschilder, es waren acht Familien, davon fünf mit amerikanischen Namen, eine mit einem deutschen, zwei mit italienischen, der eine war der von den Marinettis. In der zweiten Woche wurde das Haus immer leerer, und alle Jalousien blieben geschlossen. Im ersten Stock saß zuerst noch Tag für Tag eine Katze und schrie und wollte nicht glauben, daß die Patroni nicht aufmachten. Dann gab sie auf und mischte sich unter die hundert andern verlassenen streunenden Katzen, die von Zeit zu Zeit vergiftet werden, das sagte der alte Hausmeister, der im Souterrain wohnte mit seiner stocktauben Frau, die ich in zwei Monaten nur dreimal sah. Schließlich waren die zwei Alten und ich die einzigen Bewohner im Haus. Ob ich mich nicht gefürchtet habe? Keine Spur. Aber leer war es, das schon. Die hohen Räume, die steinerne Treppe, das riesige Treppenhaus, in dem meine Schritte ein Echo machten, kein Aufzug übrigens, das war, sagte der Hausmeister, baupolizeilich verboten, der Palazzo steht unter Denkmalschutz. Ich wohnte im vierten Stock, dem obersten. Das Haus also wurde leer, und die Straßen wurden leer, und die Temperatur stieg an, 30°, 31°, 32°, 33°, 34°, 35°. Und da blieb das Thermometer stehen, und nichts bewegte sich mehr, es hatte drei Monate nicht geregnet, keinen Tropfen, manchmal wehte ein bißchen Wind, aber der war selber heiß und brachte einen gelben Sand mit, der Hausmeister sagte, der kommt aus Afrika und der Wind heißt Schirokko, er ist eine Plage, und dann schlief auch er ein und die Luft blieb in den Gassen stehen wie gestockt, und alles verstaubte, und die Nächte waren dumpf und blieben heiß. Ich hielt mich noch tapfer und sagte mir vor, daß es mir gefiel so, wie es war, weil es Rom war. Einmal fuhr ich ans Meer, aber das war noch ärger: die Metro überfüllt, die Leute stanken nach Schweiß, und am Meer stieg man über die öligen Körper ins ölige Wasser. Einmal und nie wieder. Als die Museen nacheinander geschlossen worden waren, blieben mir die Kirchen. Ich glaub, ich hab mehr als fünfzig besucht, es gibt einige hundert, aber dann konnte ich keine Putten und goldenen Engel mehr sehen und keine weinenden Magdalenen und keine Madonnen mit einem Schwert im Herzen, und keinen heiligen Antonius samt Jesuskind und keinen Josef mit Lilie, und diese ganze Welt aus Stuck und Gips war mir unerträglich. Ganz zuletzt war ich in einer kleinen Kirche, die dunkel war, besonders wenn man aus dem scharfen Tageslicht kam, und da stand rechts vom Altar eine lebensgroße Statue mit einem weißen Gesicht und weißen Haaren und einer weißen Mönchskutte, aber als ich näher hinkam, sah ich, daß das gar keine Statue war, sondern ein lebender Mensch, der sich schließlich rührte und etwas sagte, in Englisch. Ich war natürlich sehr erschrocken, denn der Mensch hatte wirklich ein weißes Gesicht und weiße Haare und auch ganz helle Augen. Der Mensch sagte: May I help you? Sein Englisch war wirklich englisch, aber mit dem irischen Akzent, den ich von Dublin her im Ohr habe. Wieso helfen? fragte ich. Wobei helfen? Er sagte: Sie sind allein, nicht wahr. Aha, dachte ich, und mir fiel ein, was mir jemand erzählt hat, daß man in

Italien nicht mal vor Geistlichen sicher ist. Ich sagte also ziemlich grob: Ja, ich bin allein und will allein sein. Er sagte ganz sanft: Das wollen Sie nicht. Na hören Sie, sagte ich, was geht das Sie an? Und da hat er gelächelt. Ich kann dir das Lächeln gar nicht beschreiben. Der Mann, der Mönch, war alt, steinalt, aber als er lächelte, war er auf einmal jung, jedenfalls kam es mir so vor, und beim Lächeln bekam sein Gesicht hundert Falten, es sah aus wie zersprungenes Glas. Und dann ging er weg, einfach so. Dann kam ein Schwarm Touristen, Deutsche mit einer italienischen Reiseführerin, die miserabel deutsch sprach, ich hatte Lust, sie laut zu korrigieren, aber ich sah, daß die Leute sowieso nicht zuhörten, sie waren eine von der Hitze zermürbte Herde, die grimmig stumpf das bezahlte Programm abdiente. Ja, aber es waren Leute, die meine Sprache sprachen, und der Bus, der vor der Kirche wartete, der hatte eine Münsteraner Nummer, und da überfiel mich ein verrücktes Heimweh, und als die Leute aus der Kirche kamen, lief ich hinter ihnen her wie ein Schaf, das seine Herde gefunden hat. Aber dann sah ich, daß es Leute waren, mit denen ich nicht hätte reden mögen, worüber auch, und da kehrte ich um, und am liebsten wäre ich wieder in die dunkle Kirche gegangen zu dem irischen Mönch, aber natürlich, das tat ich nicht, denn auch mit ihm hätte ich nichts zu reden gewußt. Aber irgendwen mußte es doch geben in dieser großen Stadt, mit dem ich hätte reden können, aber was eigentlich, hatte ich überhaupt noch Lust zu reden, wenn man den Mund auftat, aß man Staub, vielleicht kam der Staub aus dem eigenen Gehirn, ich hatte das Gefühl, daß ich austrocknete, dagegen half kein Wasser mehr, Wein schon gar nicht, höchstens noch Tee, aber dann schwitzte man alle Flüssigkeit gleich wieder aus. An dem Tag, an dem ich den irischen Mönch gesehen hatte, lief ich trotz aller Hitze bis nach Hause, einen Bus mochte ich nicht nehmen, da schwitzten und stanken alle und die Männer drängten sich an einen, nein, da lief ich schon lieber zu Fuß, aber dann, zu Hause, das heißt in der Wohnung der Marinettis, wurde mir auf einmal klar: in dieser Stadt kann man nicht allein sein, da muß man sich wehren, aber einer allein ist zu schwach, diese Stadt ist ein Koloß, aus gebleichten Menschenknochen und Totenschädeln erbaut, über Gräbern gebaut, buchstäblich über Leichenfeldern und Katakomben, weißt du, wie sie mir plötzlich erschien: eine Ururahne, zahnluckig und blind und bös, sie stirbt so vor sich hin und stirbt doch nicht, und alle haben Angst vor ihr, sie ist eine Muttergöttin, die ihre Kinder frißt mitsamt den Palazzi und die sogar schon an den neuen Gebäuden nagt, am Justizministerium zum Beispiel, und in den Vorstädten an den Sozialbauten. Nachts konnte man deutlich hören, wie sie die Steine knackte, zermahlte und auffraß. Ja, ich weiß schon, was du sagen willst, aber sei du mal in meiner Lage, mal sehen, ob du nicht auch Alpträume hast. Ich jedenfalls beschloß damals, mir jemanden zu suchen, mit dem ich mich verbünden konnte gegen die urböse Alte. Wie macht man das, wenn man ein preußisch-protestantisches Mädchen aus gutem Hause ist, programmiert darauf, sich mit keinem Italiener einzulassen, auch nicht mal zu einem Gespräch in einer Bar. Gib denen den kleinen Finger, und bist in der Falle. Ja, ja, hab ich gesagt, ist klar, ich mag sie ohnehin nicht. Und die Marinettis, die selber Römer sind, sagten vor ihrer Abreise: Also bitte, Vorsicht vor italienischen Männern, die sind scharf auf blonde Mädchen, und was wollen die dann von denen, was denn, Geld und far l'amore, fall nicht auf diese Burschen rein. Ich hab nur gelacht. Ja, und jetzt, jetzt hätte ich mich fürs Leben gern mit so einem eingelassen. Ich schäme mich, es zu sagen, aber es war so. Ich schaute mich vorsichtig um. Als hätten sie eine Witterung, wie Rüden sie haben für eine läufige Hündin: am Abend sprachen mich hintereinander drei an, aber sie waren vulgär und gar nicht schön; die Schönen, die in Frage hätten kommen können, die waren am Meer oder sonstwo, nur nicht in der Stadt. Schön war nur einer, aber der war Kellner in der Bar, wo ich frühstückte. Warum ich sage: aber. Nun, weil ein Barkellner eben ein Barkellner ist, und mit einem Barkellner geht man nicht aus, nicht ich jedenfalls. Ich habe ihn jeden Morgen gesehen, wenn ich das Frühstück nahm, und ich hatte schon bemerkt, daß er mir jedesmal auf meinen Capuccino eine Haube Schlagsahne tat und noch Schokoladenpulver draufstreute, aber wortlos und mit einem Morgengesicht, verdrossen oder auch traurig. An diesem Tag, als mir hundselend zumute war, gab ich mir einen Stoß, und ich beschloß, ihn anzureden. Aber es war wie verhext: er kam mir zuvor, als hätte ers erraten, daß ichs wollte. Er sagte: Heut abend hab ich frei, wollen wir ausgehen? Und da war der Zauber vorbei. Warum? Weil ich solche feuchten Augen nicht mag, und auch seine Stimme mochte ich nicht, sie war einerseits präpotent, andrerseits bettelnd, eine vertrackte Mischung. Ich ging und wollte nie wiederkommen. Ein paar Tage später tats mir leid, und ich ging wieder hin, aber da war ein andrer da, und als ich nach dem einen fragte, sagte der Neue: Es haben schon mehrere deutsche und schwedische Fräulein nach ihm gefragt. Das war ein Schlag ins Gesicht. Ich sagte: Ich bin ihm tausend Lire schuldig, die wollte ich ihm geben. Der Neue hatte ein Lächeln, daß ich ihm am liebsten eine Ohrfeige gegeben hätte, besonders als er dann noch sagte: Er arbeitet jetzt im … Aber das hörte ich schon nicht mehr. Ich hatte den Tausendlireschein auf die Theke geworfen, ich wollte ihn in sein Gesicht werfen. Nun ja, es war ein Barkellner, und ich konnte eigentlich froh sein, daß aus der Geschichte nichts geworden ist. Was auch hätte denn werden können. Ich ging zur Piazza di Spagna und setzte mich an den Berninibrunnen, wo andre junge Leute saßen und die Füße ins Wasser hielten. Es waren Franzosen, lauter Jungs so um die achtzehn. Wärs einer nur gewesen und älter. Aber ein Dutzend, und sie kümmerten sich nicht um mich. Aber ich muß doch auf eine Art zu ihnen hingeschaut haben, daß einer zu den andern etwas sagte, und sie lachten, sie lachten über mich, sie lachten unverschämt. Warum aber? Weil ich so stinkbürgerlich ausschaute oder weil sie meinten, ich wolle was von ihnen oder ich sei so eine. Und sie hatten recht: ich war eine Stinkbürgerliche, die was von ihnen gewollt hätte, wären sie älter gewesen. So eine. Sie hatten recht, wirklich. Mir fehlte doch nur der Mut. So eine ist schlimmer als eine ehrliche Hure. Ich verachtete mich. Ich spürte, daß ich allmählich verkam. Eine virgo intacta, die darauf brennt, genommen zu werden. Und die Hitze blieb, und die Luft kochte, und der Asphalt wurde weich. Die Touristen, die merkten nicht, daß sie vergiftet wurden von dieser Stadt. Ich merkte es, und jetzt ging ich zum Reisebüro. Mochte auf die Wohnung aufpassen, wer wollte, meinetwegen konnte sie ausgeraubt werden, und meinetwegen konnten die Pflanzen auf der Terrasse verdorren, ich mußte mich retten. Also: einen Liegewagenplatz bis Hamburg. Alles ausverkauft bis nächste Woche. Schlafwagen auch, und das wäre mir sowieso zu teuer gewesen. Ich nahms hin als ein Gottesgericht. Die Uralte, die böse Mutter, wollte mich behalten und umbringen. Aber es gab schließlich die Heimreise auf Stottern: Autostopp. Ja, das wars, das konnte gehen. Die Alte sollte mich nicht haben. Ich bestimmte den nächsten Sonnabend als Tag der Abreise. An diesem Abend ging ich in ein gutes Ristorante in der Nähe, und ich bestellte mir zum Essen einen halben Liter Chianti und war vielleicht etwas betrunken, jedenfalls ganz zufrieden. Da kam dieser Engländer herein, vielmehr ein Ire, das erfuhr ich später, ich hatte ihn schon öfters gesehen, er wohnte wohl in der Nähe. Er trug immer einen weißen Anzug, und er war immer allein. Wie ich. Aber er litt nicht unter dem Alleinsein, er nicht. Er schaute nicht rechts, nicht links, und jetzt auch nicht, er setzte sich an einen Tisch, der reserviert war für ihn, wie es schien, und der Ober brachte ihm Wein und Wasser, und der Ire mischte es halb halb, und das tat er, als wenn er was Rituelles täte, langsam und sorgfältig, dann aß er Spaghetti und zum Nachtisch Käse, weiter nichts, und kaum hatte er gegessen, zog er einen Block aus der Tasche und fing an zu schreiben. Ich machte meinen Hals lang und sah, daß er eigentlich eher zeichnete als schrieb. Was da so nach und nach entstand, das war so was wie ein Spinnennetz, in dem statt der Fliegen Zahlen und Buchstaben und geometrische Figuren hingen. Der Mann schrieb und zeichnete rasch, sein Stift flog nur so über das Papier. Ich konnte nicht erkennen, ob das eine moderne Graphik war oder ein Plan zu einer komplizierten Konstruktion, oder sonst was. Heute weiß ich, was es war, damals wußte ichs nicht. Ich schaute auch mehr den Mann an als seine Arbeit. Er war nicht mehr jung, so zwischen vierzig und fünfzig, glattrasiert, eine hohe Stirn, eine lange Nase, und die Haare und Augenbrauen ganz hell, entweder schon grau oder weißblond, und auf einmal erinnerte er mich an den irischen Mönch in der Kirche, und als er aufstand, vermischten sich mir die Bilder der beiden Iren. Ich ließ mein Essen stehen, legte das Geld auf den Tisch und lief ihm nach, aber da war er verschwunden, um irgendeine Ecke gebogen, nicht mehr zu sehen. Ich ging ins Ristorante zurück und fragte den Kellner, wer dieser Mann ist. Ein Professor aus England oder Irland. Mehr wußte er auch nicht. Den nächsten Tag überstand ich ganz gut, denn ich dachte an den Abend, da würde ich den Iren wiedersehen. Ich sah ihn wieder, und die ganze Szene wiederholte sich, auch das Verschwinden. Und so ein drittes Mal. Dreimal ist die magische Märchenzahl, und ich beschloß, ihm vor dem Ristorante einfach aufzulauern. Aber als ich da so stand, wußte ich nicht, was ich zu ihm sagen könnte. Er würde mich womöglich für so eine halten. Da ging ich weg, sah ihn aber von fern in eine Straße einbiegen, und da lag wohl irgendwo seine Wohnung. Die nächsten Tage verbrachte ich damit, ihn zu suchen. Das war immerhin eine Beschäftigung, die mich ausfüllte. Es war schon fast wie eine sinnvolle Arbeit. Wenn du mich fragst, was ich von diesem Iren wollte, so kann ich nur sagen: Ich weiß es nicht. Vielleicht wollte ich gar nichts als daß es ihn gab. Aber die Geschichte geht weiter, nämlich so: ein paar Tage später seh ich vom Fenster aus den Iren auf der Straße, mittags, in der Gluthitze steht er da und visiert mit einem Winkelmaß das Haus an, in dem ich wohne, zieht einen Block aus der Tasche, notiert was, und geht. Ein Architekt also oder ein Kunsthistoriker, den der Palazzo interessiert. Sehr einfach, denkst du. Keineswegs einfach. Alles andre als einfach. Am nächsten Tag komme ich vom Frühstück zurück, da sehe ich den Iren wieder. Er steht da und schaut etwas an, das er in der Hand hält, und schaut dann den Palazzo an, und wieder das Ding in seiner Hand. Mich schaut er nicht an. Zunächst. Aber auf einmal dreht er sich zu mir hin und sagt: Sie wohnen in diesem Palazzo. Das war keine Frage, sondern schon eine Feststellung oder Behauptung. Ich gab vor lauter Bestürzung keine Antwort. Er nahm das für ein Ja und war irgendeiner Sache sicher. Jetzt zeigt er mir, was er in der Hand hält: es ist ein Schlüssel, aber kein sozusagen normaler, sondern ein großer, schwerer, alter. Eher eine Antiquität als ein brauchbarer Hausschlüssel. Gehört der Ihnen? fragt er. Ich sage nein. Er sagt: Wissen Sie, ob er eine Tür in diesem Palazzo aufsperrt? Ich sage: Fragen Sie den Hausmeister, meine Tür jedenfalls sperrt dieser Schlüssel nicht auf. Ich sage das ziemlich unfreundlich, aber was denkst du, der Mensch lächelt. Ich komme mir vor wie ein Kind, das man beim Lügen ertappt, und ich sage gereizt: Was wollen Sie eigentlich von mir? Er lächelt weiter. Da lasse ich ihn einfach stehen und gehe ins Haus. Natürlich denke ich hernach: was für ein Schaf bin ich; jetzt lauere ich diesem Menschen tagelang auf, und wenn er mich endlich anspricht, laufe ich weg; das typische gehemmte Bürgerkind mit verdrängten Sehnsüchten, das überall auf Tafeln stößt, auf denen steht: Eintritt verboten. Ich warf mich aufs Bett und heulte und heulte. Irgendwas war mit mir passiert. Da klingelt es. Ich weiß sofort: das ist dieser Mensch. Verheult wie ich bin, kann ich nicht aufmachen. Um Zeit zu gewinnen, frage ich: Wer ist da? Die stumme Antwort: etwas fällt in den Briefkasten. Dann höre ich Schritte die Treppe abwärts. Eine Visitenkarte, weiter nichts. Da steht:

George O'Kean, Professor für angewandte Physik (so übersetze ichs), und der Name eines Instituts in einem jener irischen Orte, die so vertrackte Namen haben. Eine Visitenkarte beweist rein gar nichts. Immerhin. Aber was solls. Keine Adresse in Rom, keine Telefonnummer. Aber die Zeichnungen, die er macht, das wird klar, sind etwas Mathematisch-Physikalisches. Eine Weile später klingelt es wieder. Jetzt mache ich auf. Wir schauen uns eine Weile an wie Stumme. Dann sagt er: Ich bitte Sie darum, daß ich vom Eckfenster Ihrer Wohnung auf die Straße schauen darf. Na ja, gut, aber wieso? Er zieht die Jalousie hoch und beugt sich hinaus, so weit, daß ich denke, er wird sich doch nicht hinunterstürzen, ein verrückter Selbstmörder. Aber nein, er dreht sich um und sagt: Es ist möglich. Was ist möglich? Er will es mir später erklären. Erst soll ich, wenn er unten ist, den alten Schlüssel hinunterwerfen, ganz natürlich werfen. Und wenn er Ihnen auf den Kopf fällt? Er sagt: Der Schlüssel wird, wenn meine Berechnung stimmt, vierzig Zentimeter hinter mir auffallen. Mein Herr, sage ich, wenn Sie ein Detektiv sind, kommen Sie mit einem Polizisten zurück, dann können Sie selbst mit Schlüsseln werfen. Er sagt ganz ruhig: Ich bin Physiker und mache ein Experiment. Heute, lang danach, meine ich, er habe deutlich gesagt: Metaphysiker. Damals hörte ich nur Physiker. Ach so, sage ich, und ich bin die Versuchsperson. Jetzt lächelt er wieder. Immer wenn er lächelt, ist es, als wenn ein Glas Sprünge bekäme, ich wundre mich, daß man nicht einen ganz leisen Klang hört. Nun, sagt er, werfen Sie den Schlüssel? Na schön, sage ich, wenn Sie mir zumindest hernach Ihr Experiment erklären. Ich warte also, bis er unten ist, dann werfe ich den Schlüssel so, wie ich ihn werfen würde, wenn ich wollte, daß der, der ihn auffängt, heraufkommt, also möglichst nah zu ihm zielend, aber ein bißchen ängstlich, ich könnte ihn treffen, dabei aber, also das ist nun schwer zu erklären, weil es scheinbar ganz unlogisch ist, dabei mit dem Wunsch, ihn zu treffen, direkt zu treffen, auf den Kopf, also ihn umzubringen oder doch endgültig zu verschrecken und zu verscheuchen. Nun, der Schlüssel fällt zu kurz, und zwar nicht hinter ihn, sondern vor ihn, und der Ire schüttelt den Kopf, hebt den Schlüssel auf und macht mir ein Zeichen, daß er wieder hochkommt. Na, sag ich, wissen Sie jetzt, was Sie wissen wollen? Er sagt: Es ist ein Schritt zum möglichen Ergebnis hin, aber ich muß Sie bitten, den Schlüssel noch einmal zu werfen, aber flach horizontal, so wie Sie als Kind Hüpfsteinchen übers Wasser geworfen haben, schauen Sie: so. Er macht mir die Bewegung vor. Na schön, ich warte, bis er wieder unten ist, und werfe den Schlüssel, nach seinem Befehl, hätte ich beinah gesagt, also nach seiner Anweisung, und diesmal fällt er ziemlich dicht hinter ihm zu Boden. Aber es ist wieder nicht richtig. Er kommt wieder herauf und sagt: Wäre der Schlüssel so geworfen worden, hätte er nicht vierzig Zentimeter hinter mir auftreffen können, und er hätte nicht in Augenhöhe an mir vorbeifallen können. Aber, sage ich, der Schlüssel ist gar nicht in Augenhöhe an Ihnen vorbeigefallen. Bravo, sagt er, gut beobachtet, aber ich rede ja nicht von Ihrem Wurf, sondern von einem andern. Ach so, sage ich, Sie sind also doch so etwas wie ein Detektiv auf eigene Faust. Er lächelt wieder, das Glas bekommt wieder Sprünge. Mir kommt eine Art Erleuchtung, und ich sage: Also, da hat einmal jemand diesen Schlüssel auf die Straße geworfen, mit was immer für einer Absicht, und Sie haben das gesehen und es auf sich bezogen, und wollten wissen, wer der Werfer war, und Sie haben es nicht herausgefunden, und jetzt läßt Ihnen die Sache keine Ruhe, und darum kommen Sie wieder nach Rom, ist es so? Wieder dieses Lächeln. Er sagt: Hier ist die Erklärung, setzen Sie sich bitte. Ich setze mich also, er setzt sich auch und beginnt zu zeichnen, mit fliegender Hand sozusagen, und dabei redet er, was er redet, versteh ich nicht, das heißt ich höre Wörter, aber sie geben mir keinen Sinn: YF1, YF2, MX hoch 2, YF1 gleich 2 durch minus soundso viel, und so weiter, und dabei bedeckt sich das Blatt mit feinen Bleistiftstrichen, und schließlich sieht das

Ganze aus wie ein Spinnennetz voller Tieropfer, und wie er da so zeichnet und redet, wird dieses Spinnennetz über mein Gehirn geworfen, und ich denke: er ist wahnsinnig und macht mich auch wahnsinnig, die Hitze hat uns beide wahnsinnig gemacht, wir sind die Opfer im Spinnennetz, das die Ururalte ausgeworfen hat. Aber dann kommt mir das, was er sagt, wieder vernünftig vor, nur schwer zu verstehen für jemand, der bloß ein bißchen höhere Schulmathematik kann. Ist alles klar? fragt er schließlich. Nein, sage ich, gar nicht; was ist denn dieses F_4 und was F_3 und X_0 und X_1? Er nimmt ein frisches Blatt aus dem Block und erklärt geduldig alles nochmal. Jetzt verstehe ich wenigstens, daß dieses rechtwinklige Dreieck, das ein dutzendmal vorkommt in verschiedenen Größen, einen Schenkel hat, der die Straße bedeutet, und einen vertikalen, der die Wand des Palazzo sein soll, und daß die Linie, welche die Endpunkte der Schenkel verbindet wie die Sehne eines Bogens, die Fall-Linie des Schlüssels darstellt, also eine Parabel. Klar. Und die kleine Senkrechte, die da in einer bestimmten Entfernung vom Haus steht, das sei er selbst, und dieser Punkt auf der Horizontalen zwischen ihm und der Wand sei der Punkt, auf dem der Schlüssel landete, und diese kurze Horizontale bezeichne seine Augenhöhe, in welcher der Schlüssel an ihm vorbeiflog. Ja, sage ich, dann ist die Rechnung doch einfach, warum rechnen und rechnen Sie dann immer wieder aufs neue? Weil, sagt er, in der Gleichung mehr Unbekannte sind, als es sein dürften, wollte man sie lösen. Nämlich? Zum Beispiel der Ansatz der Parabel, das heißt die Höhe, aus welcher der Schlüssel geworfen wurde.

Aber, sage ich, wenn Sie wissen, wo Sie standen und wo der Schlüssel auffiel und wie weit Ihre Augenhöhe vom Boden ist, dann haben Sie drei Bekannte, oder nicht? Er lacht. Er lacht mich einfach aus. Dann macht er eine neue Zeichnung. Sehen Sie, sagt er, der Ansatz der Parabel kann hier oder hier sein, und das Hier oder Hier ist jeweils ein Fenster. Gut, sage ich, aber ich meine, für einen Mathematiker ist das doch leicht zu berechnen. Wäre leicht, sagt er, wenn er sich gemerkt hätte, wo er stand und wo der Schlüssel auffiel, also hat er es mit drei Unbekannten zu tun, darunter ist sein eigener Standpunkt; aber das ist nicht das Problem, das Problem ist die eine Unbekannte. Nämlich? Er zeichnete wieder und schrieb dann eine Formel, die ungefähr so aussah, sehr ungefähr:

$$YF = \frac{2}{1-\left(\frac{X_1}{X_0}\right)^2}$$

Natürlich verstand ich sie nicht. Was ist das YF? Er lacht wieder. Ich sage: Was gibts da zu lachen, und überhaupt machen Sie mich allmählich verrückt mit Ihren Gleichungen und all den Unbekannten. Ja, sagt er, die vielen Unbekannten, die sind das Problem, oder sagen wir: das Unbekannte, das ists. Wo wollte er hinaus mit diesem Satz? Aber er kommt gleich wieder zurück zu seiner Formel. Also, sagt er, wenn der Schlüssel im Abstand α von meiner Augenhöhe den Boden berührt, hat der zweite bekannte Parabelpunkt die Koordinaten $\varepsilon + \alpha$ und null, so ähnlich jedenfalls sagte er. Hören Sie auf, sagte ich. Aber er fährt unerbittlich fort: Da ich a, e und α kenne, muß ich β berechnen können. Na also, sage ich, dann tun Sie es um Himmels willen. Er sagt: Ich überlasse alles Weitere Ihnen. Und damit geht er. Geht einfach, hinaus und hinunter, und dieses Mal bleibt er nicht auf der Straße stehen, sondern biegt um die Ecke, und weg ist er. Und ich, ich setz mich hin und versuche die vertrackte Gleichung zu lösen, stell dir vor. Ich kratze alle meine mathematischen Erinnerungen zusammen, ich rechne und zeichne und rechne, dazwischen denke ich, daß das alles Wahnsinn ist, aber vielleicht doch nicht, und vielleicht geht es diesem Iren wirklich um etwas Wichtiges oder jedenfalls um etwas, das ihm brennend wichtig ist. Hat er nicht gesagt, daß jemand den Schlüssel geworfen hat? Doch. Ich war es nicht. Aber wer anders. Und wer das war, will er herausbringen. Ich will ihm helfen. Aber wie. Wenn er als Physiker, der notgedrungen was von Mathematik versteht, die Gleichung nicht lösen kann, wie soll ich es können. Freilich: ein blindes Huhn findet manchmal das beste Korn. Ich rechne weiter, mein Tag ist ausgefüllt, ich vergesse die Hitze, ich verbeiße mich in dieses Problem, als wärs das meine, nicht das des verrückten oder auch nicht verrückten Iren, und schließlich kommt bei meiner Rechnerei und Denkerei was heraus, und das heißt, kurz gesagt: YF ist 12 m. Mit schlichten Worten: das Fenster liegt in der Höhe von zwölf Metern, und da jedes Stockwerk rund drei Meter hoch ist, liegt das gesuchte Fenster im vierten Stock, also in meinem.

Na also, denke ich, darum sein Interesse an meinem Fenster. Das schmeckt mir nicht, das ist eine Enttäuschung. Oh, denke ich, da habe ich also offenbar insgeheim gehofft, der Mann interessiere sich für mich. Aber nein: er will wissen, von wo aus man ihm den Schlüssel zugeworfen hat. Nun, ich kanns ihm sagen, beweisen sogar. Aber das hätte er ja doch selber sehr leicht herausbringen können. Also irgendwas stimmt da nicht. Ich meine nicht, daß an dieser Rechnung was nicht stimmt, sondern an der ganzen Sache. Aber was? Wenn dieser Mensch mich hätte einfangen wollen, hätte ers billiger haben können. Oder ist das die Art, in der ein irischer Physikprofessor einer Frau einen Antrag macht? Ich mußte lachen, ich lachte laut, und das war das erste Mal in diesen Wochen, daß es mir nach Lachen zumute war. Und außerdem war es das erste Mal, daß ich es nötig fand, die Wohnung sauberzumachen. Staub, Staub, Staub. Ich fing also an zu putzen. Natürlich gestand ich mir nicht ein, daß ich putzte, weil ich dachte, der Ire komme am nächsten Tag wieder. Ich hatte einfach das Bedürfnis nach Ordnung und Sauberkeit. An diesem Abend war mein Ristorante geschlossen wegen Ruhetags. Nun denn, meinetwegen, dachte ich, aber so war es nicht: ich hätte den Iren gern getroffen, sehr gern, obwohl ich nicht wußte, warum eigentlich, außer aus dem einen Grund: daß ich mich nicht mehr so allein fühlte in seiner Nähe, so verrückt und verstörend sie auch war. Ich suchte sogar ein wenig in der Gegend herum, ehrlich gesagt, ich schaute in jede Bar und jedes Ristorante in der Nähe, aber er war nicht da. Ich dachte, der ist abgereist, und damit hat sichs. Na schön. Aber am nächsten Vormittag kam er. Nun, sagte ich, die Gleichung geht auf, und ist ganz einfach, ich verstehe nicht, daß Sie da solche Schwierigkeiten haben, hier! Er schaute sich meine Gleichung an und sagte: Und die Augenhöhe, haben Sie die berechnet, und die Fallgeschwindigkeit, und ob meine Angabe stimmt, der Schlüssel sei vierzig Zentimeter hinter mir aufgetroffen? Nun also. Ich bin natürlich geschlagen. Es ist, sagt er, eine Gleichung mit lauter Unbekannten, aber ich danke Ihnen, daß

Sie mir geholfen haben, die Lösung zu finden. Ja wie denn? Sehr einfach: Sie sind die einzige Person in diesem Haus, die den Schlüssel geworfen haben konnte. Ich hab aber nicht. Ich weiß, sagt er, ich weiß, niemand hat den Schlüssel geworfen, es ist überhaupt keiner gefallen. Mir blieb der Mund offen, bis ich wieder reden konnte. Dann haben Sie also diese ganze Komödie einfach erfunden? Nein, sagte er, die habe nicht ich erfunden. Wer denn, ich etwa, ich doch nicht! Er sagte: Wenn es Ihnen begreiflich ist, so nehmen wir an, wir haben sie beide erfunden, oder sagen wir noch deutlicher: wir haben uns gegenseitig erfunden. Aber, sage ich, wollen Sie damit sagen, daß es uns gar nicht gibt, aber das ist doch Wahnsinn, ich glaube, Sie haben einen Sonnenstich, das ist kein Wunder, wenn Sie so ohne Hut in der Gluthitze herumlaufen, also ich für mein Teil, ich weiß, daß ich eine Wirklichkeit bin, bei Ihnen bin ich nicht so ganz sicher. Als ich das sagte, erschrak ich, denn ich begriff gar nicht, was ich da so hinsagte. Er aber tat so, als ob er begreife, und vermutlich hat er es tatsächlich begriffen, denn er sagte: Das Ganze ist angewandte Physik. Wie, bitte? Ja, sagte er, wozu, meinen Sie, taugt die Wissenschaft, als daß man mit ihr Magie treibt? Mir lief es bei all der Hitze kalt den Rücken hinunter. Wer war dieser Fremde? Ein Dämon, der mich um den Verstand bringen wollte? Wenn er so weiterredete und mich so anschaute, würde er mich dazu bringen, daß ich ihn und mich und überhaupt alles für pure Erfindung hielt, für die Ausgeburt dieser Höllenhitze und dieser mörderischen menschenfressenden Stadt. Wahrscheinlich habe ich Fieber, und er hat auch Fieber, wir beide haben Fieber, er träumt mich, ich träume ihn, oder ein Dritter träumt uns. Ich reiße mich aus dem Fieber und sage: Wie auch immer, morgen reise ich ab. Er sagt: Warum? Ja warum, einfach weil es mir zu heiß ist, weil ich einen Sonnenstich habe, weil ... Er unterbricht mich und sagt: Wozu abreisen, die Probe ist bestanden. Was für eine Probe, vielleicht die, daß ich Ihnen standhalte, wie? Er lacht. Ich sage: Sind Sie der Versucher? Nein, sagt er ganz einfach, sein Gegenteil. Und damit läßt er mich stehen. Ich stellte mich unter die Dusche und blieb, bis mich fror, dann schlief ich ein, und als ich aufwachte, war es Abend und mich hungerte, ich hatte mehrere Tage gefastet, ich merkte jetzt, daß ich abgemagert war, sozusagen ausgedörrt von der Sonne. Ich beschloß, viel und gut zu essen an diesem Abend, ob mit dem Iren oder ohne ihn. Ich ging aber in das Ristorante, wo er vermutlich aß. Und richtig, da saß er und schrieb und zeichnete.

Ich ging zu ihm hin, das war doch ganz natürlich, und grüßte ihn, aber er schaute mich nur erstaunt an und schrieb weiter. Vielleicht war er bei einer noch schwierigeren Rechnung und gar nicht ansprechbar. Ich setzte mich in seine Nähe und aß und trank und wartete. Endlich würde er ja doch aufstehen und weggehen, und ich würde ihm folgen können. Einmal schaute er tatsächlich zu mir her, aber ganz fremd, und plötzlich schien mir, das sei der irische Mönch in Verkleidung. Aber ich hielt meine Phantasie am Zügel. Die beiden sind eben typische Iren, daher die Ähnlichkeit. Das Wort Ähnlichkeit paßte mir aber nicht, das traf die Sache nicht, bei Zwillingen sagt man auch nicht, sie sehen sich ähnlich. Er schaute noch einmal her, und da schien mir, daß er lächelte, das heißt, daß sein Gesicht lauter feine Sprünge bekam. Ich lächelte zurück, dann stand er auf und ging. Ich hatte noch nicht fertig gegessen und nicht bezahlt, ich legte einen Schein auf den Tisch und lief ihm nach, aber er war verschwunden. Ich dachte, der wird schon wiederkommen, morgen. Ich wartete auf ihn. Ob er eine Ahnung hatte, wie sehr ich wartete, ich glaube nicht, oder doch. Ich ging mittags nur für ein paar Minuten weg, um Obst einzukaufen. Genau in diesen Minuten muß er gekommen sein. Als ich in den Briefkasten schaute, lag da der alte Schlüssel. Ich hatte vor dem Weggehen hineingeschaut, da war er noch nicht dagewesen. Aber jetzt der Schlüssel, nur der Schlüssel, kein Brief, nichts. Das war also das Ende. Aber am Nachmittag hatte ich einen Einfall:

ich ging in jene kleine Kirche, wo ich den irischen Mönch getroffen hatte. Ich fragte an der Pforte, neben der Kirche ist nämlich ein kleines Kloster. Aber da wußte man nichts von einem Iren, und die Mönche hier waren keine irischen, sondern italienische Benediktiner oder so was, jedenfalls sie trugen keine weißen Kutten. Da stand ich also. Ich wagte den letzten Versuch, ich zeigte dem Pförtner den Schüssel. Ob der hier irgendwo aufsperre? Nein, sagte der Pförtner, sicher nicht, und der ist ja uralt, und da fehlt ein Zacken, der kann ja gar nirgendwo aufsperren, woher haben Sie denn den? Den hat mir ein irischer Mönch geschenkt. Als ich das sagte, wurde mir kalt und heiß. Was hatte ich da gesagt? Ich verbesserte mich: ich wollte sagen, ein irischer Physiker. So, sagte der Pförtner, ein irischer Physiker, ja. Völlig sinnloserweise zeigte ich ihm die Visitenkarte, damit er mich nicht für hysterisch hielt. Er schaute sie an und sagte: Soso, Professor für angewandte Physik, ja, interessant, die angewandte Physik, wir nennen sie Metaphysik. Bewahren Sie den Schlüssel gut auf, irgendwo gibt es das zugehörige Schloß, das er aufsperrt. In diesem Augenblick hätte ich geschworen, daß dieser Pförtner der irische Mönch war und der irische Physiker. Aber das dauerte nur einen Augenblick, und ich ging. Weder den Mönch noch den Physiker sah ich je wieder. Ich blieb in Rom, bis die Marinettis zurückkamen. Sie fanden die Wohnung tadellos sauber, und sie wunderten sich darüber, daß eine Studentin so ordentlich ist, und sie wunderten sich noch mehr darüber, daß die Blattpflanzen nicht verdorrt waren. Die auf den andern Terrassen und Balkonen waren in der Hitze eingegangen. Ich sagte: Das ist angewandte Physik, man kann es auch anders nennen. Wie denn, fragte die Signora Marinetti und schaute mich etwas bestürzt an. Ich sagte: Magie.

Was sagst du zu alledem? Es stimmt, ich habe zu Irland immer eine starke Beziehung gehabt. Ich war ja ein Jahr drüben. Und vielleicht habe ich in einem früheren Leben dort gelebt, wer weiß. Du meinst, der irische Mönch für angewandte Physik, der war ich selber, das meinst du? Sag doch: meinst du das? Aber die Zeichnung und der Schlüssel, die siehst du doch, das sind doch Wirklichkeiten, die kann man berühren, oder? Freilich: angewandte Physik kann natürlich …